中国史学史讲义稿

朱维铮 著

廖梅 姜鹏 整理

复旦大学出版社

整 理 说 明

大约每位上过朱维铮教授"中国史学史"课程的同学都会在脑海中留下难以忘怀的记忆。

朱先生曾经说过，在先秦诸子中，最欣赏庄子和韩非子。朱先生的讲课，也兼具庄子的汪洋自恣和韩非子的严密逻辑。他跳出历史编撰学的畛域，注重考察史著、体裁、史学意识与社会存在和统治思想的关系。他的讲授，为枯燥干瘪的时间、人名和书名注入鲜活的灵魂，为年轻学子打开了学术世界的大门。

这个世界，充满了值得探究的纷繁复杂的因果关系，充满了人类过往的上下求索，充满了思想的挑战。

1980年代上半叶的学生们都记得，朱先生上课时，讲台上铺着500字绿色大稿纸讲义，清风识字，稿纸缓飞。1980年代末期以后，朱先生的思考已趋成熟，上课仅带数页提纲，挥手谈笑间，纵横数千年。遗憾的是，后来的学子也因此无缘见识传说中笔迹工整的讲义。

不过，群体的记忆是不会被湮没的。

2012年，朱先生魂归道山。复旦大学历史系和朱先生的学生们一致认为，应该将朱先生的中国史学史讲义整理出版。这份珍贵的手稿，包含着朱先生对中国史学史研究范畴、研究方法和具体演变过程的真知灼见。朱先生广阔而独到的视野更将为后辈学者提供思想启示，激励后人不断创新。

摆在大家面前的这本讲义，就是由朱先生讲课遗稿整理而来。

一

1950年代,陈守实先生首先在复旦大学历史系开设中国史学史课程。

1960年,朱先生毕业留校,担任陈守老的助教。1963年,朱先生和黄世晔先生等继陈守老之后,共同承担中国史学史的讲授。朱先生负责先秦至两宋部分①。"文革"中断教学十数年。1978年秋,朱先生重返讲台。自此,除在国外访学,朱先生一直主讲中国史学史课程,直到1990年代下半叶。

朱先生上课非常认真,注重师生交流。每学期第一节课,都要发放微型调查试卷,如让学生们写出所知道的史籍名称等,以了解学生的课业水平。

在学期中间,朱先生要组织一次师生座谈会。学生人数少,就放在学生宿舍举行;人数多,则改在教室,课桌摆成圆圈,大家围桌而坐。这样的座谈形式,具有平等的象征意义,没有高出地面数十公分的讲台,没有站立的高大的先生和坐着的矮小的学生,只有平易近人的长者和跃跃欲试的年轻人、促膝相谈的忘年交,气氛热烈而温暖。朱先生请学生们挨个自我介绍,畅谈感兴趣的课题或者对老师的希冀。在看似随性的交流中,深入浅出地指导学生如何步入学术殿堂,如何读书做学问。

中国史学史课程的期末考试,在复旦大学历史系诸多期末考试中最具特色。笔者至今还记得高年级学长迎接考试的景象,考前两三天,宿舍里便弥漫着坐立不安、提心吊胆又翘首以待的亢奋情绪;也记得自己班级准备考试时,大伙忐忑而兴奋的心情。

本科生和知名教授接触的机会实在稀少,更不用说一对一的交流。能够和老师对话、让老师记住自己的考试,同学们既新奇又珍而重之,这是求学生涯中的一件大事。

---

① 朱维铮先生手稿,无标题,内容为"中国史学史教学改革汇报";又见朱维铮先生手稿《从业中国史学史四十年》。

考试采取笔试和口试相结合的方式。考前数周,朱先生拟出和学生人数相同或者超出人数的试题,学生自选一题,写作不超过2千字的读书报告,是为笔试。考试当天,学生分组进入考场,围坐一圈,按学号顺序,在十分钟内要言不烦地介绍读书报告,再回答教师提问,是为口试。

口试过程移步换景,每个问题都是基于前一个回答而来,学业优秀的同学可以回覆六、七个提问,一问一答,层层深入,精彩纷呈;敷衍了事的同学遇到两三个问题便已丢盔弃甲。

面试考核的好处,是便于让老师了解学生的知识面、真实水准和学术潜能;也迫使同学认真作文,练习做学问的方法;更给同学接触学者的机会,通过问答得到点拨,引发对学术的兴趣。这恐怕是朱先生十多年来坚持口试的重要原因。许多口试中展现出思辨能力的学生,日后都成长为各自行业的佼佼者。

口试不是朱先生的发明。在中国传统学塾和国子监等各级官学中,口试大义几乎是日常教学必备的考试形式。现代不少学者的回忆录,也记载了念大学时接受口试的经历。朱先生继承了中国古典教育中个性化教学的优良传统,也继承了复旦大学历史系前辈学者的心血结晶,在新的时代,用亲身实践为后辈学人留下推陈出新的教学典范。如今,很多在高校任职、曾得朱先生亲炙的复旦历史系毕业生也都效仿老师的面试考核方法,将学术薪火传递给未来的人们。

二

朱先生初次开设史学史课程时,使用陈守实先生拟定的教学大纲,沿用陈守老的基本见解。是谓"跟着讲"。陈守老是清华国学院梁启超的学生,却率先更新了梁启超创立的中国史学史通行陈述体系,"从史论结合的角度,特别关注史学映现的社会结构和时代思潮,强调从矛盾的历史陈述中间才能清理出真的史实。"①

---

① 朱维铮:《史学史三题》,《复旦学报》2004年第3期,第1—2页。

不过，朱先生也并非完全"跟着讲"。开课前两年，即1961年，朱先生开始协助周予同先生编选《中国历史文选》，通过选择篇目、校点正文、注释典故、写作解题，系统阅读了大量中国史学的原著和史家传记，熟悉了中国史学的各类体裁、观念和方法的衍变过程。周予老还鼓励朱先生，要重视各篇解题的联贯性，将来可以组合成单行本的《中国史学小史》。这些工作，为朱先生1963年讲授中国史学史奠定了坚实的资料基础。

更重要的是，周予老是经学史家，十分注重史学与经学的关系。耳提面命，朱先生领悟到，要让史学史研究跳出编纂形式的窠臼，必须通晓经学传统的嬗变过程，了解经学变化对史学史的冲击。这是朱先生在史学史研究上的新认识。

"文革"后，朱先生重新思考中国史学史，开始追求"接着讲"。他遗憾地看到，几十年来中国史学史"仍然停留在历史编纂学史的阶段，尽管在某几点上有所突破，但总的来说没有跳出梁启超的设想，即从史官、史家、史学之成立及史学之趋势四方面叙述，说来说去总是人物、著作、体裁。至于史学作为一种意识形态，如何反映社会存在，史学本身有什么样的发展规律，等等，几乎还没有触及。"①

此时，朱先生"尝试把史学的发展过程，分解成历史记录的演变和历史认识的发展两个侧面"，也就是历史编纂学史和历史观念史两部分，"并将每个侧面分解成几个组成成份，逐一分析史学如何反映社会存在，现实生活中各种因素的交互作用在史学中的表现，人们头脑中的传统在史学发展中所起的作用，等等。"

他对根据陈守老教学体系编订的大纲作了修改。首先，按照唯物史观，说明中国史学的发展过程。第二，努力做到论从史出，按照客观史实讲解史学发展过程。第三，注意继承和创新的关系，力求通过教学给学生作出独立研究的示范。"我总不信问题已经说完，真理已经穷竟，相反却感到许多已成常识的说法里包含着大量偏见乃至错误。例如司马迁和董仲舒的观念是否相反，刘知幾是否反对传统的正统史学，章学诚提

---

① 前揭手稿"中国史学史教学改革汇报"。

倡的史德是否属于进步观念,康有为的托古改制史观是否在反对古文经学家的历史观等等,在史学家中几乎都有定论,但据我考察似乎都可提出悖论。"①

朱先生明确提出史学史的研究方法应该遵循唯物史观。他多次说过,恩格斯《在马克思墓前的讲话》最好地诠释了唯物史观的内涵:"正像达尔文发现有机界的发展规律一样,马克思发现了人类历史的发展规律,即历来为繁茂芜杂的意识形态所掩盖着的一个简单事实:人们首先必须吃、喝、住、穿,然后才能从事政治、科学、艺术、宗教等等;所以,直接的物质的生活资料的生产,因而一个民族或一个时代的一定的经济发展阶段,便构成为基础,人们的国家制度、法的观点、艺术以至宗教观念,就是从这个基础上发展起来的,因而,也必须由这个基础来解释,而不是像过去那样做得相反。"②

也就是说,吃、喝、住、穿、政治、科学、艺术、宗教等各领域互相关联互相作用。要提高史学史的研究水准,就不能仅仅局限于说清楚史家、史著等文献材料,局限于版本学、目录学的范畴,必须探究社会存在的各个方面对史学变化产生的影响,如此,才能深刻、洞彻地揭示史学史的历史进程。

朱先生还指出,要论从史出,通过搜集、分析史料来剖析历史真相。他早年在周予同等前辈学者的指导下,接受了严格的乾嘉学派式的治学训练。乾嘉学派之注重材料考据,正和马克思"历史的事实是由矛盾的陈述中清理出来的"③观念有着异曲同工之处。自此,朱先生穷尽一生,坚持将马克思主义的唯物史观和乾嘉学派的治学方法相结合,成为融汇传统与现实、东方与西方的杰出学者。

这是上世纪七八十年代之交,整个国家处于拨乱反正时期。朱先生高扬唯物史观和"论从史出",正意味着对"文革"时期"以论代史"、"史学研究为现实政治服务"观点的彻底否定。

1980年代中期前后,朱先生曾几度想撰写中国史学史,都因教学、研

---

① 《关于更新中国史学史教学大纲的想法》,《复旦》校报1980年12月5日第2版。
② 《恩格斯论马克思》,人民出版社1971年版,第15页。
③ 《马克思恩格斯通信集》第一卷,三联书店1957年版,第567页。

究过于繁忙未能完成①。

时间进入二十一世纪，复旦大学历史系决定集体撰写《中国史学的历史进程》，由朱先生担任主编。朱先生先行写作数篇论文，发表在《复旦学报》和《中华文史论丛》等刊物上，阐述他对史学史研究的思考和最新成果。这时，他将史学史的内涵，从上世纪八十年代初的两大部分，正式扩展为交叉重叠的三大系统：历史编纂学史、历史观念史与中外史学的交流和比较。

壮志未酬身先陨，长使后人泪满襟。朱先生生前虽然未能完成《中国史学史》著作，但他留下的上课讲义，吉光片羽，鲜明地反映了他的史学史研究特点：从社会存在的各个方面，尤其是从经学史、思想史和文化史的角度来观照中国史学史，着重揭示意识形态对史学编撰形式和历史观念的影响；他在上世纪八十年代中前期发表的史学史的许多具体见解，直到今日，仍然令人耳目一新，发人深省。

下面列举朱先生的若干见解，以飨读者：

《国语》八语，记载了周王室和春秋七霸的情况。有些学者认为，它是以各国与周王室关系亲疏为序编次；还有人断言它记录杂乱，残卷遗篇不足道也。朱先生却以为："历史的编写形式也是观念形态的一种表现，因而最终要由社会存在决定。"《国语》的编次，大体追随霸业中心的位置移动，依次记录春秋初年强大的鲁国，前期霸主齐国，中期霸主晋国，后期霸主楚、吴、越三国等等，有着自身的逻辑顺序，绝非杂乱无章（本书第43、44页）。

同属反映社会运动的空间形式的史学著作，《战国策》与《国语》不仅记载的国家和地域不同，中心人物亦不同。《国语》主记各国公卿之语，《战国策》则主记战国时游士的策谋。为什么会出现这些差异？朱先生分析，这是因为战国时代统治集团的组成，已由春秋时代以世袭贵族为主体，转向以出身于"士"的非世袭官僚为主体，商鞅、陈轸、张仪、吕不韦皆属于后者（本书第48页）。《国语》和《战国策》主角的差别，便忠实地

---

① 据魏达志先生在2013年4月复旦大学历史系举行的朱维铮教授追思会上回忆，曾经有进修生听课后，回去撰写中国史学史出版，并赠送给朱先生。

反映了这一历史变化。

很多学者重视史家之间的纵向传承,比如范晔和司马迁的联系,但有时会忽略史家生活时代对史家的影响。清代王鸣盛评论《后汉书》"贵德义,抑势利。进处士,黜奸雄",一般学者根据这一特点,轻易得出范晔继承了传统士人风骨的结论。此论固然不错,但并不全面。朱先生考察范晔的时代背景,犀利地指出,魏晋以来实行九品中正制度,华族子弟凭借血统门第,轻而易举坐至公卿。但是,他们又以不做事为荣,位卑权重、处理实际事务的官职,大都落到寒门子弟手中。《后汉书》中许多貌似蔑视权势的书写,实质上表达的是世家大族对凭借个人能力取得权力财富的政治暴发户的轻视(本书第145、146页)。

除了注重从社会存在考察史学史,朱先生从思想文化角度对史学现象所做的剖析,更是在人们轻轻掠过甚至想当然的地方,平地一声惊雷,剥出更为复杂、更贴近历史实相的内涵。

朱先生认为,先秦诸子的历史观对后代历史学家影响很大,所以在史学史中专辟一章进行讨论。他指出,孔子编纂《春秋》,借历史发表政见,追求"春秋之义",这一做法曾经长期被奉作中世纪官方史学的指导思想(本书第63页)。孔子号召"畏天命"、"知天命",那如何预知天给自己准备好的命运呢?有两个办法,一是观察天上地下种种反常现象,那是天在显示自己的意志;二是天给儒者准备了特别的消息,平时隐藏在历数里面,非常时期便派龟麟龙凤来送信,即孔子晚年盼望的河出图、洛出书、麒麟见。这就是《春秋》在编纂学上除了记录政治事件和贵族活动,还大量记载天象变化和自然灾害的原因(本书第65页)。

司马迁是史学史研究的热点。遗憾的是,几乎无人讨论司马迁天道变化的理论基础。董仲舒和司马迁属于师生,两人都相信天基于某种规律在循环变化,但对于规律的判定却截然不同。董仲舒代表着西汉儒家的主流观点,认为天是按照三统说和五德终始说来管理自然和人间,并通过自然现象向人类表达自己的感情。它严分尊卑上下,若人人安于君主专制政体中的等级差别,就是"顺命";否则,不忠不孝,得罪君父,必定获罪于天。

司马迁却认为，天是按照天文学的规律在变化运行。天人之间存在着相关律，即以数为表现的"天运"："夫天运，三十岁一小变，百年中变，五百载大变；三大变一纪，三纪而大备，此其大数也。为国者必贵三五。上下各千岁，然后天人之际续备。"

朱先生郑重提示读者，司马迁是一位天文学家，曾主持制定《太初历》，这一科学实践"对作者的历史观起过很大作用"（本书第88页）。朱先生根据李约瑟等中外科学史家的研究成果指出，汉代太初后改奉土德，对应的星君为土星，司马迁曾说土星"二十八岁周天"，现在已知土星绕日公转周期的真值为29.46年，正对应着"三十岁一小变"。木星、土星和火星每隔516.33年会合一次，正符合"五百载大变"和《孟子》所谓五百年必有圣人出的周期（本书第101页）。

朱先生认为，司马迁思想的原型来自战国秦汉天文历算实践的最新成就。这种成就曾被西汉王朝拿来有效地指导着全国的农业生产，从而促进大一统局面的巩固和稳定，曲折地反映到哲学家和史学家的头脑中，便成为解释"天人关系"的历史表现的依据①。

朱先生厘清了董仲舒和司马迁论及天道之变的理论差异，以及司马迁思想产生的社会基础，拨开了曾被大多数史家忽略的谜团；也让人们看到，在"独尊儒术"初期，司马迁身上依然保持着自由、活泼、求真的学术生命力，展现出一名伟大史家的素养。

从汉朝开始，经学成为中世纪的统治学说，在现存最早的图书分类目录《汉书·艺文志》里，大部分历史著作如《国语》、《战国策》和《史记》等都归类于六艺略的春秋类下，也就是说附属于经部的《春秋》经。朱先生指出："在史学作为经学附庸的时代，经学研究中间发生的每一重要变化，都必然引起史学的反响。"（本书第153页）

经学的变化影响着史学观念的变化。"正统"论进入历史编纂学便源于经学上的纷争。董仲舒将三统说和阴阳五行说结合起来，用以论证人间王朝按照黑、白、赤三统的次序替代循环。在西汉初期，三统说为汉朝取代秦朝或周朝提供了理论支持。

---

① 除本书正文外，还可参见前揭《关于更新中国史学史教学大纲的想法》，见本书附录。

西汉末年,刘向、刘歆父子同为经学大家,同援三统说,父亲旨在"刘氏长安",主张以天子多行仁政换取汉祚延续;儿子刘歆则要"革故鼎新",谓汉运已终,支持王莽另立新朝。这些辩论,无疑引起思想上的混乱,对于东汉统治毫无益处。

班固和司马迁不同,没有违反君主意志而成一家之言的壮心。《汉书》索性回避三统,不谈"天统"变不变,只谈"天统"正不正。根据血统、符命和"成王败寇"的惯例,证明东汉帝室是西汉王朝的"正统"。在西汉经学家的著作中,刘歆的《三统历谱》按照三统循环、五德终始的理论,为西汉以前全部历史(包括传说)构造出完整系统。班固是刘歆的再传弟子,与刘歆政见不同,但对帝王世系的见解如出一辙,他照抄刘书,只删除证明汉运已终的话头。于是,在《汉书》的《律历志》里便出现了从太昊氏到光武帝的正统世系,《高帝纪》里出现了唐尧后人刘邦先人刘累奉命豢龙、"汉承尧运"的世系(本书第128—130页)。

由此,班固正式以"正统"论代替了"三统"说。后一王朝秉承天命克去前代王朝的话题消失了,历代史家无不以辨明所书王朝或当代王朝是"正统"为己任。对三国的讨论,《宋书》中出现《索虏列传》,《魏书》中出现《岛夷列传》,都是正统论在史学上的具体表现。《汉书》理所当然成为断代王朝史的鼻祖,被中世纪的"正史"作者奉为不祧之祖。

经学的变化也影响着史学编纂形式的演化。《三国志注》等史注著作的产生就来自经学启发。东汉郑玄融合古今学派,遍注群经。三国何晏在郑玄等人基础上,首创广集历代各家注释、并附以个人见解的解经法,唤作集解法,代表作为《论语集解》。这一经学上的新动向立刻为史家捕捉和学习,在注释前代历史著作时,广搜史料,并存异说。作者本人对于记录真伪、理论是非所发表的意见,则另行标出。这就是集解式史注。同训诂法相比,集解法能为后人提供更多史料(本书第153页)。《三国志注》堪称集解式史注的代表著作,陈寿原书约36万字,裴注有32万字,几乎另著一本《三国志》,不仅开创了注史新例,对三国史的研究,更具有重要参考价值。

魏晋南朝史学与前代相比,表现出强烈的特色:重视人物分类、人物批评,重视隐逸、独行,重视序论赞语的写作,重视名教和自然的关系。

朱先生指出，这是时代的反映。魏晋盛行清谈，其中关于人性的讨论，就人的本身来研究人在理论上的表现，克服了东汉经学神学化的倾向，给史学以重大影响。使得当时的史学与东汉经学化的史学具有明显区别，扬弃了东汉史学的神学外壳，剥露出人的本性，让史学逐步摆脱了谶纬神学的桎梏（本书第163页）。当然，魏晋南朝史学在理论上并未跳出礼教圈。比如，对人物的考评，就是将世家大族品第人物的现实标准移植到史学研究当中（本书第146页）。

早期研究史学史的学者，多出身于目录学、版本学，对于史学史中的"是什么"钻研得比较透彻，但对于"为什么"略显心有余而力不足。朱先生以思想史、学术史、文化史、经学史的背景，进入史学史领域，别开生面，为学界奉献了有思想史底蕴的史学史研究。这些讲义写作于上世纪七八十年代之交和八十年代早期，今天出版的一些史学史著作，在某些问题上和三十多年前的朱先生已持有类似观点；而朱先生竭力推广的见解如裴注的经学渊源也几乎成为常识；这都让我们感到高兴，正如朱先生所期待的那样，在学术界的共同努力下，史学史不断拓展着自身的研究方法、领域和深度，整体研究水准与日俱增。

三

据1978级学生邹振环教授回忆，读本科时，中国史学史课程讲授一年；朱先生也曾自述，准备了一年的讲义。但自那以降，中国史学史课程都只讲授一个学期，课时少，内容多，朱先生每每只能讲到明末清初。

开课初期，朱先生每年都重新写作讲稿。1980年代中期以后，朱先生观点成熟，不再重写讲稿。所以，我们现在能够发现的讲稿都写作于1980年代中期以前。第一、第二章往往有三四份讲稿，明清时代则只留下数页提示。

对于留有数份讲稿的章节，我们选取相对完整的遗稿；有时也根据内容，将两份讲稿的若干章节合为一章；最近几年，朱先生还写下不少零散篇章，也根据内容选取一二，插入讲稿。

对于朱先生的文字,我们遵循"只删不增"的原则。即删除作为课堂讲义重复或者发挥太远的部分,不增加任何不属于朱先生的文字。讲稿中的引文,有些标明出处,有些未加标明,我们核对了引文,并标明出处。

根据朱先生晚年的见解和用语习惯,我们改动了若干词组。如,朱先生在1980年代末期以后,以"中世纪"一词代替"封建社会",我们将大部分"封建社会"改为"中世纪","农民起义"改成"民众造反","唯心史观"改成"古典史观",但亦有几处因上下文关系,未加改动,保留如故。附录中的教学大纲则一字未改,保留原样。特别在此说明。

在附录里,我们收录了朱先生"文革"后重开史学史课程时撰写的《关于更新中国史学史教学大纲的想法》、遗稿中存留的教学大纲和期末口试试题,以及为撰写史学史著作拟写的提纲。虽不完整,但希望能借一斑而窥全豹,特别是朱先生拟定的提纲和口试试题,能够帮助大家了解朱先生心中的史学史结构、史学史应该包含的主要内容等等,也可以为教授史学史的年轻学者提供参考。

在朱先生遗稿中,我们发现了2004年朱先生为历史系博士生开设"中国史学导论"课程的讲义,代表朱先生对史学的最新认识。因是"导论",朱先生并不拘泥一时一事,而是打通朝代,上下探寻史学演变规律,兼涉史学理论和史学实践。特别是第七章《历史观念史:道统、正统和史统》揭示了衡量"正统"的标准由空间到血缘再至文化的变化,值得反复研读。导论还涉及二十世纪史学,提及朱先生本人经历,对后人研究朱先生一辈历史学家尤为珍贵。我们认为,导论可以和中国史学史讲义互补,因而将其一并收入本书。

感谢同门李天纲教授、高晞教授、王维江教授、邓志峰教授和朱圣弢先生,也要感谢现代网络技术,使得整理工作不再是我们两个人的单独事,而是朱先生学生的共同事业。每逢遇到无法辨认的手稿,拍成照片,发到"师门忆往"微信群,困扰个人一天而不得其解的文句,每每十几分钟就被识别出来。这让我们感慨,原本非常个体的文史学术研究,因为多元互动因素的加入,在未来可能会呈现出某些新特质。还要衷心感谢朱师母王桂芬女士,不辞辛劳,帮助我们清点遗稿,提供信息和资料。更要感谢责编陈麦青先生的鼓励与支持。

廖梅整理了《中国史学史讲义稿》第一至第六章,姜鹏整理了《中国史学史讲义稿》第八至第十一章。廖梅和姜鹏共同整理了《中国史学史讲义稿》第七章及《中国史学导论讲义稿》。

整理先师遗稿的过程,也是我们学习的过程。奈何学疏才浅,若出现整理错误,当由我们担负责任。敬希各位前辈、同仁、读者不吝赐教。

廖 梅 姜 鹏
2014 年 12 月于上海

目　录

中国史学史讲义稿

绪论 / 3
  一　中国史学的遗产：数量与质量 / 3
  二　研究史一瞥 / 5

第一章　从记神事到记人事 / 10
  一　击石与取火 / 10
  二　巫与史 / 12
  三　从卜辞到金文 / 16
  四　史诗与神话 / 21
  五　古礼与古文献 / 26

第二章　时间的记录与空间的记录 / 30
  一　编年史的诞生：从《春秋》到《左传》 / 30
  二　国别史的出现：《国语》和《战国策》 / 42
  三　旧档案的分类和新形式的雏型 / 51

第三章 先秦诸子的历史观 / 55

一 诸子争鸣和历史模式 / 55

二 老子的矛盾论 / 59

三 孔子的定数论 / 62

四 墨子的天志论 / 66

五 从孟轲到邹衍的循环论 / 68

六 从荀况到韩非的权力论 / 73

七 庄周的怀疑论 / 80

第四章 继往开来的《史记》/ 84

一 思想统一与思想统死 / 84

二 司马迁和中世纪历史编纂学 / 85

三 "道"变不变？/ 95

四 经学、神学与史学 / 108

第五章 中世纪前期王朝史（上）/ 112

一 引人注目的王朝更迭运动 / 112

二 《汉书》和纪传体断代史 / 114

三 《汉纪》和编年体断代史 / 130

四 《三国志》和正统辨 / 133

第六章 中世纪前期王朝史（下）/ 138

一 《后汉书》、《宋书》和文人修史 / 138

二 注经和注史 / 150

三 清谈与史学 / 160

附：文献资源和体制的控驭 / 164

第七章　中世纪后期王朝史 / 166

    一　从私家修史到官修"正史" / 166

    二　必须写歪的"正史" / 168

    三　《晋书》等六史的编撰 / 170

    四　《南史》和《北史》/ 174

    五　"实录"不实 / 176

    六　"正统"与"书法" / 178

    七　十七史、廿二史和廿四史 / 184

第八章　由经验到理论 / 188

    一　史部的升格 / 188

    二　经传也是历史吗？/ 191

    三　怎样才算职业史学家？/ 197

    四　《史通》：形式与方法的反省 / 204

第九章　中世纪社会结构历史的百科全书 / 211

    一　由动态研究到静态研究 / 211

    二　《通典》：中世纪的第一部百科全书 / 215

    三　青胜于蓝的《文献通考》/ 220

    四　《通志》：会通一切学术史的实验 / 225

    五　三通、九通和十通 / 231

    六　历史档案和历代会要 / 233

第十章　编年史的复兴 / 236

    一　"以史为镜"与思想僵化 / 236

    二　《资治通鉴》在历史编纂学上的成就 / 239

三 "长编"的续作与当代史料的保存 / 245

四 "续鉴"的编写与中世纪官方史学的末路 / 247

第十一章 多彩的记录和僵硬的认识 / 249

一 历史编纂形式的改革 / 249

二 所谓"纪事本末体" / 252

三 所谓"纲目体" / 260

四 两宋史论 / 268

附录一 关于更新中国史学史教学大纲的想法 / 279

附录二 中国史学史课程教学大纲 / 283

(1) 1979年1月、1980年1月教学大纲(第二次修订稿) / 283

(2) 1980年12月教学大纲(第三次修订稿) / 289

(3) 1982年6月教学大纲(第四次修订稿) / 295

(4) 中国史学史教学大纲(估计作于1980年代中晚期至1992年之前) / 299

(5) 中国史学史教学大纲(估计作于1990年代初期) / 303

(6) 1992年教学大纲 / 307

(7) 1994年教学大纲 / 307

(8) 1995—1996年教学大纲 / 311

附录三 中国史学史课程期终考试试题 / 313

(1) 1980年期终试题 / 313

(2) 1983年期终试题 / 314

(3) 1984年1月期终试题 / 315

(4) 1986年1月期终试题 / 318

　　(5) 1988年1月期终试题 / 320

　　(6) 1990年1月期终试题 / 324

　　(7) 1994年6月期终试题 / 327

　　(8) 1996年1月期终试题 / 329

附录四　传统史学和史学传统(中国历史编纂学史导论)提纲 / 331

附录五　中国史学的历史进程(观念史卷)分卷目 / 334

附录六　二十世纪的中国史学提纲 / 336

中国史学导论讲义稿

引言 / 339

一　中世纪历史编纂学(上) / 341

二　中世纪历史编纂学(下) / 345

三　说一说修史体制 / 351

四　观念和史学 / 356

五　历史观念与中世纪史学 / 358

六　历史观念史：民族、宗教和王权——从汉魏到周隋 / 360

七　历史观念史：道统、正统和史统——从中唐到前清 / 363
一、"正史"怎样界定 / 363
二、正统和道统 / 364
三、所谓史统 / 366

八　历史观念史：社会结构与历史认知 / 367

九　历史观念史：社会心态和意识形态 / 370

十　中外史学的比较问题 / 372
一、普世性的跨文化比较史学 / 372
二、中世纪的比较史学（上）/ 372
三、中世纪的比较史学（中）/ 373
四、中世纪的比较史学（下）/ 374

中国史学史讲义稿

中国学术史研究文献

绪　论

一　中国史学的遗产：数量与质量

　　史学就是研究人类社会发展的具体过程及其规律性的学问。就是说，它已由客观存在变成了主观意识，因而我们便把历史学划入意识形态领域。

　　当历史学开始出现的时候，它的雏型只限于历史现象的记录。记录多了，有许多事情重复出现，引起了记录者的注意。人们开始思考，为什么某事（如王朝兴亡）总是重复出现呢？它同别的事件有没有相互联系呢？问题就是矛盾，当客观存在的矛盾引起人们思索的时候，历史学就不限于记录现象了，而开始进入寻找支配历史过程规律的阶段。到这个时候，我们可以说，史学出现了。在中国，史学的产生大约不会早于西周晚期。

　　也许是历史的巧合，东方和西方的第一部史学著作，即古代中国孔丘的《春秋》，古代希腊希罗多德的《历史》，都终结于公元前479年前后。《春秋》写得不及《历史》生动，但成书早，而且以编年的精确性傲视于后者纪时的朦胧性。希罗多德曾说，他有责任传达人们所说的一切，但是没有责任去相信这一切。孔丘却道，自己说古道今的原则，就是求信。

　　还在孔丘以前，不加隐瞒地记录眼前的事变，便已被列国史官们视作忠于职守的准则，出现过像齐国太史氏兄弟那样坚持"直书"的殉道者。经过《左传》作者的提倡，力求写出"信史"，就成为古代优秀史学家的传统。

　　司马迁便是典范。当他不顾中世纪君主的凌辱，坚持把《史记》写完的时候，所惧怕的只是历史真实失传。他相信自己的事业必有继承者。史学史的进程表明，他的信念并非没有依据的幻想。

　　上个世纪初期，黑格尔在著名的"历史哲学"演讲里，就曾惊叹："中国

'历史作家'的层出不穷、继续不断,实在是任何民族所比不上的。"①这位蔑视中国正统哲学的大师,也不得不承认中国拥有全世界无与伦比的史学遗产。

数量显示质量。不妨依据西汉末到清中叶的史学家所编制的一些宫廷藏书目录,略举几个数字为例:在一世纪,属于历史部类的著作有 32 家,1 389 篇②;到六世纪,这类著作便增至 1 017 种,14 881 卷③;经过百年大乱,宫廷藏书散失很多,但在七世纪初,史部著作仍有 817 部,13 264 卷④;到十三世纪初期,又增至 2 147 部,43 109 卷⑤;发展到十八世纪后期,由清朝皇帝批准流通和明令禁毁的史籍,合计便达 2 126 部,37 702 卷⑥。

仅仅历代皇家图书馆所藏的历史书籍的数量便如此惊人⑦。如果把那时贵族、官员和民间私人收藏的史书统计进去,则数字无疑会高出更多,只好用"浩如烟海"来形容。

中国的史学遗产,以它在世界文库中无与伦比的丰富程度令人惊叹,更以它绚丽多彩的记录形式令人眼花缭乱。它的门类,照十八世纪目录学家的区别,便有正史、别史、杂史、传记、政书、史评等十五类。它的体裁,照古代历史学家自己的命名,大的有纪传、编年和纪事本末,小的有笔记、野史、家乘、谱牒等等。我们以后会看到,当今世界上几乎所有的历史编写形式,都已被我们的先辈所发现,至少创造过某种雏型。

说到这里,人们想必都会承认,中国的史学遗产确实没有任何民族能够比得上,但同时也必然会引出一个疑问:中国人那样重视历史,简直可说象征着中国民族的文化传统,为什么呢?是的,它确实引起过中外哲学家和历史学家的迷惑,比如黑格尔、汤因比都苦苦思索过这个问题,我们以后也将要详细讨论。这里只说一点,那就是中国自古到清末,没有所谓纯历史学

---

① 王造时译:《历史哲学》,三联书店 1956 年版,第 161 页。
② 参见《汉书·艺文志》六艺略春秋类和世本类。其中未计入《太史公书》四篇。
③ 据阮孝绪《七录》,见《广弘明集》卷三。编者注:据上海古籍出版社 1991 年依《影印宋碛砂版大藏经》本影印《弘明集广弘明集》,"记传录"有著作"一千二十种二千二百四十八帙一万四千八百八十八卷"。但根据"记传录"所列十二部书籍细目统计,实得 1 017 种,14 881 卷。
④ 据《隋书·经籍志》。原注通计亡书,合 874 部,16 558 卷。
⑤ 据《宋史·艺文志》。
⑥ 据《四库全书总目》史部著录,凡 563 部,21 931 卷,另存目 1 563 部,15 771 卷。
⑦ 假定我们读古代史著的速度,平均每日一卷,则读毕《四库全书总目》开示的全部史著(不包括禁毁书),便需要 60 年又 31 日。更不要说古人所谓经、子、集诸部著作,在我们看来都是史料,而《四库全书总目》著录的这三大类,合计有 2 894 部,57 139 卷,还不包括"存目"数字。

家。秦汉以后,各个中世纪王朝,都把编写历史,尤其是前朝史和前王史,看作一代盛典,而几乎所有帝王将相、贵族官僚,都以名垂青史为荣,尽管通常的效果是一登史册,便遗臭万年。正因为这样,选派去编写历史的人,都首先是奉旨说话的官员,其次才是历史家。他们能说的话,便是钦定的圣经贤传里有过的话、按照当道权贵的需要编制的道德教训或施政指南,尽管历史告诉我们,从来没有一个帝王真正从历史中间学得什么。这种风气,不可避免地波及在野的史学家,使他们期望自己的著作,能给当代或后代的统治者提供做个好皇帝或好官员的经验教训。我们以后会从事实中看到,他们提供的唯一历史经验,便是让历史为维持现状提供经验,或者为反对现状提供教训,到头来都是无视历史变化的幻想。然而,我们也不能不说,正是这样一种信念,才促使历史编著受到王朝的提倡、人们的重视,从而积累起全世界最丰富的史学遗产。

二 研究史一瞥

中国史学的独立过程,要从司马迁的《史记》算起,那是多数学者同意的。然而,在《史记》以后,尽管史学著作日多,编纂形式也形成若干程式,却几乎无人对它的发展过程进行系统的反思。当然个别的研究一直存在,比如《史记》的自序,《汉书》的叙传,以及每部历史著作几乎都有的作者序论或自传,都对前人著作的源流短长进行过讨论。问题是不系统,很零散。

现存的第一部对史学本身进行系统反思的著作,出现于公元八世纪初,便是刘知幾的《史通》。关于它,我们以后将有专节讨论。这里仅指出一点,即它的内容,只能说是对于初唐以前历史编纂学进程的一份不完备的概述,表明作者的反思集中于编纂形式,而缺乏从历史认识的变迁过程进行思考。当司马迁在八百年前已提出"通古今之变"的任务之后,刘知幾的注意力却放在历史记录的形式方面,怎么不是一种退步呢?

可惜,连《史通》这样的史学理论专著,在中国的中世纪也属于凤毛麟角。随着中世纪统治学说即经学的更新,新出现的理学代替了汉唐经学,中国有了以思辨为主的哲学。理学对于历史观起了重要影响,却没有帮助催生出一种历史哲学。像《史通》那样把既往全部史著作为研究对象的专著不再出现了,接踵而起的所谓"史评",多半不是研究史学,而是议论史事;即使讨论历史著作，也都是沿袭南宋胡寅《读史管见》、吕祖谦《东莱博议》、朱熹《资治通鉴纲目》的学风，纠缠于书法啊、义例啊、心术啊，用理学家的尺度去裁量以往史学家。《四库全书总目》作者讥刺胡寅的书说："大抵其论人也，人人责以孔、颜、思、孟；其论事也，事事绳以虞、夏、商、周。名为存天理，遏人欲，崇王道，贱霸功，而不近人情，不揆事势，卒至于窒碍而难行。"①话很刻薄，却击中宋明多数"史评"著作的痛处。

这期间因同刘知幾对立而引人注目的，便是南宋初的郑樵。他也许是十二世纪曾经遍读可见诸史的唯一人物，因而他在《通志·总序》中发表的概括性意见，即关于通史和断代史两种编纂形式孰优孰劣的评论，同《史通》的意见形成尖锐对立，也格外被史学史家评说。但《通志》实为通史，并非专门讨论史学的著作，而郑樵的评论，除《总序》外，仅在"艺文略"中略有表达，也不足以与《史通》抗衡。它的影响，只是引出了以后数不清的"班马异同论"，大抵都是以"诛心"立论的冬烘文章。

直到十八世纪后期，章学诚的《文史通义》著成，才算在《史通》之后又有了一部史学理论专著。关于它，我们以后也将有专节讨论。这里也仅指出一点，即它的内容，主要从讨论经史关系出发，重新解释宋明学者所谓"六经皆史"说，进而对以往史著作了比较全面的考察。其中不乏经过深思的见解，但除了继续讨论历史记录形式以外，较刘知幾前进的地方，一是尝试区别"史学"与史料，二是强调史学家在具备刘知幾所说才、学、识三个条件的同时，还必须有"史德"。问题固然有意义，但他所谓的"史德"是指不能越出"名教"的雷池，比刘知幾更带八股气。因此，这部著作，其实是说中世纪"正史"该怎么写，也称不上讨论史学史的著作。

对史学的发展作历史的研究的，在近代首推龚自珍。他虽然生活在英国人用大炮轰开中国大门的前夜，但已敏感到未来可能发生巨变。他写过《尊史》、《古史钩沈论》，虽然写作时间都在鸦片战争前十多年，却已提出历史的编纂方法，再不能沿袭《春秋》的旧模式，以颂扬复古守成为己任，而应该描述历史在"变"。由此出发，他对旧史的功罪进行了评说。得当与否且不论，却开创了研究历史认识史的新路。人们常从龚自珍与清代经今文学的宗派关系方面看他的议论，不注意他的历史观与庄存与、刘逢禄的分歧，

---

① 《四库全书总目》史部史评类存目《读史管见》提要。

很难说不是皮相之论。

梁启超说晚清维新人士几乎人人都经历过崇拜龚自珍、魏源的阶段,固然失于夸张,如章炳麟对龚、魏就很不佩服,但也说出了事实。梁启超和他的同道夏曾佑等,的确对龚自珍表示异乎寻常的崇拜。不过,崇拜归崇拜,他们对于传统史学的攻击,与其说受到龚、魏的启发,不如说受到西方近代史学的启发。梁启超的《中国史叙论》、《新史学》,夏曾佑的《最新中国历史教科书》即《中国古代史》,分明是斯宾塞社会达尔文主义在中国的具体化,无非一用以评骘历史,一用以改写历史。当然,梁启超作为戊戌维新二号领袖的虚名,便足以使他的议论不胫而走。此后二十年,尽管他在政治上反复无常,受到反清革命派和"五四"先驱者的尖锐批判,但他作为"新史学"开山的荣名,却一直保持到"五四"以后。1922年至1927年,即他死前五年,他相继发表了《中国历史研究法》(原为《中国文化史》讲义)、《研究文化史的几个重要问题——对于旧著〈中国历史研究法〉之修补及修正》(《饮冰室合集·文集之四十》,1923年)、《中国历史研究法补编》等,都被认为是中国史学史的开山著作。

《中国历史研究法补编》提出了"中国史学史之作法"问题。无论"中国史学史"的名称是否梁启超所首创,但中国史学史应成为专门学科,建议出自梁启超,则是无可怀疑的。因此,梁启超所谓的"作法",即规定史学史必备的四点内容,史官、史家、史学之成立及发展、最近史学之趋势,则被后来史学史作者奉为不刊之论。

头一部用梁启超的"作法"为纲而写成的专著,是1944年由国民政府教育部审查列入大学教材的金毓黻著《中国史学史》。金毓黻长期从事历史文献研究,在学术界知名度甚高,本书又屡经罗家伦、缪凤林的推荐,正式列为国定大学教科书,不消说风靡一时。其后,梁启超另一位私淑弟子魏应麒,也据梁启超设想写了一部《中国史学史》,深度似超过金著,但在影响上却无法与金著抗衡。

金著《中国史学史》,受梁启超模式的限制,实为历史编纂学史。材料搜集虽较全面,议论并没有超出《中国历史研究法》及其《补编》的范畴。我们可以承认其在实践上的筚路蓝缕之功,但无法承认它是不可逾越的高峰。

奇怪的是,这部著作独秀于中国史学史书林,竟达三十余年之久。不是没有人想编出比它更好的著作。事实上,1956年的十二年科学规划,便列有中国史学史一项；1961年高等学校文科教材编选计划，更列入中国古代和近代两部史学史专著的编写任务。然而时过二十年，作为建国以来公开出版的第一部史学史专著，却是当初并未列入国家规划的朱杰勤著《中国古代史学史》①。与此同时，所谓史学史著作与读者见面的，只有一部《中国史学史论集》②。

《中国古代史学史》问世后受到颇为严厉的批评。它无疑有缺陷，最大的缺陷是没有越出历史编纂学史的框架。但它也无疑是填补空白之作，无论如何是结束了史学史教学中除金毓黻、魏应麒二书外别无参考书的历史。因此，就史学史的研究史来说，它有历史意义。

闸门一开，便止不住水流。关于中国史学史的专书，包括名谦而实类的专书，纷纷问世。据我所见，已有张孟伦著《中国史学史》上册③，仓修良、魏得良编《中国古代史学史简编》④，吕思勉遗著《史学四种》⑤，柴德赓遗著《史学丛考》⑥，尹达主编《中国史学发展史》⑦，陈高华、陈智超等著《中国古代史料学》⑧，苏渊雷著《读史举要》⑨等。台湾学者李宗侗的《中国史学史》⑩，虽然没有打破历史编纂学史的成例，却在面貌上与金毓黻书有较大不同。

评论以上各书优劣得失，不是本书的任务。就我个人来说，读柴德赓、李宗侗二书，较有趣味。前者于中世纪晚期的史学，举出实例，抉隐发微，令人感到史学家是有思想有个性的，并非成天在讲什么书法义例。后者企图勾画中国史学的完整系统，重视创例，但有己见，如章名特表刘知幾、郑樵、章学诚，推荐《通鉴》而抑置《史记》，详于宋元以后而略于隋唐以前，都不同于一般见解。

---

① 河南人民出版社1980年3月初版，418页。
② 上海人民出版社出版，已出（一）、（二）集。（一）出版于1980年1月，360页，收论文19篇；（二）出版于1980年1月，594页，收论文29篇。
③ 甘肃人民出版社1983年7月出版，268页。本册至魏晋南北朝史学为止。编者注：下册也由同一出版社于1986年出版。
④ 黑龙江人民出版社1983年6月版，613页。下限叙及清代乾嘉史学。
⑤ 上海人民出版社1981年12月版，238页。收吕氏遗著《历史研究法》、《中国史籍读法》、《史通评》、《文史通义评》。
⑥ 中华书局1982年6月版，441页。收作者论文27篇，内大半论史学史。
⑦ 中州古籍出版社1985年版，书未见。
⑧ 北京出版社1983年1月版，476页。分十章，为不同作者分撰，下限至清代。
⑨ 黑龙江人民出版社1981年10月版，327页。重点讨论作者认为是史学史上重要的人、书和事件。
⑩ 台湾中国文化学院出版部1979年12月新一版，202页。

关于史学史的论文,各学术刊物都时有刊载。专门刊物仅一份,即北京师范大学史学研究所编的《史学史研究》(前身为《史学史资料》),代表一种意见,选题则较广泛。

近年中国史学史受到高等院校历史系的重视,于是相关参考书也在出版。史学名著的校点本、注释本、选读本等,印行较多。已出的有《史记》、《左传》、《通鉴》等节选本,可备初学者浏览。《中国历史大辞典·史学史卷》①,是半个多世纪以来首出的专门工具书,收录较详备,释文尚简明,对于查考历史编纂学中的人和书有用;但收词较凌乱,有学术意义的论著遗漏不少,没有太大意义或亡佚旧籍倒搜罗不少,而且释文错误很多,有的错误出乎常识之外。这都使它可作参考,却不可信据,否则可能以讹传讹,闹出很大笑话。

理论研究,在目前的中国史学史论著中,显得最薄弱。我不是泛指历史观,而是指史学史本身提出的理论性问题。例如从发生学、形态学、结构学等不同侧面,对于历史记录形式的发展过程,进行综合性的科学分析,寻求支配中国史学史进程的若干法则,这类论文在目前便属罕见。又例如人们常常爱谈史学史的方法论,但传统史学所普遍应用的方法论,究竟是怎么回事,似乎还有待谈论方法论者解释清楚,在目前的趋势是你愈说令我愈糊涂。

研究现状不能令人满意,却正显示这是可以取得突破性成就的领域,但愿有更多的新人新著出现。

---

① 《中国历史大辞典·史学史卷》编纂委员会编,上海辞书出版社 1983 年 12 月版,512 页。据本卷说明,包括史学一般、史官、史家、史籍诸方面,共收词目 3 630 条,下限大致迄于清末,也有跨年限者。

第一章 从记神事到记人事

一 击石与取火

远在一百七十万年以前,中国的大地便出现了人类。"有了人,我们就开始有了历史。"①

有了历史,不等于人们意识到自己有了历史。历史由客观存在向思维对象转化,有个长而又长的过程。

考古学告诉我们,北京猿人制造的石器,用料选择和打制技术,都已在起变化;用火的技术也在进步,已会控制火力,保存火种,还会在火熄灭时向邻居借火②。这种进步,靠智力尚如幼儿的个别猿人,显然在其一生中也不可能达到;它只能是经验的累世积聚传授的结果。通过实际生活过程,开始积累向自然界索取生存条件的简单经验,并且辗转传授,这就是历史记忆的初始形态。

人类真正告别动物界,还是在学会人工取火之后。在中国,实现摩擦生火的第一代发明家,大概是河套人。

由河套人开始取得的征服自然的这一伟大成就,给我们的先民的印象如此深刻,以致成了保存最长久的一则历史记忆,那就是中国古代广泛流传的"燧人氏钻木取火"的传说。

作为人类历史开端的第一件大事,在我国远古仅仅依靠口传保存历史记忆的悠久岁月里,得以在先民传说中保存下来,朴质而不那么失真,对史

---

① 恩格斯:《自然辩证法·导言》,《马克思恩格斯选集》第三卷,人民出版社1972年版,第457页。
② 参阅裴文中《中国旧石器时代的文化》,见《中国人类化石的发现与研究》,科学出版社1955年版;贾兰坡:《"北京人"的故居》,北京出版社1958年版。

学史研究来说无疑属于幸事。它表明,"重实际而黜玄想"①,这种华夏族先民很早便形成的传统,固然对保存神话不利,却是很多历史材料赖以传存的重要条件。

同样,关于石器的历史,也长久地保存在先民的记忆中,只是变形得很厉害。在远古,石器既是生产工具,不消说也是原始武器。一切原始民族都崇拜自己手造的武器,因为用它能夺走人或动物的生命。我们的先民自不例外。随着私有制出现,石制兵器成为部落显贵们抓到的第一种武装,所受崇拜更甚,以至于变成部落军事联盟首领的权力象征。相传舜授予禹以统治权力,所赐权标唤作"玄圭"②,那其实就是一把黑石刀或黑石斧的变形。

即使青铜时代和铁器时代来临以后很久,人们早已忘却石器的生产工具性质,仅偶或记得它曾是上古制造兵器的材料③,却仍然对它的变形保持着异乎寻常的崇拜。商周到汉朝,从天子、诸侯到大小贵族,在祭祀、朝聘和军旅等隆重场合,都必须执持或佩带不同的玉制礼器,如大圭、圭、璋、琮等,作为权力和身份的等级象征。它们在观念上的涵义,曾使历代礼学家绞尽脑汁。直到近代,章太炎用进化论研究了礼器形成史,才揭开这个历史秘密,原来它们的原型统统来自武器④。玉兵就是贵重的石兵,可知人们对于自己发明的第一种工具,在历史记忆中保存多么长久,尽管印象已远不如人工取火史那样清晰。

人类的历史,首先是解决吃喝住穿的物质生活过程。因此,人类最初的历史意识,首先表现为记住自己最初创造的生产工具,记住自己制服自然力的第一个胜利,便毫不奇怪。历史记忆,是历史记录的依据,也是历史认识的胚胎。我们无论研究历史记录的发生过程,或者历史观念的发展过程,难道可以忽略这第一页吗?

---

① 鲁迅分析中国神话仅存零星的原因,首谓华土之民重实际而轻玄想。见《中国小说史略》,《鲁迅全集》(九),人民文学出版社1981年版,第21—22页。
② "禹锡玄圭,告厥成功。"见《尚书·禹贡》。按伪孔传谓禹治水成功,被尧赐以玄圭。此说与《舜典》所传舜任命禹为司空以嘉其成功的说法抵牾。虽系传说,但取后说较合理。
③ "轩辕、神农、赫胥之时,以石为兵。"见东汉袁康《越绝书·越绝外传记宝剑第十三》。
④ 《訄书·原变》,参见朱维铮、姜义华编注《章太炎选集》对该篇的说明和注释,上海人民出版社1981年版。

二 巫与史

无论中外,任何民族,第一代历史家都是巫师,第一种历史记录都是说神与人的关系,第一类历史认识都是神意支配人间的历史观。

对自然变化的初步认识,企图控制自然变化和无力控制自然的矛盾,导致两种相反的知识同时发生,那就是科学和宗教,而且出现了同时掌握两种知识的人,唤作巫。

巫,在甲文和金文中都写作 ╬①,篆文作巫。字形都象征人甩着长袖跳舞。许慎解释字义,一则说"女能事无形,以舞降神者也",二则说"与工同意"②。这说明,早先的巫都是女人,而且都是掌握生产技术秘密的女人。原始社会史和人类学的研究,都已对此提供了充分证明。自然,到父系氏族出现,又有了男巫。为区别起见,称为觋③。

作为专门从事精神生产的巫觋,出现较晚,在中国大约在新石器时代晚期④。但这以前,中国也同世界各地一样,原始民族在若干万年间,经历了成年男女人人都了解本氏族关于神的各种知识的时代,所谓"家为巫史"⑤。

令人感兴趣的是古代巫与史并称。巫的职责是降神,史的职责呢?

史的篆文作 ,字也很古老,甲文金文中均有,而且字形一直如此,从又从中,即用手托着简册。据许慎说,字义就是"记事者也"。因为记事需待文字出现,而早在文字出现以前很久,关于部落神或氏族神的祭祀便代代相传,所以我们宁可相信较晚的韦昭的解释,即史的职责是"序神位"。

随着经验的积累,知识的增长,不可避免地引起分工的进一步需要,于

---

① 参徐中舒主编《汉语古文字字形表》,四川人民出版社1981年版,第175页。但所引缺西周金文。
② 《说文解字》巫部。又,工部:"工,巧饰也,象人有规矩也,与巫同意。"参徐铉、段玉裁注。
③ "在男曰觋,在女曰巫。"见《国语·楚语下》。但男也可称巫,《世本·作篇》谓初作巫的巫咸,便是男性。
④ 在龙山文化(黑陶文化)的最初发现地,山东济南附近龙山镇的城子崖,发现过十六块卜骨,均有钻痕。范文澜"推想当时可能有一种叫作巫的人,脱离生产劳动,从事祭祀与文化事务"。见《中国通史简编》第一编,人民出版社1958年版,第105页。
⑤ "及少皞之衰也,九黎乱德,民神杂糅,不可方物。夫人作享,家为巫史。"见《国语·楚语下》。其实,人人都作巫,在原始民族中是普遍现象。许多原始民族都异常重视成年礼,其意义就在传授本氏族有关神的知识。

是便出现了专以记忆群神出没方位、时间和降临享祭次序的专职巫人。待文字出现,他们也首先运用这一工具,例如在山上燔柴祭天,要将记载酋长及其治下大事的简策,烧给上帝看,所谓"升中于天"①,这记载的事就由他们担当,因而象形造字,名之曰史。

由巫史不分到巫史分工,始于何时,还不能确定。王国维说:"史为掌书之官,自古为要职。殷商以前,其官之尊卑虽不可知,然大小官名及职事之名,多由史出,则史之位尊地要可知矣。"②殷商卜辞,多次提到史,还提到史有专称,如卿史、御史等③。他们似都执掌祭祀事,而且被遣出使方国。说明巫史分化,至迟在商朝已完成。史的地位确实很高,作为商王助手参与宗教政治事务,并且在史中还分出不同职事。

周族原居西方,文化落后。它趁殷纣王全力对付东夷而王畿空虚之机,倾力东进,攻灭了商朝。依照文明程度较低的民族征服文明程度较高的民族的惯例,它也采用了商朝的制度,包括王室执政官仍为卿史,天子诸侯的执政仍称御史④。据王国维考证,持书者叫作"史",治人者叫作"吏",而职事叫作"事",三字的明确区别乃出于秦汉之际,而先秦的区别并不严格,其意都是"史"⑤。

所谓官名多由史出,单就近人意见来看,归纳起来不外两说:其一以为

---

① "是故昔先王……因天事天,因地事地,因名山升中于天。"见《礼记·礼器》。升中燔柴,即后世的封禅仪式。其原始涵义,以章炳麟的解释较妥,参《訄书·封禅》。
② 《释史》,《观堂集林》卷六,中华书局1959年版,第269页。
③ 如武丁卜辞:"才南土,告史。"(《殷虚文字甲编》2902)祖庚卜辞:"丁酉史其酚告[于]南室。"(《殷虚书契续编》2.6.3)廪辛卜辞:"史我征三兄。"(《殷虚文字甲编》1949)。均为单提"史"例。如廪辛卜辞:"卿史于寮北宗不□大雨。"(《殷虚书契前编》4.21.7)乙辛卜辞:"才召甯,佳畜,其令卿史。"(《卜辞通纂》615)是言"卿史"例。又如武丁卜辞:"我入商,伊我御史。"(《殷契遗珠》114)廪辛卜辞:"若兹陟帝,余利,朕御史不句。"(《侯家庄出土之甲骨文字》11)康丁卜辞:"自贮其乎美御史——䙅取美御史。"(《殷契拾掇第二编》78)是言"御史"例,内我御史、朕御史,乃商王御史,而美御史则是美方御史,可知方国也有此职。详可参陈梦家《殷虚卜辞综述》,科学出版社1956年版,第519—520页。
④ 卿史、御史见于殷代卜辞。王国维以为,卿史,儒家经传作卿士,见《尚书》的《牧誓》、《洪范》、《顾命》和《诗·商颂·长发》等,而金文作卿事,见毛公鼎、小子师敦、番生敦诸铭;御史,即周初文献中屡见的御事,如《尚书》的《牧誓》、《大诰》、《酒诰》、《梓材》、《召诰》、《洛诰》、《文侯之命》等,且多以邦君、御事对称,是谓诸侯之执政。说见前引《释史》。
⑤ 前引《释史》。按现有"五史"之名,即大史、小史、内史、外史、御史,其职司见于《周礼》春官宗伯。此外,见于先秦两汉文献的史职,尚有左史、右史、董史、女史、侍史、传史、州史、闾史、柱下史、守藏室史等。金毓黻《中国史学史》第一章"古代之史官"中曾有综合叙述。按《周礼》晚出,其记周代制度本是战国后儒家对往古典礼的想象,其他文献所记也属于东鳞西爪的历史记忆,因之据以推论西周史官制度,难以征信。

那是由于各种官府都需起草和保管文书,因而所有官署均设史职,以起文书草①;其一则以为最初史的职务甚广,因而以后各官多以史称②。两说的合理性虽有差异,却都没有跳出章炳麟、王国维的窠臼,那就是没有真正弄清史是官,而官则是实现统治的国家机关的人格表现,因此脱离国家形成的过程,就史论史,不免陷于用逻辑代替历史的错误。

史是巫的一种。最早的巫,作为人类社会的第一代知识分子,不但不脱离生产,而且必须通晓生产生活的各种技艺和知识。神灵作善降祥,使谷物丰收,猎物或家畜繁盛,他们只能分享氏族成员都能分享的一份;但神灵作恶降殃,使收成坏了或疾疫流行了,却需要他们负责。直到春秋时代,倒霉的女巫还常因天旱不雨而被曝晒乃至烧死③,便是原始巫师因失职被罚的遗风。因此,巫必须留心研究自然秘密,寻求协调人与神灵的活动的方法,以引导氏族或部落趋吉避凶④。这类知识日益增加,出现专以保存和传授它为职责的巫,就是史。

从表面上看,史和巫都是祭司,在作为神仆这一点上没有区别。其实巫史分工,也就意味着宗教和科学分化的开始。巫继续充当神人交通的媒介,注意力必定集中于降神的祭物、礼仪、动作、语言等方面,也即宗教方面。史则注重记录经验和保存知识,并进而从中探求天意或神意,也就是重视事物

---

① 例如朱希祖说:"周官之五史,大抵皆为掌管册籍起文书草之人,无为历史官者。惟五史如后世之秘书及秘书长,为高等之书记;府家之史,则为下级书记耳。"见《中国史学通论》,独立出版社1947年版,第7页。金著《中国史学史》据此详加发挥。近人多从此说。
② 清汪中《左氏春秋释疑》,据《左传》记史赵、史墨、内史过、史华龙滑、内史叔兴、周太史、鲁太史、史朝等事,谓两周之史,职责有司天、司鬼神、司灾祥、司卜筮等。台湾学者李宗侗《中国史学史》引此驳王国维谓史最初为掌书之官说,以为"最初史的职务甚广,所以厥后各官多以史称,可谓为最初史职之分化。"见前揭该书,第2—3页。
③ 例如,鲁僖公二十一年,"夏,大旱,公欲焚巫尪"。见《左传》。杜预注:"巫尪,女巫也,主祈祷请雨者。"又,晋穆公因国内大旱,"欲暴尪","欲暴巫"。见《礼记·檀弓下》。郑玄注:"尪者,面乡天,觊天哀而雨之";"巫,主接神,亦觊天哀而雨之"。巫需对收成好坏负责,是原始民族的普遍观念。古代埃及、巴比伦的祈麦仪式,要选一名巫代表麦王,以保证和逼迫土地到时候结出果实。因为种子在发芽和繁殖前必须埋入土内,所以这个麦王便在播种前被杀死并埋葬,另选一名年轻巫者代替他,以代表滋长的作物。当然,这个年轻麦王,只能活到下次播种前。见柴尔德《远古文化史》,周进楷中译本,群联出版社1954年版,第94—95页。
④ 正因如此,担任巫职的人,必须留心研究和记住各种神灵出没的时间和方位。他要注意季节变化,以确定神灵准予狩猎和播种的时间,由此产生原始的天文历法。他要注意动植物的活动、风云水流的变幻,以判断神灵将要降祸或降灾,由此产生原始的生物学和气象学。他要记住猎物、牲畜和农产品的数量,以代表神灵进行公正的分配,由此产生了原始的算数。他要寻找某些能治病的动植矿物,以证明他能请来神灵驱逐邪鬼,由此产生了最初的医药学、矿物学等。例证详后。

的实际现象并探求隐藏在现象后面的自然法则。正因如此,远古传说把重要的科学知识,例如天文、气象、历法、算术、律吕、医药等,统统说成为"史官"的发明①,就不是偶然的。

更值得注意的是文字的发明者,即苍颉、沮诵,在远古传说中的身份也是"史官"②。如所周知,文字的出现,与社会分化的发生大致同步。因而,这种传说,如同关于一切新技术发明的传说那样,把发明权都归诸某个古圣前修,固然是古典史观,可是却透露一个事实,就是各种科学知识以及作为知识信息储存手段的文字,都是出于保存知识和传播知识的客观需要,而史正是这种需要的体现者。

相对于以舞降神的巫而言,在国家出现以后,史的地位便逐渐超过了他们。这是因为文字的出现,使神人交通的媒介形式也起了变化。在商代,龟卜问神已成为宗教活动的主要形式,有权宣达神意的只有商王和少数大贵族,而后者只能同自己氏族的神或祖宗的鬼交通。他们的不可或缺的助手,便是每片甲骨卜辞上都出现的"贞人"。据董作宾考证,贞人便是殷代的史官③。他们主持灼龟见兆的仪式,通过甲骨向鬼神发问,记录商王或贵族对神意的解释,并观察和记录神意应验的情况。就是说,他们与商王共同垄断了神人交通的特权,而神权正是殷周政权的宗教外衣。这显然是文字出现以后才有的情形④。

直到近代,对许多人来说,文字还具有神秘意义⑤。不消说,当文字刚

---

① "黄帝使羲和占日,常仪占月,臾区占星气,伶伦造律吕,大挠作甲子,隶首作算数,容成综此六术,著调历。"见《世本·作篇》,周予同主编《中国历史文选》上册,上海古籍出版社1979年版、2002年新1版,第61页。宋衷注:"皆黄帝史官。"同篇及《山海经·海内西经》,均有巫作医、采药的传说。
② "沮诵、苍颉作书,史皇作图"。见前揭《世本·作篇》。按,中国文字的发明,或谓始于伏羲氏。但苍颉造字的传说,早于《易·系辞》出现的时代,且流传最广,故取之。
③ 参董作宾《甲骨文字沿革例》。按贞字,甲文作 ⿱⿻, 即鼎的形象,金文作 ⿱⿻, 即在鼎前问卜,表明龟卜问神,也要举行接神仪式,因而贞人也是专职的巫,可能集降神与记事于一身,似介于巫与史之间。周代有太卜,与太史同为所谓天官六太之一。见《礼记·曲礼》。周人又将祝宗卜史并提,可见其与史尚有区别。
④ "书写的知识和把语言永久记录下来的能力,就意味着权力。历史上那些行使政治职能的人,巧妙地运用这一权力。有了书写的知识,一个新的时代开始了。历史可以记录下来了。传统、法律和教义,过去保存在记忆中的知识和伟大文学作品,能够写下来保存到统治者的图书馆和庙宇中去了。但普通的公民则被排除在外,书写知识仅为祭司、政府及其仆从们所掌握。"见利普斯《事物的起源》,汪宁生中译本,四川民族出版社1982年版,第238页。
⑤ 旧中国农村中广泛流行的"敬惜字纸"的信仰,以为污秽字纸将遭雷殛,以及认为写在书上的道理就是对的等,显系古代将文字神秘化的遗风。

出现不久,借文字预测、传达和保存天鬼动向的史,自然成为宗教政治事务中的权威。在商代,卿史在祭祀时充当献祭品者①,大约地位乃商王左右的主要祭司;御史则大约在商王出巡时充当执鞭驾车者②,因而也充当使者。他们还是臣仆首领。但到周代,内史、太史,便被周天子待以宾礼,称之为"友"③,而文献中也屡见天子诸侯向史官谘询军国大事的记录④。相形之下,巫的地位则在跌落,常被指派干坏事或被判对坏事负责⑤。这种变化,同文化程度提高和被统治者垄断,无疑存在着密切联系。

但史官并非职业史学家。由前者向后者的转变,还要使历史等待很久。

三 从卜辞到金文

有了文字,我们就有了历史记录。现存的历史记录,可上溯到商朝的甲骨卜辞,西周的铜器铭文。考察从卜辞到金文的发展过程,清楚地表明早期的历史记录,是由记神事到记人事的过程。

甲骨卜辞是刻写在龟甲和兽骨上的商朝王室占卜的记录。它自1899年引起金石学家王懿荣的注意,中经刘鹗、孙诒让、罗振玉、王国维、李济、董

---

① 中国的汉字,源于图画,因而最早的字体多为象形,从中可复原为造字者所想表现的事物或概念。卿字便很明显。甲文作 𝕏 (《殷虚书契前编》4.21.5),金文作 𝕏 (宅簋铭),均像二人弯腰屈膝捧着盛满祭物的豆。可知卿史主献祭并记录祭祀过程。《说文解字》训卿为章,段玉裁注据《白虎通》释谓善明理,非其本义。
② 御,甲文作 𝕏 (《殷契粹编》190),金文作 𝕏 (大盂鼎铭)。前一字形,像人蹲踞前倾执鞭,为驾车人状甚明。后一字形从 𝕏,或释为午,徐中舒谓"象马鞭前端两结之形,今天北方大车御者所持马鞭仍与古时无异",见前引《汉语古文字字形表》第74页。据此,则可知御史主为王驾车并记录王命。因善御并为王亲信,故可出使宣达王命。
③ 相传周公以成王名义告诫康叔,便称"太史友、内史友",见《尚书·酒诰》。伪孔传谓太史、内史掌国典法,为王所宾友。
④ 如史佚,或作尹佚、尹逸,相传周成王曾从之问政,见《淮南子》;史角,相传东周桓王时主祭祀,见《吕氏春秋》。史赵,曾据天象预言被楚所灭的陈国可复国;史墨,曾预言吴伐越违背天意,必受其凶;内史过,周惠王曾问其有神降于莘,主何吉凶;周内史叔兴,宋襄公曾问其陨石、鹢退飞主何吉凶;周太史,楚王曾遣使问其云的异象为何祥;均见《左传》。此外例证尚多,不备举。
⑤ 如周厉王使卫巫监谤(见《国语·周语》),即是暴君利用巫行虐政的显例。前引鲁僖公、晋穆公均因天旱欲焚或暴巫尪,则是要巫替灾害负责的显例。又,著名的"河伯娶妇"的故事,也是要用巫术制止河水泛滥,但春秋时邺地女巫已不是自己去交通河伯,而是强迫别的女子作替身;西门豹投女巫于河,要她报告河伯延期娶妇,显然也是利用女巫能直接与神灵交通的迷信来除害。但地方长官已能随意处置巫,也说明巫的地位下降程度。

作宾、郭沫若等学者的搜集、整理和研究,到现在八十余年,已形成一门发达的边缘学科,包括考古学、古文字学、古文献学和史学等在内,唤作"甲骨学"。

在安阳河畔小屯的殷都废墟出土的甲骨,数量已达十六万片以上。卜辞所记录的时代,包括武丁、祖庚、祖甲、廪辛、武乙、文丁、帝乙和帝辛前期。

古人早有殷人"敬鬼"的说法①。卜辞无例外地都是商朝贵族宗教生活的记录,证明他们确实十分相信巫术,凡事必问鬼神,一事常卜多次,代代乐此不疲。留下的大量记录,内容包罗极广,举凡商朝的宗教、战争、农业、牧业、手工业、天文、气象、历法,以及政权组织、方国状况、文化生活、思想意识等,无不涉及。自有卜辞出土,商朝历史才能成为信史。

不过我们感兴味的既非甲骨学本身,也非卜辞的史料意义,而是甲骨学家的研究成果,使我们可以方便地研究卜辞的记录方式,卜辞所表现的历史观念。

已出土的甲骨卜辞,绝大多数是商王卜疑的记录,叫作"王卜辞";也有少量"非王卜辞",即贵族问疑的作品。

不妨举一则完整的王卜辞为例:

> 癸巳卜㱿贞:旬亡囚?王固曰:屮祟,其屮来婎。乞至五日丁酉,允屮来婎自西。沚䃣告曰:土方正于我东鄙,戋二邑;㠯方亦侵我西鄙田。②

这则卜辞,由四个部分组成:(1)"癸巳",卜问日期;"㱿",贞人名字;合称"前辞"。(2)"旬亡囚",即贞人通过甲骨向鬼神所问的疑事,称"命辞"。(3)"王固曰"至"其屮来婎",为根据卜兆判定吉凶的记录,称"占辞"。(4)"乞至五日丁酉"以下,为追记商王占兆后应验事实的记录,称"验辞"。凡有这四部分,便是具有完整程式的卜辞③。

---

① "殷人尊神,率民以事神。先鬼而后礼,先罚而后赏,尊而不亲。其民之敝,荡而不静,胜而无耻。"见《礼记·表记》。按此语假托为孔子对三代之礼的评论,内又谓"夏道尊命"、"周人尊礼尚施"。夏人如何不可知,周人尊礼也是确实的。我怀疑这是戴圣抄袭司马迁的见解。司马迁说详后。
② 《殷虚书契菁华》1.2。释文参见周予同主编《中国历史文选》上册,第2—3页。固,视兆而问。屮祟,有祟的假借字。婎,读作戚,忧戚。沚䃣,沚国诸侯名。正,征。鄙,鄙的本字。戋,在,假借为"灾"。㠯,也写作呂、邛,方国名。侵,牧,或释作"侵"。
③ 或说卜辞的完整程式当包含六个组成部分。详参学勤《关于甲骨的基础知识》,《历史教学》1959年7月号。

从卜辞的程式可以看到：

第一，卜辞已有关于时间和方位、地域的确切记录。虽然时间还只精确到日，而空间还缺乏距离的记录，却说明当时的巫史已有时间和空间的清楚概念。而时空概念的确定，正是历史记录的基本形式已经具备的表现。

第二，卜辞程式以时间为纲，将事件的发生发展过程，按照日期先后顺序排列，这正是编年的历史记录雏型。

第三，卜辞中有"对贞"，即从正反两面预测事件发生的可能性，并且有用事实验证的记录。这说明巫史已有因果联系的观念。尽管由于他们的目的在于施行巫术，因而所记录的因果关系是颠倒的，但因果联系的观念发生，说明他们对历史的连贯性已有初步认识。而这也正是编年的历史记录得以发展的前提。

第四，卜辞的记录，既有记事，又有记言，而且记言时注意区别言者为谁，并指出其身份和名字。这又表明卜辞虽是问神的记录，却已将记录重点放在人的活动，也即在虚幻的形式中间有着现实的内容。一旦记录者自觉地将目光由神转向人，真正的历史记录就问世了。

相传周公在训诫"殷顽民"时，曾说："惟尔知：惟殷先人，有册有典，殷革夏命。"①似乎他见过商朝的历史典册。那是真的吗？安阳考古发现，刻有卜辞的甲骨，用毕就庋藏起来；小屯村YH127坑出土的某贵族所卜腹甲上，还刻有"三册，册凡三"字样，即九版合在一起保存；有些卜辞，特别重要，又在字画里填上朱墨②。这证实商朝巫史已尝试建立原始的历史档案，包括分类、归册和区分史料重要性等，因而周公的话确有根据。

仅就卜辞的形式而言，可说那是初具模样的历史记录。倘从内容来考察，尽管卜辞反映的社会生活面很宽广，大部分却是虚假的历史记录。不论王卜辞也好，非王卜辞也好，在卜时都旨在向鬼神请示将要发生的事，所谓卜以决疑③。因此，作为卜辞主体的命辞和占辞，都属于对未来的疑问和预言，所谓"知来"；只有验辞部分才属于"藏往"，即关于实际发生过的事件记

---

① 《尚书·多士》。
② 参前引李学勤《关于甲骨的基础知识》。
③ "卜以决疑，不疑何卜？"见《左传》桓公十一年记楚斗廉语。

录。现存的大部分卜辞，恰好缺少验辞，例如"帝令雨足年？帝令雨弗足年？"①"帝其降堇？"②都是关于未来的两可之辞，究竟上帝有没有降雨或者降下饥馑，并没有记载。

因此，卜辞虽可作为现存最早的历史记录来研究，但它的性质却只能看作原始的宗教预言。即使作为史料，大部分也难以判断是否信史，只可视为研究当时社会存在和社会意识的一般依据。

青铜器的制造和使用，是中国古典文明的重要特征。商朝晚期，青铜器的制造已很发达，但有铭文的器物较少，即有也是一二字的铸器款识。继承了商族文化的西周时期，被史学家称作"青铜时代"，可知那时青铜器的制造事业何等繁荣。

已发现的有铭青铜器，仅著录的已在四五千件以上。有的铭文长达四五百字，多属于西周春秋时代的作品。铭文多半铸在祭器、乐器和食器上，所以过去又习称钟鼎彝器铭文，现在通称金文。

金文的发现史，远早于甲骨文。在西汉中叶已有"宝鼎"出世的记载。西汉经学家已对铜器勒铭的涵义作过解释③。当时以为勒铭的限于祭器，铭文的内容限于歌颂祖先功烈。但出土铜器证明，除祭器外，陪嫁、服御、兵戎、嘉量诸器，也多勒铭，而铭文内容还有天子的册命，战争的记录，结盟的誓约，争讼的券书，尤以记载制器者本人的功烈庆赏的文字居多。对青铜器的形制铭文作有组织的研究，始于北宋，盛于清朝④。但以往的金石学者，不是把器物当古董鉴赏，便是对铭文作纯文字学的考订，注意到铭文反映的社会历史内容的，少得可怜。自郭沫若出，方才奠定了对金文进行历史研究的基础。

---

① 《卜辞通纂》363。
② 《卜辞通纂》371。
③ "夫鼎有铭。铭者，自名也，自名以称扬其先祖之美，而明著之后世者也。……铭之义，称美而不称恶，此孝子孝孙之心也，唯贤者能之。铭者，论撰其先祖之有德善、功烈、勋劳、庆赏、声名，列于天下，而酌之祭器，自成其名焉，以祀其先祖者也。显扬先祖，所以崇孝也。身比焉，顺也。明示后世，教也。夫铭者，壹称而上下皆得焉耳矣！是故君子之观于铭也，既美其所称，又美其所为。为之者，明足以见之，仁足以与之，知足以利之，可谓贤矣。贤而勿伐，可谓恭矣。"见《礼记·祭统》。按这段文字，可称最早讨论铜器铭文意义的文字。值得注意的是本篇还引用了卫孔悝鼎铭的全文。
④ 北宋著录金文的约三十余家，如欧阳修、吕大临、赵明诚等。清代著录考释金文的著作有数十种，以阮元、吴式芬、吴大澂、孙诒让等最知名。参王国维《宋代金文著录表》、《国朝金文著录表》。

关于商周铜器的年代学研究，已可说明金文的记录有个进化过程。最初多为铸器款识，以证明器物的所有权。后来在铸器时，刻上几句话，以纪念器主正好逢到的某件事，乃偶然为之。自这类铭文出现，因铜器坚固可以传世，于是贵族争相仿效，发展到为勒铭而铸器。比方订立了重要契约①，或者纪功庆赏②，都可专铸一器。到此时，钟鼎彝器也就代替甲骨，成为记录历史的重要工具③。

金文的记录形式，不像甲骨卜辞那样刻板，但文字风格也大抵相仿。不妨举最早见于文献著录的《卫孔悝鼎铭》④为例：

> 六月丁亥，公假于大庙。公曰：叔舅！乃祖庄叔，左右成公；成公乃命庄叔，随难于汉阳，即宫于宗周，奔走无射，启右献公；献公乃命成叔，纂乃祖服；乃考文叔，兴旧耆欲，作率庆士，躬恤卫国；其勤公家，夙夜不解，民咸曰休哉！公曰：叔舅！予女铭，若纂乃考服。悝拜稽首曰：对扬以辟之，勤大命，施于烝彝鼎。⑤

铭文显然是纪功庆赏的作品，从中可看出两周金文的通常格式：(1) 事件发生的时间（六月丁亥）、地点（卫国太庙）和背景（卫国君臣举行孟夏禘祭⑥）；(2) 事件的经过，包括缘由（卫庄公在祭祖时表彰孔悝父祖）、内容（卫庄公追叙孔悝父祖效忠公室等主要功烈的谈话）、结果（卫庄公指示孔悝作器勒铭纪念先人功德，实则使这项荣誉有案可稽，并公诸于众）；(3) 作器的用意（对庄公表示服从、感激，并立即行君之命）。按照惯例，铭文末或纪年，

---

① "凡大约剂书于宗彝"，见《周礼·秋官·司约》。现存舀鼎、曶攸从鼎、格伯簋、散氏盘等，均其类。
② "攻其邻国，杀其民人，取其牛马粟米货财，则书之于竹帛，镂之于金石，以为铭于钟鼎，传遗后世子孙。"见《墨子·鲁问》。今存大小盂鼎、宗周钟、兮甲盘等，均其类。
③ 参郭沫若《周代彝铭进化观》，《青铜时代》，新文艺出版社1951年版，第325—326页。
④ 孔悝鼎，今不见著录，鼎铭全文见《礼记·祭统》，则此器可能于西汉晚期尚传世。孔悝乃春秋末卫国大夫，于公元前480年冬继其父孔文子为卫国执政。时值卫国内乱，被卫灵公放逐的卫太子蒯聩发动政变，夺其子卫出公位，是为卫庄公。孔悝一度被劫持，孔子弟子子路即为救孔悝而死，见《左传》哀公十五年。据《礼记》郑玄注，此铭中之公即卫庄公，"得孔悝之立己，依礼褒之，以静国人自固也"，则此鼎当铸于公元前480年冬卫庄公告庙之后。
⑤ 假，至。叔舅，诸侯对异姓大夫的称谓。据《左传》哀公十五年，孔悝之母伯姬，为卫庄公之姊。孔悝继父任卫执政后，孔伯姬与出奔在外的卫庄公密谋，发动政变，逐卫出公，劫持孔悝，迫其承认庄公为卫君。孔悝年幼于庄公，故庄公呼之为叔舅。庄叔，孔悝七世祖、卫大夫孔达。卫成公曾被晋文公打败，出奔于楚。但孔达随难事，不见于文献记载，故孔颖达疏疑是卫庄公假造孔达功业以褒美孔悝。成叔，孔达之孙孔成子，但史传也没有他随卫献公出奔事。文叔，孔文子，名圉，孔悝之父。
⑥ 《礼记·祭统》郑玄注："假，至也。至于大庙，谓以夏之孟夏禘祭。"夏指夏历。

或勒族徽,此器也许省略了。

这样的格式,包括了历史记录的主要因素,即时间、地点、人物和事件内容。同前引卜辞程式对照,一是时间记录更确切,不仅有日期,还有月份,使后人可将它同文献记录对勘,确定此事发生在鲁哀公十六年(前479)[①];二是空间记录更具体,明指在卫国太庙,使后人很易判断事件发生的背景。这都是编年史所需要的记录形式。

更引人注意的,是这类记录本身包含的意义。

第一,金文的记录重点,以器主的功烈庆赏为主,便是将视线由神转向人。就是说,人已不再把自己当作神的附属物,不再把自己头脑的幻想物当作支配历史的主体,从而表明人已意识到自己是此岸世界的真实存在。因此,可以说,金文的出现,才算开始了人的历史之记录。

第二,金文的记录内容,以过去发生的事件为主。就是说,它记的是人事,而不是神谕。我们利用卜辞,只能假中见真,即从当时巫史预卜未来的梦话中寻找其曲折反映的历史真实;但利用金文,则要注意的是真中有假,即其中叙述得歪曲的、片面的、不真实的成份。因此,也可以说,金文的出现,才算开始了社会历史之记录。

然而,金文的记录还是受到很大限制。限制首先表现在记录工具上,勒铭于铜器较诸锲文于龟甲,自然难得多。限制同时还表现在历史意识上,那时人们虽已发现了人的现实存在,却依然缺乏将一代人与不同事贯串考察的能力。因此,金文反映的是一个个孤立事件,是连续的历史中间的若干间断点。现存的铜器铭文,史料价值较高的不过五六百篇,即从西周至春秋的五百余年间,每年平均仅一篇记录,况且出土地域很分散,记录内容多溢美。因此,它虽比甲骨卜辞前进了,但离开历史编纂学的要求还很远。

四 史诗与神话

马克思说过,古代各族是在幻想中、神话中经历了自己的史前时期的。

中国如今有七十多个民族。每个民族都有自己的神话传说,可惜多数民族的神话,尚未得到充分的发掘和整理。而汉族先民的神话,留存至今的

---

① 参《礼记·祭统》孔颖达疏。

又显得很不发达,集录成书也很晚,因而只好放在文字记录出现以后来叙述。

初民神话保存在哪里呢?一是图画,二是诗歌。

用图画表现神话,相传起于夏代,说是夏禹曾把鬼神怪物的图形铸在鼎上,使人民预知趋避①。又相传伊尹说汤,也带了绘有"九主"故事的图画②。这在目前都尚未得到考古发现作为旁证,因而不足信。但从西周以后,天子的明堂,贵族的宗庙,都绘有关于祖先神灵的壁画,则应该是可信的。

例如春秋时著名乐师师旷对晋平公描述黄帝奏乐的一段话,依我看就是某幅壁画故事的复述:

> 昔者黄帝合鬼神于泰山之上,驾象车而六蛟龙,毕方并辖,蚩尤居前,风伯进扫,雨师洒道,虎狼在前,鬼神在后,腾蛇伏地,凤皇覆上,大合鬼神,作为清角。③

除壁画外,古人还将神话故事或人物,画在缯帛、木板、漆器、石头、砖瓦上。今存的最早实物,便是数度在战国楚墓内发现的帛画④。

但图画保存的神话,限于古代条件,传播不远,且易湮没。就保存效果来说,远不如史诗。

所谓史诗,就是用诗歌的形式追述历史。《诗经》的二雅,即周代宫廷和京畿一带的乐歌,便可称诗史。《大雅》反映的多是西周兴起和盛世的事迹,《小雅》则多哀诉西周末政治废弛和东周社会混乱的状况。其中也有神话的内容。如《大雅·生民》说周族始祖弃,是一位处女姜嫄踩了巨人的脚拇指印,感动有孕而生的。这种神话,几乎一切民族都有,反映各个原始民族都经历过知母而不知父的发展阶段。但二雅中这类材料较少。倘说神话性史

---

① "昔夏之方有德也,远方图物,贡金九牧,铸鼎象物,百物而为之备,使民知神奸。故民入川泽山林,不逢不若。螭魅罔两,莫能逢之。用能协于上下,以承天休。"见《左传》宣公三年王孙满对楚子语。
② 《史记·殷本纪》谓伊从汤,"言素王及九主之事"。裴骃集解引刘向《别录》:"九主者,有法君、专君、授君、劳君、等君、寄君、破君、国君、三岁社君。凡九品,图画其形。"
③ 见《韩非子·十过》。按敦煌莫高窟壁画,屡见描绘东王公、西王母的神话,其图形便与这里的描述颇类似,因之可推测师旷当是根据某壁画,方能如此绘影绘形。
④ 如1949年于长沙陈家大山楚墓内发现一幅帛画,绘一垂髻妇女,合掌而立,头上左方有龙凤飞舞。1973年于长沙子弹库楚墓又发现一幅帛画,绘一有须男子,佩剑执辔,反手力挽一条巨龙,面对的龙尾上立一仰首向天的鹭,左下角有条游动的鲤鱼。描绘的神话是什么,都还没有完全弄清楚,不过可推测是据当时流行的神话绘成的,意在借此施行巫术,使死者灵魂上登天界。

诗,则要算三颂中保留较多。

三颂即周王室和鲁、宋二国诸侯的宗庙中的祀神乐歌,内容多为歌颂祖先神灵之作①。祀神祭鬼的庙堂音乐,通过祭司代代相传,保守性极强。如《商颂》,相传是孔子的远祖正考父任宋国上卿时缅怀商朝祖先的作品,但在宋国宗庙里唱了几百年,唱到孔子"正乐"时依然如故。不过这一来,也意外地使三颂保留了较浓的神话气息。例如,《商颂·玄鸟》说商族祖先契为简狄吞燕卵而生,使人们了解同是"感天而生",居于东方海滨的商族与居于西方黄土高原的周族,在原始宗教方面便因环境而大不相同。

假如相信现存《雅》、《颂》都经过孔子删定的说法②,将它们成篇的时间定在春秋后期,那么《小雅》可称现代史诗,《大雅》可称近代史诗,《周》、《商》二颂可称古代史诗,而《鲁颂》则兼有近现代史诗的性质。

屈原所有的诗赋,都巧妙地把神话、历史和现实交织在一起,因而都是文化史家研究的绝好资料。但从研究史诗来说,他留下的最佳作品,还数《天问》。

《天问》写于屈原被楚怀王放逐时期。相传他这时彷徨山泽,历观楚国先王神庙和公卿祠堂,都有壁画,图写天地山川草木神灵,以及古圣先贤怪物行事,于是书壁呵问,以示怀疑,并抒愤懑。

这首史诗,采用提问的形式,上自"遂古之初,谁传道之?上下未形,何由考之?"下至楚国王都郢被吴军攻陷,昭王穴墙逃走是谁出的力?楚的复国又是谁之力?共提了一百七十八个问题。按照时间顺序,从开天辟地问到当代事件,关于宇宙,关于自然,关于历史,每事问。由于作者据以发问的故事,后多失传,因而《天问》究竟讲些什么,至今还没有完全解释清楚。唐代柳宗元做了一篇《天对》,企图解答《天问》。但他的依据,是早已变了形的、由儒家记录的传说,而且不了解楚文化与周文化的不同特征,因而所对非所问,所释非所疑,聊备一说而已。

世界上的古代史诗,对于远古的神话传说,大都抱着深信不疑的态度。孔子删《诗》,删去了他以为可疑的内容,又增添了"理应如此"的想象之辞,内容颇多失真。《天问》则不然,对于昔人视为信史的传说,全都表示怀疑,

---

① 宋国诸侯是微子启后裔,鲁国诸侯是周公后裔,都有用殷或周的天子礼乐祭祖的特权,因此都有自己的宗庙颂歌。
② 《论语·子罕》:"子曰:吾自卫反鲁,然后乐正,《雅》、《颂》各得其所。"

用提问题的方式揭露传说中的矛盾。这在史诗的写作上,似乎还找不到先例。

因而他的怀疑,在相当程度上破除了神话中的迷信成份,而揭露其合乎历史的可信成份。这是他的史诗有史学价值的原因。

除了史诗,古代神话传说还散见于各种古籍之中①。而保存上古神话最多的,要数《山海经》。

今本《山海经》,问世于公元前六年。据它的校定者刘歆说,原本有三十二篇,他改定为十八篇。但据清代毕沅考证,它起初有三十四篇,西汉时合为十三篇,刘歆又增加五篇,才变成十八篇②。

这十八篇,有"山经"五篇(南、西、北、东、中),称"五藏山经";"海经"八篇,内分"海内经"与"海外经",各有南、西、北、东四篇;另有"大荒经"东南西北四篇,"海内经"一篇。传世本约三万一千字,大概是宋代尤袤重新校定。

王国维通过研究卜辞所记殷代帝王世系,发现《山海经》所记人物,很多并非后人杜撰。如书中十六次提到帝俊,即卜辞中多次提到的夋或夒,也即古书中一再说及的帝喾,为殷族始祖;又如《大荒东经》说王亥被有易氏所杀,仆牛也被夺;卜辞中记录祭祀王亥用牛多至三百头,证明也是殷代先祖。因而王国维说:"其事虽未必尽然,而其人则确非虚构,可知古代传说存于周、秦之间者,非绝无根据也。"③从此史家便对《山海经》刮目相看。

直到公元前七世纪,人们还非常害怕祭错神,否则本族保护神要发怒,还可招来它族的保护神或恶神,而它族的保护神对于本族也是一种恶神。所谓"神不歆非类,民不祀非族"④,所谓"鬼神非其族类,不歆其祀"⑤。鬼神似乎比活人更恪守传统,于是不得不依照传统去对付它们。否则主持降神祭神活动的巫觋,就会倒霉,非但失去人们信仰,即他们赖以索取世俗利益的"饭碗",并且还可能付出生命作为近世俗语所说"烧香引来野鬼"的代价。春秋时代迷信的君主,尚且屡次由于旱灾而迁怒巫尫,要烧死他们以换取不

---

① 关于古神话的概况,可参看鲁迅《汉文学史纲要》、玄珠(沈雁冰)《中国神话研究 ABC》、徐旭生《中国古史的传说时代》(增订本,科学出版社 1960 年版)、丁山《中国古代的宗教与神话考》(科学出版社 1961 年版)等书。
② 毕沅:《山海经古今篇目考》,见《山海经新校正》卷首(《经训堂丛书》本)。
③ 王国维:《殷卜辞所见先公先王考》,《观堂集林》卷九。
④ 《左传》僖公十年晋狐突语。
⑤ 《左传》僖公三十一年宁武子语。

悦而降灾的神祇谅解,在更早时期报错神灵信息的巫史卜祝们背负的压力,更可想而知。

因此,即使只为图存,早期的巫觋也需要不断扩充自己关于不同地域不同族类的鬼神知识。鬼神是子虚乌有的,真正扩充的知识,当然只是不同族类的"民"的生存环境、生活方式和宗教信仰。这些知识,单靠口传耳受,很难记住,于是辅之以图画,进而辅之以文字,这就出现了《山海经》的原始版本。

这部巫书所记内容,反映地域性国家初起的状况。因此,它是在巫觋中经过长期口传所保存的古老宗教资料,整理结集虽晚,却有重要的史学价值。

首先,它使我们窥见历史记录的原始发生过程,即巫史由于巫术活动的实际需要,由于这种活动变得日益复杂,不得不强化记忆,并在保存历史记忆的职能上逐渐分工。巫专管接神,由巫分化出的史则专管记录神的位次,所记虽为神事,其实都是人事。

其次,它使我们窥见原始历史记录,在当时并非为了保存历史,而是为了克尽社会义务。所记的神示鬼彪,都直接与人的祸福相关,说明它们实际是原始先民们所不能控制的自然力量和不能理解的社会现象。他们企图进行人神对话,企图借助祭祀和禁咒控制神灵活动,使人们趋福避祸,这当然是迷信,却体现先民们争取在必然中获得自由的努力。因此,记下这一努力的巫书,内容是虚幻的,又是现实的;是荒唐的,又是严肃的。它是史学家先驱的知识和眼光的朴素反映。

再次,神示鬼彪都是人们的幻觉或错觉的产物,当然不能看见或摸着。但先民们相信它们的存在,于是作了巨大努力寻找它们的踪迹。为了解神灵的存在环境、出没规律,必然要对传说中某神祇的居处、道里、方位等详加核对,必须要对传说中某神祇与特定动植矿物相结合的情况仔细考察,也必然要对传说中某些神灵所骇怕的自然物进行搜求,于是在《山海经》中便出现了古地理记录、生物学和矿物学记录、原始医药学记录等等。如果不了解它的巫书性质,夸大其中一个方面,说它是地理书、博物书、神话书、历史书等,尽管都有道理,却都是以偏概全。

逐一论证《山海经》的记录有信史价值,不是本书的研究角度。但说明它是古巫书,那么它中间包涵的想像与真实,迷信与历史,便不难分辨。

五　古礼与古文献

　　周代的学问尽管形式很多，但归结起来不外两种，即《左传》所谓"国之大事，在祀与戎"。周人迷信虽然较殷人略淡，但"敬天法祖"仍是统治者的基本观念，除了上帝崇拜和祖先崇拜以外，还特别崇拜社稷，即土地和百谷之神；同时原始巫教群神依然存在，把水旱疠疫诸灾说成山川之神作祟，把雪霜风雨不时说成日月星辰之神为厉，是普遍的。因此一切生产活动和政治活动都要祭神。所谓戎，指战争和军事演习。在古典时代，战争是生产活动的一种特殊形式，而在农事间隙用狩猎形式举行军事演习，所谓春蒐、夏苗、秋狩、冬猎，不仅是教民习战，还有为农田驱除害鸟害兽和获取肉食的内容。秦汉以后边疆地区少数民族，如匈奴、鲜卑、突厥、回纥、契丹、女真、蒙古等，实行作战与生产合一，秋高马肥季节必定侵入中原进行劫掠，使一切中原王朝头疼，殊不知汉族祖先也是如此。关于祀与戎的学问，集中起来便叫作礼。

　　说到礼，便令人想到礼节和仪式。其实那只是礼的形式，孔丘就曾批评说："礼云礼云，玉帛云乎哉？乐云乐云，钟鼓云乎哉？"①他反对把礼看作礼器、乐器一类形式，是正确的，因为至少在西周时代，礼已具有统治集团根本大法的性质，即所谓"为国以礼"②。公元前513年，孔丘谴责晋国大夫赵鞅、中行荀寅铸刑鼎的一段话，相当准确地道出了古礼的真实涵义。不妨照录如下：

> 仲尼曰："晋其亡乎？失其度矣。夫晋国将守唐叔之所受法度，以经纬其民，卿大夫以序守之；民是以能尊其贵，贵是以能守其业。贵贱不愆，所谓度也。文公是以作执秩之官，为被庐之法，以为盟主。今弃是度也，而为刑鼎。民在鼎矣，何以尊贵？贵何业之守？贵贱无序，何以为国？"③

杜预注"民在鼎矣，何以尊贵"二语，说是"弃礼征书，故不尊贵"，是对的。礼

---

① 《论语·阳货》。
② 《论语·先进》。
③ 《左传》昭公二十九年。

的中心就是"贵贱有序"。各级贵族在自己隶属关系的范围内,可以随心所欲地支配庶民,他们出言即是法度,而庶民只有听凭摆布的义务,没有僭礼越分的权利,这就叫"礼不下庶人,刑不上大夫"。如果庶民自己懂得法度,据以衡量是非曲直,则贵族的饭碗便会打碎,因而"贵贱不愆,所谓度也"。可见,礼的确是根本大法,准确地说,就是统治者实行"人治"的根本大法。

这种根本大法,同祀与戎的关系如何呢?就在于后者是前者的主要表现形式。祀神要讲献祭程序,戎事要讲行伍编制,二者都是显示贵贱等级结构的绝好机会。无论祭祀礼仪或者军事活动,都有一种神圣庄严的气氛。在这种气氛中,人们对自己所处于上下隶属关系中间的地位,容易获得极其难忘的印象。不消说,那印象对于约束或强制人们不得僭礼,是有利的。因此,愈到旧礼崩溃时代,统治者愈要强调祀与戎对于守礼的意义,便不奇怪。

而史官保存和传授的,主要正是关于礼的学问。目前留下的文献,有关祀即宗教方面的是《周易》和"三礼",有关戎即军事方面的则是《尚书》和三礼中的军礼。相传它们都经过孔丘的整理。

《周易》是一部筮书,即巫书的一种。它的主要内容,是原始的宗教与哲学,但也保存了较古的史料,并对后来的中世纪史观产生颇大影响。

《周易》的基本内容,原是神秘的宗教预言,但记录下来的都是经过所谓验证的预言,于是就变成古代的一种历史记录。由于经文曾记载殷周贵族的活动,如《泰》六五爻辞有"帝乙归妹",《既济》九三谓"高宗伐鬼方,三年克之",《升》六四谓"王用享于岐山",《明夷》六五谓"箕子之明夷"等,因此王国维、郭沫若等以为它是古代卜筮的底本,郭沫若还据以写了《周易时代的社会生活》①。又由于经文表明古人已知自然现象和社会现象都有矛盾,依据相反相成的道理在运动变化,因此学者们普遍重视它的哲学思想,尤其是其中的朴素辩证法观念。

《周易》在古文经学盛行时代,居于"六经"之首。它的经传经常被古代政治家和思想家当作权威著作引用,因而经常出现于古代史学著作中,并作为记录整体的一部分而不加解释。我们如果不对它的内容和形式略知一二,便有许多材料看不懂,乃至误解。同时,它的思想,尤其是被西汉以后经学家、宋以后理学家教条化了的神秘主义思想,直接影响到人们的历史认

---

① 参见《中国古代社会研究》,人民出版社1964年第2版,第二章。

识。《周易》的卦爻辞称"经",十翼(《彖》上下、《象》上下、《系辞》上下、《文言》、《说卦》、《序卦》、《杂卦》,共十篇解释经文的著作总称)称"传"。其中很多论点,都直接成为中世纪史学家关于历史法则认识的依据。如《履》卦(☱兑下乾上)象辞说:"上天下泽,履。君子以辩上下,定民志。"这条就常被引用为中世纪等级秩序辩护的理由。如《革》卦(☲离下兑上)象辞说:"革,水火相息。二女同居,其志不相得,曰革。……天地革而四时成,汤武革命,顺乎天而应乎人,革之时大矣哉!"在古代便被当作改朝换代的理论根据,在近代仍然保留了它的认识形式。再如《大过》(☴巽下兑上)象辞说"泽灭木,大过。君子以独立不惧,遯世无闷";上六爻辞说"过涉灭顶,凶,无咎"。直到近代,还被章炳麟引用其意,为辛亥革命的失败辩护,说是革命派反清有理,反袁没错①。可见,研究中国历史,包括政治史、思想史和文化史,便不能不熟悉《周易》经传的某些基本观念。

对古代史学有影响的古文献,还有《尚书》。

《尚书》也是中世纪六经之一,相传由孔子编选而成。传世本《尚书》共五十四篇。其中二十九篇,在西汉文帝时,由伏胜口传、晁错笔录,得到广泛流传。当时传本用西汉通行的隶书写成,叫作《今文尚书》。另外二十五篇,相传在西汉景帝时,由孔安国传授并注解,经文用汉以前的鸟篆或大篆写成,叫作《古文尚书》。但后一种已佚,仅存篇目和少量佚文。今传本《古文尚书》和孔安国传,均为东晋豫章内史梅赜所献。它与今文二十九篇合编,在唐初被定为官方教科书,大行于世。然而经过宋代吴棫、朱熹,明代梅鷟,清代阎若璩、惠栋等相继怀疑和考证,已被学术界公认是伪作。不过,《今文尚书》某些篇,如《尧典》、《禹贡》、《洪范》等,经过顾颉刚、刘节等考证,也被许多学者认为是战国后人补充的作品,并非"上代的书"。

《今文尚书》的记录,上起传说的尧舜,下迄春秋中叶的秦穆公,时间相当于公元前二千四百年至公元前六百多年。它的编排,通常分虞、夏、商、周四部分,按照时代顺序,表明它的编者已开始注意历史运动的时间形式。它的体例有六种:典(常道),谟(议谋),训(教诫),诰(上告下),誓(约束),命(君使臣)。但除《禹贡》为地理记外,余下的都是帝王训示、贵族奏议,即所谓训下告上之辞。它的内容,也不外两类,一是说要敬天法祖,二是说要讨

---

① 章太炎:《大过》,见前揭朱维铮、姜义华等编注《章太炎选集》,第572—581页。

伐逆命,但绝大部分是有关战争的文献,因而可称为戎事的早期记录。这些文献,记载的都是特别重要的历史事件,如《牧誓》是周武王与殷纣王在牧野会战前的誓师文,《金縢》是周武王病危时周公旦祭祖祷词和周成王对周公旦由疑而信的经过叙述,《大诰》是周公旦摄天子位后举行东征前"黜殷命"的告示等。因此,它们都被史官当作建国典章而小心地保藏传世,成书后便是历史文件的档案汇编。

第二章 时间的记录与空间的记录

从远古到西周的巫师和史官,留下多种色彩的历史记录,但谁都不是在有意识地编写历史著作。要到史官自觉地将各种记录系统化,使历史呈现为一种过程,那种无意识地反映历史活动的时代方才结束。

在中国,系统记载历史过程的著作始于何时?我们不知道。现在知道的,只是从西周共和元年(前841)起,中国历史便有了不间断的纪年。《史记》关于楚、齐、燕、晋、蔡、陈、宋诸国的确切纪年,都由这一年前后开始,说明至少自那时起,有意按照时间序列记录已经发生的事件,就形成了一种具有普遍性的传统。

这个事实,在世界史学史上,也是重要的。有确切的历史纪年,在古希腊可以上溯到公元前450年左右,在古巴比伦也差不多,而古印度人神不分的含糊记录则持续到公元四、五世纪,尽管它们的文明与中国一样古老。

一切存在的基本形式是空间和时间。把握各种事变在时间上和空间上的相互联系,同样是认识历史运动的前提。因此,确定各种事变相继发生的时间序列,以及它们所处的空间位置,便是反映历史过程的两个必备条件。这也可以解释,为什么世界上任何民族的最早历史记录,其形式必定是编年史和地域史。古代中国首先出现时间的记录和空间的记录,这是我们的祖先对古代世界文明史的一大贡献。

一 编年史的诞生:从《春秋》到《左传》

按照时间的序列,记载同时和相继发生的事件以及人物活动,这种历史编写形式,叫作编年史。

现存最古的编年史是《春秋》。它以鲁国为中心,按照鲁国十二公——隐、桓、庄、闵、僖、文、宣、成、襄、昭、定、哀的次序,记录公元前722年(鲁隐公元年)到公元前479年(鲁哀公十六年)之间,共二百四十四年的历史。但一般以为原著只记载到鲁哀公十四年"西狩获麟"一语为止,共二百四十二年。此后到鲁哀公十六年"孔丘卒"止,都是后人所续。

这里涉及到谁是作者的问题。自孟轲说孔子"作《春秋》"①以后,历来学者都深信不疑。但近代的疑古派,如钱玄同,却以为孟轲在造谣,理由是《论语》中找不出一点关于孔子作《春秋》的材料来,而《春秋》只是鲁国的"断烂朝报",以孔子的学问才具,"似乎不至于做出这样一部不成东西的历史来"②。这样的怀疑站不住脚。《论语》主要是孔子晚年部分语录的汇编,他生平的很多重要事迹均未录入,因而不能据以推断孔子没有编著过《春秋》。而从战国到两汉,说及孔子与《春秋》关系的,也不止是孟轲。《庄子》曾说孔子"治《春秋》"③,《韩非子》记有孔子与鲁哀公讨论《春秋》的对话④。荀况曾批评孟轲"案往旧造说"⑤,却没有涉及孔子作《春秋》一事,相反后来流传的《春秋》不同解说,大多出于荀子学派的传授⑥。

所以,司马迁说孔子晚年"因史记作《春秋》"⑦,是可信的。虽然后世经学家关于孔子对鲁国史记究竟是"修"即删订呢,还是"作"即改写,尚存在争论⑧,但现存的《春秋》的确经过孔子的"笔削"⑨,则大约没有疑义。

然而,之所以会发生所谓修或作的争论,是因为在孔子以前已有编年史,而且也大多叫《春秋》。先秦文献提到的,有《鲁春秋》⑩,《晋春秋》⑪,周、

---

① 《孟子·滕文公下》:"世衰道微,邪说暴行有作,臣弑其君者有之,子弑其父者有之。孔子惧,作《春秋》。《春秋》,天子之事也。是故孔子曰:'知我者其惟《春秋》乎?罪我者其惟《春秋》乎?'"
② 钱玄同《论〈春秋〉性质书》,见《古史辨》第一册。
③ 说见《庄子·天运》。
④ 参见《韩非子·内储说上》。
⑤ 参见《荀子·非十二子》。
⑥ 参见清代汪中《荀卿子通论》,见《述学》补遗。
⑦ 《史记·孔子世家》。
⑧ 司马迁说孔子"作"《春秋》,是采取西汉今文经学家的说法。古文经学家以为孔子对六经是"述"而非"作",因而说孔子"修"《春秋》。参见周予同《群经概论》、《〈春秋〉与〈春秋〉学》等文关于《春秋》作者问题的叙述。见朱维铮编校《周予同经学史论》,上海人民出版社2010年版。
⑨ 《史记·孔子世家》:"孔子在位听讼,文辞有可与人共者,弗独有也。至于为《春秋》,笔则笔,削则削,子夏之徒不能赞一辞。"
⑩ 晋韩宣子聘鲁,曾见《鲁春秋》。见《左传》昭公二年。
⑪ 《汲冢琐语》记献公十七年事道及;又,同书记太丁时事,还提到《夏殷春秋》。

燕、宋、齐等《春秋》①，也有别名，如《晋乘》、《楚梼杌》②等。那时还有《春秋》专家③，并将《春秋》作为王储教科书④。据章炳麟说，《春秋》的著作形式，出现当在周宣王时⑤。相传孔子编写《春秋》，曾参考过"百二十国宝书"⑥，即当时所能搜罗到的王室和诸侯的编年史记。因此，这一历史编写形式，在诞生后已至少经历了三四个世纪，到孔子已发育为比较成熟的形态。

关于《春秋》编写形式的特点，以晋朝杜预概括得较清楚："《春秋》者，鲁史记之名也。记事者以事系日，以日系月，以月系时，以时系年，所以记远近、别同异也。故史之所记，必表年以首事。年有四时，故错举以为所记之名也。"⑦

以时间作为主线，年、时、月、日互相统属，说明人们在反映历史进程时，处理事件在时间上连续与间断的矛盾，已基本获得成功。社会历史由无数事件所组成。相继发生的事件，使历史显现为连续不断地展开的过程。然而每个事件又都经历着发生、发展和转化的过程，在时间上表现为间断性。金文和《尚书》各篇，便是在时间上间断的记录。而这类间断的记录，经过编年史家按照发生先后的序列加以处理，便组合成反映历史进程的连续记录。在这里，事件不再是孤立的、静止的，而是相互联系的，构成我们所说的历史运动。

例如，在《春秋》里，客观存在的历史过程，首先被逐日分解，呈现为一个个孤立的事件，或事件的某个片断；接着通过记月，使人们可以确定它在相对较短的时间序列中的位置；依次类推，人们便可发现随着时间序列的连续推移，旧的事件消失了，新的事件相继发生，形成一个不断变化的过程。而时、年就是连续性的层次；某公在位的断限，更表明较长的历史过程也有时间记录的分野。解决历史记录在时间上间断与连续的统一问题，是历史编纂学的一大成就。这个成就，固然是几个世纪的历史家探索的结果，但孔子

---

① 见《墨子·明鬼下》所引诸国《春秋》。
② "晋之《乘》，楚之《梼杌》，鲁之《春秋》，其实一也。"见《孟子·离娄下》。
③ 《国语·晋语》引司马侯对晋悼公语，谓"羊舌肸习于《春秋》"。
④ 《国语·楚语》记申叔时论傅太子之法，有"教之以《春秋》"云云。
⑤ "成周故无《春秋》。……《春秋》始作，则当宣王之年，故太史年表始共和，先共和即无历谱可次。墨子引诸国《春秋》，亦上逮宣王而止。始作《春秋》凡例者，必宣王时代太史官也。"见《检论·《春秋》故言》。
⑥ 《春秋公羊传》徐彦疏引闵因叙。
⑦ 杜预：《春秋经传集解序》。

将它作为好形式而定型,也是有贡献的。

不过,《春秋》的内容和形式并不相称。

首先是记录太简。《春秋》记一事,最长的只有四十余字,最短的才一字。全书仅有一万六千多字,平均每年的记录不到七十字。举隐公元年全文为例:

　　元年,春,王正月。
　　三月,公及邾仪父盟于蔑。
　　夏,五月,郑伯克段于鄢。
　　秋,七月,天王使宰咺来归惠公、仲子之赗。九月,及宋人盟于宿。
　　冬,十有二月,祭伯来。公子益师卒。

总共六十二字,用于记时间的便有二十一字。另外四十一字,记了六件事。单看经文,很难了解各个事件的具体内容。因而,从编年史的要求来说,它充其量是个写作提纲。

其次是措词隐晦。例如上引"元年,春,王正月",为什么"正月"之上要标出"王"字?为什么"正月"之下不记具体事件?古代天子诸侯的登基典礼,都在即位后第一个正月初一举行。因此元年正月下照例应记"公即位",如《春秋》记桓公、文公那样。但孔子非但于隐公不书即位,于庄、闵、僖等公同样不作即位记录,这是想表示什么呢?如果没有其他记录作对照,便很难了解此类蹊跷。

再次是各种事件缺乏因果联系。例如上引"郑伯克段于鄢"。由这六字里,人们只能知道郑国统治者的爵名是伯,公元前722年在位的郑伯,于五月战胜了名叫段的人,双方决战的地点在鄢。假如要知道多一点,比如郑伯是谁?他同段是什么关系?二人为何打仗?战场为何选在鄢地?那就不清楚了。当然,可以大体了解事变过程的记录,在《春秋》里也有。但更多的是上述那种令人闹不清来龙去脉的孤立性很强的记录,所以后人讽刺它像"断烂朝报",的确反映了它在处理历史在时间上的间断与连续这一对矛盾时还很不完善的侧面。

正因如此,《春秋》固然可称我国编年史的鼻祖,但从内容来看,只能说是一部不成熟的编年大事记。

孔子对于早期历史编纂学的发生过程,起过导引的作用。这起码有以下三点佐证：

第一，孔子提倡重"史"。

他说"吾犹及史之阙文"①，这里所谓史，既指人，也指文。春秋时代，巫史早已由分工到分家。从前给主持降神的巫觋充当"序神位"副手的史，早因控制文字记录和谙熟神人故事，而受到越来越关注自身与祖宗血统亲疏的君主贵胄的器重。这由两周金文和春秋文献提供的史重于巫的大量例证，可知其变②。

通观孔子办私学成名以后的个人经历，无不与"史"有关。他教学生习周礼，读《诗》《书》，都是东周王室和鲁、宋、杞、郑等古国史官世代相传的学问。他中年在鲁从政失败，率领弟子在中夏列国跑进跑出十三年，足迹所至的卫、宋、陈、蔡、曹、郑、晋诸国，都属于所谓史官文化传统面对"礼坏乐崩"局面的旧域。孔子虽然到处谋求得君行道一无所成，却在搜求古近史官的文献遗存方面大有收获。相传他为了编《春秋》，而派遣弟子四出索寻各国史官留存的编年记录，所得"宝书"有百二十国之多。他于六十八岁回到鲁国，享受"国老"待遇，在高弟冉求、子贡等呵护下度过晚年，直到七十三岁（前479）去世。假如他真的"因史记作《春秋》"，必在这五年中间③。

因此，倘说孔子的学问主要来自"史"；他重视的"文献"，前一字指各国史官的记录，后一字指会见过的分工不同的各类史官，那应该说离事实不远。

第二，孔子承认世变。

这点早由司马迁指出："孔子之时，周室微而礼乐废，《诗》《书》缺。追迹三代之礼，序《书传》，上纪唐、虞之际，下至秦缪，编次其事，曰：'夏礼吾能言之，杞不足征也；殷礼吾能言之，宋不足征也'；'足，则吾能征之矣。'观殷、夏所损益，曰后'虽百世可知也'。以一文一质，周监二代，'郁郁乎文哉！吾

---

① 《论语·卫灵公》。
② 这一点，清代江永《周礼疑义举要》首谓"掌文书者谓之史"，乃周代通制。清末章太炎《官制索隐》、民初王国维《释史》，均循此思路讨论。然同时代的日本学者狩野直喜、内藤虎次郎更注意殷周巫史相分过程的考察。本田成之《中国经学史》述经学的起源，即依据中日学者诸说，一再讨论史与巫的关系。见该书孙俍工译本，上海书店出版社据1934年中华书局版重印本，2001，第9—12、24—30页等。
③ 参看蔡尚思等《孔子思想体系》，上海人民出版社1982年版，第57—59、139页等。

从周。'"①

其中引孔子三语,均见今本《论语》。头一语出于《八佾》,中间省略了"文献不足故也",但文意强调"其事"的可信度,是清楚的。次一语出于《为政》,却省略了三代之礼相"因",只强调"损益",于是"百世可知",那意思无疑在强调世世有变是根本性的,不论其变是否体现因袭性。末一语也出于《八佾》,监者,鉴也,以为孔子认定周礼已达"文"的变化的新高度,于是言损益必"从周"。

显而易见,司马迁在这里批评他的老师董仲舒说《春秋》的理论。董仲舒认为孔子这部书,看待"世事","善复古,讥易常"②。司马迁却道不然,从孔子讲三代礼制史来看,他恰好在论证"易常"是世事的主线,不把文质递变看作讥刺的对象。

用不着评判董、马二说的价值观念。即使按照董仲舒附会的《春秋公羊传》,其中固然充斥着臆说,但最终也不得不说孔子处理那二百四十二年的历史记载,"所见异辞,所闻异辞,所传闻异辞"③。就是说,孔子将鲁国十二公的历史,分作传闻、亲闻和目见三个时期,写作时采用不同措辞,暗示这段历史至少经历了变异的"三世"。董仲舒无法否认孔子用辞异表明世异,只得承认在《春秋》中找不出孔子通过三世异辞表达的"奉天而法古"的一贯尺度,所谓"《春秋》无达辞"④。

因而,假如孔子晚年确实根据旧史编纂过《春秋》,那么照《论语》所记的

---

① 见《史记·孔子世家》。
② 《春秋繁露·楚庄王》。董仲舒师承不明,《史记》儒林本传,说他"以治《春秋》,孝景时为博士"。《汉书》本传改为"少治《春秋》,孝景时为博士",似乎他自幼习《春秋》,无师自通。但同书《艺文志》六艺春秋二十三家,内有"《公羊董仲舒治狱》十六篇",则董仲舒赖以起家的资本,是用《公羊传》的"义",附会解释汉武帝时酷吏张汤的疑难刑事案例,其书必成于汉武帝立公羊学博士之后,由近人程树德《九朝律考》所辑董仲舒《春秋决狱》佚文可证。《公羊传》由口传变成文本,在汉景帝时代,编纂者是齐人胡毋生。司马迁《儒林列传》序谓汉武帝用儒学以后,"言《春秋》,于齐、鲁自胡毋生,于赵自董仲舒",则董仲舒的《春秋》学,原与胡毋生所传公羊学为两派。然而到汉武帝立公羊学博士以后,他与时相公孙弘唱和,以经术缘饰吏治(见《史记·平津侯主父列传》),却改而比附《公羊传》的"微言大义",于是他的学说来历,越发可疑。司马迁强调他著史的出发点,与董仲舒所说《春秋》的指意不同,或者是"师若荒谬,不妨叛之"的古例吧? 又,《汉书·艺文志》诸子儒家五十三家,内有"董仲舒百二十三篇",或即宋代始传世的《春秋繁露》的蓝本。而《春秋繁露》内容混杂,清末章太炎据此书,讥董仲舒为"神人大巫",应该说触及到了董仲舒学说的本质。此点在以前我未尝论及,当别为一文讨论。
③ 《春秋公羊传》哀公十四年。
④ 《春秋繁露·精华》。

孔子史论,他承认历史在变,还承认"损益"是世变的常态,便大约也离事实不远。

第三,孔子主张传"信"。

编纂历史,首先要求"文献足征"。无论史料来自史官遗篇、故老口传,还是孔子自说从其他途径访求的"史之阙文",都需要设法求证,以确定它有没有可信度,所谓"无征不信"①。这是孔子对于传统史学的重要贡献。他自称殷人后裔,却说宋国流传的殷礼,缺乏传世文献的验证,表明他在这一点上是有史家风格的。

西汉问世的《春秋》三传,只有《穀梁传》的来历较分明,可以在传授系统上追溯到战国晚期的荀况。今存《荀子》,记有荀况对孔子遗说的一则引申:"信信,信也;疑疑,亦信也。"②因而,与《公羊传》同时在汉武帝宫廷内现身的《穀梁传》,尽管也着眼于诠释所谓孔子寄托在《春秋》经文里的"义",却显得对待历史的态度比较平实,一再强调孔子作史有个原则,就是"信以传信,疑以传疑"③,不待说尚存荀况的遗训。

司马迁曾亲历汉武帝主持的《公》、《穀》二传解经优劣即更合乎"以经术缘饰吏治"要求的御前辩论会,因善窥君主心意的公孙弘偏袒董仲舒,使《穀梁传》不得立于学官④。但由《史记》述春秋故事,也注重"传疑",不取公羊学的怪论,可知司马迁对于《穀梁传》所称《春秋》贵义而不贵惠,信道而不信邪⑤之类说法,是同情的。

以上三点,如今都属于历史编纂的常识,但在公元前六世纪末那个混乱时代,孔子能够达到这样的历史认知,提出的编纂历史应该重视的原则,虽简单,却中肯,在传统史学中留下很深的印记。

由于《春秋》经过孔子的改编,由于孟轲说过孔子不过借历史作形式,改编的目的在于通过字里行间表达某种"义"⑥,因而战国以后很多人都相信在那种笨拙的编写形式后面,隐藏着哲学的政治的深刻道理,使"乱臣贼子"

---

① 《礼记·中庸》。
② 《荀子·非十二子》。
③ 《春秋穀梁传》桓公五年。
④ 《史记·平津侯主父列传》、《汉书·儒林传》。
⑤ 《春秋穀梁传》隐公元年。
⑥ "王者之迹熄而《诗》亡,《诗》亡然后《春秋》作。……其事则齐桓、晋文,其文则史。孔子曰:'其义则丘窃取之矣。'"见《孟子·离娄下》。

感到恐惧①。相传孔子曾将这些不便于明说的"微言大义",口授给几个弟子,辗转流传,便形成不同的"传",就是不同的引伸解释。

所谓《春秋传》,到西汉时已有五种。其中,邹氏、夹氏两种传早亡。现存的还有三种,即《左传》、《公羊传》和《穀梁传》。

《公羊传》相传是孔门子夏的弟子、齐人公羊高所传,到汉景帝时,由他的玄孙公羊寿和齐人胡毋子都著录成书。它用问答体逐层解释《春秋》的"微言大义",上起鲁隐公元年,下终鲁哀公十四年。它是汉朝今文经学派最重要的政治哲学著作,在汉景帝时立为博士传授的官方教科书。在汉武帝时,《公羊传》的大师董仲舒成为"罢黜百家,独尊儒术"初期编造孔子"为汉制法"幻想的主要理论家,而胡毋子都的弟子公孙弘则由平民一跃而任宰相。因此,《公羊传》所阐释的"大义"曾主宰两汉政治近二百年。

《穀梁传》相传也是子夏弟子、鲁人穀梁赤所撰,体裁同《公羊传》相近,但文字比较简略质朴。由于汉宣帝的提倡,在西汉后期被当作今文经学派内"鲁学"阐释《春秋》大义的作品,但有人认为它是古文经学派的作品②。

不过二书虽对研究战国秦汉间的儒家思想极为重要,对汉以后的历史认识也有很大影响,却不能算作历史著作,这里不拟专门研究。

需要研究的是《左传》。这部十八万余字的编年史巨著,西汉末因刘歆要求立于学官才为世周知。据班固说,它是刘歆在宫廷藏书中发现的,"歆治左氏,引传文以解经,转相明,由是章句义理备焉"③。这句话不甚明白,"引传文以解经"可释为《左传》与《春秋》本是互相独立的两部著作;"由是章句义理备焉"也可解成《左传》本无成书,是刘歆根据左氏家的说法并模拟解经的口气而造作的。前一点可由《史记》找到证据,司马迁便曾把《左传》叫作《左氏春秋》④,而刘歆引用西汉末今文博士的话,也说及"左氏不传《春秋》"⑤。后一点虽找不到证据,但刘歆表彰《左传》,意在用关于《春秋》的古

---

① "孔子成《春秋》,而乱臣贼子惧。"见《孟子·滕文公下》。
② 近人崔适考证,以为《穀梁传》属于古文经学系统,说详《春秋复始》。
③ 《汉书·楚元王传》附刘歆传。
④ 孔子次《春秋》,"七十子之徒口受其传指,为有所刺讥褒讳挹损之文辞不可以书见也。鲁君子左丘明惧弟子人人异端,各安其意,失其真,故因孔子史记具论其语,成《左氏春秋》。"见《史记·十二诸侯年表》序。
⑤ 刘歆《移让太常博士书》所引,见《汉书·楚元王传》附刘歆传。

文经说否定今文经说，打破公羊学派所谓《春秋》是孔子替汉朝制定的经世大法的迷信，在理论上为王莽夺取汉朝帝位作准备，由此可推论他居心不良，必定会假造古书以达其不可告人的目的①。于是便引出《左传》是否左丘明所作的问题，是否刘歆所伪造的问题，成为长期争论而至今没有最终解决的著名公案。

作者是谁与是否刘歆伪造，原是一枚硬币的两面。索解的关键，在于《左传》原来是否有书？如果早有成书，与《春秋》是一部还是两部？

持《左传》是刘歆伪造说最力的学者，如刘逢禄、康有为、崔适、钱玄同等，都说《左传》原本无书，是刘歆由《国语》窜改而成②。但司马迁曾说左丘明"因孔子史记具论其语，成《左氏春秋》"，怎么解释呢？他们说这是指《国语》③。但"春秋"分明是编年史的通名，而"国语"则是记言之书，难道司马迁会混淆两种不同体裁的作品名称么？他们无法自圆其说，最极端的如崔适，便说《史记》中提及或引用《左氏春秋》的地方，也都是刘歆所窜入④。此说太离奇，反而使他们怀疑论中的合理成份，也令人难以置信。

其实，战国秦汉的不少著作，都曾引据《左传》。例如，《战国策》记赵国虞卿称引《左传》"居安思危"语⑤，《韩非子》也称引《左传》楚王子围杀王自立等事⑥，而《荀子》、《吕氏春秋》有些话也可能出自《左传》⑦。而《史记》称引更多，如《吴太伯世家》"余读《春秋》古文，乃知中国之虞与荆蛮句吴兄弟也"⑧，《秦本纪》称赞秦穆公⑨，《鲁世家》称赞季文子⑩等。都证明所谓刘歆伪造说经不起事实反驳。

但也不能说刘逢禄、康有为等的怀疑全错了。刘歆说《左传》是孔子同时代的左丘明解释《春秋》的著作，同样难以成立。明显的事实是，孔子曾把

---

① 按《左传》真伪问题的争论，可参看顾颉刚编《古史辨》第一、三册选载的有关文章。
② 说详刘逢禄《左氏春秋考证》、康有为《新学伪经考》、崔适《史记探原》等书。
③ 《史记·太史公自序》谓"左丘失明，厥有《国语》"，康有为等以为左丘明只作过《国语》，而《十二诸侯年表》序内的《左氏春秋》即为《国语》。
④ 说见崔适《史记探原》、钱玄同《重论经今古文学问题》等。
⑤ "居安思危"语见《左传》襄公十一年，《战国策·楚策四》记虞卿引《春秋》文意同。
⑥ 见《韩非子·奸劫弑臣》。
⑦ 《吕氏春秋·去私》记祁黄羊"外举不避仇，内举不避子"，与《左传》襄公二十一年记叔向语同。
⑧ 此语见《左传》僖公五年，可知《春秋》古文，即指《左传》。
⑨ 参见《左传》文公三年、六年。
⑩ 参见《左传》襄公五年。

左丘明当作先辈推崇①；而《左传》下限是鲁悼公四年（前464），比所谓"续经"多十五年，计二百五十九年，并且所记史实终于鲁悼公十四年（前454），又多十年。孔子死时七十三岁。即使左丘明与孔子同年，作"传"时至少九十八岁，可能吗？不仅如此，《左传》文字与《春秋》经文并不密切配合，而且时有抵牾，已屡经前人指出②。因此，反对刘歆的西汉今文博士说"左氏不传《春秋》"，是有道理的。固然有的学者至今仍坚持左丘明所作说③，理由也颇充足，但对照事实，终难令人信服。

唐代的啖助、赵匡④，宋代的朱熹、叶梦得⑤等，都曾怀疑《左传》是战国著作。根据传文和结束年代等看，此书似应是完成于战国初期的作品，并可能不是出于同一时代同一作者之手。郭沫若曾推测书成于战国时著名政治家吴起⑥。童书业更以为《春秋》完成于曾参、曾申父子，《左传》则完成于曾门弟子吴起⑦。这都可备一说，但仍使人感到证据不足。

既然如此，《左传》便应看作是一部独立的编年史。它的编写形式，与《春秋》基本一致，就是将所采择的历史事件，不分国别和性质，统统打乱，按照年、时、月、日的时间序列编次。它的记录重点，也与《春秋》基本一致，偏重于所谓祀与戎一类大事的记录，凡是春秋时代的重要事件，如祭祀、战争、朝聘、会盟、君位更替、公室兼并、世卿专政、陪臣跋扈等，无不备载，并且十分重视自然变化与人间事件的神秘联系⑧。

但是，《左传》的文字，十倍于《春秋》。同提纲式的《春秋》相比，它属于形态较完备的编年史。因而，我们更注意它与《春秋》的不同方面，从中可看出早期编年史的发育过程。不妨作点概括的比较：

第一，《春秋》每事只记结果或结论，时间序列仅起简单串联的作用，令人很难看出各个事件的因果联系。而《左传》则克服了这种流水账簿式记录

---

① "子曰：巧言令色足恭，左丘明耻之，丘亦耻之；匿怨而友其人，左丘明耻之，丘亦耻之。"见《论语·公冶长》。
② 例如北宋刘安世谓："左氏传于《春秋》所有者或不解，《春秋》所无者或自为传"；"读《左氏》者，当经自为经，传自为传，不可合而为一也。"见《元城语录》卷中。前此《晋书·王接传》也早有此类议论。
③ 例如徐中舒《〈左传〉的作者及其成书年代》，见《历史教学》1962年第11期。
④ 见陆淳《春秋啖赵集传纂例》"赵氏损益义"章。
⑤ 参见《四库全书总目》经部春秋类《春秋左传正义》提要。
⑥ 郭沫若：《述吴起》，前揭《青铜时代》第236—240页。郭说乃参取姚鼐、章炳麟说。
⑦ 童书业：《春秋左传研究》，上海人民出版社1980年版，第272—289页。
⑧ 这里不再举例，初学者可参看《中国历史文选》上册所选《左传》诸篇。

的毛病。它除了确定每个事件在时间序列中的位置,还通过作者叙述和引用对话,回顾事件的原委,交代事件的结果。这种编写形式,往往使古代经学家感到困惑,以为将未来的事提前写,近于预言。殊不知这正是编年史的一种进步。以"现在"为主,联系"过去",预示"将来",不把历史的时间进程当作单调的数列,而把这个进程当作一种矛盾形式处理,岂非更能反映事变在时间上的变化过程吗?

第二,《春秋》措词隐晦,寓褒贬于叙事之中,而叙事又受褒贬需要的支配,表面看来似乎只作纯客观的叙述,实则借历史表达政见,记事每用曲笔,主观性极强。而《左传》则在一定程度上改变了这种所谓"春秋笔法"。它记载事件的过程,既叙述人物的身份、地位和活动情况,也引录各种人物有关政治、历史或宗教方面的言论,这就比较真切地反映了历史本身的矛盾面貌。同时,作者也申述自己的看法,但用"君子曰"注明,引用他人的评论,也标出是谁的话。这样看起来把主观性引入了历史记录,其实倒更接近于反映客观事实的历史著作。

第三,《春秋》仅解决了编年史以时间为纲的问题。虽然孔子已注意归纳同类性质的事件,用同一措词加以表现,也注意不同性质的是非,用不同写法显示褒贬,但止于提出两条笼统原则,即所谓"属辞比事,《春秋》教也"①。而《左传》则不仅发展了以时间为纲的写法,还提出了怎么说和怎么写的具体方式,即所谓发凡起例。比如:

隐公七年:"春,滕侯卒。不书名,未同盟也。凡诸侯同盟,于是称名,故薨则赴以名,告终称嗣也,以继好息民,谓之礼经。"②

桓公五年:"秋,大雩,书不时也。凡祀,启蛰而郊,龙见而雩,始杀而尝,闭蛰而烝,过则书。"③

庄公十一年:"夏,宋为乘丘之役,故侵我。公御之,宋师未陈而薄之,败诸鄑。凡师,敌未陈曰败某师,皆陈曰战,大崩曰败绩,得俊曰克,覆而败之

---

① 《礼记·经解》引孔子语。属辞,聚合会同之辞;比事,比次褒贬之事。
② 同盟,即祭神结盟。告终称嗣,向盟国通报旧君死亡和新君继位。礼经,以礼为纲。
③ 雩,音于,君主至南郊祭天求雨。启蛰,夏历正月,郊即南郊祭天。龙见,夏历四月。始杀,夏历八月,指阴气始杀,五谷始熟,故荐尝于宗庙。闭蛰,夏历十月,烝即冬至祭祖。参见《礼记·祭统》。

曰取某师,京师败曰王师败绩于某。"①

这三例,一是说记录盟国君主更替如何措词,二是说常规祭祀的名称与记录原则,三是说战争结果如何依据不同性质而使用不同措词。据统计,这类"属辞比事"的具体原则,散见于《左传》的共有五十条,都记于同类事件首次出现的一条之下,而且都以"凡"字始,唤做"五十凡"②。根据这些凡例,人们在阅读《左传》时,便可直接了解作者遣词造句的用意,而不必费尽心机去猜测字里行间的"微言大义"。有人说五十凡也是刘歆所窜入③。即使如此,也无可厚非,因为它不仅指点读者理解文意,而且提供了怎么写历史的范例,又有什么错呢?

值得称道的还有《左传》的文字风格。它改变了《春秋》那种干巴巴的记账笔调,描写事件的经过,人物的性格、外貌,都很生动;尤其长于描写战争与外交的过程,文笔跌宕,语言多彩,常用寥寥数百字,便将一场大战的波澜曲折的进程显示在简策上,例如曹刿论战、宋楚泓之战、晋楚城濮之战、秦晋殽之战等,都是中国战史上的名篇,也是先秦文学史上的名篇。

当然,《左传》也有很多不值得称道的地方。它同《春秋》一样,把一部春秋史描写成王公贵族史。它也散发出浓重的宗教气味,把人事说成完全在受神意的摆布。它特别宣传卜筮之类预言每发必中,使书中的神秘主义色彩比《春秋》显露得多。

但也不可一笔否定。《春秋》除鲁国"初税亩"一类事件外,对别国的改革活动照例不书,反映孔子对所谓变古易常的非礼活动,抱着一概排斥的态度。《左传》则不然。例如定公九年(前501),郑国大夫邓析制定刑法,写在竹简上,被执政驷歂(子然)所杀,"而用其竹刑"。《左传》不但详细记录,还批评子然"不忠",说是只要有益于国的人,便应该用其道而弃其邪,如今"用其道而不恤其人",便无以"劝能"。这是明白同情邓析的活动,而谴责子然杀人掠美的忌才恶行。同样,对待战争的态度,《左传》也不同。孟轲曾说"《春秋》无义战,",指出孔子反对一切战争,因而《春秋》凡写战争便贬为不

---

① 鄑,宋鲁之间的空地名。王师,指周天子之军队。所谓王者无敌于天下,故不说被谁打败,而以自败来文饰。
② 范文澜曾对五十凡作过详细考察,参见范著《群经概论》,北平朴社1933年版,第324—333页。
③ 根据是东汉郑兴曾随刘歆研究《左传》,"歆美兴才,使撰条例、章句、传诂。"见《后汉书·郑范陈贾张列传》郑兴本传。但郑兴所撰"条例",是否即五十凡? 是否曾散编入《左传》? 均无可考。

义。《左传》却重视描写战争的起因、过程和影响,对带有反霸权性质的战争,都抱着明显的同情态度,晋楚城濮之战的描写就是一例。再如关于宗教的态度,作者虽然相信宗教,但对某些反巫鬼的言行,也加以记录,如记周内史叔兴所说"吉凶由人"①,记子鱼反对人祭人殉时所说"民,神之主也"②,记宁武子反对卫成公因梦而祭祀夏王相时所说"鬼神非其族类,不歆其祀"③等,都不算很落后的态度。

《左传》是一部优秀的古代编年史,体裁较完备,内容很丰富,观念也相当进步。它存在不少缺陷,却不是汉朝人所伪造的《春秋》"传"。由于它成功地解决了按照时间序列记录历史的种种矛盾,由于它首开了史论有区别的风气,由于它的记录面大大超过《春秋》,也由于它在历史文学上所取得的成就,因而成为后代编年史的真正范例,对于中国古代史学的发展起着里程碑的作用。

二 国别史的出现:《国语》和《战国策》

在春秋战国年间,诸侯割据称霸斗争的尖锐性,地区社会发展不平衡的鲜明性,不断吸引人们的注意。有人开始对周王室和主要诸侯国的状况进行综合比较。于是出现一种以表现历史在空间上差异的编纂形式,就是这里要考察的国别史。

现存的最早国别史是《国语》。这部与《左传》齐名的著作,由于司马迁说过"左丘失明,厥有《国语》",所以汉朝以来便公认它的作者就是左丘明,并被古文经学派称为《春秋外传》或《左氏外传》。

但今本《国语》的命运刚好与《左传》相反。自唐以来,尤其自十九世纪初期以来,它也受到怀疑《左传》的学者们反覆审视,却是被当作蒙冤负屈的典型。因为据康有为、崔适他们说,它的前身已经受到刘歆的肢解,最好的部分拿去做了伪造《左传》的材料,如今剩下的只是断简残编,并且同样受到刘歆的窜改,非复旧貌。这桩公案,看来只能随着围绕《左传》的争论结束,方能了结。但已经出现了相反的说法,即认为《国语》不但与《左传》毫无关

---

① 《左传》僖公十六年。
② 《左传》僖公十九年。
③ 《左传》僖公三十一年。

系,还是刘向、刘歆父子撮拾先秦、秦汉间旧史籍的残余,合而成此书①。就是说,《左传》乃真,《国语》反伪。两种极端相反的说法,理由却是一个,即今本《国语》不完不备,杂乱无章,与《左传》首尾一贯而完整者绝异,而内容却多与《左传》相同。如果要在史学史上找极端相合的例子,这大约要算头一个。不过,关于《国语》的著作情况,我们至今仍然除了司马迁的八个字记载外,别无所知。斯宾诺莎有句名言:无知并不是论证。因此我们暂时只好存疑,期待有新的材料作为论证依据。

今本《国语》共二十一篇,分成周、鲁、齐、晋、郑、楚、吴、越八语。内《晋语》最多,有九篇;《周语》次之,有三篇;鲁、楚、越三语各二篇;而齐、郑、吴三语仅各一篇。除周、郑二语记有西周少量事实外,全书主要反映春秋时代王室和争霸大国的历史。它的下限止于韩、赵、魏三家灭智伯(前453),与《左传》一致,说明成书时间也不会早于战国初期。

春秋时代有"五霸"之说②。五霸为谁?有说是齐桓公、晋文公、秦穆公、宋襄公、楚庄王③。但秦至战国中期始强,宋襄公图霸未成,因此应以荀况所说齐桓、晋文、楚庄、吴阖闾、越勾践为五霸④较合乎事实。其实,全部春秋史都是诸侯争霸的历史,也即孔子所谓"天下无道,则礼乐征伐自诸侯出"⑤的历史。二百四十年中间,曾经称霸中原的,除五霸外,还有春秋初年的鲁国和郑国,而称霸时间最长的是晋国。所以,《国语》除周王室外,恰好记载七个霸国的历史,尤其详记晋国由崛起到衰落的全部历史,决不是偶然的。它的作者,正是抓住了春秋列国力量发展不平衡中间的主要现象。否则,中原很多古国如宋、卫、陈、蔡等国历史不收,却对春秋初期尚为蛮夷小国的吴、越寄予特殊注意,就不可理解。

以往的《国语》研究,几乎完全忽视历史的编写形式也是观念形态的一种表现,因而最终要由社会存在决定。眼睛只盯着作者是谁的问题,斤斤于所谓《左》、《国》异同,而不去研究《国语》为什么以"国"分类?为什么只采择除周王室外的七国之"语"?因而左看右看,都只觉得它的记录杂乱无章,非

---

① 参见前揭童书业《春秋左传研究》,第289页。
② "五霸者,三王之罪人也。"见《孟子·告子下》。这是"五霸"概念的首次出现。
③ 说见《孟子》赵岐注引赵氏曰。
④ 说见《荀子·王霸》。荀况稍后于孟轲,所指五霸,当是春秋末以来的流行说法。
⑤ 《论语·季氏》。

残卷即膺品；或者作些毫无事实根据的推测，如说它可能是左丘明编《左传》所剩材料的旧稿云云。其实，假如懂得思想资料发展方式的改变由政治、法律和道德的反映所直接影响①，那么就会在研究上取得进展。

春秋时代诸侯争霸，以争当盟主为归依。霸业的中心，先在黄河流域，由东部的鲁、齐，向中部的晋国转移，然后折而南移，转向长江流域中部的楚国，再转向长江下游地区的吴、越。而《国语》以"国"分类的编次，大体追随霸业中心的位置移动，先是诸侯争相挟持的周王室部分，接着依次记录春秋初年强大的鲁国，前期霸主齐国，中期霸主晋国，后期霸主楚、吴、越三国。只有《郑语》显得特别，夹在晋、楚二语之间。但这也不难理解，郑国在春秋时代始终为强国，位处四战之地，它的向背是晋、楚争霸的重大关键；而《郑语》唯记西周末郑桓公与史伯讨论天下大势的对话，旨在研究郑国如何在秦、晋、齐、楚四面包围中周旋以"逃死"的策略，并在篇末记载分析应验的事实，这也说明编者已意识到郑国是霸业中心转移的关键。可见，就分国的编次看，《国语》并不杂乱无章。

所谓"挟天子以令诸侯"，是春秋时代霸主的一大特色。《国语》系统记录周王室权力削弱到成为诸侯争相挟持对象的全过程，自然可以理解。这样有系统的记录，还有鲁、晋、楚三语。自春秋中叶后，晋楚争霸中原始终是春秋政治史的焦点，而晋国自文公后经常得手，因而《国语》编者特别注意表现晋楚二国霸业兴衰的全过程，而《晋语》几占全书之半，便不奇怪。奇怪的是《鲁语》自鲁庄公在长勺抗齐写起，到孔子批评季康子"用田赋"为止，也几乎是完整的春秋时代鲁国史，而鲁国地位与郑国相仿，为什么郑简鲁详呢？唯一合乎逻辑的解释，便是编者是鲁人或孔门后学，因而对鲁国在春秋争霸史中的整个历程特别关注②。齐国自桓公九合诸侯之后，国势虽强，但在争霸中常居于晋楚等国下风。吴国虽自阖闾时已霸南方，但在中原仅黄池之会时短暂称霸。越国只在勾践灭吴后一度号称霸王。因此，《齐语》专记齐桓公用管仲等成霸业事，《吴语》专记夫差败越、胜齐、服晋而称霸中原到反败于越而自杀事，《越语》则详记春秋最后一个霸主勾践由降吴到灭吴的全过程，也都变得可以理解。可见，就分国记录的重点看，《国语》的主次也相

---

① 参看恩格斯致康·施米特，《马克思恩格斯选集》第四卷，人民出版社1972年版，第484—486页。
② 有一种意见，以为《国语》记晋事特详，而推测作者可能是晋人，看来似不确。

当清楚。

所谓"一战而霸",说明霸业成败决定于战争胜负。但战争胜负决定于军事力量和经济力量的对比。而这两方面的强弱,都取决于民数多寡和民心向背。春秋时代诸侯分裂,各国内部贵族争权夺利的矛盾都很尖锐。这给当时的"民"造成极大祸害,但也反过来促进人口流动很快,农民或奴隶背弃故主而另投徭役贡纳相对较轻处的情形非常普遍,而他们正是兵卒、粮草和武器的来源。因此,春秋间霸业成败的真正关键在得民和失民,而诸侯国内谁执国命的决定因素也在于得民和失民。当然,诸侯贵族都自居为民之主,而将民之得失归于神意。这种矛盾的认识在《国语》中比比皆是。《国语》劈头便提出"事神保民"问题。从周穆王"勤民于远"征讨无罪的犬戎而"自是荒服者不至"说起,到《越语》勾践用范蠡"抚民保教"的计谋而"不伤越民"灭吴终篇,所选材料大部分都属于各国君臣讨论如何得民、安民、靖民、和民,防止失民、离民、恶民、乱民一类的记录,而讨论的主题都围绕着求霸或图存问题,所谓"王天下者必先诸民,然后庇焉,则能长利"①。至于战争的具体策略和过程,反而很简单,表明全书所录之"语",性质大都属于图强求霸的战略问题讨论。凡同这方面较少乃至没有关系的其他问题,自然在编者的视野之外。不消说,所有讨论,都夹杂着大量的神学和道德伦理的说教,也时有历史传说和预言未来之语。但透过此类现象,仍然不难看出它那贯串终始的主线。可见,就所记之语的内容看,《国语》的脉络也相当分明。

正因如此,《国语》同《左传》的区别,便可判断了:

第一,《左传》以"时"为纲,显示历史的纵剖面;而《国语》则以"国"分类,展示历史的横断面,也就是同一时代的不同地区的发展不平衡现象。

第二,《左传》以记"事"为主,表现历史的不间断的过程;而《国语》则以记"语"为主,表现时人对过程变化的原因和趋势的认识。

第三,《左传》描述的是春秋历史的全貌,而以鲁国为中心,显得记录系统而完整;而《国语》描述的则是春秋争霸的状况,并随霸主为转移,便显得记录是跳跃式的,只是些零散的片断对话,不易看出它是自成系统的特殊记录形式。

这些区别,尤其是前两点,在表面上似乎证明当时的史官已有记事与记

---

① 《国语·周语中》。这是晋楚鄢之战后,周单襄公与邵桓公讨论晋所以败楚原因时语。

言的严格分工。其实,《左传》本有大量对话的记录,《国语》也每则有交代前因后果的叙述,与《论语》那样的语录汇编不同。所以,倘说有分工,也只是由于反映的对象和研究的重点不同,而自然形成的,尤其在史学上首出的记录形式更是如此。

与《国语》类型相同的著作,还有《战国策》。

《战国策》是战国时代的国别史。今本共三十三篇,分东周、西周、秦、齐、楚、赵、魏、韩、燕、宋、卫、中山十二国策。其中,《齐策》六篇,《秦策》五篇,楚、赵、魏三策各四篇,韩、燕二策各三篇,东、西周和中山三策各一篇,宋、卫二策合为一篇。

今本《战国策》是西汉刘向所编。刘向在汉成帝时主持编校宫廷藏书,编成此书,并附说明:"所校中《战国策》书,中书余卷,错乱相糅莒,又有国别者八篇,少不足。臣向因国别者略以时次之,分别不以序者以相补,除复重,得三十三篇。……中书本号,或曰《国策》,或曰《国事》,或曰《短长》,或曰《事语》,或曰《长书》,或曰《脩书》。臣向以为,战国时游士辅所用之国,为之策谋,宜为《战国策》。其事继春秋以后,讫楚汉之起,二百四十五年间之事。"[①]可知它的原型至少有六种作品,或为策书[②],或为帛书[③],经刘向取长补短,删重除复,并用其他同类作品的残篇补充校订,合编为今本,并定今名。

战国在中国历史上是个重要的时代。这个时代,由周元王元年(前475)算起[④],到秦始皇灭齐实现统一(前221)结束,历经两个半世纪。这个时代的特色,在政治上是诸侯割据称雄,七国攻战不息,在文化上是思想极其活跃,百家争鸣不已。然而很奇怪,曾在春秋末战国初达到高度繁荣的编年史研究,在这个时代开始不久却趋于沉寂,至今尚未发现如同《左传》那样的大型编年史。战国人物为战国本身提供的历史文献资料,首先要数《战国策》。

《汉书·艺文志》将《战国策》列入《春秋》二十三家内,与《左传》、《史记》

---

① 刘向:《校战国策书录》。
② "单执一札谓之简,连编诸简乃名为策。"见杜预《春秋经传集解序》孔颖达疏。可知策书即书于竹简的册籍。
③ 刘向书录所称"中书余卷",当指帛书;马王堆出土帛书可证。
④ 战国上起何时,史学界意见尚不一致。此据《史记·六国年表》。

同列,视为历史著作。这一定性分析,得到北宋以前目录学家的认可①。但宋代晁公武《郡斋读书志》、元代马端临《文献通考》,却相继将它改入子部纵横家类,因而引起关于它的性质的争论②。近代学者多从后说,以为《战国策》是战国纵横游说之士的言论汇编。这种看法也许适用于它的原型,却显然不适用于今本。

一九七三年湖南长沙马王堆三号汉墓出土一批帛书,内有一幅共一万一千余字,分二十七章,但没有书名和分章标题③。内有十一章见于《战国策》、《史记》和《韩非子》等书,另十六章的内容未见于他书记载。这幅帛书的发现引起史学界的注意,因为其中不但大部分属于首次发现的新史料,还有十五章专载苏秦的书信和说辞,内容与《史记·苏秦列传》所记迥然不同,所以有的文章便称之为"司马迁所没有见过的珍贵史料",并据以否定《史记》的有关记录④。这幅帛书各篇都没注时间和国别,文字古朴,藻饰很少;写作时间较早,史料价值很高,都是无疑的。但它是否如有的文章所说,代表刘向所编《战国策》的原型面貌,却有疑问。

刘向明说,他所据的原型,有"本号",有"国别"。这就与帛书无名称无分类的情形不同。刘向又明说,他合编的原则是"因国别者略以时次之,分别不以序者以相补,除复重",也就是原书有的记有时间,有的则时间错乱,经他整理校订而编成,没有改变过原件内容。这又说明所据原型中有的写法与帛书也不同。刘向还明说,"中书本号"存在着《国事》、《事语》等,即原型的记录有事有言。这又和帛书单纯收录书信谈话、不论事件原委的形式不同。可见,即使就《战国策》的原型而言,与其说近于帛书,不如说类似《国语》,更符合它们的客观面貌。

时间的记录和空间的记录,都是反映社会运动的著作形式。作为国别史的《战国策》,虽然同《国语》一样,都侧重于记录同一时代的不同地域的历史,但随着社会运动的变化,二书所注目的重点地域,也有很大变化。《国语》所反映的八国,晋已三分,周已两立,鲁、郑已衰,吴已亡,越已弱;而它所没有反映的秦、燕、宋、卫、中山,倒崛起称雄或成为新的角逐重点;原先反映

---

① 参见《隋书·经籍志》、《新唐书·艺文志》。
② 参见《四库全书总目》史部杂史类。
③ 参见马王堆汉墓帛书整理小组编《战国纵横家书》释文,文物出版社1976年版。
④ 参见上引书所附唐兰、杨宽、马雍三文。

较少的齐国,在田氏代齐后国势复苏,与秦国并列为未来统一帝国的王权的两大竞争者。因此,在《战国策》里出现的"万乘之国七,千乘之国五"①,便是一个新的诸侯争霸阵容,主角已由春秋五霸换成战国七雄,而占据舞台中心的也变为前期的齐、秦,后期的秦、楚。可见,同样反映社会运动的空间形式的史学著作,侧重点也不会雷同。内容决定形式。

《战国策》的内容,主要是记战国时游士的策谋,与《国语》着重记录各国公卿之"语"不同。这个变化,表明战国时代统治集团的组成,已由春秋时代的世袭贵族为主体,转变到多数出身于"士"的非世袭官僚为主体。商鞅是卫国公族的庶子,跑到秦国说动孝公,便立即跻登相位。而秦人陈轸,却跑到楚国为相。苏秦自称"东周之鄙人",张仪是魏国平民,范雎出身罪人,蔡泽是个穷士,吕不韦原是商人,都以善于出谋画策而取卿相。有些能干的贵族也走上这条路,如孟尝君田文在齐国执政,因受齐王疑忌,便跑到敌国秦国去任相。类似的例子,在《战国策》里可找出几十个。当时人给他们取了个通名,叫作"客卿"。

靠游说诸侯而跻身显贵的"客卿"大量出现,是由战国的政治风云剧烈变化所决定的。那时诸侯割据称雄,争城夺地,稍有力量的都把眼睛盯住"王业",而力量较弱的则无不急于自保,相互关系极其错综复杂。而处理这些关系,依靠血统门第而世袭高位的贵族们便暴露出极端的庸碌无能。因此,各国君主迫于形势,不得不破格延揽人才,非但打破门第界限,而且打破资历、国籍等界限。这就促使称为"士"的普通知识分子,纷纷投身于当代政治研究,尤其致力于研究如何适应多变的形势而改变外交军事的策略。战国时代角逐王业的主要是秦、齐、楚三国,尤以秦国最为咄咄逼人。于是策士们研究的重点,便是假设自己处于弱国地位,如何应付强国的外交压力和军事进攻。因而形成两种对立的基本策略,或以为联弱抗强才能救亡,即所谓合纵;或以为以弱事强方可图存,即所谓连横,总称纵横术。不消说,连横术只能使弱国苟延残喘,最终对强国发动兼并战争更

---

① 刘向:《校战国策书录》。按东、西二周远称不上千乘之国。它们所以受到原来记录者注意,主要由于它们是故都所在,象征王权的宝鼎所在,成为秦、齐、楚三国共同猎物的缘故。"秦攻新城、宜阳,以临二周之郊,诛周主之罪,侵楚、魏之地。周自知不救,九鼎宝器必出。据九鼎,按图籍,挟天子以令天下,天下莫敢不听,此王业也。……臣闻争名者于朝,争利者于市。今三川、周室,天下之市朝也。"参见《秦策一》"司马错与张仪争论于秦惠王前"章载张仪语。

有利。所以它的主张特别受到秦国统治者欣赏,而合纵则自然成为山东六国更多采纳的策略。

但合纵也罢,连横也罢,对于策士们来说,都只是谋取富贵的一种手段。陈轸对秦惠王讲过一则故事:"楚人有两妻者。人挑其长者,长者詈之;挑其少者,少者许之。居无几何,有两妻者死。客谓挑者曰:'汝取长者乎?少者乎?'曰:'取长者。'客曰:'长者詈汝,少者和汝。汝何为取长者?'曰:'居彼人之所,则欲其许我也;今为我妻,则欲其为我詈人也。'"①这则故事,生动地形容出诸侯对策士的普遍心理,也露骨地道出策士们的普遍心理,即只有受到恩宠才可不变节。因而危难时搜寻人才,承平后摧残人才,所谓兔死狗烹,便是一切专制君主对待才智之士的通例。战国时最成功的策士,下场都最悲惨,如商鞅车裂,白起赐死,吴起肢解,文种棓杀②。这就使得由策士演变的官僚,几乎个个都无所谓信仰、节操、忠义、廉耻,朝纵暮横,唯官是求。秦昭王对于"天下之士合从,相聚于赵,而欲攻秦",极为担忧,时任秦相的范雎却说不必发愁,"秦于天下之士,非有怨也。相聚而攻秦者,以己欲富贵耳。王见大王之狗,卧者卧,起者起,行者行,止者止,毋相与斗者;投之一骨,轻起相牙者,何则?有争意也。"于是他命人载金至赵,宣布凡与秦者自取,"散不能三千金,天下之士大相与斗矣"③。说得虽刻薄,却准确地道出了多数策士官僚的心理状态。因而,尽管策士们将自己的作用,吹得神乎其神,说是"贤人在而天下服,一人用而天下从"④,"一怒而诸侯惧,安居而天下熄"⑤,然而实质上不过是专制君主豢养的群狗。

正因为《战国策》叙事,绝大部分都离不开纵横游说之士把献策当作谋官求禄的手段,所以它又是一部特殊的国别史,即诸侯用阴谋诡计争霸的历史,官僚靠阴谋诡计形成的历史。

不过,今本《战国策》有两点值得注意:

第一,书中极少说神道鬼,谈天论命;偶而提及,也只用来打比方,而且报以嘲笑。如苏秦劝阻孟尝君入秦,便用桃梗比作失去领地的贵族,还不及

---

① 《秦策一》"陈轸去楚之秦"章。
② 《秦策三》"蔡泽见逐于赵"章。
③ 《秦策三》"天下之士合从"章。
④ 《秦策一》"苏秦始将连横说秦惠王"章。
⑤ 《孟子·滕文公下》景春赞公孙衍、张仪为大丈夫时语。

崩坍后仍为故国泥土的土偶①。他讽刺楚王怠慢异国谋士,说是"楚国之食贵于玉,薪贵于桂,谒者难得见如鬼,王难得见如天帝;今令臣食玉炊桂,因鬼见帝"②。全书所载策谋,始终不离人事乃人为之事,似乎春秋时代还很盛行的天命鬼神之说,一入战国便从政治语汇里消失,而听其成为哲学家们的幻想或思考的对象。这个现象值得注意,它当然不反映战国统治者不再需要神道宗教,而是反映殷周以来那种同旧宗法制度相适应的旧鬼神系统,已经随着旧制度的崩溃而破烂不堪。当称雄的诸侯竞相"欲兴兵临周而求九鼎"③的时候,谁还会去理睬专替周王朝命运操心的神祇鬼魃呢?

第二,书中到处宣传薄忠背信、非礼鄙孝,对于周朝视为神圣的礼义道德,可谓竭尽攻击之能事。楚王以"为臣不忠不信"的名义要魏国将张仪免相,陈轸便责问楚王说,"魏臣不忠不信,于王何伤?忠且信,于王何益?"④苏代对燕昭王说得更露骨:"孝如曾参、孝己,则不过养其亲耳;信如尾生高,则不过不欺人耳;廉如鲍焦、史䲡,则不过不窃人之财耳。今臣为进取者也。臣以为廉不与身俱达,义不与生俱立。仁义者,自完之道也,非进取之术也。"⑤所以,什么仁义忠信,在一意"进取"功名富贵的新官僚看来,都一文不值。他们认为权势最要紧,苏秦道:"嗟乎!贫穷则父母不子,富贵则亲戚畏惧。人生世上,势位富贵,盖可忽乎哉!"⑥正因如此,一切足以"进取"权势的手段,他们都肯定、颂扬、揣摩、力行,因而欺骗就成为最高的道德准则:"事非权不立,非势不成,夫使人坐受成事者,唯诶者耳!"⑦这是赤裸裸地道出了中世纪政治的真相,崇拜权势,用阴谋诡计攫取权势,不搞欺诈便不能过日子。从这一点来说,纵横策士堪称官僚中间的"老实人",不掩饰自己目的之卑鄙与手段之卑鄙。

---

① 《齐策三》:"孟尝君将入秦,止者千数而弗听。苏秦欲止之,孟尝曰:'人事者,吾已尽知之矣。吾所未闻者,独鬼事耳。'苏秦曰:'臣之来也,固不敢言人事也,固且以鬼事见君。'孟尝君见之。谓孟尝君曰:'今者臣来,过于淄上,有土偶人与桃梗相与语。桃梗谓土偶人曰:"子,西岸之土也,挺子以为人,至岁八月,降雨下,淄水至,则汝残矣。"土偶曰:"不然,吾西岸之土也,土则复西岸耳。今子东国之桃梗也,刻削子以为人,降雨下,淄水至,流子而去,则子漂漂者将何如耳?"今秦四塞之国,譬如虎口,而君入之,则臣不知君所出矣。'孟尝君乃止。"
② 《楚策三》"苏秦之楚三日乃得见乎王"章。
③ 《东周策》"秦兴师临周而求九鼎"章。
④ 《楚策三》"楚王逐张仪于魏"章。
⑤ 《燕策一》"苏代谓燕昭王"章。他还举了因忠信见责的实例。
⑥ 《秦策一》"苏秦始将连横"章。
⑦ 《燕策一》"燕王谓苏代"章。诶,通诞。

正因如此,尽管后世统治者都实践这类"教导",却无不攻击战国策士的渎神与诈伪。如刘向便将战国大乱归咎于苏秦、张仪之伦的纵横短长之说①。清陆陇其还从道学角度写了《战国策去毒》一书。

《战国策》搜集的是策谋。就材料性质来说,策谋的成份主要是假说和推理。在科学上,假说是新的观察与实验的初步,推理则是认识未知事物的手段。但假说必须服从事实的审查,而推理也只是对未来的一种预言。社会情况千变万化,人们要预见未来的一切"可能"和"当然"是不可能的,因而策谋与现实差距甚远。《战国策》所记策谋,近半数仅有言论而无证明,即使提供应验证据的也常有张冠李戴的错误,例如挂在苏秦名下的不少长篇说辞,在时间上事实上都包含谬误②,因而有的学者以为是后代说士揣摩游说伎俩而虚拟故事的仿作。所以,《战国策》是一部国别史,但却是一部真伪参半的战国史料。

三 旧档案的分类和新形式的雏型

编年史重于历史运动的时间性,国别史重于历史运动的空间性。但时间与空间本是同一历史运动的两种形式,在历史记录中不可能分开。因此编年史必须时时说明事件发生的区域或地点,国别史也必须处处说明事件出现的年代或月日。二者虽有结合,却都存在顾此失彼的弊病。

写历史,有没有更好一点的形式,也就是兼取编年史和国别史的长处,又避免二者短处的编纂体裁呢?

这个问题,在先秦时代似乎没有人考虑过。但历史知识的积累过程,同时也就孕育着新的历史记录形式。我们说过,自从记神事和记人事逐渐分离以后,人的活动便成为历史记录的主要内容。人的概念,在不同的时代,具有不同的涵义。在奴隶制时代,奴隶只是会说话的工具,贵族和自由民才算人。在封建时代,农民和手工业者虽也算人,却只能叫作"小人",与包括贵族、官僚和士人在内的"君子"有根本区别。所以,在中国古代,历史所记

---

① 刘向:《校战国策书录》。
② 参见以下论著:唐兰《苏秦考》,《文史杂志》1卷12期(1941年);杨宽《战国史》第八章,上海人民出版社1955年版;徐中舒《论〈战国策〉的编写及有关苏秦诸问题》,《历史研究》1964年第1期;以及马王堆汉墓帛书《战国纵横家书》所附唐兰、杨宽、马雍三文。

录的人的活动,其实都是占统治地位的阶级的活动。然而尽管人的涵义是那样狭窄,把人的活动作为历史记录的对象,却是历史编纂学的一大进步,因为没有人便没有历史的客观存在,终于在人的主观意识上得到反映和表现。人的活动当然离不开时间和空间。以人的活动作为主线的历史记录,便既要注意活动的时间,又要注意活动的领域,有可能成为与编年史和国别史都不一样的新形式。

以人为主的记录的萌芽状态,便是记录帝王和贵族世系的谱牒。古代贵族的自然发生史,还处在若明若暗中。有一件事情是肯定的,那就是世袭王权和世袭贵族在古代中国出现后,帝王贵族都非常重视血统世系的记录,这由《竹书纪年》保存的夏商王位世系可以证明。按照血统来区别人们的社会地位和财富分配,本是氏族社会晚期的产物。"国家和旧的氏族组织不同的地方,第一点就是它按地区来划分它的国民。"①这种按居住地组织国民的办法,至迟在西周初已经比较完全,但旧制度却顽强地不肯消亡。阶级对立愈发展,国家形态愈完备,由血缘关系形成和保持下去的旧氏族组织愈显得没有存在的必要,帝王贵族维护按血统出身获得财富和权力的努力愈起劲。分族类,别宗支,辨嫡庶,在公室私家都有人专司其职。这些知识逐渐积累并记录留存,便形成关于帝王贵族血统继承的历史档案。春秋时楚国大夫申叔时论王储必须学习的科目,便有"教之《世》,而为之昭明德而废幽昏焉,以休惧其动"②一项。所谓《世》,即记载先王世系的档案汇编。申叔时还说要教《语》、《故志》、《训典》,以"知先王之务用明德于民","知废兴者而戒惧","知族类、行比义"③。这类教材自然来自史所保存的档案记录,并可推知已按性质分了类。

但《世》、《故志》等都已失传,如今可大概窥其面目的著作,只有《世本》。不过《世本》也亡佚已久,我们只能根据各种古书征引的文字了解大略。它的结构,已知有七个部分:

《帝系》、《世家》,记传说的黄帝到东周列国王侯的世系;前者记王权世

---

① 恩格斯:《家庭、私有制和国家的起源》,《马克思恩格斯选集》第四卷,第166页。
② 《国语·楚语上》"庄王使士亹傅太子箴"章。
③ 同上引。申叔时所列的教材或课程中,还有《春秋》、《诗》、《礼》、《令》。《春秋》是编年史,可知八科中有五种属于历史教育。如果有关记录不分类,则分科教育是不可能的。王储教育是贵族教育的典范,可知历史教育在春秋时已受到何等重视。《国语·楚语上》"屈到嗜芰"一则,还说到有种书叫《祭典》。

袭情况，后者记诸侯更迭情况。

《谱》，是专记周王室和各国执政卿大夫的年表。

《传》，记载春秋以前的名人事迹。

《氏姓篇》，是先秦大小贵族的起源和宗支分化状况的族谱。

《居篇》，记三代王都和列国都城的变迁。

《作篇》，记上古技术发明和礼乐初制。

从这个分类，可以看到《世本》虽是帝王贵族的系谱，但主要部分都以人为主。而记载人，即构成统治阶级的人，注意的中心在于区别不同等级的血统联系。这是因为，所谓贵族，唯一的证明在于他们的血统联系。除了血统联系，他们便没有任何理由要求享有一定的地位、权力和财富。所以，审查血统是否纯正，自然就涉及到权位的继承，财富的分配，以及日常政治生活和经济生活的一切待遇。既然如此，就有必要将历史所形成的血统联系和区别，用法定形式登记下来，使它受到国家权力的保护，以防淆乱或僭越。

血缘关系，除去注意它的世代更替和分化以外，还必须注意它的地缘联系，因为早先的氏族贵族，都不能脱离自己的氏族或部落的活动范围，否则失去领地便不成其为贵族。这就可以理解，为什么在记录血族系统的同时，《世本》还要记录各种贵族的居住中心所在。

在历史的行进中间，时间的推移和空间的推移总是密切结合着，这也是证明。然而，随着按地区来划分其国民的国家出现，随着作为控制阶级对立需要的国家公共权力的日益增长，随着官吏代替世袭贵族作为国家权力代表的日益普遍化，用血统联系当作要求权势和财富的理由也愈来愈丧失依据。因此，贵族便会愈来愈缅怀昔日祖先的光荣，将自己的祖先神化，特别是将古代氏族成员在共同生产过程中的共同创造，而且是经过世代积累改进而形成的共同创造，说成是自己某位祖先的个人贡献，社会仰仗这些贡献才能获得进步，以此作为其子孙应该享有权力财富的补充理由。于是我们也可以理解，为什么记录帝王贵族系谱的著作，还要专门列出《作篇》，列举当时人间文明的一切成果的所谓发明者。

鲁迅说过，人们在平时是决不会记得自己有个头或有个胃的，必待生病的时候，方才会记起它们的存在并需要特别照顾。同样道理，贵族在自己的世袭特权发生问题乃至受到威胁的时候，才特别会对自己的家世显贵的种种历史证据发生强烈兴趣。由此便引出一个问题，如此全面记载先秦贵族史的《世本》，编于何时，编者是谁呢？

由于司马迁曾大量采择《世本》的史料，因此它的成书时代必定在西汉以前。据刘向说，它是"古史官明于古事者所记"①。这个古史官，据晋朝的皇甫谧说，便是左丘明②，即与《左传》、《国语》为同一作者。此说颇有人相信，近代章炳麟就是一例③。然而北齐颜之推已经指出皇甫谧说不可靠，因为《世本》中有燕王喜、汉高祖。唐朝刘知幾提出另一推测，以为是"楚汉之际有好事者"所集录，但其中辨姓等内容出自周王室④。由清代各种辑本来看，说它是古代官方档案的汇编，编定的时代在秦灭六国之后，似乎更为恰当。

在史学史上，《世本》更引人感兴趣的，还是它的编写形式。它既非编年史，也非国别史，而是人的种族蕃延的历史。它记录种的蕃延，既注意族类，也注意个人。它的中间首次出现了叫作"传"的体裁，用以记叙统治阶级内有影响的个人历史，选择的标准已不尽是家世和出身，还顾及到实际地位和作用。同时，它的写法已不限于一种程式，而依据所记的内容，或为王侯世系记录，或为政权交接记录，或重家族，或重个人，或记事件，或记制度，形式呈现多种色彩。这就说明，《世本》属于历史编纂学上的一种新体裁的雏型，尽管它的内容很简单，风格很单调，显得很不成熟，却预示着一种新形式已经发育到接近脱胎的程度。司马迁正是在《世本》各种写法的基础上，再作加工和改造，创制了一种完全不同于《左传》、《国语》的历史编纂形式——纪传体。

---

① 《史记集解序》司马贞《索隐》引刘向曰。
② 见《颜氏家训·书证篇》。
③ 《检论·尊史》，见朱维铮校点《章太炎全集（三）》，上海人民出版社1984年版，第413页。
④ 刘知幾：《史通·古今正史》。

第三章 先秦诸子的历史观

一 诸子争鸣和历史模式

人们认识历史,如同认识自然一样,总是由表及里,由现象到本质。

我们已经看到,古代的人们,不知经历了多少个世纪,方才找到历史运动的基本形式,即时间和空间,并反映到历史记录中间,形成了早期的编年史和地域史。

至于认识历史运动的本质,则更加困难。事物的本质,是由事物的主要矛盾,特别是主要矛盾的主要方面决定的。因为社会现象极其复杂,在社会发展过程中起作用的,常常不止于一对矛盾,使历史总是呈现令人眼花缭乱的色彩,所以捕捉主要矛盾难,捕捉主要矛盾的主要方面更难。

正因如此,在史学史上,尝试提出历史运动的本质是什么的问题,总比确定历史编写形式的尝试要晚得多,失败的可能性也大得多。

在中国,比较系统地提出历史本质的问题,时间在战国时期,即公元前五世纪中叶到公元前三世纪晚期之间。

战国时期最引人注目的历史现象,莫过于政治上的诸侯争雄,文化上的诸子争鸣。然而,这两种现象的发生和发展,都受着另一种不那么引人注目的历史现象所支配、所制约,那就是当时黄河上下、长江南北各个地区经济发展的不平衡。诸侯争雄不过是这种不平衡在政治上的集中反映。而诸子争鸣,则是这种不平衡的消长变化,及其引起的诸侯势力的兴衰更迭,在思想文化领域的曲折反映。

政治是经济的集中表现。战国七雄实际上代表着当时中国的七个经济区域。七雄实力的消长,反映着各个经济区域生产力发展速度的迟速,以及本国农业手工业先进地区的扩大和丧失。哪个诸侯国控制的经济区域生产发展快,租赋收入和粮食储备增加,它的军事力量就强大。

有个例子颇具趣味。秦国的崛起使山东六国深感威胁,想尽办法削弱它。秦王政即位后,韩国想使秦国无力东伐,听说秦国好兴事,便想了一条妙计,让秦国的力量内耗。他们派了一位水工郑国充当间谍,去秦国建议兴修一条灌溉渠道,把泾水和洛水连接起来,长达三百余里。修了一半,秦国发现了郑国的间谍身份,要杀他。他申辩说,他充当间谍是事实,但是,"臣为韩延数岁之命,而为秦建万世之功"①。秦国君臣以为有理,结果渠成,"溉泽卤之地四万余顷,收皆亩一钟。于是关中为沃野,无凶年,秦以富强,卒并诸侯,因命曰郑国渠。"②韩国君臣不懂经济与政治的相互关系,做了蠢事,想削弱秦国,反而帮助秦国引进了先进技术,使经济实力陡增,因而更加速了韩国和各诸侯国的覆灭命运。

经济和政治的复杂变化,必然引起思想界的活跃。一方面,社会的急剧变动,旧的矛盾没有解决,新的矛盾又层出不穷,向人们提出了大量值得思索和等待回答的问题。另一方面,诸侯争雄的政治军事形势如何认识,相互之间的错综关系怎样处理,又促使各国统治者迫切需要制定各种对策的智囊。总之,那是一个需要头脑的时代,于是种种头脑,哲学的、政治的、军事的,便应运而生。每个头脑都有自己的思想,都针对现实提出自己的改造世界的方案,而且要争取统治者的信用,到处游说,互相辩论,谁都以为自己的办法最聪明。同时,各诸侯国的统治者,为了自己的生存和发展,也竞相养士,鼓励和扶植不同学派的并存。于是,便出现了战国时代的诸子争鸣。

诸子争鸣,通常唤作"百家争鸣"。但在战国时代,究竟有多少个派别,古代学者说法就各不相同。《荀子》批评"其持之有故,其言之成理,足以欺惑愚众",共点了六家十二子之名,加上他赞赏的仲尼、子弓一家,总共七个学派③。《庄子》最早提到"百家之学",但实际指出的,也是七家④。《韩非子》说儒、墨为"显学",实际是说儒、墨、法为鼎足而立的三大派,同时又指出

---

① 《汉书·沟洫志》。
② 《史记·河渠书》。
③ 《荀子·非十二子》。十二子为:它嚣、魏牟、陈仲、史鰌、墨翟、宋钘、慎到、田骈、惠施、邓析、子思、孟轲。但还批评了子张、子夏、子游三种"贱儒",已说明派中有派。
④ 《庄子·天下》。七家依次为:(1)邹鲁讲诗书礼乐之士;(2)墨翟、禽滑釐;(3)宋钘、尹文;(4)彭蒙、田骈、慎到;(5)关尹、老聃;(6)庄周;(7)惠施。

派中有派,说孔、墨死后,"儒分为八,墨离为三"①。《吕氏春秋》列名的学派有十多个②。而司马谈《论六家要指》,则谓秦汉间尚有六大学派③。后人一般取《汉书·艺文志》的说法,以为战国诸子有九流十家,即儒、道、阴阳、法、名、墨、纵横、杂、农、小说。班固以为前九家可观,小说家仅为附录而已,所以叫九流。但近人多以为这种区别不尽合实际,因而笼统地称为战国诸子。

战国诸子的出现,反映着那个时代思想文化领域的分化斗争的炽热程度。诸子争鸣的主要问题,在于如何救世,也就是对陷入大混乱中的社会,怎样进行改造。争论包含两个侧面,一是如何改变世道,一是如何矫治人心,即在政治学和哲学两个领域内展开。

在表现形式上,诸子争鸣有个很大的特色,这个特色一直到晚清还不断重现,那就是每个学说的代表者,都宣布自己是某一位或几位远古英雄人物的学说继承者,例如儒家言必称尧、舜,墨家法禹,道家诵念黄帝,阴阳家也崇奉黄帝,农家、杂家都讲神农;法家虽主张"法后王",然而商鞅、韩非也时常称引伏羲、神农到文、武、老、孔。

这种现象,早已引起人们注意。包括战国时的那些思想家本人,也都提出批评。如墨子批评赞成和反对厚葬的两种人,说:"二子者,言则相非,行即相反,皆曰吾上祖述尧、舜、禹、汤、文、武之道者也。而言即相非,行即相反,于此乎后世之君子皆疑惑乎二子者言也。"④可是墨子也不免遭到韩非的讥笑:"孔子、墨子俱道尧、舜,而取舍不同,皆自谓真尧、舜。尧、舜不复生,将谁使定儒、墨之诚乎?"⑤韩非难道就那么高明么?也不然。秦二世便引用他称颂尧、禹的话谴责李斯⑥。

所以如此,古代学者已在思索其中道理。道家讲得最坦率。《庄子》作者承认自己书中,"寓言十九,重言十七"。寓言就是假托别人的话来讲自己的思想:"寓言十九,藉外论之,亲父不为其子媒。亲父誉之,不若非其父者也。非吾罪也,人之罪也。与己同则应,不与己同则反。同于己为是之,异

---

① 《韩非子·显学》。
② 《吕氏春秋·不二》。
③ 见《史记·太史公自序》。
④ 《墨子·节葬》。
⑤ 《韩非子·显学》。
⑥ 《史记·李斯列传》。

于己为非之。"①因而只好大量编造寓言,份量竟占全书十分之九。那么,意在此而言寄于彼,假托什么人的话,才能堵住人们喜欢纷纷议论的嘴巴呢?"重言十七,所以已言也,是为耆艾。"就是说,寓言里假托为老人言,又十居其七,目的在于叫人没话说,所以称为被人引重的话。所谓老人,指的就是神农、黄帝、尧、舜、老、孔等。然而《庄子》又对那种只信老人言的世俗庸人,予以无情嘲笑,说是年纪虽大,讲话却颠三倒四,用这种标准来看那些老头,其实是白活了。为什么呢?因为做了人,却不比别人有见识,叫作无人道;做了人而无人道,只好唤作"陈人",即老朽②。但由于世俗的庸人们却都相信这类陈人,习以为常,所以只好编造那么多"重言"来叫他们对于真理哑口无言③。这个说法,西汉的刘安等概括得更简洁:"世俗之人,多尊古而贱今,故为道者必托之于神农、黄帝,而后能入说。"④这就是清末康有为所谓"托古改制",假托古人的话来宣传自己改革制度的主张⑤。

战国诸子中间,既然每家每派,都宣布自己的救世方案最合乎古圣前修的历史传统,也就是"托古改制",那么,每家每派都有自己理想的历史模式,便不奇怪。

当我们考察他们的历史模式,也就是他们从自己的现实需要出发,借用历史上或传说中英雄人物的名义,所构造的理想社会图案的时候,很快就会发现,这些很不相同的图案,反映着各色各样的历史观念。

就基本信念来说,有认为历史是变化的,有认为历史是不变的。即使同样承认历史有变化,有的说变化之道是循环,有的则以为变化表现于发展。

就具体内容来说,每个学派的"复古"图案都不一样。例如,在墨子眼里,尧、舜、禹都主张兼爱尚贤,尊天事鬼,节葬短丧,是非常节俭的君主。但在孟子眼里,尧、舜却是讲究亲亲尊尊,敬天法祖,厚葬久服,是主张厚生的君主。而在道家眼里,尧、舜则是一切无为,垂裳而治,是凡事听其自然的君

---

① 《庄子·寓言》。
② 《庄子·寓言》:"重言十七,所以已言也,是为耆艾。年先矣,而无经纬本末,以期年耆者,是非先也;人而无以先人,无人道也;人而无人道,是之谓陈人。"参郭象注,成玄英疏。
③ 《庄子·寓言》:"寓言十九,重言十七,卮言日出,和以天倪。""卮言日出,和以天倪,因以曼衍,所以穷年。"
④ 《淮南子·修务训》。
⑤ 康有为《孔子改制考》卷四"诸子改制托古考",中华书局1958年版,第48页。

主。等等。正如司马迁所说:"学者多称五帝,尚矣。然,《尚书》独载尧以来,而百家言黄帝,其文不雅驯,荐绅先生难言之。"①因而,就历史传说或历史事实而言,他们的描绘有几分真实性,那是很难说的。但在历史观念上,却比以往时代丰富多彩。

这些丰富多彩的历史认识,对于秦汉以后的历史观,差不多都有影响,尽管深浅程度有不同。其中,影响较大的,要算儒、阴阳、道、法诸家。因此,解剖几个有影响的历史模式,就是必要的。

二 老子的矛盾论

老子此人有没有?《老子》此书成于何时?《老子》今本上下篇有没有颠倒?诸如此类问题,学术界都存在争论,这里不拟细说。著者同意这样的意见:老子即老聃,春秋时宋人,曾任周守藏室史,相传孔子曾向他问礼;后免官家居,《老子》大约是他晚年著作,但有的内容可能是后人附益②。

今本《老子》,上篇为"道经",三十七章,下篇为"德经",四十四章,共八十一章,五千余字。但一九七三年长沙马王堆三号汉墓出土的帛书内,有《老子》甲、乙两种,均是"德经"在上,"道经"在下。有人遂以为这是《老子》原貌,应称《德道经》。但《老子》在西汉初本不称经,也不分章;古人抄书,依照需要或爱好改动编次,也不稀有;因而帛书未必是原编面貌。但帛书文字古朴,字句与今本多不同,尤其值得注意的是历来因断句不同而释意不同的若干段落,区别章句的虚词也很多,因而对于我们理解原意大有帮助③。

这部用韵文形式写成的哲学著作,表明作者对于人类的原始状态充满着诗意的幻想。作者歌唱道:"小邦寡民,使十百人之器毋用,使民重死而远送,有车周无所乘之,有甲兵无所陈之,使民复结绳而用之;甘亓食,美亓服,

---

① 《史记·五帝本纪》太史公曰。
② 详见马叙伦关于老子生平的考证,《老子校诂》,北京古籍出版社 1956 年版,第 10—30 页。
③ 例如今本首章"道可道非常道,名可名非常名。……故常无欲以观其妙,常有欲以观其徼"诸语,注家句读不同,解释大异。而帛书甲本作"道可道也,非恒道也;名可名也,非恒名也。……恒无欲也,以观其眇;恒有欲也,以观其所噭。"则原意甚明,无需为古人作何读法争论。

乐亓俗,安亓居,邻邦相望,鸡狗之声相闻,民至老死不相往来。"①显然,他所讴歌的,正是人类进入文明以前的史前社会。

很多论著都批评老子的社会历史思想"反动",那当然是不错的。因为老子明白承认社会历史中间有"反动",不过他却认为那是一种客观规律:"反也者,道之动也。"②

所谓道,在老子看来,是宇宙的本体,"道生一,一生二,二生三,三生万物"③。它指"物质",或指"精神"? 我们还在等待哲学家们争论的结果,这里且不去说它。但老子显然认为,道本来是一团混沌,静止不变而又充斥宇宙:"有物昆成,先天地生,绣呵缪呵,独立而不咳,可以为天地母。吾未知其名,字之曰道。吾强为之名曰大,大曰筮,筮曰远,远曰反。"④这个混沌东西,不知怎的运动起来了,于是变现出存在,变现出天地,再变现出万物。

这表明,老子认为世界的本体和现象是统一的,又是对立的。由道产生的现象世界,愈变化愈复杂,同道本身即自在世界的距离愈远。所以,在道为善,在现象世界却是恶,"天下皆知美为美,恶已;皆知善,訾不善矣"⑤。本质与现象适得其反的矛盾,就是世界变化的规律:"有无之相生也,难易之相成也,长短之相刑也,高下之相盈也,意声之相和也,先后之相隋也,恒也。"⑥

既然相反相成是世界的永恒规律,那么社会历史自然也受它支配。既然道是最理想的世界状态,那么社会历史愈向前,人类文明愈发展,当然便意味着人道同天道日趋相反。"故天之道敚有余而益不足,人之道敚不足而奉又余"⑦;"为学者日益,闻道者日云"⑧。在这种情况下,社会历史怎么不是不断退化的过程呢?

老子认为社会在坏下去,历史在走下坡路,秘密在于统治者"失道",却又想"有为",于是求助于徒有形式的制度,即所谓礼。对此,老子发出了长

---

① 引文均据帛书《老子》甲本,残阙处据乙本补。二本释文均据马王堆汉墓帛书整理小组编《老子》,文物出版社1976年版。本段引文,今本《老子》列入第八十章,文字多所不同。远,疏远。送,遣。周,通舟。
② 参见今本《老子》第四十章。
③ "万物"二字据今本补,参见今本第四十二章。
④ 绣,乙本作萧,萧条。缪,乙本作漻,今本作寥,寂。咳,字书无,今本作改。参见今本二十五章。
⑤ 訾,乙本作斯,今本同。参见今本二章。
⑥ 参见今本二章。
⑦ 敚,今本作损。参见今本七十七章。
⑧ 云,今本作损。参见今本四十八章。

篇控诉:"上德不德,是以有德;下德不失德,是以无德。上德无为而无以为也。上仁为之而无以为也。上义为之而有以为也。上礼为之而莫之应也,则攘臂而乃之。故失道而后德,失德而后仁,失仁而后义,失义而后礼。夫礼者,忠信之泊也,而乱之首也;前识者,道之华也,而愚之首也。"①不消说,这里把社会变化史描绘成观念退化史,把礼的发生看作是道德衰退的结果,都属于历史唯心论。然而,社会在一些方面的进化,必定意味着在另一些方面的退化,却也是无可否认的事实。作为制度的礼,意味着建立在财产差别之上的等级制,意味着控制阶级对立需要的特殊公共权力。尽管老子用失道、失德、失仁、失义来区分社会阶段,是不正确的,但他以此来形容社会分裂步步加深,以至要人们自觉守礼已不可能,只好采取强迫服从的方式,"攘臂而乃之",怎能说全没道理呢?同样,他把礼的出现,看作社会动乱的开端,而把"前识"即不顾事实的所谓预见,看作令人愚昧的开始,又怎能说毫无合理因素呢?

矛盾无所不在,矛盾引起社会变化,这是老子的重大发现。从这里出发,逻辑的结论必然是否定现存的社会秩序。

然而,老子的社会历史观,虽然经常爆发出对于当时统治者的愤火,总的结论却出乎意料地温和。他解决社会矛盾的办法,只限于向统治者提出一连串的劝告。那劝告的中心内容,便是人们所熟悉的"无为"。

所谓无为,除了说成一事不做而外,实在没有别的解释。但据老子说,它的作用却神奇得很,因为"无为则无不为"②。

这个道理,在老子看来,就是实行统治的法宝。他劝告统治者不要侈谈爱人,理由是自然和历史都证明好处在它的反面:"天地不仁,以万物为刍狗;圣人不仁,以百姓为刍狗。"③不爱倒是博爱,因为讲爱必有所恶。他劝告统治要"少私寡欲"④,理由是圣人效法天地,"退其身而身先,外其身而身存,不以其无私与?故能成其私。"⑤不宁唯是,道创造万物却不居功,显得"恒无欲",但万物却不得不归宗于包容无限的道。古代圣人也是如此,"是

---

① 乃,古字通扔,牵引。参见今本三十八章。
② 今本四十八章。帛书甲、乙本此语均残阙。
③ 参见今本五章。
④ 参见今本十九章。
⑤ 参见今本七章。

以圣人之能成大也,以其不为大也,故能成大。"①保持谦卑反可统治一切,不就成为无限权力的拥有者吗?不仁,少私,寡欲,便可无为。所以,老子又劝告统治者处事稳重,不被甘言美物所激动,这就可以保持民心稳定:"不上贤,使民不争;不贵难得之货,使民不为盗;不见可欲,使民不乱。是以圣人之治也,虚其心,实其腹,弱其志,强其骨。恒使民无知无欲也,使夫知不敢、弗为而已,则无不治也。"②

原来,他劝告统治者无为,注意的焦点正是要使人民回到动物状态,像家畜那样容易驯养,除了吃饱长肉,便没有任何的思想和欲望。老子公然宣布这是最合于道的历史经验:"为道者,非以明民也,将以愚之也。民之难治也,以亓知也。故以知知邦,邦之贼也;以不知知邦,邦之德也。恒知此两者,亦稽式也。"③对于人民有智慧的憎恶,竟然扩展为对于一切知识的憎恶。于是我们便可理解为什么老子一再引"用兵者"之言?那秘密就在于用对付敌人的手段,来对付聪明得难以统治的人民。于是我们便可理解专制主义的理论家韩非那样热心地"解老"、"喻老",那秘密就在于老子发现了使人民愚昧的必要性,对专制者有利。于是我们也便可理解,为什么号称"无为而治"、"与民休息"的西汉初期统治者,可以废除秦始皇制定的别的"酷法",唯独迟迟不肯废除"挟书律",后来不得已而解禁,却又很快用罢黜百家的办法,强制统一思想。那秘密,也就在于"恒使民无知无欲",实现"虚其心,实其腹,弱其志,强其骨"的圣人之治而已。

事实如何呢?如鲁迅所说,历史指示得很清楚,愚民政策和愚君政策全不成功。所谓无为则无不为,实际变成于公益则一事不做,于私利则无所不为,"为后世阴谋者法"④。只有老子总结的矛盾引起社会变化的理论,被不少史学家吸取,在史学史上有其特殊地位。

三 孔子的定数论

同样认为历史变化是社会政治在逆行,但所找到的历史支配法则与老

---

① 参见今本三十四章。
② 参见今本三章。请注意今本显然经过后人篡改,与帛书文字颇多不同。
③ 参见今本六十五章。
④ 章炳麟《訄书·儒道》:"老聃为柱下史,多识故事,约《金版》、《六弢》之旨,著五千言,以为后世阴谋者法。"

子大不相同的著名哲人,当数孔子。

孔子,名丘(前551—前479),春秋末鲁国人。他的生平,已被人们所熟悉,但也夹杂着很多神话和粉饰,目前还没有一部好的传记①。这里只能简略地介绍:他是一位不幸的少女的私生子,少年生活很穷困,十五岁丧母后,方知自己的生父是曾任鲁国陬邑大夫的叔梁纥。他很为自己的先世是宋国贵族感到骄傲,但鲁国贵族季孙氏的家臣阳虎却不承认他是"士",由此刺激他"志于学"。我们不知道他最初的老师是谁,却知道他青年时代曾在季孙氏的领地上做过牧人的头目,粮仓的会计,并在生活中学了很多本领。大约三十岁时,他开始办私学,并引起贵族孟僖子的注意,因而得收孟懿子和南宫敬叔两名贵族子弟做学生,从此出了名,吸引了大批学生。但孔子更有兴趣的是在政治上显身手,三十五岁那年卷入鲁国一场内乱,不想站错了队,便跑到齐国做高昭子的家臣,并受到齐景公赏识。但又受到齐国大夫们排斥,逃回鲁国继续办学。等了十多年,在他的宿敌阳虎发动政变失败后,才得跻身鲁国政界,被季桓子任命为中都宰;不久升为鲁国司寇,班列大夫,将都城治安管得不错。不过他得意的还是代替季桓子陪同鲁定公与齐景公举行夹谷之会,替受屈辱的鲁国在外交上争回一点面子。由此受到季桓子信用,一度成为继阳虎在鲁国"执国命"的显赫人物。但他太热心地为鲁国三家贵族打主意,想用武力消灭三桓家臣的割据势力,结果失败,反而遭到季桓子猜忌,不得不弃官出国。自五十五岁起,在诸侯国间流亡,政治主张得不到采纳,却吃了很多苦头,过了十三年才重回鲁国。他晚年在鲁国成为"遗老",声望很高,却没有权力,因而总是愤愤不平。经他整理的"六经",大约都完成于晚年。他死后,由弟子或再传弟子编成的《论语》,是现存关于他的思想学说的最可靠的资料,然而也主要反映他晚年的思想体系。

孔子曾被许多学者看作古代中国史学的鼻祖。他编纂的《春秋》,对古代的历史编纂学有很大影响,上一章已有介绍。不过,作为史学家的孔子,对于中国中世纪的历史观所起的影响却更大。这种影响,突出见于他所谓的《春秋》之"义",曾长期被奉作中世纪官方史学的指导思想。

孔子编纂《春秋》,是借历史发表政见,在字里行间注入很多"褒贬之

---

① 关于孔子生平,简要而清楚的叙述,可参看周予同的《孔子》,开明书店1934年版;又收入上海人民出版社各版《周予同经学史论著选集》。

义",这是历代学者所公认的。然而,所谓《春秋》之义指什么,则异说纷纭。据我研究,比较简练的概括,要算《庄子·天下》所说的"《春秋》以道名分"。

名,指名称、概念;分,指职分、本分。春秋末期社会动乱,名不符实的问题到处发生。孔子与同时或略后的诸子一样,把"正名"当作一大任务,旨在证明传统的统治秩序合理,不该改变,也不能改变,因此人人应该顺天认命,安分守己。这就使他以道名分为中心的历史观念,显出浓厚的宿命论色彩。

人们都知道孔子"不语怪力乱神"①,而且提及鬼神总带三分嘲讽口吻②。虽然同他的前辈,包括相传是他老师的老子相比,否认鬼神实有的态度要温和得多,但不妨碍我们承认他是巫教迷信的反对者。但假如据此断定孔子是无神论者,则期期以为不可。理由呢?我同意周予同先生的意见,即孔子的宗教观念虽有进步,却是用新迷信反对旧迷信,其特点就表现为"反鬼神而取术数"③。

拿这种观念看社会历史的变化,会得出什么结论呢?第一,可以承认社会有变化,但只承认有量的变化。"殷因于夏礼,所损益可知也;周因于殷礼,所损益可知也;其或继周者,虽百世可知也。"④孔子这段纵论历史的著名语录,清楚地反映他否认社会制度会起根本变化,因此他认定三代制度只有数量的增减,由此更断言未来百世的社会制度也必定服从周礼的规定,不会出现大改大革。

第二,把社会的量变看作简单的循环,否认现存制度是对过时制度的否定,而现存制度又必将被新的制度所否定。孔子把社会制度分成"文"与"质"两种类型,二者互相代替,所谓"质胜文则野,文胜质则史"⑤。但文也罢,质也罢,都是礼的形式。两种形式如能互相结合,固然最好,所谓"文质彬彬,然后君子"⑥。不过形式的变换,也无伤于制度根本不变的大局。因而孔子虽然表示他愿意选择"文"的类型⑦,却以为质文递变合于"道"。他把历史上的三代都叫作"天下有道"的时代,而把破坏"礼乐征伐自天子出"

---

① 《论语·述而》。
② 《论语·八佾》:"祭如在,祭神如神在。"又《雍也》:"务民之义,敬鬼神而远之,可谓知矣。"
③ 周予同:《"六经"与孔子的关系问题》,《复旦学报》1979年第1期。
④ 《论语·为政》子张问十世可知章。
⑤ 《论语·雍也》子曰质胜文则野章。
⑥ 同上。
⑦ 《论语·八佾》:"子曰:周监于二代,郁郁乎文哉!吾从周。"

的近现代史斥为"天下无道"①,便是证明。

第三,以为有道与无道,都是"命"的表现。所谓命,是说人间事物都受非人间力量所驱使,因而人间的祸福穷达夭寿,都早由那种神秘力量暗中注定,无法用人力违抗。"道之将行也与?命也。道之将废也与?命也。"②命由谁发呢?是天。因此,孔子非常崇拜天,提倡"畏天命","知天命"③,认为得罪天是永劫不复的罪过④。

人们总关心自己的未来。既然天不说话,那么有没有法子预知天给自己准备好的命运呢?孔子认为有办法,一是留神观察天上地下的种种反常现象,那是天在显示自己意志的表现;二是天还给儒者准备了特别的消息,平常隐藏在历数里面,到非常时期便派龟麟龙凤来送信,即孔子晚年日夜盼望的河出图、洛出书、凤鸟至、麒麟见。

预知未来的"天命",总令人感到玄妙莫测。尤其在孔子的时代,不仅"小人不知天命而不畏也",连号称君子的贵族也藐视天命,证据就是他们不好礼,闹得礼坏乐崩。于是孔子给他们提供证明,以教训他们"温故而知新"⑤。这就是孔子晚年要改编《春秋》,并且着意在字里行间安排了那么多"大义"的缘故。

由此我们便可理解,以"道名分"为主线的《春秋》,为什么除了记载政治事件和贵族活动,还大量记载天象变化和自然灾害的情况。

孔子认为天是历史的主宰。天有意志,但在平时不表露,只通过命令四季更替、作物生长,来显示自己的存在。然而,天不喜欢自己安排的不变秩序被打乱,因此谁如"变古易常",它就要发怒,就要通过灾变实行警告,直到降下大灾大难实行惩罚,强迫人们"克己复礼"为止。董仲舒说:"《春秋》之道,奉天而法古。""《春秋》之于世事也,善复古,讥易常。"⑥那是不错的。

不过,上天对孔子却不特别眷顾。他等了多年,依然"凤鸟不至,河不出图"⑦。好不容易盼到麒麟出现,却是死的。他受不住这个"天命"

---

① 详见《论语·季氏》孔子曰天下有道章。
② 《论语·宪问》公伯寮愬子路于季孙章。
③ 参见《论语·季氏》子曰君子有三畏章。
④ 《论语·八佾》:"获罪于天,无所祷也。"
⑤ 《论语·为政》:"子曰:温故而知新,可以为师矣。"
⑥ 《春秋繁露·楚庄王》。
⑦ 《论语·子罕》:"子曰:凤鸟不至,河不出图,吾已矣夫!"

的打击①,只好中止历史研究,过了两年便郁郁而死。

四 墨子的天志论

如果说,孔子的定数论,发散着浓烈的形而上学气味,那么,墨子的天志论,则更加主张鬼神支配历史。

墨子,名翟(约前468—前376),春秋时鲁国人。他的生平,像老子一样,还是个谜。相传他曾"学儒者之业,受孔子之术"②,但无确证。他自称出身于"贱人"③,也许是个工匠④,后来仰慕禹的为人,创立了自己的学派。这个学派,是组织严密的宗教性团体,成员大多来自社会底层,共同过苦行的生活,绝对服从首领的意旨,"皆可使赴火蹈刃,死不还踵"⑤。战国初期,孟轲就将墨翟与杨朱并列,当作迷惑天下舆论的洪水猛兽,极力予以攻击。战国末期,韩非又将孔、墨并列为"显学",当作扰乱人们思想的罪魁祸首,要求统治者排斥。可见,墨子和他的学派,在战国时代影响极大,对其思想学说不可等闲视之。

我们有兴趣的只是墨子的社会历史观。

墨子同老、孔不一样,他不认为上古是黄金时代。恰好相反,他认为上古曾经有过人和动物不分的时代,只是由于"赖其力者生,不赖其力者不生",才使人脱离动物界,变成现在这个模样,"今人固与禽兽、麋鹿、蜚鸟、贞虫异者也"⑥。但人类虽然靠后天努力,而变成区别于禽兽的存在,但在社会组织上,起初与动物还没有多大差异。他们缺乏人性,"内者父子兄弟作怨恶,离散不能相和合;天下之百姓,皆以水火毒药相亏害"。因此,在远古,"天下之乱,若禽兽然"⑦。为什么会有这种状况呢?墨子认为,那是由于意见不统一。"盖其语,人异义",人人都说自己"应该如此"的道理对,必定要

---

① 《公羊传》哀公十四年:"麟者,仁兽也,有王者则至,无王者则不至。有以告者曰:'有麕而角者。'孔子曰:'孰为来哉!孰为来哉!'反袂拭面,涕沾袍。……西狩获麟,孔子曰:'吾道穷矣!'"
② 《淮南子·要略》。
③ 穆贺曾说墨子的主张,可能被君王以为"贱人之所为而不用",见《墨子·贵义》。
④ 墨子能造车辖"须臾刘三寸之木,而任五十石之重。"见《墨子·鲁问》。
⑤ 《淮南子·泰族》。据此文说墨子这类服役者有百八十人。
⑥ 《墨子·非乐》。
⑦ 《墨子·尚同上》。

说别人的道理错,没有人来判断约束,当然非相打不可。所以,意见分歧,只产生于"古者民始生,未有刑政之时","明乎天下之所以乱者,生于无政长"①。于是,"圣王"、"刑政"之类凌驾于社会之上的公共权力,它的产生是历史合乎理性发展的结果,便被墨子说出来了。

这同老子把历史看作社会退化过程,同孔子把历史看作制度不变过程的见解相比,当然更接近客观实际。因为墨子承认社会不但在变化,还在向好的方向变化,国家并非开始就有,而是起源于使人类完全区别于禽兽的需要。这是进化论的见解。尽管它只是一种朴素的猜测,但墨子在二千三百年前便说出这种思想,在古代历史认识史上无疑是个大贡献。

令人奇怪的是,墨子对于"今不如昔"的退化论的否定,却转化成了对现存秩序的辩护,而且是用神学的方式进行辩护。

据墨子说,天下大乱,起因都在于君臣、父子、兄弟"不相爱"。君主贵族是决定社会历史的真正力量,人民不爱不服他们,历史便会逆转到人和禽兽无差别的时代去。但要百姓听从兼爱、尚同之类说教而逆来顺受,是不行的。于是墨子不得不求助于天鬼。

墨子刚好与孔子相反,信鬼神而反术数。他认为,所谓民穷,原因在于"民贪于饮食,惰于从事,是以衣食之财不足,而饥寒冻馁之忧至";所谓君暴,原因也在于"不忍其耳目之淫,心涂之辟,不顺其亲戚,遂以亡失国家,倾覆社稷"。因此他"非命",以为那是掩饰人的罪恶的遁辞②。但由于无法调和现实社会中间不可调和的矛盾,墨子又不得不寄希望于天意鬼神。据他说,天是有意志的,鬼神也是实有的,都在执掌赏善罚恶的权力。证据呢?很简单,自古以来天子百姓都祭祀上帝鬼神,而祈福于天,没听说过去祭祀祷告天子的,"我所以知天之为政于天子者也"。但同样祭祀上帝鬼神,有的得福佑,有的却倒楣,可见"顺天意者,兼相爱,交相利,必得赏;反天意者,别相恶,交相贼,必得罚。"③他就用这种形式主义的循环论证方法,推出了所谓天鬼报应是支配社会历史的终极力量的结论。

然而孔子的定数论,是说现世享福,原因在于前世祖宗行善,而现世作恶,则给后世子孙留下祸根,总之现在不会遭到命运的直接赏罚。这是深明

---

① 《墨子·尚同上》。
② 《墨子·非命上》。
③ 《墨子·天志上》。

宗教诀窍。墨子却反对,以为这样一来,好人得不到奖励,坏人得不到惩罚,显得天鬼太糊涂。因此,他认为天鬼赏罚,必定是现世现报,与祖宗子孙都无关。但现实生活里,尊天事鬼虔诚者受祸,骂天诟鬼凶恶者逸乐,太普遍了,结果反而暴露天鬼不灵。于是墨子的宗教理论,终于谁也不信仰,就历史观的形式来说,甚至比孔子更落后。

五 从孟轲到邹衍的循环论

以为历史的发展像个圆圈,王朝的更替,统治的兴衰,都受着某种神秘的"数"的支配,看起来走到了尽头,其实却回到了起点。这种终而复始的历史模式,就是在中国史学史上影响极大的历史循环论。

历史循环论的古典概念,唤作五德转移说,或者五德终始说。

所谓五德,即土、木、金、火、水。它本来指组成世界的五种元素,是关于世界本原的朴素猜测。这种猜测,认为万物都可分解成五种物质,而万物所以有生有灭,所以呈现错综复杂的色彩,就因为五种物质相互作用而形成的,如水灭火,火熔金,金克木,木胜土,土又掩水。它来自人们对自然界最常见的事物的观察,以及关于它们相互联系的思索。因为它们的相互作用,使万物生成和变化,所以逐渐形成一个概念,叫作五行。

古代各民族都曾努力寻找组成世界的基本元素。约产生于公元前八世纪的古印度奥义书(Upanishads 邬波尼煞昙),便曾把世界基原说成地、水、风、火、空、时,后来发展成地、水、火、风"四大"。古希腊的泰勒斯(约前624—前547),提出万物起于水,复归于水。阿那克西米尼(约前585—前525)以为本原是空气。赫拉克利特(约前530—前470)说是火:"一切事物都换成火,火也换成一切事物,正像货物换成黄金,黄金换成货物一样。"他还说:"火生于土之死,气生于火之死,水生于气之死,土生于水之死。"[①]同古印度四大的说法一样,而同中国古代五行说类似。可见,倘若脱离人们在物质生产过程中对自然的观察,就不能理解这种一致,也不能理解五行说的起源。

五行一词,初见于《尚书·甘誓》:"有扈氏威侮五行,怠弃三正。"相传这是禹(或说启、夏后相)声讨有扈氏的誓词。这五行是否指水、火、木、金、土,

---

[①] 转引自《古希腊罗马哲学》,三联书店 1957 年版,第 27、26 页。

还有疑问①。明确的提法见于《洪范》:"我闻在昔,鲧堙洪水,汩陈其五行。……五行,一曰水,二曰火,三曰木,四曰金,五曰土。水曰润下,火曰炎上,木曰曲直,金曰从革,土爰稼穑。润下作咸,炎上作苦,曲直作酸,从革作辛,稼穑作甘。"鲧堵塞了洪水,汩乱了五种物质,使它们不能为人所用。然后介绍五行之名、之用、之性。《洪范》虽非殷末箕子的作品,但可肯定为先秦古书②。这里原始五行说的面貌,并不神秘。

用五行来解释社会现象,并撇开它们的物质概念的本义,而强调它们都是神秘的抽象概念,所谓五德,即五行之德,大约始于孔门学者中的子思、孟轲一派。

孟轲(约前385—前304),战国邹(今山东邹县)人,"受业子思之门人"③,是孔子的四传弟子。他的生平经历与孔子相似,但运气比孔子好得多。他游说于齐、宋、鲁、滕、梁、邹诸国,"后车数十乘,从者数百人,以传食于诸侯",连他的学生也觉得太阔了④。他的话虽不见用,但到处受到诸侯敬礼。他以师长面目出现而教训国君,可见地位很高。他跑来跑去,国君或贵族都要送礼,如在薛受齐靖郭君田婴馈金五十镒,在宋受宋王偃馈金七十镒,首次入齐国不满齐威王而拒受兼金一百⑤。只有一次教训邹穆公太过火了,邹君发怒而停止馈赠,闹得他绝粮⑥。可见他生活很富。他不但成了王者师,还被齐宣王封为卿,比孔子只以"从大夫之后"为满足要阔气得多。但他到处劝国君"行仁政",主张恢复古制,却只会说大话、空话,一个实际问题也解决不了。因而齐宣王终于表示不欢迎他。他被迫辞职,又不舍得高官厚禄,跑到齐国边境住了三夜,说"王如改诸,则必反予",谁知齐王竟不派人赐环。他大失所望,"然后浩然有归志"⑦,回家同弟子著书"述仲尼之意"去了⑧。

---

① 旧注多以为指水火木金土,梁启超非之,以为"应解为威侮五种应行之道","与后世五行说绝不相蒙,盖无疑。"见氏著《阴阳五行说之来历》。
② 刘节《洪范疏证》指为战国末作品,但证据不甚可靠。《吕氏春秋》引过,《史记》录全文,似应更早。
③ 《史记·孟子荀卿列传》。
④ 《孟子·滕文公下》彭更问章。
⑤ 均见《孟子·公孙丑下》陈臻问章。
⑥ 应劭:《风俗通·穷通》。
⑦ 《孟子·公孙丑下》孟子去齐章。
⑧ 《史记·孟子荀卿列传》。

孟轲言必称尧舜，语必讲仁义，是很有名的。他同孔子一样，也是借历史表述政见：一是大量搜集关于尧、舜、禹、汤、文、武的传说或神话，以备称引，作为政见的历史依据；二是喜欢揣测古人的动机或用心，作为他判断历史是非的论据。这是在历史研究中应用他的"万物皆备于我"①命题的表现。因而他对历史事实很不尊重，经常随心所欲地曲解历史，称引古事虽达数百则，却很少有人敢信他说的是真话。我们也只能据此研究他的历史哲学。

当孟轲去齐返邹途中，他有个学生引用他说过的"君子不怨天不尤人"，来劝他不要郁郁不乐的时候，他说："彼一时，此一时也。五百年必有王者兴，其间必有名世者。由周而来，七百有余岁矣。以其数，则过矣。以其时考之，则可矣。夫天未欲平治天下也；如欲平治天下，当今之世，舍我其谁也？吾何为不豫哉！"②

你看，他多么自负，毫不迟疑地以辅佐王者平治天下的命世之才自居。且不说他是否能当此大任，我们有兴趣的是这里所表现的他的历史观。

所谓"五百年必有王者兴"，是说历史由盛而衰，由衰复盛，终始循环，以五百年为一大周期。

有根据吗？孟轲说有，其实没有。"由尧、舜至于汤，五百有余岁；若禹、皋陶，则见而知之；若汤，则闻而知之。由汤至于文王，五百有余岁；若伊尹、莱朱，则见而知之；若文王，则闻而知之。由文王至于孔子，五百有余岁；若太公望、散宜生，则见而知之；若孔子，则闻而知之。由孔子而来至于今，百有余岁，去圣人之世若此其未远也，近圣人之居若此其甚也。然而无有乎尔，则亦无有乎尔。"③

为什么说他没有根据呢？由尧舜至商汤，有没有五百多年，尚无证据④。商汤至纣亡，十七代，三十一王，六百余年⑤。而西周自文王到幽王，

---

① 《孟子·尽心上》："万物皆备于我矣，反身而诚，乐莫大焉。强恕而行，求仁莫近焉。"
② 《孟子·公孙丑下》孟子去齐章。
③ 《孟子·尽心下》末章。
④ 《史记·夏本纪》集解引《竹书纪年》，夏禹至桀，十四世，十七王，四百七十一年。《初学记》九引《帝王世纪》谓四百三十二年。又《史记·五帝本纪》谓尧舜在位共一百四十年。连夏共六百十一年。
⑤ 《三统历》推算为六百二十九年。《左传》宣公三年："鼎迁于商，载祀六百。"

约三百余年①,而东周平王至孔子时代,约二百八十余年②,也共计近六百年。可见周期五百的说法,是牵强附会。而且,尧、舜至文王,都算君主,孔子算什么呢? 可见,孟轲为了自己的"方便",硬把孔子当一王。后来公羊学派的"素王"说,作俑者实为孟轲。

但倘说这个周期全无根据,也不尽然。引人注意的是孟轲说的"以其数,则过矣",究竟意味着什么?

显然,所谓"数",指的是天数。"万章曰:'尧以天下与舜,有诸?'孟子曰:'否,天子不能以天下与人。''然则舜有天下也,孰与之?'曰:'天与之。''天与之者,谆谆然命之乎?'曰:'否,天不言,以行与事示之而已矣。'曰:'以行与事示之者,如之何?'曰:'天子能荐人于天,不能使天与之天下。……昔者尧荐舜于天,而天受之;暴之于民,而民受之。故曰:天不言,以行与事示之而已矣。'"③类似的神秘说教,在《孟子》中还有好多则。它的来源,是孔子说的"天何言哉? 四时行焉,百物生焉。天何言哉!"就是说,天用季节的循环,万物的荣枯,来表现自己的"道"即规律性。这种循环的天道,以年数计算,便是天数。

那么,循环的天数,何以恰好是五百年一周呢? 它的根据就是天文历算。

古人很早就懂得根据五大行星在天区中间的位移,来判断历法的长短。大约在春秋战国之间,人们便将五行与五星相配合,辰星为水,太白为金,荧惑为火,岁星为木,填(镇)星为土。制订历法时,就想把五星公转的会合周期和恒星周期完全纳入历法周期之内。古代特别重视木、土、火三星。木星和土星,每隔 59.577 9 年,差不多在天空同一点上会合一次。而木、土、火三星,每隔 516.33 年会合一次。这种规律性为何出现,在天文学尚处在幼年时期的古代无法解释。因而一方面依据它来校正历法,有人以为六十干支的周期,便是根据木、土二星会合周期而定的;另一方面也赋予神秘的涵义,以为这种周而复始的现象,象征着天道五百年一大变,因此也预兆着人事也必将五百年一大变,这就是"五百年必有王者兴"的自然观依据④。

---

① 相传文王在位五十年。武王灭商至幽王失国,共二百五十七年。
② 据《竹书纪年》。
③ 《孟子・万章上》万章问尧以天下与舜章。
④ 李约瑟:《中国科学技术史》第四卷天学第二分册,科学出版社 1975 年版,第 562、563 页。

孟轲的历史循环论,还是粗糙的,不精致的。战国年间,五行说和阴阳说逐渐结合,形成阴阳五行的神秘学说,给历史循环论提供了较完备的理论基础,于是形成邹衍的五德转移说。

邹衍生于孟轲之后。据胡适考证,他的活动时代,约在公元前三世纪的上半期①,即战国晚期。

司马迁说:"驺衍睹有国者益淫侈,不能尚德,若《大雅》整之于身,施及黎庶矣。乃深观阴阳消息,而作怪迂之变、《终始》、《大圣》之篇,十余万言。其语闳大不经,必先验小物,推而大之,至于无垠。先序今以上至黄帝,学者所共术,大并世盛衰,因载其机祥度制,推而远之,至天地未生,窈冥不可考而原也。……称引天地剖判以来,五德转移,治各有宜,而符应若兹。……然要其归,必止乎仁义节俭,君臣上下六亲之施,始也滥耳。王公大人初见其术,惧然顾化,其后不能行之。"②

可知,第一,他是把阴阳说与五行说结合成五德转移说的创始人;第二,他创造了一个沟通天人关系的完整历史模式;第三,他的历史模式是将开天辟地至当时的历史,构成一个完整的体系。

那个体系,就是说历史上的帝王统治,都根据一定的自然规律,而更相代起。这规律,就是号称水、火、金、木、土五者的"德",在人间轮流执政。德,既指四时的旺气③,也指因修养而得于心④。依邹衍的意见,每种德,都会由盛而衰,所以得到它的统治者也必定由盛而衰,最终要让位给得到新德的王者。五德代起,依据两个方向,一为相胜,一为相生。"邹子有《终始五德》,从所不胜:土德后,木德继之,金德次之,火德次之,水德次之。"⑤这是相胜说,即一种气运被另一种气运所克创,所代替,然后潜伏下来,由隐渐显,到下一轮周期再"主运"。据《史记·封禅书》集解引如淳说,邹衍还有《主运》,谓"五行相次转用事,随方面为服"。它的排列顺序,为木、火、土、金、水。这是五行相生,与相胜说正好相反,元素的序列也不同⑥。

五德转移,表现的形式,一是正朔,即历法的岁首;二是服色,即统治者

---

① 胡适:《中国哲学史大纲》卷上,商务印书馆 1926 年版,第 357 页。
② 《史记·孟子荀卿列传》附邹衍传。
③ 《礼记·月令》:"某日立春,盛德在木。"即谓气。
④ 《易·乾》:"君子进德修业"。
⑤ 《文选·魏都赋》李善注引《七略》。
⑥ 参《吕氏春秋·应同》、《礼记·月令》、《淮南子·天文训》等。

衣服旄旌的最高贵的颜色,如水德尚黑,火德尚赤,金德尚白,木德尚青,土德尚黄;三是数纪,即数的序列终点,木数八,火数七,土数五,金数九,水数六①,统治者的符玺、冠冕、乘舆、尺度等,都以它为标准制度。

毫无疑问,在五德转移的神秘外衣下,隐藏着总结社会历史规律的早期尝试。在邹衍看来,历史不再是一堆杂乱无章的现象,也不是老天爷一时兴起的随意创造,而是服从一定规律的支配,连天地本身都要服从这个规律,何况人间的帝王呢。这个支配世界的规律,就是数。一定要服从这个数,照某种数所具有的特殊规律办事,统治才会稳定,社会便会安宁,否则必然引起大乱,引起旧统治的崩溃,新统治的代起。这是第一次企图把治和乱说成是某种规律的必然表现,从而否定了统治者应该永恒不变,由统治者胡作非为引起的社会混乱只是历史的偶然错误之类传统见解。五德转移的头一个表现就是改正朔,也就是重新制定历法。而历法是古代统治者指导农业生产的最重要的工具,因而多少接触到了社会治乱的根本性问题。所以,五德终始包含着科学地认识历史的萌芽。但它将数绝对化,神化,变成同物质分离的精神实体,而且总是照原样团团转,这就否定了历史的总的发展,必然被统治者利用去为自己辩护。

六　从荀况到韩非的权力论

战国时期的诸侯争雄,大国兼并小国,强国互相撕咬,已经预示着历史必将向着统一的中央集权的中世纪君主专制的方向发展。因而,预言这个趋势,并为它的降生祝福的历史观念,也必将跟着出现。

相传秦统一时还以高龄活着的赵国人荀况是中世纪历史观的真正教主。他的两名学生,韩国公子韩非和楚国平民李斯,则分别从理论和实践两个侧面,为中世纪君主专制的统一局面奠定了基础。

在荀况"传经"的名义下盛行于中世纪的,有许多著作,例如《鲁诗》、《韩诗》和《毛诗》,《穀梁传》和《左传》,大小戴《礼记》的若干篇,以及《易传》的若干部分②,实际上包含着战国秦汉年间不同学派的见解,即使在儒家内部也

---

① 参见《礼记·月令》。
② 参考周予同《从孔子到孟荀——战国时的儒家派别和儒经传授》,《学术月刊》1979 年第 4 期。

有经今文学和经古文学的区别。因而不能作为研究荀子本人历史观的直接依据。较可靠的材料，只有《荀子》。但《荀子》一书，同其他战国诸子一样，不完全是荀况个人的著作，而是荀子学派的集体作品，其中有大量荀况言行的记录，也有荀门弟子发挥师说，乃至掺杂有别的学派的思想材料，使用时应该仔细辨别。

荀况的家世和前半生经历，至今还是个谜。司马迁替他作传，劈头便从"年五十始来游学于齐"①写起。但宋朝的晁公武据东汉应劭说，以为"五十"乃"十五"之伪②，不过近代学者多不信③。据各种资料考察，他大约生于周赧王二年（前313），卒于秦王政九年（前238）④后。他五十岁左右，跑到齐国，在那里的学术文化中心稷下学宫里大大地出了名，不但在学者中"最为老师"，而且在齐王授予稷下学者列大夫衔头时，名列首位。后回赵国，在赵孝成王前议兵，被尊为"卿"，这就是人称荀卿的由来。这中间，大约曾出使秦国，同秦昭王和秦相范雎讨论秦国前途。后来又到齐国，"三为祭酒"，可能是三度在行大礼时领头献祭，是给予长老的最高荣誉。后遭谗，离齐之楚，得楚相春申君信用，被任命为兰陵令（今山东峄县东）。公元前238年，春申君在楚国政变中被杀，荀况失官家居，讲学著书数万言，死葬兰陵。据说秦始皇三十四年（前213），"李斯相秦，始皇任之，人臣无二，而荀卿为之不食。"⑤但有人以为不可信。

荀况的学问渊博，关于自然、历史、政治、道德，都有研究。他晚年同孔、孟一样倒楣。因而，司马迁说："荀卿嫉浊世之政，亡国乱君相属，不遂大道而营于巫祝，信机祥，鄙儒小拘，如庄周等又猾稽乱俗，于是推儒、墨、道德之行事兴坏，序列著数万言而卒。"⑥

荀况的历史观，正是既同孟轲等的历史循环论对立，又同庄周的相对主义理论反对。他在自然观上是唯物论者，在社会政治观念上是发展论者。

---

① 《史记·孟子荀卿列传》。
② 见晁公武《郡斋读书志》引《风俗通·穷通》。
③ 见胡适《中国哲学史大纲》卷上；罗根泽《荀卿游历考》，收入《诸子考索》，人民出版社1958年版。
④ 暂据姜亮夫《历代人物年里碑传综表》，中华书局1959年版。参见清汪中《荀卿子通论》附年表。
⑤ 《盐铁论·毁学》。
⑥ 《史记·孟子荀卿列传》。

这就使他的历史观,具有是今非古的倾向。但他把新出现的等级名分绝对化,以为财富和权力都必须按照这种等级名分来进行分配。他以为,贪欲和自私是人的本性,要使人们严守等级名分,不作非分之想来破坏统治秩序,就必须用仁义进行教育,用刑法进行限制。这就使他的历史观,又具有把专制主义绝对化的倾向。

同孟轲、庄周一样,荀况考察历史,是从考察天人关系,即自然与社会的关系开始的。

规律如何支配自然变化,人们是看不见的,但自然变化的种种有节奏的现象,谁都可以感觉,说明规律确实存在,于是就叫作神。由于人们只了解有形的变化现象,便以为冥冥中有个有形体的造物者在主宰,却谁也不知道规律是无形的,于是就把规律说成有形物,起个名称叫天。

从这个认识出发,荀子强调自然依照自己的规律变化,本来不会支配人事,这就叫天人相分。那么,为什么天又好像在管着人事,似乎有为祸造福的神通呢?那是因为人同自然打交道的时候,违反或顺应自然规律的缘故:"天行有常,不为尧存,不为桀亡。应之以治则吉,应之以乱则凶。强本而节用,则天不能贫。养备而动时,则天不能病。修道而不贰,则天不能祸。"①不消说,如果反其道而行之,则贫困、病痛、灾难,都会降临到人间。荀况认为,人们违反自然规律,受到了惩罚,不去检讨自己的错误,反而去妄测天有人格,有意志,会惩恶奖善,讲什么"天人相与",恰是颠倒是非的愚蠢观念。

"受时与治世同,而殃祸与治世异,不可以怨天,其道然也。故明于天人之分,则可谓至人矣。"②至人是道家理想中觉悟最高的人。荀况借用它来称谓理想的统治者,表明他的全部社会历史观念,正是建立在唯物的自然观的基础上,旨在要求人们把眼光从窥测神秘的天意中收回来,正视自己面临的社会现实。这是对自己改造社会的力量有信心的表现。

正因如此,荀况激烈反对是古非今的历史退化论。他以为,历史的趋势,总是后胜于前,今胜于古。他驳斥什么都是先王好的复古论调,"百家之说,不及后王,则不听也。"③但荀子说的后王,并非指"今王"。他是儒家,自称是仲尼、子弓的继承者。子弓是谁?有的说是孔子弟子商瞿传《易》给他

---

① 《荀子·天论》。
② 同上。
③ 《荀子·儒效》。

的骍臂子弓。有的说是同子夏合编《论语》的孔子弟子仲弓。有一点是肯定的,荀况自认为孔子的正统继承人。孔子是主张夏、商、周三代制度有因有革的,而以周礼最完备。因而,荀况说的后王,实指夏、商、周三代的列王。而他反对法先王,主要是反对孟轲言必称尧舜,也反对道家事事依托黄帝,墨家仅仅法禹。近代有一种说法,以为荀况崇拜的是战国诸王,尤其是秦国之王,这完全不合事实。荀况确实说过秦国有希望,但目的在于说明秦国没有希望,因为秦国君臣只看见愚儒、黠儒、鄙儒的坏处,却不见大儒、雅儒的好处,结果搞得"秦无儒",只讲军功,不讲文化,虽会取得暂时成功,从长远来说则是败亡之途。怎能说他主张法秦王呢?

荀子反复古,只不过反对历史是一代不如一代的复古论。他其实也主张复古:"王者之制,道不过三代,法不贰后王。道过三代谓之荡,法贰后王谓之不雅。衣服有制,宫室有度,人徒有数,丧祭械用皆有等宜。声,则凡非雅声者举废;色,则凡非旧文者举息;械用,则凡非旧器者举毁。夫是之谓复古,是王者之制也。"①

可见,他的是今非古的历史观,具有两面,一是讲发展,反对说愈古愈好;一是非现实,反对把三代传统一扫而光。这种矛盾的态度,表明他赞成渐进的改良,非难激烈的变革。因而,他的社会历史理论,就具有很大弹性,往前跨一步,便是法家认为古代一切皆坏,必须将古代哲学、政治和法律一扫而光,以便一切都从头做起。韩非、李斯正是发展这个方面,走到了极端。而往后退一步,便是儒家认为三代一切皆好,必须拿周礼衡量一切,以便在形式上事事恢复古制。董仲舒、刘歆则是将这个方面推到了极端。荀子所以成为法家的先驱,又成为两汉经学家的祖师,正是因为他是一个过渡性的矛盾人物。

荀况的矛盾的历史模式,他自己定名为礼。所谓礼,便是封建的等级名分。他认为,封建的等级名分,就是三代之道,后王之法,因而是合于历史发展的最好制度。

为什么呢? 荀况主要是从人性的历史发展进行论证。

荀况看来,社会的构成,国家的出现,无不合乎人性发展的逻辑。"人之生,不能无群。群而无分,则争。争则乱,乱则穷矣。故无分者,人之大害

---

① 《荀子·王制》。

也。有分者,天下之本利也。而人君者,所以管分之枢要也。"①就是说,人生来就是社会性的动物,可是合成社会,又使人人互相竞争,于是必须互相保持一定距离,以免自相残杀而毁灭社会。礼即等级名分,就是明确距离以免混乱的必然需要。谁来担负维持合群明分的总管呢?就是君王。所以国家出现也是历史的必然。有意思的是,这同卢梭的社会契约论非常相像。"万物同宇而异体,无宜而有用为人,数也。"②

按照合群明分的逻辑,荀况探究历史变化的动力,说是起源于人性本恶,所谓"今人之性,生而有好利焉。"③所谓恶,就是自私,贪欲。他激烈抨击孟轲的性善论,以为按照那种理论,既不需要立君,也不需要礼义教育,更不需要刑法限制,结果只会导致统治者放弃责任,而引起社会大乱。

黑格尔说过:"人们以为,当他们说人本性是善的这句话时,他们就说出了一种很伟大的思想;但是他们忘记了,当人们说人本性是恶的这句话时,是说出了一种更伟大得多的思想。"④

荀况认为,欲正是礼的起源。

"礼起于何也?曰:人生而有欲,欲而不得,则不能无求。求而无度量分界,则不能不争。争则乱,乱则穷。先王恶其乱也,故制礼义以分之,以养人之欲,给人之求。使欲必不穷乎物,物必不屈于欲。两者相持而长,是礼之所起也。"⑤

不能不说,这是关于礼的最精彩的议论。虽然荀况并不是第一个说出这种思想的人,在他以前老子已有类似想法了,但荀况说得最明确。社会政治制度,本性在于满足人类的物质欲求。但物质有限,欲壑难填,因而必须找到一种办法,调节物和欲的关系,使欲望保持在物质条件许可的限度内,不致将物质消耗干净,而使人类社会能继续发展。这样,物和欲,既相互制约,又相互促进,就是礼的发生的必然理由。这比礼起于爱,起于尊老爱幼之类议论,不是优越得多吗?后来司马迁以它作指导,做了一篇《货殖列传》,成为《史记》中最精彩的文字之一。

---

① 《荀子·富国》。
② 同上。
③ 《荀子·性恶》。
④ 恩格斯:《路德维希·费尔巴哈和德国古典哲学的终结》,人民出版社1972年版,第28页。
⑤ 《荀子·礼论》。

如果说,荀况为中世纪君主专制提供了哲学先导,那么,他的学生韩非就把他的性恶、隆礼等理论发展到极端,为君主专制的政治实践设计了方案。

韩非(？—前233)是韩国公子,与李斯同学于荀况,他的才华使李斯自叹勿如。他患口吃,不善于说话,但论著堪称雄辩术的楷模。因为挽救韩国的策略不被韩王采纳,于是专门写书,并迅速流传。秦王嬴政读后,以为是古人书,恨不能与他交往;听李斯介绍后,便发动一场战争,逼韩国交出韩非。但韩非忘记了自己说的同君主"周泽未渥也,而语极知"的忌讳①,到秦国便上条陈要求伐赵存韩,与李斯的意见对立,同时又指出秦王将做过盗贼而品格卑劣的人封为上卿②,触及幸臣姚贾的隐私。结果李斯、姚贾联合中伤韩非必定为韩不为秦,使多疑的秦王将他投入监狱。等到秦王又疑心上当而赦免韩非,得到的却是已被李斯迫令服毒自杀的韩非③。精通权术却没有权力的韩非,终于成为自己歌颂的权力和阴谋的祭旗牺牲。这个悲剧深刻反映君主专制初临人间便何等卑鄙残忍。但他的著作,在秦朝却被奉为圣经。后来秦二世谴责李斯和李斯向二世申辩都屡引韩子说,可见君臣都将《韩非子》读得滚瓜烂熟。今本《韩非子》五十五篇,绝大部分出于韩非之手。

韩非的社会历史观,主要保存在《解老》、《五蠹》等篇内。

在先秦思想家中间,韩非首先明确地将历史区分成四世:上古之世,指传说中的有巢氏、燧人氏时期,其特征是巢居和火食;中古之世,"天下大水,而鲧、禹决渎";近古之世,"桀、纣暴乱而汤、武征伐";当今之世。但韩非又曾撇开传说时代,将舜、禹以后分为三世:"上古竞于道德,中世逐于智谋,当今争于气力。"④这个区别,指出时间过程存在着不同质的阶段,并试图找出决定各个阶段的主要因素,在以前还没有过。

十分清楚,韩非属于历史发展论者。他坚决反对复古,以至认为历史不会有曲折,总是径情直遂的:"今有构木钻燧于夏后氏之世者,必为鲧、禹笑矣;有决渎于殷、周之世者,必为汤、武笑矣。然则今有美尧、舜、汤、武、禹之

---

① "周泽未渥也,而语极知,说行而有功则德忘,说不行而有败则见疑,如此者身危。贵人有过端,而说者明言礼义以挑其恶,如此者身危。"见《韩非子·说难》。
② 《战国策·秦策五》"四国为一将以攻秦"章。
③ 韩非事迹见《史记·老子韩非列传》。
④ 《韩非子·五蠹》。

道于当今之世者,必为新圣笑矣。"①

为什么历史的内容会依次由道德竞争、智谋竞争变到斗气竞力呢？韩非归因于人口增长速度与财富增长速度成反比例。他说,古代民不争,是因为自然财富足以养活不耕不织的男女,"不事力而养足,人民少而财有余",所以无需赏罚"而民自治";"今人有五子不为多,子又有五子,大父未死而有二十五孙,是以人民众而货财寡,事力劳而供养薄,故民争,虽倍赏累罚而不免于乱。"②

他认为由人口按乘方增长而导致的生存竞争,只能向日益剧烈的趋势发展。"是以古之易财,非仁也,财多也;今之争夺,非鄙也,财寡也。轻辞天子,非高也,势薄也;重争土橐,非下也,权重也。"③既然如此,在历史中起决定作用的力量,便只能是争权夺利。"力多则人朝,力寡则朝于人,故明君务力。"④

权力分散必定导致天下大乱,因此,君主独裁,以法治国,就是国富兵强的枢纽。韩非研究历史,便是为了从理论上论证君子专制的合理性,也是为了从历史上找到强化君主独裁权力的经验教训。

研究的结果如何呢？韩非断定,最重要的经验是臣子对君父要绝对服从:"臣事君,子事父,妻事夫,三者顺则天下治,三者逆则天下乱,此天下之常道也。"⑤这是三纲说的最初表达形式。韩非又断定,最重要的教训是君主不可大权旁落,必须兼用法、术、势三条牢牢抓住权力。他将国家比作君主的车子,势是拖车的马,法是御者的鞭策,术是御者的心机。君主手握赏罚之鞭,身乘威严之势,用莫测的心机驾驭臣下,虽然是中材也可致治⑥。这样,他就认为,只要有利于君主集权,刑罚再严厉,权势再无限,阴谋再狠毒,都不算过分,所谓"事因于世,而备适于事"⑦。

战国后期,无论在城市,在乡村,都增加了这样的居民:他们要求结束

---

① 《韩非子·五蠹》。
② 同上。
③ 同上引,王先慎注谓土橐乃"土托"之误,"做官谓之仕,寄食于诸侯谓之托。"王焕镳谓土橐指土制冶炉,虽贱有用,故足致争,见《韩非子选》,中华书局1965年版,第4页。按说均非,土橐当指橐土,《管子·地员》:"剽惑橐土,虫易全处。"谓多窍穴之土,即蚁冢。
④ 《韩非子·显学》。
⑤ 《韩非子·忠孝》。
⑥ 《韩非子·外储说右下》。
⑦ 《韩非子·五蠹》。

（言）就有了差别①。这样，人们的主观永不能与客观一致，所以你说任何道理都等于不说，即使你说上一辈子，也等于你没说过话，但即使你一辈子不说话，也并不等于没说过话。你说凡事有原因是对的，又是错的，因为你说凡事有原因是确定的，又是不确定的。你说是即是，你说不是即不是，你说对即对，你说不对即不对。因为客观本来无差别，随你怎么说都行，这就叫"道通为一"，或者叫"天均"，也即"天倪"。正因如此，假如不是"卮言日出"，而且必须承认随便怎么说都对，那么互相反对的道理怎能都代代相传呢？"万物皆种也，以不同形相禅，始卒若环，莫得其伦，是谓天均。"②既然从宇宙到人生，变化的只是形式，那么社会历史还有什么规律可寻可说呢？

抱着这种态度，庄周对历史的一切都表示怀疑。

他怀疑圣人，将他们比作大盗的看守，说是所谓至知之法，只是锁住箱柜防小偷的办法，但大盗却连箱柜一起扛走，反而唯恐它锁得不牢。"世俗之所谓至知者，有不为大盗积者乎？所谓至圣者，有不为大盗守者乎？"因而，他竭力抨击历史上的圣人之治，"圣人生而大盗起，掊击圣人，纵舍盗贼，而天下始治矣。"

他怀疑仁义礼乐，说那些都是窃国大盗的掩护。为什么呢？"彼窃钩者诛，窃国者为诸侯。诸侯之门而仁义存焉。"因此他对各家的救世学说一概予以否定："削曾、史之行，钳杨、墨之口，攘弃仁义，而天下之德始玄同矣。"③

他怀疑一切历史记录，说是"知者不言，言者不知"，凡是写在书上的所谓古之道、圣之言，都不过是古人之糟粕④，都是表面的虚假的记录。

有人把庄周叫作古代的无政府主义者，那是错的。无政府主义者怀疑一切，就是不怀疑自己。但庄周连自己的存在都怀疑："昔者庄周梦为胡蝶，

---

① "东郭子问于庄子曰：'所谓道，恶乎在？'庄子曰：'无所不在。'东郭子曰：'期而后可。'庄子曰：'在蝼蚁。'曰：'何其下邪！'曰：'在稊稗。'曰：'何其愈下邪？'曰：'在瓦甓。'曰：'何其愈甚邪？'曰：'在屎溺。'东郭子不应。庄子曰：'夫子之问也，固不及质。正获之问于监市履狶也，每下愈况。汝唯莫必，无乎逃物。至道若是，大言亦然。周、遍、咸，三者异名同实，其指一也。'"见《庄子·知北游》。

② 《庄子·寓言》。

③ 《庄子·胠箧》。

④ "世之所贵道者，书也。书不过语，语有贵也。语之所贵者，意也。意有所随。意之所随者，不可以言传也。而世因贵言传书。世虽贵之，我犹不足贵也，为其贵非其贵也。"见《庄子·天道》。

栩栩然胡蝶也，自喻适志与。不知周也。俄然觉，则蘧蘧然周也。不知周之梦为胡蝶与？胡蝶之梦为周与？"①无政府主义者不是不要政府，而是只要自己一家的政府。庄周却蔑视一切权势："庄子钓于濮水。楚王使大夫二人往先焉，曰：'愿以境内累矣。'庄子持竿不顾，曰：'吾闻楚有神龟，死已三千岁矣。王巾笥而藏之庙堂之上。此龟者，宁其死为留骨而贵乎？宁其生而曳尾于涂中乎？'二大夫曰：'宁生而曳尾涂中。'庄子曰：'往矣！吾将曳尾于涂中。'"②

这样，庄周便由怀疑一切走向否定一切。研究具体事物，如果仅仅看到它的否定方面，必然陷入诡辩。庄周承认天地在变，古今在变，但他以为这都是形变，并非质变，因而变等于不变。为什么人感觉在变，感觉事物的多样性？因为大家都肯定自身，如果都否定自身，则矛盾就消失了："以道观之，物无贵贱；以物观之，自贵而相贱。"③这种从头脑里泯灭矛盾的方法，看来否定一切，其实应用上倒变成肯定一切。矛盾是客观存在，假如把解决矛盾的任务由实践移入思维，把否认矛盾算作解决矛盾，那么无异取消在实践中解决矛盾的任务。所以庄周极为苦恼，只好用玩世不恭的态度来回避实践问题。其发展趋向便是隐遁、服食、导引、求仙。

---

① 《庄子·齐物论》。
② 《庄子·秋水》。
③ 同上。

所据材料，大体没有超出王国维《太史公行年考》①的范围。王国维此文虽有问题，但在没有更多材料发现以前，仍可当作我们的出发点。

司马迁诞生在西汉左冯翊夏阳（今陕西韩城）一个学者家庭里，时间约在公元前135年②。这个家族的远祖，曾是周王室的世袭太史，春秋中叶后破落，子孙分散。有一支入秦，代为武将，但秦汉之际已降为铁官、市长，到司马迁的祖父已空有五大夫的爵号。他说自己幼年"耕牧河山之阳"，说明生时家里还没有做官的人。大概在他生后不久，父亲司马谈就任太史令，因而举家迁往京官聚居的茂陵（今陕西兴平）。太史令掌天文历法，秩六百石③，官卑职微④，但司马谈却因恢复了中断近五百年的祖业而很快活。他给儿子取名迁，字子长，用"出自幽谷，迁于乔木"⑤寄意，显然也表现他本人的心情。

据司马迁说，他十岁诵古文，大约就是跟随孔安国学习《古文尚书》⑥；又说跟随董仲舒学习《春秋》，大约也在十几岁时⑦。孔安国和董仲舒是西汉经学两大宗派的大师，《尚书》和《春秋》是同历史关系很密切的两部经书，这使司马迁对西汉统治学说及其历史观有较深了解。同时，司马谈"学天官于唐都，受《易》于杨何，习道论于黄子"⑧，但倾向黄老，写过综论六家要旨的论文，对于战国秦汉间的学说史有很深的研究，这对司马迁的思想具有兼取诸家所长的特色，显然大有作用。

大概在汉武帝元鼎元年（前116），二十岁的司马迁开始出外旅行。据王国维考证，他的旅行路线是先到长沙访屈原遗迹，在沅水、湘江乘舟巡游，再登九嶷寻找舜迹，又登庐山考察相传为禹所疏导的九江，而后至会稽山探禹穴；由此北上淮阴访求韩信事迹，考察淮、泗、济、漯的水利状况，再渡汶水、泗水，至齐、鲁旧都，讲习学业，参观孔子故居，并在孟轲故乡演礼；回头

---

① 见《观堂集林》卷十一。王国维对旧史歧异多所厘正。这里凡未注明出处的材料，均据此文。
② 王国维考证当为前145年。郭沫若《〈太史公行年考〉有问题》谓王说误，见《历史研究》1955年第6期。今从郭说。
③ 或说汉太史令秩千石，或八百石。王国维已驳之，郭沫若又证实王说有根据。可参看前引郭文。
④ 司马迁《报任安书》："仆之先人，非有剖符丹书之功；文史星历，近乎卜祝之间，固主上所戏弄，倡优所畜，流俗之所轻也。"见《汉书·司马迁传》所引。
⑤ 《诗·小雅·伐木》。《说文》："迁，登也。"
⑥ 参见《汉书·儒林传》孔安国传。
⑦ 从郭沫若说，见《〈太史公行年考〉有问题》。
⑧ 《史记·太史公自序》。

南下,在项羽故都彭城遇险,后经孟尝君的薛邑,到丰、沛参观刘邦和汉初功臣的故乡;最后游览大梁遗墟,回长安。行程近万里,历时非一年,目的是为准备做官而出门见世面,在古代叫作"宦学"。但我们从《史记》大量引用作者旅行见闻可知,这段经历其实在为他当史学家做准备。

约在元鼎四年(前113),司马迁做官了,虽说做的仅是秩比三百石的郎中,即皇帝的末等侍卫官,却是贵胄子弟才可获得的荣光。次年,汉朝开发西南夷,司马迁奉使随征昆明,也许是作为他那位"本家"司马相如的随使,经过天府的巴蜀,到过自大的夜郎,回来已是元封元年(前110)。这一年,汉武帝去泰山封禅,不知为什么将司马谈留在洛阳一带。身为太史令却不能与闻开国百年才有的盛典,司马谈伤心之至,一病不起。临终前,他给爱子留下遗言:"余死,汝必为太史。为太史,无忘吾所欲论著矣。……自获麟以来四百有余岁,而诸侯相兼,史记放绝。今汉兴,海内一统,明主贤君忠臣死义之士,余为太史而弗论载,废天下之史文,余甚惧焉。汝其念哉!"①原来,老太史早有心上追《春秋》,悄悄地在那里编次从诸侯相兼到海内一统的一部历史著作,可惜才开头便含恨而殁。

元封三年(前108),司马迁服丧期满,果然被任命为太史令。现在还可见他的升级履历表:"太史令,茂陵显武里,大夫司马迁,年二十八,三年六月乙卯除,六百石。"②他有了缀集宫廷藏书的机会,便着手实现父亲遗愿。

但这位青年天文官没有忘记克尽本职。他一上任,便发现历法混乱。原来当时通行的是颛顼历。这是秦统一后改定的历法,以十月朔为岁首。由于定朔、置闰等,在古代计算不精密,使用百年后与实际情况的误差越来越大,当晦而月见,当弦而月满,已成常事。中世纪王朝依赖历法指导农业生产,因而历法误差不仅直接影响社会生产,还间接危及皇帝个人的权威,问题是严重的。为了海内一统的稳定,司马迁便于元封六年(前105)与公孙卿、壶遂等向汉武帝建议,说历纪废坏,宜改正朔。这个建议得到采纳,组成了一个二十多人的改历班子,包括著名的天文学家唐都、落下闳,历算家邓平等,实际主持者便是司马迁。他充分显示自己是一位称职的科学管理者,不到一年便制定出《太初历》③。

———————
① 《史记·太史公自序》。
② 《史记·太史公自序》司马贞索隐引《博物志》。
③ 详见《汉书·律历志》、《史记·历书》,并参看李约瑟《中国科学技术史》第四卷第二十章。

其人通邑大都,则仆偿前辱之责,虽万被戮,岂有悔哉!①

你看,他因忠于历史,被皇帝判为有罪,却不但不悔,还说这是古圣前修的共同命运②,难道不是非死不可吗? 于是,在这以后,他的踪迹便从人间消失了。他是怎么死的,至今仍是个谜。他大概只活了四十三岁③。

然而,司马迁在中国史学史上的两大功绩,却永远彪炳于人间。

西汉末的扬雄著成《法言》,内有数则评论司马迁书,也许可说是判断《史记》编纂学意义的第一人。他将《史记》与同时代成书的《淮南子》进行比较,以为二书的共同特色,都体现作者"多知",却都显示毛病在于"杂":"人病以多知为杂,惟圣人为不杂。"④看来扬雄同意《太史公自序》的说法,《史记》的编纂形态,不同于号称孔子所作的《春秋》,二者没有可比性。然而扬雄又说:"淮南说之用,不如太史公之用也;太史公,圣人将有取焉,淮南鲜取焉尔。"⑤理由呢?"太史迁曰实录。"⑥

实录者,信史也。扬雄生前已有博学家的重名,尽管晚年曾向王莽献赋《剧秦美新》,而受自称帝国中兴的东汉统治者贬斥,但他的论著,演《周易》的《太玄》,仿《论语》的《法言》,在东汉初到北宋末的学者社会中间,仍然长期被视为准经典。例如十一世纪的编年史巨著《资治通鉴》主编司马光,便是《太玄经》神秘哲学的崇拜者。因而,毫不奇怪,《法言》给司马迁书的定性,所谓"实录",就出现在东汉初期班彪、班固父子撰写的《汉书·司马迁传》的结论里:"其文直,其事核,不虚美,不隐恶,故谓之实录。"

从此,"实录"便成为中世纪历史编纂学的首要准则,而陈述公正、记录准确、不说假话、不瞒真相,也就成为检验历史著作是否符合这一准则的具体尺度。《史记》的所有篇章,特别是涉及没有文字记录或者缺乏原始文献的上古历史的那些部分,有没有做到"其事核"? 当然引发后来学者的很多疑问,有些疑问已经被不断发现的新材料证明是正确的。然而"实录"本来

---

① 《报任安书》。
② 同上引:"古者富贵而名摩灭不可胜记,唯俶傥非常之人称焉。"
③ 司马迁的卒年,通行说为公元前 90 年,据郭沫若考证为前 93 年,今从郭说。
④ 《法言·问神篇》。
⑤ 《法言·君子篇》。
⑥ 《法言·重黎篇》。

指明的是历史学家的职责。司马迁生活在"儒术独尊"的时代,当时挂在孔子名下的五经,已经被汉武帝和他信用的执政大臣,宣布是帝国统治术的经典资源,尤其是那部古老编年史《春秋》,竟被权力中枢认作是孔子接受天启而为二百七十年后刘邦建立的汉朝预制的一部"宪法"①。这时司马迁虽不敢否定董仲舒关于《春秋》字里行间都寄托着孔子"为汉制法"寓意的政治理论,却私自撰写古往今来的一部历史"实录",重点放在帝国的创业史,以及到"今上"即汉武帝统治现状为止的帝国五代君主的统治史,而且力求客观公正地"据史直书",甚至按照自己的耳闻目睹,尽可能描述"往事"的历史实相。这样为历史而写历史的态度,正说明司马迁忠于孔子称道过的"古良史"传统②,也正表明司马迁开创了中世纪史学重视"实录"的新传统。

因此,"实录"应该成为历史著作家的职守和责任的首要准则,是司马迁对中世纪史学的第一个贡献。

司马迁的第二个贡献,在于开创了中世纪历史编纂的新形式。

《史记》百三十篇,内分十二"本纪",十"表",八"书",三十"世家",七十"列传",凡五类③。到东汉初,据说已有十篇"有录无书"④,不知是作者没有写完,还是遭到禁毁,抑或在流传过程中散佚?现存足篇,当有后人续补内容。但除《武帝本纪》等署有"褚先生曰"字样者,可确定是西汉后期褚少孙所补而外,我们已很难确定哪些是后人补写,补写者又是些谁。

《史记》共五十二万六千多字。记录的时限,上起传说中的黄帝,下止汉武帝统治时期。下限的具体时间,据司马迁自说"至太初(前104—前101)而讫"⑤,但据班固说则讫于天汉(前100—前97)⑥,而王国维说书中可信出于司马迁之手的记事,最晚一则是《匈奴列传》所记李广利降匈奴事,时当征和三年(前90)⑦。哪一说准确,因今本有阙佚续补,很难确定。不过司马迁

---

① 参见周予同《纬谶中的孔圣与他的门徒》,载朱维铮编《周予同经学史论著选集》。
② 《左传》宣公二年、《史记·晋世家》。
③ 次序据《史记·太史公自序》。
④ 《汉书·司马迁传》。又,《史记·太史公自序》裴骃集解引张晏曰:"迁没之后,亡《景纪》、《武纪》、《礼书》、《乐书》、《律书》、《汉兴已来将相年表》、《日者列传》、《三王世家》、《龟策列传》、《傅靳蒯列传》。元、成之间,褚先生补阙,作《武帝纪》、《三王世家》、龟策、日者列传,言辞鄙陋,非迁本意也。"
⑤ 《史记·太史公自序》。
⑥ 《汉书·司马迁传》。
⑦ 《太史公行年考》。

释家说八书"记国家大体"①,是有道理的。司马迁屡次强调各书的内容在于说明"古今之变"或"人变"②,透露他的写作指导思想在八书中有比较集中的表述。但今传《礼》、《乐》二书内容大多袭取《荀子》、《礼记》,是否原作不可知;《律书》从音律说到候气占星,而提要所谓"非兵不强"、《司马法》以前兵书都能"绍而明之,切近世,极人变"等主旨,反而罕有涉及;尽管王鸣盛力主是原作③,但其为后人续貂之作仍属事实。这就给我们据八书研究司马迁"通古今之变"的见解带来一定困难。

世家的名目初见于《世本》,原是周朝各封国诸侯的宗谱。司马迁利用这种形式,记叙西周至西汉主要诸侯贵族的兴衰史。它也有两种,即以国名篇,多用于秦以前独立的诸侯国;以人名篇,多用于先秦西汉位极人臣的贵族。但也有例外,将生前仅位列大夫的孔子和秦末民众造反领袖陈涉二人的传记,列为世家,便是司马迁的特创。这同样引起后人批评,以为他自乱体例。其实孔子在汉武帝时已被尊作为汉制法的"素王",司马迁虽不欲其与诸侯并列也不行。他看陈涉并非民众领袖,而是"卒亡秦族"的发难者。这只要看一看他的自序,便可了然。

列传即依次叙述人物事迹以传至后世的著作。战国时已有为个人作传的先例④。司马迁发展了这一体裁,围绕历史人物的活动,描写一个历史时期社会生活的某个侧面。《史记》立传的标准在于取类型,因而立传的人物,有许多著名的思想家、政治家、军事家、科学家、文学家和艺术家,有从事各种特殊活动而知名的代表者,还有当时少数民族的统治者。立传的形式,有一人一传,如《司马穰苴列传》、《商君列传》、《淮阴侯列传》等;有二人或数人合立一传,往往但取言行遭际相似而不计时代远近,如老子与韩非,屈原与贾谊,孙武、孙膑和吴起,都同列一传;还有描写同一类特殊人物活动的类传,重在叙述他们的活动内容和社会影响,而不依次记述个别人物的生平,如刺客、循吏、儒林、酷吏、游侠、佞幸、滑稽、日者、龟策、货殖等十列传;另还有以记少数民族统治人物与中央王朝交往活动为主的专传,如匈奴、南越、

---

① 《史记·礼书》司马贞索隐。
② 参见《史记·太史公自序》八书提要。
③ 参见《十七史商榷》卷一驳张晏关于十篇有录无书说等条。
④ 《史记·魏世家》司马贞索隐引《世本》有"桓子生文侯斯,其传云"语,知《世本》已有传体。又,范文澜《正史考略》论《史记》谓:"晋太康中,汲冢得《穆天子传》一卷,是战国史官固有专为一人作传之例矣。《伯夷列传》有'其传曰',是古有《伯夷叔齐传》。"

东越、西南夷、大宛等列传。各种列传的写法也变化多端,有的只是叙事,有的夹叙夹议,还有的以议论为主;有的详记人物生平,有的则取其一段乃至一件行事;有的仅作叙述性的介绍,有的则详录传主的论说或诗赋散文。此外,不少列传内还有附传,以记载相关人物,如庄周附见于老子传,邹衍附见于孟子传等。这样丰富多彩的人物传记,便反映出社会矛盾各个侧面的典型景象,使后世那些只是罗列达官贵人家世履历的中世纪人物传黯然失色。

司马迁说,他写《史记》各大组成部分的相互关系是这样的:"罔罗天下放失旧闻,王迹所兴,原始察终,见盛观衰,论考之行事,略推三代,录秦汉,上记轩辕,下至于兹,著十二本纪,既科条之矣。并时异世,年差不明,作十表。礼乐损益,律历改易,兵权山川鬼神,天人之际,承敝通变,作八书。二十八宿环北辰,三十辐共一毂,运行无穷,辅拂股肱之臣配焉,忠信行道,以奉主上,作三十世家。扶义俶傥,不令己失时,立功名于天下,作七十列传。"①

可见,作者自己把全书看成统一的整体,而以本纪作"科条",即犹如法令的规条,也就是全书的主线。其他四部分,表的作用是明时势变化,书的作用是明治道变化,世家可见辅佐君主行道的重臣变迁史,列传则可见因时立功的卓荦人物的演变图。他认为,五者相互配合,便可"原始察终,见盛观衰",交织成历史的全景。因此,从编写形式来看,本纪和世家、列传互为经纬,显示全书以人物传记为主,可称为纪传体。但表和书决不是可有可无的附录,因而称为综合性历史,似乎更恰当。这种形式,经过班彪、班固父子的发展,便成为中世纪历史编纂学的固定体裁,即所谓正史的体裁。

三 "道"变不变?

司马迁说,他写《史记》,目的在于"究天人之际,通古今之变,成一家之言"。

几乎所有的《史记》研究者,都认为这十五个字很好地概括了作者的指导思想,但解释则很不相同。有的说是历史发展论,有的说是历史循环论,有的说它是黄老之言,有的说它是儒家见解,还有的说是儒道混合论,等等。

---

① 《史记·太史公自序》。

"成一家之言",那好理解,表明作者要通过百三十篇来申述自己对历史的独特见解,也就是不同于古往今来各家各派的历史见解。

当然,主观抱负与客观实际总存在距离。自以为创新,其实却端出了一盘炒冷饭,或一碗杂碎汤,那样的例证在学术史上不胜枚举。因此,司马迁究竟成一家之言没有,还应该根据《史记》进行分析。

如果仔细地进行分析,那就应该说,司马迁企图"究天人之际,通古今之变",有成功的一面,又有失败的一面,因而他的著作又成一家之言,又不成一家之言。

为什么这样说呢?所谓"究天人之际",显然是说天人相合,也就是人事与天道总是一致的问题,并没有解决,必须再刨根问底。而所谓"通古今之变",则显然是强调需要洞晓的,在于历史的变化。不消说,这两句话都属于反命题,它是针对某个重大命题而发的。那个命题,自以为已经证明了"天人合一"的秘密,即历史的基本规律是不变。我们知道,在司马迁的时代,这样的命题不仅存在,而且已成为中世纪统治学说的哲学概括,它就是董仲舒所说的"道之大原出于天,天不变,道亦不变。"①司马迁的反命题,清楚地表明他不赞成董仲舒的结论,要用历史来证明天在变,道也在变。仅仅这个意向,便足以使他的历史理论,成为不同于由皇帝出面强迫人们"独尊"的那种历史哲学的一家之言。然而意向终究是意向,司马迁不知道自己说要"究天人之际"这句话,就等于默认"道之大原出于天",因而他所要洞察的历史变化,便不能不在"天人合一"的框架里打转,最终不能真正成为一家之言。

先看司马迁的"究天人之际"。

应该承认,以董仲舒为代表的西汉儒学,提出天人关系问题,企图将自然界和人类社会当作统一体进行考察,是有积极意义的。人类社会的发展,自有其特殊规律,但人类既然生存于自然界之中,其社会规律无论怎样特殊,也总是自然界总规律的组成部分。所以,问题不在于希望发现自然规律与社会规律的一致性,而在于不能用臆造的所谓规律强加给自然界和人类社会。董仲舒们正是从这里开始失足。

董仲舒没有真正研究过自然。他所谓的"天",是吸取先秦各派的唯心自然观,包括孔子的天命说、墨子的天志说以及阴阳家的五德终始说,所杂

---

① 《汉书·董仲舒传》。

凑出来的一个宇宙主宰。据说,这个主宰有形体,通过一年的日数、月数、四时五行之数显示自己的模样,并按这个模样造人,因而人内有五脏是合于五行,外有四肢是合于四时,三百六十五根骨头合于周天之数等,所谓"人副天数"①。据说,这个主宰有意志,通过四季气候显示自己的感情,如春暖示爱,秋清示严,夏温示乐,冬寒示哀,都是"天之志也"②。又据说,这个主宰喜欢严分尊卑上下,通过阴阳之道安排人间秩序,因而君为阳,臣为阴,父为阳,子为阴,夫为阳,妻为阴,"王道之三纲,可求于天"③。正因如此,中世纪的等级制度,当然早由天所注定,"天子受命于天,诸侯受命于天子,子受命于父,臣妾受命于君,妻受命于夫。诸所受命者,其尊皆天也。"④这样,君主绝对专制,人人都安于君主专制政体中的等级差别,就是"顺命";否则,不忠不孝,得罪君父,必定获罪于天,"反天之道,无成者"⑤。岂止无成,一有反天道的迹象,老天爷便发怒:"国家将有失道之败,而天乃先出灾害以谴告之;不知自省,又出怪异以警惧之;尚不知变,而伤败乃至。"⑥

可见,这个脾气暴躁的老天爷,绝对不许人们改变它的道,即中世纪君主专制的等级秩序。它只许可一种变,那就是在失道之后变回不变状态,唤作改制。因此,"王者有改制之名,无易道之实。"⑦为什么必须"奉天而法古"呢? 因为,"古之天下,亦今之天下;今之天下,亦古之天下。"⑧世界永远不变,无所谓古今区别,当然谈不上古今之变。于是,人类历史的永恒规律是"不变",就被"证明"了。

很难想象,还有比这种粗陋的神学说教更加浅薄的历史哲学。然而,这种说教,居然被受过高等教育的汉武帝接受,用来作为中世纪统治的指导思想,当作宗教教条强迫人们信奉。

司马迁博古通今,研究过当时所有的一切学问,要他信仰如此拙劣的神学说教,当然不可能。于是,他提出"道"变不变的问题,毫不令人奇怪。

---

① 《春秋繁露·人副天数》。
② 《春秋繁露·王道通三》。
③ 《春秋繁露·基义》。
④ 《春秋繁露·顺命》。
⑤ 《春秋繁露·天道无二》。
⑥ 《汉书·董仲舒传》。
⑦ 《春秋繁露·楚庄王》。
⑧ 《汉书·董仲舒传》。

"太史公推古天变,未有可考于今者。"①古代所谓灾异,在现代自然现象中都找不到完全相同的例子,则人间历史也不会重复,如董仲舒所说古今天下一个样,自不待言。

那么,为什么人们愈来愈喜欢讲灾变呢?"盖略以春秋二百四十二年之间,日蚀三十六,彗星三见,宋襄公时星陨如雨。天子微,诸侯力政,五伯代兴,更为主命。自是之后,众暴寡,大并小。秦、楚、吴、越,夷狄也,为彊伯。田氏篡齐,三家分晋,并为战国。争于攻取,兵革更起,城邑数屠,因以饥馑疾疫焦苦,臣主共忧患,其察机祥、候星气尤急。近世十二诸侯七国相王,言从衡者继踵,而皋、唐、甘、石因时务论其书传,故其占验凌杂米盐。"②

话很含蓄,意思却很清楚。前半主要批评孟轲。不是五伯乃三王之罪人吗?他们偏在春秋时"更为主命"。不是说夷狄非人,不受天的保护吗?他们却在五伯中占了重要地位。不是说篡夺行为是反天道吗?那些篡夺者却都横行于战国。董仲舒崇拜孟轲,所以这里分明是批评他的谴告说不可靠。后来则直斥董仲舒模仿的巫术家荒唐,指出占星候气所以盛行,是由于"臣主共忧患",但忧患却来自人祸造成的天灾,而巫术家则牵强附会说是天象示警,"因时务论其书传"。可见,汉武帝迷信方士,实在自欺欺人。

再看历史,就更令人怀疑天道赏善罚恶的说教。伯夷、叔齐,不可称善人吗?却都饿死。盗跖不是恶人吗?竟以寿终。"若至近世,操行不轨,专犯忌讳,而终身逸乐,富厚累世不绝;或择地而蹈之,时然后出言,行不由径,非公正不发愤,而遇祸灾者,不可胜数也。余甚惑焉,傥所谓天道,是邪?非邪?"③如果说天是历史的主宰,怎么可能所行与人们所说的天道完全相反呢?

可能的答案,只能说有人格有意志的天不存在,因而天无时无刻不在操纵人事的理论也站不住。

司马迁是科学家,懂得天文历算。对于社会生产和政治生活有重大关系的历法,同天文学尤其是行星天文学的研究息息相关。实践经验表明,对于天体运行的观测精密与否,主要是对日月五星的视运动周期的观测精密与否,直接关系着历法的周密程度;而历法的误差,又会直接引起农业生产、

---

① 《史记·天官书》。
② 同上。
③ 《史记·伯夷列传》。

宗教生活和思想状况的混乱。这一屡试不爽的经验事实,使司马迁不能不相信天人之间存在着相关律。他希望找到这个相关律,而且自以为找到了,那就是以数为表现的"天运"。

"夫天运,三十岁一小变,百年中变,五百载大变;三大变一纪,三纪而大备,此其大数也。为国者必贵三五。上下各千岁,然后天人之际续备。"①

奇怪的是,有关《史记》的研究论著,差不多都不理睬这段话,而它恰好是司马迁"究天人之际"的出发点和归宿,不了解其中含义,便不可能说明白司马迁的史学思想。只有个别的学者注意到了,然而是从中国科学技术史的角度注意的,例如李约瑟教授②。

根据李约瑟的研究成果,我们开始了解这段乍看神秘难解的理论里,包含着那个时代历法天文学和行星天文学的最高成就,有必要略作介绍。

前面说过,中国古代使用的是阴阳合历。这种历法的复杂性,在于它依据的基本周期,太阳年和朔望月,在相除时不能得到整数。计算季节循环的回归年现时长度为 365.242 19 日,而对古代宗教、政治和日常生活都很重要的朔望月长度则为 29.530 587 9 日。二者相除,则十个回归年等于十二个朔望月,尚余 10.875 135 2 日。倘用纯阴历,则不能预示季节变化,但倘用纯阳历,则又不能预示朔望。因而阴阳合历就是必要的。但既然阴阳合历所依据的两个基本周期不能整除,于是确定朔望、节气、置闰等,便需要精密的观测日月五星的视运动数据,而后再进行复杂的计算。然而在古代,以管窥天,以晷测日,以漏计时,观测技术落后而粗糙,数据自然不精确,因而计算结果过一段时间便会出现愈来愈明显的误差。例如,"汉兴,方纲纪大基,庶事草创,袭秦正朔。以北平侯张苍言,用《颛顼历》。比于六历,疏阔中最为微近。然正朔服色,未睹其真,而朔晦月见,弦望满亏,多非是。"③这样,就阴阳合历本身而言,便需要重新谐调,使两个周期大致相合,以能在相当一段时期内适应于中世纪国家指导生产和生活的需要,这就是所谓改正朔。

---

① 《史记·天官书》。
② 见李约瑟《中国科学技术史》第四卷天学,第二十章"八、历法天文学和行星天文学"。
③ 《汉书·律历志上》。在"汉兴"前一段文字是:"三代既没,五伯之末,史官丧纪,畴人弟子分散,或在夷狄,故其所记有《黄帝》、《颛顼》、《夏》、《殷》、《周》及《鲁历》。战国扰攘,秦兼天下,未皇暇也,亦颇推五胜,而自以为获水德,乃以十月为正,色上黑。"

改正朔,即重新制定历法,在中国古代积累的经验相当丰富。战国时期至少有六种历法在不同地区应用,便是证明。古代制历者谐调两种历法基本周期的经验,据李约瑟的研究,概括如下:"19 个回归年差不多等于 235 个朔望月;这个周期在西方称为默冬周;在中国则称为'章'或'太阴周'。四个默冬周(或章)恰好等于 76 年或 27 759 日;这个周期称为卡利普斯周。如果每个这样的周期减少一日,则所制历法相当令人满意。这 76 年的周期在中国称为'蔀'。人们发现,27 个章相当于 47 个月相周(每一个月相周大约 135 个月)或 513 年,这就称为一'会'。三会(或 81 章)称为一'统'(共 1 539 年),周期小于一'统'时,总日数不能成为整数。可以使干支六十周期、朔望月、回归年、月相周等在其中会合而时间最短的周期,是 3 统或 4 617 年。还有一种单位叫作'纪'(前面已提到作为木星公转周期的名称的'纪'),又称为'遂'或'大终'。一纪等于 20 蔀,即 1 520 年或 19×487 个六旬周期。三纪成为一'大备',又称为一'元'或一'首'。《周髀算经》接着说,七首为一'极',即 31 920 年。自此以后,'万物都达到终点而回到起始的状态'。"①

李约瑟依据的主要材料,是《周髀算经》、《淮南子·天文训》和《史记·天官书》。不消说,他概括的主要是司马迁以前的制历经验,也就是司马迁所谓"天运"大数的自然科学根据。

于是,前引《天官书》关于天数的论断,便可得到索解。所谓五百载大变,不正是约举一会即 513 年的成数吗?所谓三大变一纪,不正是约举三会即 1 539 年为一统的成数吗?所谓三纪而大备,不正是约举各种周期在其中会合而时间最短的大周期三统或一元或一首即 4 617 年的成数吗?所谓为国者必贵三五,也就是必须特别重视三个五百年大变周期②。为什么呢?李约瑟说:"汉代天文学家当然想把五星公转的会合周期和恒星周期完全纳入历周之内。他们的想法是想在历周之初('上元')五星毕'聚',到历周之末再'聚'。木星和土星每隔 59.577 9 年差不多在天空同一点上会合一次,

---

① 《中国科学技术史》第四卷天学,第二十章第八节"(5)谐调周期",括弧内的说明均为原文所有。默冬,雅典人,公元前 432 年著称。卡利普斯,公元前 370—330 年著称,与石申同时。均见原注。末引《周髀算经》原文为"生数皆终,万物复始"。

② 《史记·天官书》司马贞索隐:"三五,谓三十岁一小变,五百岁一大变。"此说似误。按"为国者必贵三五",下文接着说"上下各千岁"。其意盖谓一统的三个周期,《太史公自序》引司马谈言"自周公卒五百岁而有孔子,孔子卒后至于今五百岁","今天子接千岁之统",可证,所谓"上下各千岁",即此一会上接千岁之统,下启千岁之统。

恰好与干支六十周期很相近。木星、土星和火星每隔 516.33 年会合一次，《孟子》所谓五百年必有圣人出的周期，可以由此得到解释。"①这一解释应说较合实际。《天官书》讨论五星运行顺逆的意义，曾一一指出"五星皆从（某星）而聚于一舍"对于欲得天下者的启示。其中尤其重视的是五星以木、火、土三星之一为首相会的启示，如说从木星则"其下之国可以义致天下"，从火星则"其下国可以礼致天下"，从土星则"其下之国可（以）重致天下"。

较困难的是说明小变、中变的根据。三十年一小变还好说，因为太初改正朔的同时，又易服色、定制度，所谓"色上黄，数用五"②，即改奉土德。以土德王，在天上的对应星君，就是土星③。司马迁曾说土星"二十八岁周天"④。把这一恒星周期，同人们习用的父子更代周期即三十年一世相比附，得出三十年一小变的结论，当然说得通。但百年中变就费解，司马迁只好拿百年中五星的视运动都有反逆行来作根据⑤。然而行星反逆行的现象并非以百年为周期，因而这种理由，只能说明他同样是用天象附会人事。因为汉高祖即位那年，据说有五星会合于东井的事⑥，按说再"聚"当在五百年后，然而仅过一百零二年，作为汉武帝重新受命改制象征的《太初历》制定后校验，据说又出现"日月如合璧，五星如连珠"⑦。《史记》没有记载后一神奇现象，说明他并不信以为真，但他又必须解释由高祖到武帝百年间两度受命的"天人之际"奥妙，所以只好凑合反逆行现象来臆断人间百年应有中变。

由以上简略介绍可知，司马迁"究天人之际"，旨在给自己的历史观，寻找一种自然史基础。他考察"天运"，基点是自然界在变，这个变服从于数的支配，于是自然有变化规律便被说出来了。他分析"天数"，主要是说明"三光"即日月五星的运行，在时间上空间上都严格遵守一定秩序，掌握这个数便可对天运知往占来，于是自然规律的可知性也便被说出来了。这当然要

---

① 见前引李约瑟《中国科学技术史》第四卷第二十章第八节。
② 《汉书·武帝纪》。
③ "历斗之会以定填星之位，曰中央土"；"斗为文太室，填星庙，天子之星也。"见《史记·天官书》。
④ 《史记·天官书》。按土星的绕日公转周期的真值为 29.46 年。司马迁所记估计数值，是依据土星在二十八宿所在天区"岁填一宿"而来。不久刘歆推算其恒星周期为 29.79 年，更接近真值。
⑤ "余观史记，考行事，百年之中，五星无出而不反逆行；反逆行，尝盛大而变色；日月薄蚀，行南北有时，此其大度也。"见《史记·天官书》。
⑥ "汉之兴，五星聚于东井。"见《史记·天官书》。
⑦ 《太初历》成，"宦者淳于陵渠复覆《太初历》晦朔弦望皆最密，日月如合璧，五星如连珠。"见《汉书·律历志上》。

算他的成功处,也是我们说他不同于董仲舒的神秘的"天不变"论的依据。

不过,假如我们读一读《天官书》,便不能不承认司马迁其实还没有摆脱对占星术的信仰。他掌握了当时最新的天文气象学的成就,然而一旦面临对这些资料进行理论概括,就显示他受到孔子定数论和阴阳五行说的深刻影响。他力图证明天在变,但又力图证明这个变只能是宇宙和谐系统的表现。而他所描绘的宇宙和谐图景,不是别的,正是地上的秩序在天上的投影。因此,我们看到,西汉王朝的政权结构和政治生活,在司马迁的天体结构里统统有对应的表现,甚至没有忘记给皇帝的后宫、仓库和舆服在天上找到位置。从这种天人合一的和谐图景出发,他所说的天变,必定包含两个侧面,一是合于常轨的变,一是脱出常轨的变。后一种变,意味着天人之际的和谐受到破坏,因而就得十分注意它们将预兆着人间有什么异事发生,以设法顺应或挽救,这就一定要回到占星术上去,一定要成为董仲舒"天人感应"说的俘虏。

所以,我们读到下面一段话,便不会奇怪:"日变修德,月变省刑,星变结和。凡天变,过度乃占。国君强大有德者昌,弱小饰诈者亡。太上修德,其次修政,其次修救,其次修禳,正下无之。夫常星之变希见,而三光之占亟用。日月晕适,云风,此天之客气,其发见亦有大运。然其与政事俯仰,最近天人之符。此五者,天之感动。为天数者,必通三五,终始古今,深观时变,察其精粗,则天官备矣。"①司马迁终究没有摆脱占星候气的迷信,把寻找自然变化规律的努力,同巩固君主专制秩序的意向联结在一起,这就是证明。

由此我们便可进而讨论司马迁的"通古今之变"。

作为综合性通史,《史记》考察的社会不局限于某个历史时期,这本身就使作者要注意找寻历史发展的脉络,记录面也一定比其他断代史或专门史要宽广。史学家的见识常受眼界的影响,司马迁便是一例。

当然,视野的开阔程度并非决定性因素。司马迁希望"通古今之变",根本原因在于从春秋末期到西汉中叶,社会一再发生剧烈变动;尤其是秦统一后百余年间,中世纪专制主义的内在矛盾已经暴露得相当充分,如何长久地维持"海内一统",便迫切要求从历史上和理论上给予回答。

---

① 《史记·天官书》。

在西汉人眼里，最令人困惑的问题，莫过于秦亡汉兴的原因。刘邦要陆贾著论答复过，贾谊一再撰文探讨过，董仲舒自以为解决过，然而司马迁仍然觉得是莫大疑问。

"太史公读秦楚之际，曰：初作难，发于陈涉；虐戾灭秦，自项氏；拨乱诛暴，平定海内，卒践帝祚，成于汉家。五年之间，号令三嬗。自生民以来，未始有受命若斯之亟也。

"昔虞、夏之兴，积善累功数十年，德洽百姓，摄行政事，考之于天，然后在位。汤、武之王，乃由契、后稷修仁行义十余世，不期而会孟津八百诸侯，犹以为未可，其后乃放弑。秦起襄公，章于文、缪、献、孝之后，稍以蚕食六国，百有余载，至始皇乃能并冠带之伦。以德若彼，用力如此，盖一统若斯之难也。

"秦既称帝，患兵革不休，以有诸侯也，于是无尺土之封，堕坏名城，销锋镝，钼豪杰，维万世之安。然王迹之兴，起于闾巷，合从讨伐，轶于三代，乡秦之禁，适足以资贤者为驱除难耳。故愤发其所为天下雄，安在无土不王？此乃传之所谓大圣乎？岂非天哉！岂非天哉！"①

你看，秦朝创业那样艰难，覆亡却如此轻易，道理何在呢？群雄逐鹿那样激烈，刘邦"受命"却如此迅速，秘密是什么呢？更令人不解的是，秦始皇把废分封看作安宁之术，岂知诸侯合纵讨秦的攻势比以前更凌厉，恰似在替刘邦以"无土"平民称帝扫清道路，真是"岂非天哉"！

难道秦朝一切皆错吗？不然。"秦取天下多暴，然世异变，成功大。""学者牵于所闻，见秦在帝位日浅，不察其终始，因举而笑之，不敢道。此与以耳食无异，悲夫！"②

更可悲的还有刘邦。他鉴于秦无尺土之封，于是大封骨肉同姓以"承卫天子"，临死还立下遗嘱，说是非刘氏而王者，"天下共诛之"。结果怎么样？百年间，"诸侯或骄奢，忕邪臣计谋为淫乱，大者叛逆，小者不轨于法"③，累得汉景帝大动干戈，汉武帝想尽花招，才把这批分裂势力压下去。反秦道而行之，适足以证明秦朝废分封确是安宁之术，这又如何解释？

诸如此类的矛盾现象，在《史记》里还指出好多。它们都表明历史在变，

---

① 《史记·秦楚之际月表》序。
② 《史记·六国年表》序。
③ 《史记·汉兴以来诸侯王年表》序。参见《齐悼惠王世家》太史公曰，《高祖功臣侯者年表》序等。

古今不同,"居今之世,志古之道,所以自镜也,未必尽同。帝王者各殊礼而异务,要以成功为统纪,岂可绲乎?"①这是直斥董仲舒以道不变为理由,提倡"奉天而法古"之非。这也是申述作者观察历史的方法,即衡量历代帝王变礼革政的是非,总的标准是看其效果,不可拿今古之道应该雷同的成见去编造。

我们必须注意司马迁的这一方法。自从董仲舒把所谓《春秋》"诛心"的原则引入中世纪法律领域后,把审查动机当作判决历史功罪的唯一标准的主观主义方法,同样成为中世纪史学必须遵守的钦定原则。而所谓居心良不良,标准又是什么呢?汉武帝时著名的酷吏、董仲舒《春秋》决狱理论的实行者杜周,有段令人大得教益的对话:"客有让周曰:'君为天子决平,不循三尺法,专以人主意指为狱。狱者固如是乎?'周曰:'三尺安出哉?前主所是著为律,后主所是疏为令,当时为是,何古之法乎!'"②可见,所谓诛心,应用于历史领域,也就是以当代专制君主之心去判断一切历史人物之心。这样,哪里还谈得上什么客观存在的历史是非,什么历史的发展变化呢?因此,司马迁提出古人变革是功是罪,"要以成功为统纪",便同那种随心所欲地解释历史的错误方法直接对立,得出的结论也就会较少偏见,较为符合历史实际。

司马迁运用他的方法考察"世异变",取得很大成就。

一部《史记》,用力最深的段落,是秦、楚、汉的王权更迭史。这段历史,由秦朝统一起到汉朝稳定止,不过三十年,却走过了统一、分裂、再统一的大弯路,其中充满着令人莫测的偶然事变。人们知道,凡是偶然事变到处出现的领域,照例是优秀史学家最感兴趣的地方,因为那里存在着最多的尚未发现的必然性。前面引述的那一串问题,正说明司马迁多么急切地想揭露这段历史中间支配世道变化的秘密。

他发现了什么呢?

首先是秦何以亡。汉初人议论纷纭,有的说建都太偏③,有的说继嗣不

---

① 《史记·高祖功臣侯者年表》序。
② 《史记·酷吏列传》。
③ 刘邦问群臣建都事,"群臣皆山东人,争言周王数百年,秦二世即亡,不如都周。"见《史记·刘敬叔孙通列传》。

良①,而说得最多的是废分封和灭诸侯。司马迁却说贾谊的意见最好。他取贾谊的《过秦论》三篇,分别作为《秦始皇本纪》和《陈涉世家》的赞语②,自己不另加评论,表示他完全同意贾谊的论断。贾谊指责秦始皇父子的错误很多,顶大的错误在于不懂"取与守不同术"。贾谊认为,秦始皇实现统一的手段是暴力,但由于长时期内诸侯间战争不断,疲敝已极的士民都盼望结束分裂,"冀得安其性命",因而对秦王天下是拥护的。可是,"并兼者高诈力,安定者贵顺权","秦离战国而王天下,其道不易,其政不改",仍然用种种欺诈暴虐的手段,使黔首愚弱,于是士民大为失望。贾谊认为,秦二世完全有机会改正这个错误,"夫寒者利裋褐而饥者甘糟糠,天下之嗷嗷,新主之资也,此言劳民之易为仁也";岂知不然,二世固而不改,还变本加厉,于是士民人人自危。"是以陈涉不用汤、武之贤,不藉公侯之尊,奋臂于大泽而天下响应者,其民危也。"③这个分析,与陆贾所谓"逆取顺守"④的意见相近,但强调攻守形势变了,行道施政都应跟着变,否则民心就必定由盼望走向失望,直到怨望、绝望,奋起推翻暴君。司马迁引用它,把易道改政同民心向背联系考察,不是很有历史眼光么?

其次是楚何以败。项羽失败前一再声称"此天之亡我,非战之罪也"⑤;刘邦却嘲笑他"有一范增而不能用,此其所以为我擒也"⑥。谁对呢?司马迁没有正面评论刘邦的说法,但批评项羽的说法荒谬:"自矜功伐,奋其私智而不师古,谓霸王之业,欲以力征经营天下,五年卒亡其国,身死东城,尚不觉寤而不自责,过矣!"⑦这里只说项羽败在骄傲自负,固然浅薄,却不见得比刘邦的批评更浅薄。他指出项羽已经政由己出,号称霸王,即已在实际上"王天下",却依然专靠暴力进行统治,不正是说他犯的错误与秦始皇相同,因而才闹得众叛亲离么?

---

① 叔孙通谏刘邦易太子事,"秦以不蚤定扶苏,令赵高得以诈立胡亥,自使灭祀,此陛下所亲见。"见《史记·刘敬叔孙通列传》。
② 《史记·陈涉世家》赞今作"褚先生曰"。裴骃集解:"徐广曰:'一作太史公。'骃案:《班固奏事》云,'太史迁取贾谊《过秦》上下篇以为《秦始皇本纪》、《陈涉世家》下赞文';然则言'褚先生'者,非也。"
③ 引文均据《史记·秦始皇本纪》赞所录。
④ "汤武逆取而以顺守之,文武并用,长久之术也。"见《史记·郦生陆贾列传》。
⑤ 《史记·项羽本纪》。
⑥ 《史记·高祖本纪》。
⑦ 《史记·项羽本纪》太史公曰。

再次是汉何以兴。刘邦归功于自己能用人,又自吹得到天命。司马迁不正面予以批评,那是可以理解的。然而他详尽记叙刘邦如何无赖、自私,如何当面谩骂功臣为"功狗",侮辱文士为"竖儒",又如何对他亲口封作"人杰"的三大元勋,即韩信、张良、萧何,百般猜忌、陷害,搞得他们或死或隐或入狱,等等。这都说明他对刘邦的话并不相信。但这样一个人,为什么居然成为开创一代王业的"大圣"呢?

司马迁研究的结果,以为根本秘密在于汉初统治集团的整个措施"承敝易变,使人不倦"①。这八个字,还出现于他对汤、武的赞语中②。他又将八书所论治道归结为"承敝通变"③。可见他对这个结论何等重视。

所谓敝,就是贾谊《过秦论》所说的上无天子,诸侯力征,"兵革不休,士民罢敝"。司马迁显然应用老子的"反者道之动"的思想,认为解决了"无王"的问题还不行,实现统一后的关键问题,是让疲惫不堪的士民振作起来,安心从事各自的本业,那办法便是放松束缚。司马迁认为,刘邦虽不很懂这个使秦楚败亡的秘密,但他的辅弼和继承人都懂。所以萧何致力"使百姓爱汉"④,曹参用盖公建议,"治道贵清静而民自定"⑤;"孝惠皇帝、高后之时,黎民得离战国之苦,君臣俱欲休息乎无为,故惠帝垂拱,高后女主称制,政不出房户,天下晏然。"⑥

司马迁的这些分析,相当深刻。他不像那种形式主义的因果论者,只会说这是原因,那是结果。他懂得历史现象中间隐藏着法则,并懂得事情往往有正反两面,因而能看出坏的结果往往预示历史的趋势,顺应它就可能使坏结果转变成好结果的原因。这种朴素辩证法的见解,固然来自老子哲学和贾谊政论的启示,但将它应用于分析历史,则是司马迁的首倡。

司马迁还将他的分析方法,用来揭露如何才能"使民不倦"的秘密,得出结论说最好因民所欲,听民求富。他说,追求生活享受是社会变化的必然结果,再好的说教也改变不了,"故善者因之,其次利道之,其次教诲之,其次整

---

① 《史记·高祖本纪》太史公曰。
② "汤、武承弊易变,使人不倦,各兢兢所以为治",见《史记·平准书》太史公曰。
③ 《史记·太史公自序》。
④ 《史记·太史公自序》萧何世家提要。
⑤ 《史记·曹相国世家》。
⑥ 《史记·吕太后本纪》太史公曰。

齐之,最下者与之争。"①他认为,富家才能富国,齐国从太公望到管仲,一贯注意富民,所以齐国强大,到桓公时能称霸天下。他批评那种以礼治国的说教,引用《管子》"仓廪实则知礼节,衣食足则知荣辱"的理论,发挥说:"礼生于有而废于无。故君子富,好行其德;小人富,以适其力。渊深而鱼生之,山深而兽往之,人富而仁义附焉。富者得势益彰,失势则客无所之,以而不乐,夷狄益甚。谚曰:'千金之子,不死于市',此非空言也。故曰:'天下熙熙,皆为利来;天下壤壤,皆为利往。'夫千乘之王,万家之侯,百室之君,尚犹患贫,而况匹夫编户之民乎!"②

这段史论,曾被班彪斥为"崇势利而羞贫贱"③。不错,司马迁的确有点势利眼,也的确以贫贱为耻。但他比起班彪那班用仁义说教掩饰贪婪本性的中世纪思想家,则直率得多,因为他敢于承认现实。所以,他强调"礼生于有而废于无",不是接触到观念的本源问题吗?他强调王侯还叫穷,就更应该让百姓逐富,并且把拉齐贫富、与民争利的政策,斥为治国的下下策,不是触及到社会安宁与否的根本问题吗?

正因为司马迁多少接触到一些推动中世纪社会发展的基本性问题,所以他把阐明经济政策和经济思想的变迁,作为"通古今之变"的重要侧面。《货殖列传》详细描述当时全国各地的经济生活状况,说明商业发展和经济都市的出现是自然趋势。《平准书》不仅对汉朝的货币政策和财政状况有详细记录,而且对西汉统治者残酷剥削人民的情形有颇深的揭露。在其他纪传里面,他也时时注意历史上的经济问题。这都是他的卓识。在二千一百年前就有这样的见识,应该值得我们珍视。

说到这里,我们就可了解,司马迁的"通古今之变",旨在证明历史变化是社会的自然趋势;因为是自然趋势,所以人道也同天运一样,变是正常的,不变才不合天运;因为道总要变,所以中世纪统治者就应该把握时变,自觉地易道改政,尤其应该及时地"承敝易变",否则就会造成百姓怨望而海内沸腾的局面。

这就是司马迁"究天人之际,通古今之变"的结论。用历史向中世纪统治者提出劝告,希望他们照一照这面镜子,变得明智一点,这意图不是显而

---

① 《史记·货殖列传》。
② 同上。
③ 《汉书·司马迁传》。

易见么？

四　经学、神学与史学

作为史学家的司马迁是伟大的，但作为哲学家的司马迁就不见得怎么样，有时还显得很平庸。

司马迁生活在儒学代替黄老学成为中世纪统治学说的转折时代。这个时代，统治者提倡的儒学，其实只是儒学中间的一派，即今文经学。西汉今文经学最重要的经典是《春秋》，得到统治者承认的标准解释是《春秋公羊传》。它的理论代表是董仲舒，政治代表则是公孙弘。

公羊学者说话办事，紧跟专制君主的眼色而转移，以致同属于今文经学的《诗》学家辕固生也嫌他们过分"曲学以阿世"①。司马迁虽然在这方面与他们判然有别，但他在理论上受到公羊学说的很大影响，则不能否认。

"夏之政忠。忠之敝，小人以野，故殷人承之以敬。敬之敝，小人以鬼，故周人承之以文。文之敝，小人以僿，故救僿莫若以忠。三王之道若循环，终而复始。周秦之间，可谓文敝矣。秦政不改，反酷刑法，岂不缪乎？故汉兴，承敝易变，使人不倦，得天统矣！"②

什么意思呢？就是说，第一，历史的变化程序，在政治上表现为三种形态，即忠（讲质朴）、敬（讲威仪）、文（讲尊卑），夏、商、周三代政治便是代表；第二，每个发展阶段都是由盛而衰，在政治上便是每种形式都走向反面，忠的结果是少礼节，敬的结果是谄事鬼神，而文的结果则是"苟习文法，无悃诚也"③；第三，后一形式的发生，总来自对前一形式救弊补偏的要求，然而总是丢掉了前一形式的长处，因而自身也出现偏向，于是必定变到另一种形式；第四，这三种形式相互更替，好像在兜圈子，其实是变的表现，所以说"三王之道若循环"；第五，秦始皇不懂得"承敝易变"的道理，"反酷刑法"，也就是用严刑峻罚来维护尊卑分明的专制统治，结果铸成大错，给汉朝兴起造成机会。正因如此，汉朝统治者不过是做了秦始皇父子应做而未做的事，所以取得成功。世世不绝叫作统。所谓得天统，就是符合自然而然的道理。结

---

① 《史记·儒林列传》。
② 《史记·高祖本纪》太史公曰。
③ 《史记·高祖本纪》裴骃集解引郑玄说。

论很明显,刘邦所以成为"大圣",无非是时势造成的。

有的学者指出,这段"太史公曰",是司马迁对汉为什么能够代秦的历史原因的总结,因而也是最能反映司马迁所谓"变"的实质。就原则来说,那是不错的。问题在于它的内容是否可称作历史循环论。

无需讳言,司马迁的确受到五德终始说的很深影响,在历史观上有循环论的印记。但我们不能忘记,在公元前一世纪,除了原始社会、奴隶社会和封建社会三种形态,中国历史还没有提供另外的样式,可供史学家研究。而封建社会才由分裂跨入一统,处于方兴未艾的时代,给人们带来的安宁生活希望,比以往任何时代都大。正在这时,司马迁研究了它的矛盾,发现它非但没有止于至善,反而存在着亟待补救的缺陷,怎能说是把历史看作简单的圆圈呢?的确,他说过"救僿莫若以忠",仿佛主张回到遥远的夏代,但"莫若忠"的提法,就说明那不过是一种道,一种法则,并非说一切要恢复夏政。何况对逝去事物的追念,无非是对现存事物的批判,怎能不加分析地否定呢?

其实,"承敝易变",本身就包含着朴素的辩证法。经过十多年的分裂和混乱,汉朝政权总算稳定了,但相继执政的萧何、曹参,却发现自己面对的是一个烂摊子。可供选择的收拾办法,要么是墨守秦朝"危民"的旧道,要么是趁势另找"安民"的新道。他们选择了后者,变赋敛无度为轻赋少事,变严刑峻罚为约法省刑,表面上政治变得质朴了,实际上政策变得灵活了,效果就是农民回到土地上去,地主的经济力量和政治力量得到恢复和发展。司马迁以为这是"得天统"即顺应自然道理的表现,描述了历史的实相。

从秦汉之际历史的研究,司马迁发现了人间的道也总在变,依次照忠、敬、文三种形态在变。对汉兴后百年历史的考察,更加强了他这种认识。

汉初政治的特色是质朴。皇帝将相都多少保存着一些平民作风,颇讨平民的喜欢,由赞美曹参的民谣可见。但统治者过于粗鲁少文,决不会引起平民的盲目信仰,从游侠藐视王法可见。而中世纪的君主专制,没有对王权的迷信来帮助它催平民入眠,那是不行的。试想,如果被压迫者中间随时会冒出一个高呼"王侯将相宁有种乎"的人物,那么中世纪独裁者还能没有顾忌地胡闹吗?所以,从刘邦开始,汉朝统治者便不断创造自己"受命"的神话,每个皇帝都起劲地奉事鬼神,显然是要收拾小人的"野"。司马迁说:"今天子初即位,尤敬鬼神之祀。"①这分明是说,到武帝初,汉朝的政治特色已由忠变敬,极其重视用神权维护王权。

司马迁不信鬼神实有,更不信巫术能召神见鬼。所以他对皇帝敬鬼神的行为,报以辛辣的嘲笑:"今上封禅,其后十二岁而还,遍于五岳、四渎矣。而方士之候祠神人,入海求蓬莱,终无有验。而公孙卿之候神者,犹以大人之迹为解,无有效。天子益怠厌方士之怪迂语矣,然羁縻不绝,冀遇其真。自此之后,方士言神祠者弥众,然其效可睹矣。"②不过嘲笑归嘲笑,司马迁仍然不懂专制君主敬鬼神的真正妙用,更不懂神权必将与王权相始终。

因此,司马迁从汉武帝求仙候神的失败一事,产生了幻觉,以为敬之敝既已暴露,则承之以文的阶段就重现了。汉武帝搞改制受命,颁布打击同姓诸侯王的推恩令等措施,更助长了他的幻觉。于是,他发出了乐观的声音,说是推恩令实施以来,诸侯弱了,"而汉郡八九十,形错诸侯间,犬牙相临,秉其阸塞地利,强本干,弱枝叶之势,尊卑明而万事各得其所矣!"③

削弱诸侯势力,增强君主专制,中世纪的等级制度分明了,就是"万事各得其所",这岂非等于说中世纪统治到汉武帝中叶已经尽善尽美了吗?按照逻辑,也许有一天还会由文返忠,但按照现实,历史变化至少已经暂停,不会再出现需要解决的问题,因而也不会再发生道的变化。

于是,司马迁便真正陷入了三统说。

三统说是西汉公羊学派的理论。它的完成者董仲舒用五德终始说解释《春秋》,说支配历史的有三统,即三本或三始④,分别用黑、白、赤三色代表。朝代的递嬗,即三统在循环的表现。一朝天子得一统,必须按照那个统的定制去改变礼乐制度,所谓改正朔,易服色,正礼乐。办过这套手续,就算获得天的承认,即受命以革命——革去前代所受天命。但三统的循环,要遵守四法:夏、商、质、文。那是关于正朔、服色、礼乐等制度的四种固定模式,它们分别和三色相配,需经十二个朝代才能转完一大圈。历史到达终点便回到起点。董仲舒说:"王者改制作科奈何?曰:当十二色。历各法而正色,逆

---

① 《史记·封禅书》。
② 同上。
③ 《史记·汉兴以来诸侯王年表》序。
④ 《公羊传》隐公元年"大一统",何休注:"始也,总系之辞。"《易·乾》"乃统天",郑玄注:"本也。"

数三而复。"①按照这种循环论,董仲舒解释《春秋》,说它并非历史书,而是孔子借历史说政见,制定一代新王的宪法:"故《春秋》应天作新王之事,时正黑统。王鲁,尚黑,绌夏,亲周,故宋;乐宜亲《招》、《武》,故以虞录亲,乐制宜商,合伯子男为一等。"②据公羊家说,孔子接受天命,应该做王,不幸他有德无位,所以只是一位"素王"。但孔子得到上天的指示,那是放在鲁都端门上的一份血书,上面要求孔子给未来的汉朝制定一部宪法;孔子便遵命写了《春秋》,这叫"端门受命"。因此,汉朝受命改制以进行统治的根本大法,在《春秋》里全部都有规定,自天子到臣民都必须恪守。

　　改制并不神秘,但用三统说一解释,就神秘了。司马迁多次用"质文递变"解释社会变化,"故书道唐虞之际,诗述殷周之世,安宁则长庠序,先本绌末,以礼义防于利;事变多故而亦反是。是以物盛则衰,时极而转,一质一文,终始之变也。"③虽不明白肯定三四十二的说教,并力图把质文说成是对付治乱两种世道的统治方式,但循环论的影响是显然的。他将孔子升为世家,用董仲舒的说教替自己写《史记》的合法性辩护,尽管有不得已的隐衷,但也不能看作是违心之论。他尽管承认民心向背在历史上起着巨大作用,但以为左右历史变化的决定因素,还是帝王的观念正确与否,因而将君主个人的历史作为全部社会过程的轴心,称为"本纪",这说明他的历史观在本质上属于古典史观。所以他歌颂历史上的圣君贤相,惋惜有德的汉文帝竟因谦让而没有改正朔、易服色和封禅;又鞭挞历史上的暴君污吏,指斥秦、项之亡都是因为不师古而行仁义;都没有摆脱已在当时弥漫的中世纪偏见。

---

① 《春秋繁露·三代改制质文》。
② 同上。
③ 《史记·平准书》。

第五章 中世纪前期王朝史(上)

一 引人注目的王朝更迭运动

自然史和人类社会史都有这样的现象:某种事变,一再重复出现,而前因后果也极其类似。如果抓住这种引人注目的现象,当作研究的入门向导,那便可很快找出历史进程的支配性规律。

中国中世纪的王朝更迭,就是这样一种现象。一个王朝建立了,开始总有点兴旺气象,但传上没几代,政权便腐化了,人民愈来愈活不下去,统治集团内部也闹起来,于是要么爆发民众造反,要么发生民族战争,要么出现宫廷政变,结局便是改朝换代。以后呢?多则一二百年,少则几十年,乃至十几年,同样现象又如此这般重演一遍。

从秦朝统一(前221)到清朝灭亡(1911),总共二千一百三十二年,经过这样更迭运动而产生的王朝,仅被中世纪史学家所承认的,就有二十五个。其实数字远不止此。

这貌似循环的王朝更迭现象,显示中世纪经历着周期性的社会危机。

这种危机作为一种客观存在,必定要被中世纪史学家所感觉,所反映。由东汉到清朝,史学家们编写的大量王朝史,包括纪传体断代史和编年体断代史,便是他们提供的中世纪历史进程中各个阶段的矛盾运动的例证。前者由《汉书》开先例,后者以《汉纪》为滥觞。

断代的王朝史,大都编写于旧王朝覆灭不久,新王朝开始稳定之际,即所谓"隔代修史"。在这时,中世纪的史学家,一方面对旧事记忆较新——有的还是危机爆发时期各类重大事件的直接参与者,另一方面受旧王朝统治者的政治需要的牵制较少,所以叙述旧朝事迹可以较少顾忌而较多真意——当然事关新朝统治集团者例外。于是,这种著作便有可能成为周期性危机过程的例证。

这样的著作在西汉何以没有出现?那以前秦王朝不是提供过王朝更迭运动的第一个事例吗?

问题也不难索解。第一,秦王朝存在的时间太短,从定鼎到失鹿不到二十年。任何事物,只有当它的内在矛盾的各个侧面比较充分地暴露之后,方可唤起人们的充分注意。而中世纪的这第一次危机,由激化到解决的速度很快,矛盾暴露得还不够充分。第二,秦王朝的盛衰兴亡,是中世纪一连串危机过程的起点。正因为是第一次,没有先例可资对照,所以西汉统治阶级反复地讨论秦亡的教训,结论几乎都以为那是偶然事件,原因只在于秦始皇个人的性格暴戾和决策错误。于是他们的批评,多集中于秦始皇不行仁政。有识者如司马迁,虽然不赞成这种见解,而以为应当"察其终始"①,却也同样感到迷惑。因而他一则说秦朝统一"若天所助"②,二则说秦始皇搞严刑峻罚恰是替汉高祖做皇帝铺平道路,"岂非天哉!岂非天哉!"③还是归结为偶然性。

西汉王朝统治者曾力图避免重蹈秦朝灭亡的覆辙。他们继承秦朝的法制,却小心地给它披上"无为而治"的外衣。当他们认为自己强大得足以取消黄老服色的时候,仍然想到秦始皇纯用法教的失败先例,而把加强专制主义的措施,用儒家"外施仁义"的服色包装起来。

就在汉武帝陶醉于自己的文治武功胜过秦始皇之际,中世纪的内在矛盾又发展起来。尽管统治者标榜"纯任德教",也不能阻止"人心厌汉"的情绪蔓延。更出乎意外的是提倡儒术,却被人们将"天人感应"、"五德终始"之类说教拿去作为批评统治者的依据。连某些经师也传染上了厌汉病。例如汉昭帝元凤三年(前78),泰山南侧大石自立,上林苑内枯柳再生。如董仲舒在世,必定要说皇帝有德招来天降祥瑞。但那时距汉武帝"龙驭上宾"不

---

① "秦取天下多暴,然世异变,成功大。……学者牵于所闻,见秦在帝位日浅,不察其终始,因举而笑之,不敢道。此与以耳食无异,悲夫!"见《史记·六国年表》序。
② "论秦之德义,不如鲁卫之暴戾者;量秦之兵,不如三晋之强也;然卒并天下,非必险固便、形势利也,盖若天所助焉。"同上引。
③ 见《史记·秦楚之际月表》序。

过九年,董仲舒再传弟子眭弘却道这是天命皇帝禅让的象征①。于是他以妖言惑众而丢了命。可是到汉宣帝神爵二年(前60),又有位经学家盖宽饶,上书说汉运已终,劝皇帝让位给贤人,结果又被判为"大逆不道"而被迫自杀②。昭宣二帝被人目为西汉"中兴"的君主,却要用杀儒的手段,来压制人们借回忆历史以批评时政,可见他们对自己统治也缺乏自信。但意识是客观实际的反映。西汉统治者的办法,只能促使厌汉情绪采用更加神秘的理论形式,这是西汉后期"谴告"论发展成谶纬学说的重大原因。终于,这类神学预言,闹得西汉统治者也惶惶不宁了。他们转而作出顺从舆论的姿态,转而向纬候求救,企图赋予旧统治以新形象。于是出现了汉哀帝再受命和打算禅位给董贤的喜剧③,于是又出现了王莽代汉、建立"新朝",却迅速覆亡的悲剧④。这证明统治者无论如何设法消除危机,造成危机的客观因素,却不依人的主观意志而改变。西汉王朝及其变形新朝,到底没有避免秦朝相同的命运,在赤眉绿林造反的浪涛中沉没了。

有了两次先例,难道还能说王朝更迭是偶然事变吗?显然不能。尽管中世纪史学家在主观上无法解释这种历史必然性,并力图从历史中找出中世纪统治长治久安的药方,但客观上却不得不接受一个王朝必有盛衰兴亡的事实。

二 《汉书》和纪传体断代史

中国中世纪的王朝史,第一部就是《汉书》。

出现于公元一世纪后期的《汉书》,共一百篇,包括十二"帝纪"、八"表",

---

① 眭弘师嬴公,为董仲舒弟子。据《汉书》卷七十五眭弘传,他上书说泰山为"王者易姓告代之处","今大石自立,僵柳复起,非人力所为,此当有从匹夫为天子者";因而他劝皇帝实行禅让,"以承顺天命"。
② 盖宽饶上书要求汉宣帝让贤的理由是:"《韩氏易传》言:'五帝官天下,三王家天下。'家以传子,官以传贤,若四时之运,功成者去。不得其人,则不居其位。"见《汉书》卷七十七盖宽饶传。据此可知他是今文经学家。今文经学为西汉的统治哲学,其中也出现这类思潮,说明那时连统治集团中某些人也感到政权很难照旧维持下去。
③ 汉哀帝听从经师夏贺良、李寻等人建议,实行再受命,"以建平二年为太初元将元年,号曰陈圣刘太平皇帝,漏刻以百二十为度"。但仅一月便因大臣们反对而取消。见《汉书》卷七十五李寻传。哀帝又"欲法尧禅舜",让位给男宠董贤。见《汉书·佞幸传》。
④ 详见《汉书·王莽传》。以上事件,顾颉刚《五德终始说下的政治和历史》考证颇详,见《古史辨》第五册下编。

十"志",七十"列传"。其中有些篇文字过多,分出子卷,所以共有一百二十卷。它从汉高祖元年(前206)写起,到王莽地皇四年(23)截止,记录了西汉一代(包括新朝十四年)的历史,时间为二百三十年,也就是由秦末统治危机的结束到西汉末统治危机再度爆发的全过程。

《汉书》的作者署名班固。但从内容到形式,有哪些属于采编前人的成果?又有哪些出自本人的创获?在中国史学史上向来存在争议。

司马迁所著《史记》,记录下限到汉武帝太初年间为止。据司马迁自述,书写成后,"藏之名山,副在京师"①。就是说,有两部写本,正本藏在家中,副本存于宫廷藏书处。在很长时间里,汉朝执政者对它采取秘而不宣的态度,甚至诸侯王请求借抄也不准,那理由据说是暴露了统治术的秘密②。但在中世纪,禁书向来是帮助它传播的最好手段。禁自禁,传自传,而且引动很多人去续写或补写。《史记》正本由司马迁的女儿带到丈夫杨敞家,到宣帝时便由他的外孙杨恽加以公布③。汉元帝、成帝间,褚少孙以博士弟子为郎,获得出入宫廷的机会,得读《史记》,私自加以续补④;又有冯商"受诏续《太史公》十余篇"⑤,表明当时皇帝也阴务诵习。除褚、冯外,两汉间续补者还有刘向、刘歆、扬雄等十余家⑥,而以班彪所续最多。

班彪,字叔皮,汉右扶风安陵(今陕西咸阳市东)人。先世为边地豪强。他的姑母被汉成帝选为婕妤,因而成为外戚,兄弟俱贵为二千石官员。二伯父班斿曾助刘向典校秘书,被汉成帝破例赐以宫廷藏书副本,获得了皇帝叔

---

① 《史记·太史公自序》。按今人或以为正副两本说不可靠,理由是司马迁死后,《史记》所缺篇数篇目,诸家记载全同,如有两本在,不致巧合到这种程度。因而推断只有一份家稿,由杨恽宣布,后又归于朝廷。说见卢南乔《从史学和史料来论述〈汉书〉编纂特点》,《山东大学学报》1961年第4期。但杨恽公布于宣帝时,而昭帝时桑弘羊已节引《史记·货殖列传》语,见《盐铁论·毁学》;陈直《汉晋人对〈史记〉的传播及其评价》谓弘羊所见即副本,说较可信。
② 汉成帝的叔父东平思王刘宇曾上疏求《史记》。成帝问大将军王凤,王凤说:"太史公书,有战国纵横权谲之谋,汉兴之初谋臣奇策,天官灾异,地形阨塞,皆不宜在诸侯王,不可予。"见《汉书·宣元六王传》。
③ "迁既死后,其书稍出。宣帝时,迁外孙平通侯杨恽,祖述其事,遂宣布焉。"见《汉书·司马迁传》。又,"恽母,司马迁女也。恽始读外祖《太史公记》,颇为春秋。"见《汉书》卷六十六杨恽传。今人据"祖述其事"、"颇为春秋"等语,有疑杨恽曾续补者。
④ 参见《史记·龟策列传》褚先生曰。据清姚振宗《〈隋书·经籍志〉考证》,谓褚少孙所续有十五篇。
⑤ 见《汉书·艺文志》颜师古注引韦昭曰。按该志春秋家记冯商所续《太史公》七篇。
⑥ 《史通·古今正史》谓西汉续史记者有十五家:刘向、刘歆、冯商、卫衡、扬雄、史岑、梁审、肆仁、晋冯、段肃、金丹、冯衍、韦融、萧奋、刘恂。按除刘向、刘歆、冯商、扬雄,其他诸人所续均不可考。

父也得不到的宠遇,并使班家成为吸引学者名士聚会的文化世家①。班彪因而成为著名的儒家学者,在刘秀建立东汉王朝后,曾任望都长,并曾收徒讲学,弟子中就有著名思想家王充。班彪"才高而专心文史之间"②,大概对前人续补司马迁书的稿子都不满,于是自汉武帝太初年间以下全部重写,纪传俱备,不写世家,称为《后传》③。

《后传》同刘向、刘歆、冯商、扬雄等的续书一样,原貌都已不可考。因此,班彪对前人所续表示不满的理由何在?现在也无从通过比较予以判断。但根据其他材料,我们有理由认为,班彪所以要将前人续作推倒重写,分歧的焦点不在于学术见解不同,而在于政治需要各异。

为什么这样说呢?

所谓经学,就是关于孔门"五经"的学问④。汉武帝采用与秦始皇同样粗野的原始手段,将"五经"以外的古代文化一扫光,而赋予经学家们解释哲学、政治、法律、历史和道德等所有意识形态的特权,并设立学官使经师们获得知识教育的垄断地位。这以后,一切学问都成了经学的分支,经学教条同时就是政治信条,五经及其标准解说的词句从朝廷到郡县都具有法律的效力。所谓"通经致用","以《禹贡》治河,以《洪范》察变,以《春秋》决狱,以三百五篇当谏书"⑤,便是经学在两汉王朝具有无上权威的描写。

汉代统治者要用经学来统死思想。然而中世纪条件下经济上政治上的离心倾向,就决定着经学本身也不可能统一。汉武帝时期立五经博士,即每一经只许有一种官方解释。但不到半个世纪,博士便增至十四家,即每一经都已不止有一种官方解释。岂止博士官解经不能统一,还有一批在野的经

---

① "斿以选受诏进读群书,上器其能,赐以秘书之副。时书不布,自东平思王以叔父求《太史公》、诸子书,大将军白不许。"见《汉书·叙传》。当班彪时,"家有赐书,内足于财","好古之士自远方至,父党扬子云以下莫不造门。"见《汉书·叙传》。
② 见袁宏《后汉纪》和帝永元四年。《后汉书·班彪列传》亦谓其"才高而好述作"。
③ "武帝时,司马迁著《史记》,自太初以后,阙而不录。后好事者,颇或缀集时事,然多鄙俗,不足以踵继其书。彪乃继采前史遗事,傍贯异闻,作《后传》数十篇,因斟酌前史,而讥正得失"。见《后汉书·班彪列传》。传又载班彪批评《史记》的议论,谓"今此后篇,慎核其事,整齐其文,不为世家,唯纪、传而已。按《后传》篇数,《论衡·超奇》谓百篇以上,《史通·古今正史》谓六十五篇,范晔笼统谓数十篇,现已无法考定。
④ 在汉代经学家那里,所谓孔子著作叫经,孔子弟子所述师说叫传或记,孔门后学辗转口传的叫说。相传孔子曾以六经授徒,但《乐》本无书,故后世习称五经。五经及其解释性的传、记、说,组成汉代经学的内容。
⑤ 见周予同注释、皮锡瑞著《经学历史》第三章。中华书局 1959 年版,第 90 页。

学家,为了使自己那一套获得皇帝认可,而同博士官不断对抗。西汉博士官所抱的经传,都用当时通行的隶书书写,而多数在野经学家声称他们的经典得自孔壁古文,用秦以前的大篆书写。因而前一派被称为今文经学派,后一派被称为古文经学派①。

在汉代,在司马迁以后,史学已成为经学的附庸。因而史学领域的重大分歧,只有懂得经学的宗派斗争才可索解。刘向是诵法《春秋穀梁传》的大师。《穀梁传》在汉宣帝时被立为博士。那时《春秋》具有宪法性质,因母族地位低贱而被霍光选中继承帝位的汉宣帝,要巩固自己的专制权力,就要使《春秋》的解释有利于自己,因此有意扶植穀梁学派,来打破唯霍氏马首是瞻的公羊学派朝臣博士对《春秋》解说的垄断。刘向是西汉宗室,学问渊博,在皇室与外戚的权力游戏中自觉地维护皇权,曾两度入狱,三度罢官。他致力于穀梁学,正表明他的政治倾向。穀梁学派解说《春秋》,也讲"微言大义",但和公羊学派大讲"素王改制"说不同,比较强调孔子祖述文武周公,就是说孔子不是自居为王者,而是甘当周朝事业的捍卫者。因此清朝有的学者以为穀梁学派不属于奉董仲舒为教主的今文经学,那是有道理的。刘向在汉成帝时曾上封事,引用西周以下大臣危国的历史,指名斥责外戚王氏专权,说是"事势不两大,王氏与刘氏亦且不两立"②,正表明他治经治史都有直接的政治目的。

刘歆也是大学问家,但政治倾向正好与乃翁相反,极力替王莽夺取本家皇权出谋划策。他不仅要打破公羊学派对《春秋》解说的垄断,还要打破整个今文经学派对知识教育的垄断,因而被看作古文经学派的领袖。在这里起决定作用的是实际政治利益,单拿血统论来说明,即使对统治阶级内部矛盾也解释不通。刘歆对抗今文经学派的法宝是《左传》与《周礼》,要求朝廷立博士官传授。这等于要求改变礼和法的标准解释,也等于要求褫夺通经的大臣和传经的博士借以谋官求禄的本钱。于是在西汉末政坛上惹起轩然大波。今文博士宣称"左氏不传《春秋》",拒绝同刘歆辩论。刘歆则气冲冲地写公开信斥责太常博士,说他们"党同门,妒道真"③。站在博士后面的是

---

① 关于经今古文学的分歧和斗争,参见周予同《经今古文学》一书,收入朱维铮编校《周予同经学史论著选集》。
② 见《汉书·楚元王传》附向传。
③ 见刘歆《移让太常博士书》,《汉书·楚元王传》附歆传。

经术大吏，而庇护古文经学家的则是模仿周公的王莽。

经今古文学的对立，当然不仅是所奉经书的篇目文字不同，而是在理论上存在着一连串的分歧。分歧的焦点在于如何估计孔子：今文派认为孔子是素王，是教主；古文派则视孔子为先师，为阐扬周公遗教的圣人①。分歧还表现为如何看待历史：今文派以为历史就是现实的政治，古文派则认为历史只是过去的政治。不消说，理论的分歧背后总隐藏着实践的分歧。大概地说，到西汉末期，今文经学已成为维持统治现状的理论，结果理论愈来愈趋向僵硬、烦琐②，而经师除钻营禄利外别无它能③；而古文经学则成为要求改良现状以挽救统治危机的理论，但它既然委身于篡位者王莽的特种政治需要，那便不能不牺牲自己的学术贞操，同样拿起今文经学那套取媚于中世纪君主的伎俩。它同样把《春秋》当作中世纪宪法，不过说《左传》才是标准解释④；它同样谀美孔子为汉制法，不过说孔子继承周公事业，只有据说是周公制定的《周礼》才是"致太平之迹"⑤；它同样用五德终始说造作图谶，不过图谶的内容却是说王莽必将受命称帝⑥。康有为说刘歆"托古改制"，就是说假托历史先例替政权更迭制造依据，那是有道理的。有一种意见，以为刘向、刘歆父子在史学上同为折衷主义者，即历史观是神学的而对待学术史是人文主义的⑦。这似乎值得商榷，因为刘氏父子都是经史不分，他们在经学上见解不同决定着他们的历史观念必有差异，而《别录》、《七略》表达的见解是否可称人文主义，也颇有疑问。

班彪在经学上属于古文学派，但在政治上却属于反王莽的刘秀集团。

---

① 详请参见周予同《经今古文学》。
② 《汉书·艺文志》六艺略描写西汉末经师治学，"务碎义逃难，便辞巧说，破坏形体，说五字之文至于二三万言，后进弥以驰逐。"这里可能包含刘歆对今文经学家的丑化成份，但参以其他记录，应说大体可信。
③ "自武帝立五经博士，开弟子员，设科射策，劝以官禄，讫于元始，百有余年。传业者寖盛，支叶蕃滋。一经说至百余万言，大师众至千余人，盖禄利之路然也。"见《汉书·儒林传》赞。
④ "初，《左氏传》多古字古言，学者传训故而已。及歆治《左氏》，引传文以解经，转相发明，由是章句义理备焉。"见《汉书·楚元王传》附歆传。
⑤ 《周官》始出，"惟歆独识。其年尚幼，务在广览博观，又多锐精于《春秋》。末年乃知其周公致太平之迹。"见唐贾公彦《周礼正义序》。这段曲为刘歆粉饰的文字，当然不能作为《周礼》乃歆伪作的证明，却可证《周礼》为周公之作乃刘歆首倡。
⑥ 参见《汉书·王莽传》。但刘歆自己也对图谶很感兴趣，有道士西门君惠献符命，谓刘秀将作天子，刘歆即改名秀，结果为王莽所不容而死。另一位用同样谶记，改名应符，却成功了，这就是东汉光武帝刘秀。
⑦ 白寿彝：《司马迁与班固》，《北京师范大学学报》1963年第4期。

正如暴发户必要附庸风雅那样,刘秀遇事便模仿据说是他嫡系祖先的西汉皇室,而竭力与王莽立异。学官全用今文经学派,即为一例。但王莽那一套于他有利的,他却决不肯放弃。比如王莽靠制造符命而由假皇帝变真皇帝,刘秀也是靠附会谶记而由更始部将变东汉皇帝。所以他即位后,大力表彰谶纬神学以自欺欺人,痛斥反谶纬的桓谭为"非圣无法",自己也终因读谶太用心而感冒病死。班彪期望通过谄谀刘秀而恢复班家在西汉末的显赫地位①,所以自觉地替刘秀夺取政权出力。他曾劝告与刘秀争夺帝位的凉州军阀隗嚣尊刘秀,碰了隗嚣一个大钉子②,便写《王命论》——他留下的唯一历史哲学著作,大量引用图谶,以证明刘邦得天下来自天授,结论道:"历古今之得失,验行事之成败,稽帝王之世运,考五者之所谓,取舍不厌斯位,符瑞不同斯度,而苟昧于权利,越次妄据,外不量力,内不知命,则必丧保家之主,失天年之寿,遇折足之凶,伏斧钺之诛。"③他的历史观于此可见一斑。

所以,班彪激烈攻击司马迁:"其是非颇缪于圣人:论大道则先黄老而后六经,序游侠则退处士而进奸雄,述货殖则崇势利而羞贫贱,此其所蔽也。"④把所谓"圣人"——其实即皇帝,汉朝皇帝都自命神圣——的是非作为自己的准则,他的《后传》写作目的当然很明确,就是要用历史教训那些"乱臣贼子",企图使他们改变"不知神器有命,不可以智力求"⑤的非分之想,把东汉王朝当作"正统"接受下来。

据班彪自述,他的《后传》,续补太史公书,有如下几点原则:第一,取消"世家",仅补正"本纪"、"列传",也就意味其著不立"表"、"书"二体。第二,置秦以前不论,从项羽、陈涉退为列传写起,即只将刘邦一系汉朝君主列入"帝纪";由于他的《王命论》已称王莽为"乱臣贼子",《后传》否定新朝代汉并

---

① "许、班之贵倾动前朝,熏灼四方,赏赐无量,空虚内藏。"见《汉书·叙传》。许即西汉末外戚许氏。由班固关于班氏家族在成哀之际地位的追忆来看,班彪父子为什么反王莽,原因无它,就因为这种地位随西汉灭亡失去了。
② 隗嚣答班彪:"但见愚民习识刘氏姓号之故,而谓汉家复兴,疏矣!昔秦失其鹿,刘季逐而掎之,时民复知汉乎!"见《汉书·叙传》。
③ 《汉书·叙传》引班彪《王命论》。此论历举西汉末出现的谶记,谓刘邦为刘媪梦与神交而生,所有云气,斩白蛇而受命,西入关而五星毕聚之类,以证汉朝有天命。
④ 《汉书·司马迁传》赞。按此说见于班彪《后传》的"略论"(《后汉书·班彪列传》所引),可知为复述班彪看法。
⑤ 《汉书·叙传》引班彪《王命论》。

建帝业,是不言而喻的。第三,他又批评司马迁叙汉事文辞不一,"若序司马相如,举郡县,著其字,至萧、曹、陈平之属,及董仲舒并时之人,不记其字,或县而不郡者",可知他对《史记》已有纪传,都曾进行修改。第四,凡汉武帝太初年后的纪传,都属于他的续作,又曾说他是"斟酌前史,而讥正得失",透露他的续作也有"前史"作蓝本,但利用过哪些"好事者"的补作?则未明言。第五,他的《后传》,也仿《史记》例,多半篇末都有评论;他既然批评司马迁"论议浅而不笃",又称道司马迁为"良史之才",惋惜道:"诚令迁依五经之法言,同圣人之是非,意亦庶几矣。"①采自扬雄《法言》的这段话,也正好表明他的论议,其实以《法言》为参照系。

因此,班彪的《后传》,虽然只有纪传,但叙事重心自"汉绍尧运"起,至王莽败亡终,事实上已经"断汉为书",在编纂学上提供了专记一姓帝王兴亡的王朝史的先例。

作为《汉书》的纪传部分的母本,班彪所草六十五篇的原貌,只有少量存于今本《汉书》。例如韦贤、翟方进、元后诸传,篇末赞语都署"司徒掾班彪曰",都是传文因袭《后传》原稿的明证。有的篇目,如循吏、货殖、游侠等传,有文无赞,可能也照录《后传》。

正因为《汉书》有三传后论称"司徒掾班彪曰",唐初注其书的颜师古,就此论道:"《汉书》诸赞,皆(班)固所为,其有叔皮先论述者,固亦具显,以示后人;而或者谓固窃盗父名,观此可以免矣。"②可见,中国历史编纂学史的一大公案,即《汉书》究竟是班固的创作呢,还是班固剽窃其父的遗稿?早在七世纪初叶便争论开了,迄今史家仍各执一词,可谓千古疑案。

班彪二子一女,都名垂青史。次子班超,在东汉初"通西域",对于沟通中西交往的贡献,仅次于西汉中叶的张骞。女儿班昭,是中世纪前期杰出的女学者,号称"曹大家"。唯独才华横溢的长子班固,既以《汉书》与司马迁并称,也以《汉书》贻谤于后人。

班固(32—92),字孟坚。他十六岁入洛阳太学读书。那时东汉王朝统一全国不过一纪,正面临统一统治理论问题。因为博士官虽然尽用今文学派,许多文职官员,包括刘秀自己,都是在王莽专政时期受的古文经学教育,

---

① 班彪《后传》的"略论",见《后汉书·班彪列传》。按班彪著《后传》事,《汉书》叙传不载,故南宋郑樵《通志序》斥班固剽窃父业。
② 《汉书·韦贤传》末"司徒掾班彪曰"句颜师古注。

而且那班今文博士除了钻营官禄外,在经学上如此低能,遂使刘秀集团对古文经学采取宽容乃至赞赏的态度,一再显示想兼立古文经传于学官的意图①。在这种情形下,受过古文家教的班固,在太学能自行接触古文经说,同时也熟悉今文经说的教条。

班固编写《汉书》,由二十七岁动手到五十二岁大体完成,断续进行了二十五年②。他的主要工作是改编,所依据的蓝本,关于汉武帝天汉前的部分无疑是《史记》,那以后的部分呢? 便有疑问了。班彪续写的《史记后传》,是有全稿的,也没有像司马谈对司马迁那样,给儿子留下"无忘吾所欲论著"之类临终嘱咐。班固于二十三岁(54)那年奔丧回家后,得见父亲遗著及前人所续《史记》后诸书,"以彪所续前史未详……故探撰前记,缀集所闻,以为《汉书》。"③动手时正值守制服阕后第一年,颇合"三年无改于父之道,可谓孝矣"的孔门古训。不知为什么,他为全书写了一篇长长的叙传,于列祖列宗的光荣细大不遗,唯独忘记像司马迁那样申明作史乃是继承父业,甚至一个字也不提乃父遗有巨著。不幸班彪有位高足王充读过《后传》,在自己所著的《论衡》中极力予以表彰④。更不幸的是《汉书》某些篇章被后人陆续揭发乃出自班彪或他人手笔而未被班固拂去痕迹⑤。于是,在晋朝以后,批评班固没父之功,斥责班固"盗窃父史",种种议论便不断出现⑥。郑樵甚至痛骂:"班固者,浮华之士也,全无学术,专事剽窃。"⑦

倘说班固全无学术,那是错误的。他编撰《汉书》的事业曾经险些夭折,

---

① 关于东汉初古文经学是否当立学官的争论,可参看《后汉书》卷三十六范升传。
② 据《后汉书·班彪列传》附固传,谓固撰《汉书》,始于东汉明帝永平元年(58),成于章帝建初七年(82)。但班固死时尚有《天文志》及八表未完成。
③ 《后汉书·班彪列传》。
④ "班叔皮续《太史公书》百篇以上,记事详悉,义浅理备。观读之者以为甲,而太史公乙。子男孟坚为尚书郎,文比叔皮非徒五百里也,乃夫周、召、鲁、卫之谓也。"见《论衡·超奇》。这里只赞班固文章好,不提他写《汉书》,而又强调《后传》"记事详悉",正与班固以彪书"所续前史未详"相对,是否说《汉书》没必要写呢?
⑤ 参见杨树达《〈汉书〉所据史料考》,《积微居小学金石论丛(增订本)》卷六,科学出版社 1955 年版。
⑥ 晋傅玄说:"班固《汉书》,因父得成,遂没不言彪,殊异马迁也。"见唐马总《意林》引《傅子》。这是现存最早的讥班固隐没父功的一条材料。北齐颜之推进而直斥班固"盗窃父史",见《颜氏家训》。
⑦ 《通志·总序》。郑樵在此序中对班固作了系统抨击,参见周予同主编《中国历史文选》下册所选该文及注释,上海古籍出版社 1980 年版、2002 年新 1 版。

幸而向汉明帝证实他确有修史才华，才得以继续①。那实际证明，便是《东观汉记》内最初一批纪传。题材为东汉现代史，内容为皇帝的父辈事迹，又无蓝本可资参照，而班固写成并得皇帝赞赏，不是颇有才识的表现么？

所以，暂且撇下《汉书》内容来源问题，专就编写形式考察，则应该肯定班固在历史编纂学史上作过贡献：

第一，完善了纪传体的形式；

第二，开创了王朝史的先例。

《汉书》共百篇，包括十二"帝纪"，八"表"，十"志"，七十"列传"②。这四种具体形式，都沿袭《史记》，但班固作了如下变更：

确定"纪"是正统皇帝在位期间的编年大事记的专用形式，称之为"春秋考纪"。这显然是把本纪比作《春秋》"经"。因而，司马迁所创制的列王纪，如追述秦帝先世的《秦本纪》；霸主纪，如《项羽本纪》；便都被班固取消。他选择立纪的君主，都是东汉统治者所承认的西汉正统帝系。所以，汉惠帝入选了，而昭、宣之间的昌邑王刘贺因被霍光废掉而不入纪，新朝皇帝王莽也适应东汉皇帝称正统的需要，被当作"闰统"而贬入列传之末③。例外的只有吕后。因她在惠帝死后临朝称制，如不入纪，则汉统势必中绝八年，故只好承认事实，在诸"考纪"间夹进一篇"妣纪"④。

改"书"为"志"，使它成为制度史的专用体裁。本来，书、志同意⑤，改换名目无非表示立异。但是，《汉书》十"志"，虽然多半由《史记》八"书"脱胎而

---

① 班固着手写《汉书》，时在汉明帝永平元年(58)。至永平五年，被仇家上书诬告为私改国史，因而入狱。其弟班超时已在西域立功，闻讯赶回京师向明帝申诉；右扶风太守也将抄家所得书稿献上。明帝读后，赏国史才，予以赦免，授兰台令史，令与陈宗、尹敏、孟异等同修国史。先写成《世祖本纪》献上。明帝很高兴，升固为郎，令典校秘书。因又写成功臣、平林、公孙述等二十八篇传记，更博得明帝赏识，被准予将《汉书》撰成，由此才得"以著述为业。"参见《汉书·叙传》、《后汉书》本传。

② 《汉书》终于王莽，正文共九十九篇。但班固将《叙传》也计入列传，自谓百篇。见《汉书·叙传》。

③ 《汉书·王莽传下》的赞语，将王莽的新朝比作秦朝，说二者均为"紫色蛙声，余分闰位"。前语谓其礼乐非正色正声，后语谓其称帝不过是窃正统之绪余，犹如闰月是正常月份的余日积累起来一样。后世遂称所谓僭伪政权为"闰统"。

④ 刘知几关于"本纪"的定义，颇能反映班固的准则："纪之为体，犹《春秋》之经，系日月以成岁时，书君上以显国统。"见《史通·本纪》。其实，班彪已说本纪应专序帝王，见《后汉书·班彪列传》所载《略论》。

⑤ 《周礼》春官保章氏注："志，古文识，记也。"又，春官小史注引郑司农曰："志谓记也，《春秋传》所谓'周志'，《国语》所谓'郑书'之属是也。"可见当时书、志无区别。

来，却较八书完善：一是反映的社会生活范围较全面，例如增加了《史记》所没有的刑法、五行、地理、艺文四志，使西汉的法律制度、宗教观念、政区建置和文化状况得到记录；二是提供的国家结构的资料较完整，例如改《平准书》为《食货志》，将经济制度的记录重点由工商业政策转向土地制度和赋税制度的变化，又改《封禅书》为《郊祀志》，对皇帝兼充教主的活动记录由特书改为常书等，使西汉的国家职能得到更具有普遍性的反映。同时，十志也都属于制度通史，不以汉朝为断限，结果它的材料价值超过了八书。

取消"世家"，并入"列传"，这是沿袭班彪《后传》的做法。班彪给《史记》诸体下过定义，说："司马迁序帝王则曰本纪，公侯传国则曰世家，卿士特起则曰列传。"他声明，《后传》"不为世家，唯纪、传而已"①。理由呢？班彪没有说，班固也没有说。但一瞥秦汉历史便不难理解，因为经过那二百四十年的变化，司马迁描写过的世家，已从社会生活中间消失。西汉不是还有世袭王侯么？是的，不过同先秦公侯相比，名未变而实已异。血统贵族已经大大缩小了生存基础，宗室诸王虽有封国，却只能衣租食税而不能亲政辖军。非宗室贵族在数量上已占优势，除了外戚，得侯要靠沙场立功或官场有名，虽能遗及子孙，但爵职分授的制度，以爵抵罪的规定，都使贵族头衔成为对于"卿士特起"者的一种特殊荣誉，也使贵族血胤成为十足的寄生阶层的一种不稳定保障，难得而易失。结果，就长保权势富贵的可靠性来说，血统不及功业，得到先世余荫不及拥有土地或经术。因而，在西汉后期，不仅尚未衰替的贵族后裔可称世家②，而且未博封侯的几代宦族也可称世家③，甚至没有爵邑俸禄的豪商富户也称"素封"而比于世家④。既然世家的现实含义，已同《史记》所写"世家"的历史内容差别那样大，而同原入"列传"的人物特征区别这样小，那么还有什么必要强剖为二呢？

就这样，经过班彪、班固父子的改造，所谓纪、表、志、传，便成了纪传体

---

① 见《后汉书·班彪列传》所载班彪《略论》。
② "汉兴，立都长安……风俗不纯。其世家则好礼文，富人则商贾为利。"这里，世家即指六国贵族和汉初功臣新贵的后代，见《汉书·地理志下》。
③ "如陈咸、朱博、萧育、逢信、孙闳之属，皆京师世家，以材能少历牧守列卿，知名当世。"见《汉书·翟方进传》。这里即指官僚世家。又，《汉书》卷五十一路温舒传谓路温舒及子孙皆至牧守大官，"遂为世家"，而路家并未封侯。
④ "今有无秩禄之奉、爵邑之入，而乐与之比者，命曰'素封'。""千金之家比一都之君，巨万者乃与王者同乐。岂所谓素封者邪？非也?"见《史记·货殖列传》。

的定型。一种新形式，尽管适应变化了的历史内容的需要，但本身也必须相对凝固化，才能作为历史编纂形式的规范而被多数史学家所接受。《汉书》对纪传体的完善化，正是起了这样的作用。在这一点上，清朝章学诚以为《史记》体例重变通，《汉书》体例重规矩，"迁史不可为定法，固书因迁之体而为一成之义例，遂为后世不祧之宗焉。"①他的看法是有见地的。

班固申述过自己"断汉为书"的理由："汉绍尧运，以建帝业。至于六世，史臣乃追述功德，私作本纪，编于百王之末，厕于秦、项之列；太初以后，阙而不录。故探撰前纪，缀集所闻，以为《汉书》：起元高祖，终于孝平、王莽之诛，十有二世，二百三十年；综其行事，傍贯五经，上下洽通，为春秋考纪、表、志、传，凡百篇。"②

可见，他的主题，在于"追述功德"。所谓功，不消说是镇压造反民众，消灭异己政权，重建统一帝业。所谓德呢？德者，得也。他说刘家的帝业，得自天授，就是"汉绍尧运"——继承了唐尧的火德③。因而，刘邦建立汉朝，刘秀复兴汉朝，都是由于五色上帝在天上轮值，五行元素在地上循环，而早已命定要在人间得到相应表现的神迹，决非人力所能改变。基于这种见解，班固于是对司马迁表示不满：首先不满于司马迁如实描写人间历史的变化，以致把汉朝写成历史上不断更迭的王朝的最近一个，即所谓"编于百王之末"；其次不满于司马迁混淆"正统"和"闰统"的区别，将刘邦的帝业写成上继嬴政、项羽的王霸之业，好像汉家天下非由天授乃得自人力，即所谓"厕于秦、项之列"；再次不满于司马迁关于西汉王朝的政治实践，没有写得同"五经"的理论指导若合符契，令人知道不依五经行事也能成就帝业。所以，班固的主观意向很清楚。他要综述西汉二百三十年历史，决不是要证明西汉王朝由盛而衰的必然性。恰好相反，他想证明的是这个王朝火气正旺，始终在受赤帝的眷顾，谁要违背神意便只能落到"王莽之诛"的下场。

《汉书》关于帝纪和新朝史的安排，就是班固这种意向的显著例证。如

---

① 《文史通义·书教下》。参见周予同主编《中国历史文选》下册，第218页。
② 《汉书·叙传》。
③ 《汉书·高帝纪》曾历述由西汉后期经学家所编造的刘氏先世高贵出身和刘邦应运称帝的种种神迹，概括道："汉承尧运，德祚已盛，断蛇著符，旗帜上赤，协于火德，自然之应。"但我们知道，刘邦自称继承秦朝的水德；汉武帝搞受命改制，又自称汉代秦是由于土德胜水德；但到西汉后期谶纬中间，汉朝忽然变成直接代替周朝，以为周朝的木德生出汉朝的火德。关于这段宗教观念的变迁史，顾颉刚《汉代学术史略》一书可供参考。

所周知,西汉有过十五个皇帝,包括吕后在惠帝死后立的少帝,霍光在昭帝死后立的昌邑王贺,以及王莽在平帝死后立的孺子婴。即使少帝、昌邑王被废"合法",那么刘婴在位三年而被王莽所废,照班固的观点来看就不"合法",因而理应为之立纪。但为什么《汉书》只承认西汉帝位更迭"十有二世"呢?由他称帝纪为"春秋考纪",可知他一是自比孔子修《春秋》,强凑十二帝以比春秋"王鲁"的十二公,二是附会"天统",一年正常有十二月,由"起元高祖"到平帝终结,只能是"正朔"一轮,否则所谓世祖刘秀还能重新"起元"吗?而全书以王莽的失败结束,说他虽然建立新朝,却不过如秦朝一样,"炕龙绝气,非命之运,紫色哇声,余分闰位"①,只能是"为圣天子驱除"的短命王朝,不可独立算作一朝历史,就像闰月由常年余下时日积累而成,却要附属于闰年。这样东汉王朝就是刘家帝业的"中兴",也即没有间断的"正统",不也可以证明了吗?

  在中国史学史上,倘要寻找作者的主观意向和成书的客观效果极端相反的先例,《汉书》可说是第一个。班固大约做梦也没有想到,他把《史记》、《后传》等改编成一部《汉书》,会变成断代史的楷模。所以,唐朝刘知幾恭维他"究西都之首末,穷刘氏之废兴,包举一代,撰成一书"②;而南宋郑樵则痛骂"由其断汉为书,是致周秦不相因,古今成间隔"③;都是简单地把效果等同于动机,因而都不正确。我们从史学史的实践过程来对《汉书》作估计,便应该承认《汉书》开创了断代王朝史的先例,这种编纂形式的实际效果,在于能为中国中世纪历史进程中各个阶段的矛盾运动提供例证,因而对历史编纂学的发展起过重要作用。

  然而,班固的主观意向,难道没有在史学史上起过恶劣作用吗?以往不少论著都作出否定的回答,多方替他的历史观辩护,甚至说他能从人民的利害关系来衡量政治得失。这显然有点不顾事实。

  就学派来说,班固是刘歆的再传弟子,属于经古文学派。最能显示他的理论倾向的《汉书》十志,不仅大体贯彻了刘歆的经学见解,如认为周公是替

---

① 《汉书·王莽传下》赞语。颜师古注:"服虔曰:《易》曰'亢龙有悔',谓无德而居高位也。苏林曰:非命,非天命之命也。""应劭曰:紫,间色,哇,邪声也。服虔曰:言莽不得正王之命,如岁月之余分为闰也。"按哇、𡂢通,扬雄《法言》:"中正则雅,多哇则郑。"《说文》:"哇,谄声也。"
② 《史通·六家》。刘知幾把《汉书》当作历史著作的完美模式,赞美甚多,这只是一例。
③ 《通志·总序》。郑樵由憎恶断代史而诋毁班固,经常不顾事实,例如不顾"十志"就是通史。

万世立法的圣人,《周礼》是表现周公致太平之迹的经典等;而且尽量保存了刘歆的重要著作,如《律历志》搜录刘歆陈述自己关于天人关系的历史见解的《三统历谱》,《五行志》辑录刘歆讨论《洪范五行传》的意见七十三条,《艺文志》全部依据刘歆的学术文化史著作《七略》等。刘歆由于做过新朝的国师公,他的著作在东汉大都散亡,赖十志得以保存梗概。所以,从东汉后期到清朝中叶,经古文学派无不崇拜《汉书》而钦仰班固,原因即在于此。

然而,班固在实践领域却背叛了自己的学派。他和司马迁不同,非但没有违反专制君主意旨而成一家言的壮心,反而颇有揣摩圣意和哗众取宠的机心,这就使他在东汉前期经今古文学争论中间经常曲学阿世。

人们都知道班固是《白虎通》的执笔者。这部著作,是东汉章帝亲自主持的白虎观经学讨论会的会议纪要。从光武帝重新规定博士官只任用经今文学派以后,今古文两派经院哲学家便继续为争夺统治理论解释权而大动干戈。在半个世纪里,古文学派大师辈出,而今文学派在理论上日趋蹶劣,只是死抱住学官权力不放。汉章帝决定仿效汉宣帝石渠阁会议的故事,于建初四年(79)召集两派辩论五经同异,以期统一经义解释。被学者比作西方中世宗教会议的白虎观辩论,古文学者全线出击,今文博士竟推不出领头招架的人。然而汉章帝出于对王莽幽灵的恐惧,亲临裁决,仍然判定今文教条继续作为经学的钦定解释,可是却把代天子起草标准答案的宠任给了班固。难道他不知道班固是古文经学家吗?当然知道,但他还知道今文博士的愚蠢,也知道班固的无特操。班固大得这位青年皇帝宠信:"数入读书禁中,或连日继夜;每行巡狩,辄献上赋颂;朝廷有大议,使难问公卿,辩论于前。"① 很显然,班固已具有中世纪专制君主所需要的御用学者的性格。这类人物,无论书读有多少,总在皇帝面前甘居于幼稚无知状态,"臣罪当诛兮,天皇圣明"②。既然如此,在他看来,做学问只是为了"致君尧舜上"③,君主的话就是法律,难道人臣还可以在学术上坚持己见而不算犯罪吗?所以,我们找不到有关班固在白虎观会议上参与辩论的任何记载。作为古文学名家在此刻采取静观态度,就是对皇帝偏向的今文学官的支持。被学者称为神学辞典的《白虎通德论》(即《白虎通义》或《白虎通》),更证明班固很好地

---

① 《后汉书·班彪列传》。
② 韩愈:《拘幽操》。
③ 杜甫:《奉赠韦左丞丈二十二韵》。

体现了汉章帝的意向,它既有今文教条法典化的特色,又有古文学派逻辑严谨的特色。

对待中世纪史学家,人们不能要求他没有君主专制观念,却可以鄙视他缺乏史学家的基本品格,即尊重历史事实。班固既然在理论上可以随时迎合君主的需要,随风改变自己的信念,那么怎能令人相信他不会蓄意篡改历史去投合中世纪君主的实用需要呢?

其实,班固在著书时,就是认为史学家不应该有自己的历史见解。有人讥讽他善变,写的书没用。他答道:"一阴一阳,天地之方。乃文乃质,王道之纲。有同有异,圣哲之常。故曰:慎修所志,守尔天符;委命共己,味道之腴;神之听之,名其舍诸!"①大意说,天地的原则不是阴阳交替么?王道的总纲不是质文递变么?聪明的圣人不是把自相矛盾当作正确原则么?所以,谨慎保守"天"给你的职务,把听天由命而不执己见看作品尝"道"的美味,那么明神就会听从你的愿望,这样盛名难道会不落到自己头上吗?可见,他把看天子眼色当成史家天职,把求个人福禄当成史家鹄的,以能作御用史学家为满足。

这样,《汉书》致力于宣传"汉绍尧运",描绘汉朝的出现既合经意又合神意,例如写刘邦聚众起事便有神迹出现,即所谓"赤帝子斩白帝子"——一段根据"火克金"的迷信编造的"斩蛇起义"的谶记等等,便不足为怪。因为刘秀出身不比刘邦更高贵,但实现改朝换代的途径不比刘邦更光彩。刘邦参加秦末民众造反,首先攻克秦朝统治中心关中,并"约法三章"而赢得民心。刘秀则开始就以农民军对立面姿态现身,除了初期任更始部将同王莽军打过一仗而外,此后的生涯,便是每当农民军打败王莽军,他便追蹑在后镇压农民军,因而利用农民军推翻新朝又打翻农民军建立东汉。他自觉统治根基弱,便更加热衷于利用神权,靠改名应"赤伏符"受命称帝②,而后又极力鼓励人们造作神化东汉王权的谶记,弄得朝廷充满妖气。结果欺人适足以自欺,刘秀终于因用心读谶而感受风寒,不治身亡。班固在《汉书》中,从刘

---

① 《答宾戏》,见《汉书·叙传》所引,又见《文选》。
② 刘秀本名某,观其兄名伯升可知。起兵后更名秀,因其在洛阳做过太学生,知当时流传的《赤伏符》有刘秀为天子语。而他称帝依据,便是同舍生彊华所献《赤伏符》。此中奥秘不言而喻。参见《后汉书·光武帝纪上》。

邦"斩蛇起义"始,到王莽"炕龙绝气"终,大量引用谶纬,证明汉朝"实天生德"①,不是歪曲历史以教训"乱臣贼子"么?

班固不仅把儒生方士编造的纬谶引进西汉王朝史,还从理论上把所谓"正统"论引进断代王朝史。

如前所述,《汉书》的编写形式,就表现着正统观念。这一观念的原型,在于人们所认识的天体运行规律,主要是日月五星的视运动规律,因而产生了"三统"是体现自然法则完善性的认识。董仲舒开始把三统说和五行说结合起来,把社会法则说成与自然法则一样,表面变化不过是三统九世在循环,到达终点便是回到起点,本质上不变。刘歆曾把太初历改成三统历,在历法中引进了岁星超辰的计算方法②,从而改进了五德终始说的自然观依据。但他着眼于"改正朔",就是说替王莽"改制受命"张目,因而不但没有利用最新科学成果推翻神秘的三统说,反而强迫天文观测事实服从套在三统循环框架里的旧历法。

班固看来不通天算③,却颇通内学,即在经学家师徒中间秘密接受的纬谶之学。《汉书·五行志》便是他依据内学说明社会法则的代表作。它的基本材料引自刘向、刘歆父子分别撰写的两篇《洪范五行传论》④,同时也引用董仲舒、眭孟、夏侯胜、京房、谷永和李寻等著名大师用五行灾变说经的教条。刘氏父子治经都为论政,但父亲旨在"刘氏长安"⑤,儿子却意在"革故鼎新"⑥。因而,他们尽管同样"集合上古以来、历春秋六国至秦汉符瑞灾异

---

① 《汉书·叙传》。
② "刘歆研机极深,验之《春秋》,参以《易》道,以《河图帝览嬉》、《洛书乾曜度》推广九道,百七十一岁进退六十三分,百四十四岁一超次。与天相应,少有阙谬。"见司马彪《续汉书·律历志》。据近人研究,刘歆由于观察到木星的恒星周期不到十二年就超过一周天,积累到一百四十四年就超过一次,即按十二年一周天的岁星纪年法连续所记的年,和木星实际位置所在的年名,便相差一年(现知木星的恒星周期为 11.86 年,约过 84.7 年超辰一次),因而提出超辰算法,以一百七十一岁去朔余六十三分进行计算,这样一朔望月长度为 29.530 496 日,相应地一回归年长度为 365.245 6 日(171 岁去中余 1 197 分)。从而表明太初历计朔望月和回归年的数值都太大。但改变太初历数值,则历法关于一统周期为 1539 年的依据就要改变,而过三统(4617 年)朔和冬至又回到同一甲子日的夜半的基点也就不存在。因而刘歆的三统历,引进了岁星超辰法,却保留了三统说借以立足的太初历原值。这是社会观反过来影响自然观的例证。
③ 《汉书》十志,独《天文志》阙而未作,由马续(班昭弟子)续成。
④ 《洪范五行传》,为西汉《今文尚书》始传者伏胜《尚书大传》的一篇,用五行说解释《尚书·洪范》,是西汉经学家研究内学的主要典籍之一。
⑤ 《汉书·楚元王传》附向传。
⑥ 说详刘歆《三统历谱》,见《汉书·律历志上》。

之记,推迹行事,连传祸福"①,结论却很不一样。刘向说可以"革政"代替"革命",即通过天子多行仁政以感动上天来换取汉祚的延续。而刘歆却说非"革命"不可,因为按照天人相关律,"三代各据一统,明三统常合,而迭为首"②;西汉统治者不是承认"天运"五百载一大变吗?不是说孔子"为汉制法"吗?那么由孔子"受命"写《春秋》到西汉平帝元始年间(公元1至5年),正好五百年,该轮到周朝开始的那一统的第三个"会"起头了,难道还不该由"新圣"重新受命么?班固倾向谁的结论,那是不消说的。因此,《五行志》引证刘向论五行灾异的说教有一百五十二则,但又得引刘歆,因为他的具体论证比乃父高明,所以也保留了七十三则。至于刘歆的结论,自然要回避。我们只在《律历志》抄存的《三统历谱》得知大概。

所谓正统说,照班固的本意,"盖以膺当天之正统,受克让之归运"③。他讲汉朝统治符合"天统",却回避"三统",只强调"正统",那隐衷不难窥见。因为说到统有三,便必定要回答刘歆关于汉运已终的见解是否有理的问题,但倘说无理,则三统历在东汉初仍在沿用④,怎么办呢?于是班固索性不谈"天统"变不变,只问"天统"正不正。根据血统,根据符命,根据"成王败寇"的老例,东汉帝室都应当算作西汉王朝的"正统",谁敢不承认?

如果说,班固用"正统"说代替"三统"说,在理论上是贫乏的,那么他替东汉帝室争正统而编造的历史依据,却堪称详尽。这里又用得上刘歆,因为在西汉经学家中间,真正按照三统循环、五德终始的理论,为西汉以前的全部历史(包括传说)构造出完整系统的,只有刘歆的《三统历谱》。于是班固施展故伎,全部照抄,只是"删其伪辞",即删除刘歆企图证明汉运已终的话头。这样,由太昊氏到光武帝的正统世系便在《律历志》里出现了,而由奉命豢龙的唐尧后人刘累到"龙飞九五"的刘邦的所谓"汉承尧运"世系也在《高帝纪》里出现了。

---

① 《汉书·楚元王传》附歆传。
② 见《汉书·律历志上》引《三统历谱》。
③ 班固:《典引》,见《后汉书·班彪列传》附固传。
④ 东汉初年名义上恢复了太初历,实际上仍沿用刘歆改造过的三统历。所以,自汉光武帝时起,官员们便不断提出改历问题。但直到汉明帝永平十二年(69),才初步统一意见,决定采用四分法计算弦、望和月食时刻。再到汉章帝元和二年(85)才正式用四分历代替三统历。四分历关于朔望月和回归年长度的数据,都比用岁星超辰法计算的结果粗糙,说明当时改历长期不决的问题,在于要找到摒弃三统历的代替方法,然而效果却使"历元不正",这是社会观影响自然观又一例证。

就这样，《汉书》便理所当然地成为王朝史的鼻祖，而被中世纪的"正史"作者奉为不祧之祖。

三 《汉纪》和编年体断代史

中世纪的史学，不可避免地要受到君主专制制度的控制，并且往往因此改变行程。西汉时代，编纂历史属于私人事务，从司马迁写《史记》到班彪续《后传》，都是如此①。然而，自从班固修史被汉明帝发现和任用以后，写历史尤其是写前代史和前朝史，必须由皇帝任命的史官奉旨进行，便形成定例。所以，《汉书》的写作过程，也是中世纪王朝对史学由消极干预到积极控制的转折点。

这一事件，给史学带来双重影响。一方面，朝廷设置专职史官，使王朝史的编纂得到行政权力的保证，这当然有利于历史资料的搜集、保存和整理。另一方面，史家变成史官，写什么，怎么写，都受到君主和宫廷显贵的牵制，变成奉旨说话的工具，这就使得如司马迁那样较少顾忌地发表自己的历史见解的"正史"作家，便日渐稀少。

东汉的官方史学家，起先没有固定职称，史官多是兼职。凡被皇帝任命编修国史的官员，都在宫廷藏书处之一的东观工作，习惯叫作"著作东观"。根据汉明帝命令班固和陈宗、尹敏、孟异等编写光武君臣纪传的先例，东汉历朝君主大都重视前朝历史的编纂，先后参与著作的史官，有二十多人②。他们的成果汇集成《东观汉记》，其实是纪传体。

除了这样的常规著作，东汉还有统治者干预修史的特例。著名的例证是《汉书》的续成。班固说过，此书共有百篇。他在汉和帝永元四年(92)，因为受到图谋发动宫廷政变的外戚窦宪案件的牵连，被捕而死于狱中。据后人记载，说是到他死时，还有八表及《天文志》有录无书。他的妹妹班昭，是位经史俱通的女学者，那时也近六十岁，在宫中任女官教授，弟子之一就是和帝死后临朝听政的邓太后。大约因为这个缘故，和帝曾命班昭在东观续

---

① 在《史记》续作者十余人中，只有冯商是奉汉成帝命续作，但没有变为先例，只能看作是偶然事件。
② 见袁宏《后汉纪》顺帝永和五年。

成《汉书》，邓太后临朝后又将《汉书》公布，并命著名学者马融跟随班昭受读①。但班昭大概也没有续完，还剩下《天文志》，由马融之兄马续完成②。另外一个著名例证便是消极的。《东观汉记》最后一批作者中间，有东汉末文名甚大的蔡邕，由于牵连到董卓一党里面，下狱当死，很多官员请求执政王允赦免，以让他续成汉史。王允却说："昔武帝不杀司马迁，使作谤书，流于后世。"坚持将蔡邕处死③。蔡邕同司马迁能比吗？姑且不论。但此例与上例正好从相反方面说明，东汉统治者对于前朝史和本朝史的编纂，扶植也罢，压制也罢，出发点都是看它于统治有利与否。所以，《汉书》不因作者犯罪被杀而禁止传播，《史记》却因作者没有被杀而遭到痛恨。

东汉王朝一直注意的是纪传史编纂。这种编写形式，长处在于以人物活动为中心，可以综合反映历史运动的全貌。但它也有短处，那便是历史的时间进程，随着反映面扩大，又显得不够清楚。刘知幾批评说："若乃同为一事，分在数篇，断续相离，前后屡出；于《高纪》则云语在《项传》，于《项传》则云事具《高纪》。又编次同类，不求年月，后生而擢居首帙，先辈而抑归末章，遂使汉之贾谊将楚屈原同列，鲁之曹沫与燕荆轲并编。此其所以为短也。"④他指的是纪传体通史的《史记》，其实纪传体断代史何尝无此毛病？

然而，除了西汉初期陆贾写过《楚汉春秋》外，编年史在两汉时期无人续作。那原因，固然由于纪传体著作显出优越性，但还有一个重要理由，就是汉武帝以后，《春秋》被尊为宪法式的经典，三传都被当成先贤传经的定论。没有人将它们看成历史，也没有人敢于自行模拟。这是编年形式被神秘化的必然结果。

这一无形的禁例，到三世纪初才被破除。汉献帝做曹操的傀儡，闷极无聊，特别喜欢回顾祖先的荣辱历史，却又嫌《汉书》文繁难读，于是出主意要他的老师荀悦照着《左传》体裁加以改编。他虽然仅是空头天子，但至少在名义上仍是宗教和学术方面的至尊，因而这个主意也就具有解禁的效力，从而引出了编年体王朝史《汉纪》。

---

① 见《后汉书·列女传》班昭传；又，同书《皇后纪》和熹邓皇后纪、《马融列传》。
② 据袁宏《后汉纪》，谓八表及《天文志》尽马续踵成；《后汉书·列女传》班昭传则谓马续继班昭而成；但刘昭注《续汉书》八志序却称"续志、昭表"。据此则马续是《天文志》作者无疑，其他则当为班昭所续。
③ 《后汉书·蔡邕列传》。
④ 《史通·二体》。

荀悦(148—209)，字仲豫，颍阴(今河南许昌)人，在东汉末以研究《春秋》知名。他著有《申鉴》，主张"德刑并用"、"耕而勿有"，含蓄地批评"霸道"，又拥戴汉朝帝室。这样，他在理论和政治两方面都不讨曹操的喜欢，被送去尝尝陪着汉献帝过寂寞日子的滋味，历任黄门侍郎、秘书监侍中等职。他于建安三年(198)奉诏改编《汉书》，五年(200)完成，由汉献帝命名为《汉纪》①。

《汉纪》共三十卷，近二十万字，篇幅只有《汉书》的四分之一。荀悦的编法，是保留《汉书》十二帝纪的原文，作为提纲；而将列传和表、志中间，凡同帝纪所记录的大事直接相关的事件，一一摘出，按时间序列排比，散入帝纪各年月的记录之下；凡材料不足的条目，则选取它书记录予以增补。这样，荀悦在材料方面主要做了对《汉书》删繁就简的工作，但体裁变了，也就成为新著。

就编写形式来看，《汉纪》只是《左传》的拟态。然而，它却第一次展示，编年体同样可以用来叙述一代王朝史，同样可以表现中世纪王朝的周期性矛盾运动。而且，同纪传体断代史相比较，编年体断代史由于侧重表现历史运动的时间进程，可以使一代王朝盛衰荣辱的形势，显得线条更加分明。这对缺乏历史概括能力的一般读者，了解一代兴亡的大概时势，带来较大便利。

但荀悦也不仅限于模拟。他以为《左传》体例庞杂，因而在编纂《汉纪》时更严格地注意历史事件的时间序列，不过仍有变通。变通的主要表现，在于对历史上重要人物的生平、诸侯或属国的概况，都作综合性介绍，而介绍必见于其人其事首次出现的年月记录之下。例如，在高祖纪内首次提到萧何，便简述他一生的经历；在武帝纪内首次提到张骞通西域，便逐一简介西域各国概况。如此处理，就使编年体部分吸收传记形式的长处，部分克服自身形式的短处。这样，荀悦也对历史编纂形式的进展有了贡献。

就记录内容来看，《汉纪》则刻意摹仿《春秋》，选材集中于西汉一代有关政治、军事和宗教活动的记录，显示所谓"国之大事在祀与戎"。

因而《史记》、《汉书》有关社会经济生活的记录，绝大部分都被舍弃了。这同荀悦的指导思想是一致的。他曾经公开宣布，人们所以需要历史，就是

---

① 参见《后汉书·荀韩钟陈列传》附悦传、《资治通鉴考异》卷二《汉纪》。

要臧否成败,褒贬善恶,"以辅法教"①。他在《汉纪》序言里列举全书所记内容,共十六项,都是他以为关系中世纪政治兴衰的方面,"斯皆明主贤臣命世立业,群后之盛勋,髦俊之遗事。……可以兴,可以治,可以动,可以静,可以言,可以行,惩恶而劝善,奖成而惧败。"而在全书终结时又重申:"中兴以前,一时之事,明主贤臣,规模法则,得失之轨,亦足以监矣。"明白宣布他编写的是供中世纪统治者鉴戒的政治教科书。

正因如此,《汉纪》除了在字里行间表现作者的政治观念外,还有作者直接出面进行政治说教的评论。这种评论,形式上类似《左传》的"君子曰",实际上是借古说今,发表政论,因而集中讲天人之应,纲常之分,名教之辨。

这样,《汉纪》的出现,就在两个方面对魏晋以后的史学,发生着重要影响:第一是促使编年体复兴,第二是影响王朝史更日益变成王朝的政治史,帝王将相活动的大事记。

前一个影响,主要是积极的。编年有利于明白时势,可同详记人物制度的纪传体相辅相成,起到历史大纲的作用,有助于人们从时间上把握中世纪王朝周期性运动的展开过程。后一个影响,则主要起着消极作用,让历史家的目光都去集中注视统治者的日常活动,把历史的变化完全描写成政治风云的变幻,而忘记社会生活还有经济、文化、科学技术等等重要方面,而不研究这许多方面,历史的变化只能归结为帝王将相的性格、脾气和心理状态的变化,使人们对他们突如其来的心血来潮感到莫名其妙,只好诉诸于神秘的天意。

因此,《汉纪》出现后,历史家们便纷纷仿效。魏晋南北朝时代编年体断代史如此盛行,以致在数量上超过了纪传体史,如三国史可考的有十五种,内十种为编年史;唐存晋史十八家,内十一家为编年史。后来司马光编《资治通鉴》,从指导思想到取材标准,从体例到评论,都奉《汉纪》做样板。

四 《三国志》和正统辨

由东汉灭亡(220)到隋朝统一(开皇九年灭陈,589),共三百六十九年。中间仅有西晋三十年的短期统一,其余三个多世纪里,中国陷入了分崩离析

---

① 《申鉴》卷二。

的状态。然而这时期的历史著作,尤其是所谓私修的编年史和纪传史,数量之多,在中国古代史学史上却是绝无仅有。

根据《隋书·经籍志》、《旧唐书·经籍志》和《新唐书·艺文志》所列的目录统计,在唐、宋时期还保存的魏晋南北朝史部著作,有:

东汉史十二种,今存袁宏《后汉纪》、范晔《后汉书》二种;

三国史十五种,今存仅陈寿《三国志》一种;

两晋史二十三种,今全亡佚;

十六国史三十种,今仅存崔鸿《十六国春秋》辑本;

南朝史二十种,今存沈约《宋书》、萧子显《南齐书》二种;

北朝史五种,今存魏收《魏书》一种。

以上共计一百零五种,约三千八百五十卷①。经过战乱后保存的已有这么多,连存目俱佚的自然更多。

这中间有五部在唐宋以后被列为中世纪王朝认可的"正史"。现在我们先来分析最著名的两部,即《三国志》和《后汉书》。

西晋陈寿编撰的《三国志》,原有叙录一卷,已亡,今存《魏书》三十卷,《蜀书》十五卷,《吴书》二十卷,共六十五卷。它记载了魏、蜀、吴三个王朝鼎足三分的历史。在前揭十五种三国史著作内,出现最晚,直到作者去世(晋惠帝元康七年,297)以后,才经人推荐,由西晋王朝采进刊布,时距吴亡已约二十年,可算当时的一部近代史著作。

《三国志》属于纪传体断代史,但又不同于以前的《汉书》,以后的《后汉书》、《宋书》等纪传体断代史。首先,陈寿将三国历史分别编成三书,实际承认蜀、吴是同魏并列的王朝,这在断代史中别创一格,不合乎后来中世纪史学的所谓"正统"观念。其次,《三国志》里,仅《魏书》有帝纪,蜀、吴的君主只立列传,又表现出陈寿似乎有以曹魏是"正统"的强烈观念。再其次,《三国志》仅有纪、传,没有表、志,也不合纪传体"正史"的习惯体裁。

因此,《三国志》问世后,很快引起争议。受责难最多的一点,就是把曹魏当作继汉而立的"正统"。东晋的习凿齿,南宋的朱熹,都是反对陈寿"帝魏"的,而以为蜀汉才是上继两汉的"正统"。习凿齿撰《汉晋春秋》,便以蜀汉代表三国。朱熹撰《资治通鉴纲目》,也推定蜀汉为东汉一脉相传的正统

---

① 卷数主要据《隋书·经籍志》统计,两《唐书》所载数字已大有出入。

王朝。清朝乾隆《御批通鉴辑览》，肯定朱熹的说法，遂使正统说借助皇帝权力而更加流行。因而《三国志》也大遭诟病，尤其因为作者本是蜀汉官员，更使他的"帝魏"说有背叛故国之嫌。

陈寿（233—297），字承祚，巴西安汉（今四川南充）人。他的父亲曾任马谡参军，名已失传。他年轻时从同郡学者谯周学习经史，学过《尚书》和《春秋》三传，还用心研读过《史记》、《汉书》，以"聪警敏识，属文富艳"知名。蜀后主末年，任观阁令史，一说曾官东观秘书郎、散骑黄门侍郎。因为不肯附和擅权的宦官黄皓，屡遭谴黜。他三十一岁时，蜀汉亡，两年后西晋代魏。因居父丧令婢和药，被时人斥为失礼，不得复官——后来此事使他得了"文人无行"的恶名。但西晋著名学者张华欣赏他的才学，荐为著作佐郎，出补平阳侯相。晋武帝泰始十年（274）编成《诸葛亮集》廿四卷，复入朝任著作郎，兼本郡中正。自晋灭吴后，开始写《三国志》。张华见到书稿，拟荐为中书郎。但被反对张华的权臣荀勖排斥，出为长广太守，辞不就。又因杜预推荐，任御史治书。但母丧未归葬，又受时人贬议。惠帝元康七年（297）病卒，年六十五。传见《晋书》卷八十二及《华阳国志》卷十一。

这是一位中世纪史学家的平常履历：宦海浮沉，并不得意，于礼无大过失，反得"不孝"恶名。从中反而可以推见，他不善于谄媚权贵，所以才被攻击。因此，也可了解他在著《三国志》时的矛盾。一方面要尊重史实，三国鼎立，互相攻战，分明是三个各自独立的王朝，怎么可因蜀汉君主姓刘或者曹魏通过"禅让"代汉，而抹煞这个事实呢？另一方面却又不敢违抗现实。因为西晋代魏，同样通过"禅让"来遮掩天下耳目，也就是承认曹魏继承汉朝"天命"的合法性。他写近现代史不帝魏，便意味着否认西晋的"正统"，这在当时可是大逆不道的罪名，何况他本是蜀汉故官呢？

由此可以进一步了解，陈寿将三国历史分别记载，说是仿照《国语》体例，那是一层保护色，因为《国语》并非纪传体，但号称《春秋外传》。他其实在竭力使自己的著作体现当时社会现实。所以，他记载蜀、吴二国的历史，大体还算实录。例如曹操挟天子以令诸侯，在军阀混战中屡次失败，在《武帝纪》中都有反映。例如刘备、孙权相继称帝，在书中并不斥以僭伪；蜀、吴二国著名将相大臣的得失，在书中也有较客观的叙述。

《三国志》最为"正统"论者指摘的，是《诸葛亮传》评诸葛亮"连年动众，未能成功,盖应变将略,非其所长欤?"后来《晋书·陈寿传》作者就说,这是因为他父亲任马谡参军,马谡被诸葛亮杀了,其父也坐被髡,而陈寿本人也受到诸葛瞻轻视的缘故。这条批评后来被朱熹发挥,影响很广,惹得清朝考据学者朱彝尊、杭世骏、王鸣盛、赵翼等,都大作其考证,为陈寿辩诬,说是陈寿对诸葛亮推崇备至,《晋书》作者乃无识之论。

其实,攻辩双方都不正确。他们的立论都是一个,即以为诸葛亮不可以批评。攻之者由于陈寿批评了诸葛亮,而去追查他的个人动机,乃是中世纪史家惯用的《春秋》诛心手法,固然可恶。但辩之者何尝不承认这种手法呢?他们只是认为陈寿对诸葛亮一片忠心,其心无可诛。谁都知道,借修史立传之机报复个人恩怨,原是中世纪史学家的惯例,陈寿完全可能这样做。问题不在于追究动机,而要看批评正确不正确,不管批评者是谁。诸葛亮是个传奇人物,但不是《三国演义》里描写的那种妖道,而是一个人,当然有短处,会犯错误。例如明知阿斗扶不起却硬扶,表明他跳不出愚忠观念的窠臼。例如明知关羽要丢掉荆州,却为了除去刘备死后的隐患而借吴刀杀他(用近人章炳麟说,见《訄书·正葛》),表明他也会不顾全局而搞政治阴谋。陈寿于此全无批评,只说他"连年动众,未能成功",一片惋惜口吻。而诸葛亮六出祁山的对手是司马懿,如果他"成功"了,还有西晋王朝吗?陈寿追究原因,也只说诸葛亮个人可能不擅长军事,而不承认客观条件已决定蜀汉不可能灭魏。这正是史学家的"微词",说明他只是根据效果来判断个人才干,颇有以成败论英雄的气味,但"党蜀"之情,却由此透露。因此,如果今天还津津有味地去考证陈寿是否用私怨而批评诸葛亮,那就未免又落入中世纪"正统"论的圈套了。

我们指出陈寿的矛盾,用不着替他辩护。他既想尊重史实,又不敢违抗现实的偏见,终于还是选择了向偏见妥协的办法,不仅只替魏国君主立本纪,还借用"为尊者讳"的《春秋》笔法,采用大量曲笔,替曹操、曹丕夺取汉朝帝位的阴谋手段辩护。这都表明他不但是个中世纪史学家,而且是个缺乏骨气的庸人。无论怎么说,这在实际上是迎合晋武帝司马炎为了替自己寻找统治合法性而歪曲历史真相的需要。正因如此,便不能不影响到别的记录,也时有讳饰失实之处。同一事件在不同纪传的记录中自相矛盾,对历史是非的写法和评论有许多不正当议论,在书中屡见不鲜。

《三国志》刊布后,由于综合前人成果较好,由于文字简洁,所以颇得好评。梁朝的刘勰曾说当时人把陈寿比作司马迁、班固①,刘宋裴松之也认为这部书"铨叙可观,事多审正"②。但它过于简略,某些史实的脱误、遗漏很多,涉及魏、晋禅代之处曲笔很多,也招致史学家不满,因而有裴松之的《三国志注》出现。

---

① 刘勰:《文心雕龙·史传》。
② 裴松之:《上三国志注表》。

第六章 中世纪前期王朝史（下）

一 《后汉书》、《宋书》和文人修史

中世纪王朝史的编写，在魏晋南北朝时期异常繁荣的一个重要原因，在于那几百年间文人修史成风。

自曹丕代汉（220）到杨坚灭陈（589），这三百七十年里，中国除西晋王朝短期统一过三十年外，绝大部分时间陷于四分五裂的状态。分裂使社会矛盾充分暴露，战争使人们生活异常痛苦，而北方陷于民族大迁徙带来的混乱，南方陷于王朝不断更迭带来的动荡，这都是王朝史著作借以茁长的土壤。

同时，建安（汉献帝年号）曹操父子提倡文学以来，又造成了有利于史学发育的气候。孔子早已探讨过事物的形式与内容的关系，说是"质胜文则野，文胜质则史"。假如将它移用来评论文学的历史，那么大概说来，两汉文学可谓质胜于文，建安文学可谓文质并重，到东晋南朝则可谓文胜于质①。因为重辞藻逐渐胜于重内容，所以题材日益贫乏。"连篇累牍，不出月露之形；积案盈箱，唯是风云之状。"②这种风月文学与山林文学的盛行，固然是由于东晋南朝贵族地主精神生活的腐朽萎靡，然而也是由于这个时期君位篡弑频繁、政治忌讳特多的缘故。于是，很多文士，为了扩大创作题材，而又可以避免触犯时忌，便很自然地将眼光投向历史，尤其是前朝史或隔朝史。

---

① 参见梁刘勰《文心雕龙·时序》。又，可参见范文澜《中国通史简编》修订本第二编，人民出版社1958年版，第253、296—298、413—419各页。
② 《隋书》卷六十六李谔传引李谔《上隋文帝论正文体书》。

那些历史，虽说是前朝或隔朝，但因为王朝更替的周期缩短①，内容仍为人们所熟悉，并为当朝统治者所乐闻②，很适合于用来表现文采以邀取名利。我们看到，那时的著名文人都热心地编著历史，如袁宏撰《后汉纪》、《竹林名士传》③，孙盛著《魏氏春秋》、《晋阳秋》④，陆机撰《晋史》⑤，干宝著《晋纪》⑥，谢灵运撰《晋书》⑦，吴均著《齐春秋》⑧等等，都是例证。

《后汉书》和《宋书》，便是南朝文人修史的典型。

今本《后汉书》，由十纪、八志、八十列传所组成。其中，八志三十卷，原是西晋司马彪《续汉书》的一部分⑨，后由梁朝刻令刘昭抽出并注解，与范晔的仅有纪、传的《后汉书》合并⑩。因而今本作者实为二人，这里所研究的是出于范晔手笔的《后汉书》。

这部著作在中世纪享有盛誉，自唐朝起便受到统治者推崇；与《史记》、《汉书》并列，号称"三史"⑪。后又加入《三国志》而称"四史"。

范晔（398—446），字蔚宗，小名砖，南朝宋顺阳人⑫。他开始编撰《后汉书》，时间在宋文帝元嘉九年（432）以后，上距东汉灭亡已两个世纪。这二百年间，关于东汉王朝史的著作，至少已出现九部，包括纪传体七部，编年体二部。首出的是东汉历代史官相继编写的《东观汉记》，踵出而知名的有吴谢

---

① 例如，魏朝仅四十六年（220—265），西晋仅五十三年（265—317）；东晋略长，共一百零四年（317—420）；宋为六十年（420—479），齐仅二十四年（479—502），梁有五十六年（502—557），陈仅三十三年（557—589）。假如我们知道它们都未真正统一全国或偏安南方，则实际安宁时间更短。
② 南朝统治者鼓励修史，因而文士往往借修史以邀取名声。《南史》卷三十三徐广传："时有高平郗绍亦作《晋中兴书》，数以示何法盛。法盛有意图之，谓绍曰：'卿名位贵达，不复俟此延誉。我寒士，无闻于时。如袁宏、干宝之徒，赖有著述，流声于后，宜以为惠。'绍不与。至书成，在斋内厨中，法盛诣绍，绍不在，直入窃书。"
③ "宏有逸才，文章绝美。曾为咏史诗，是其风情所寄。""撰《后汉纪》三十卷及《竹林名士传》三卷。"见《晋书·文苑列传》袁宏传。
④ "盛笃学不倦，……著《魏氏春秋》、《晋阳秋》，并造诗赋论难复数十篇。"见《晋书》卷八十二孙盛传。
⑤ 见《文心雕龙·史传》。《隋书·经籍志》谓陆机撰《晋纪》四卷，《初学记·史传篇》引作《晋书》。
⑥ 见《晋书》卷八十二干宝传。又，《文心雕龙·才略》："孙盛、干宝，文胜为史。"
⑦ 见《宋书·谢灵运传》。参见《梁书·止足列传》序。
⑧ 见《南史·文学列传》吴均传。
⑨ 司马彪为晋宗室，所撰《续汉书》有纪、志、传共八十篇，见《晋书》卷八十二本传。
⑩ 关于今本《后汉书》的合并流传状况，可参看《四库全书总目》、《十驾斋养新录》等有关考证。
⑪ 参见《唐会要》卷七十六"三传附三史"。
⑫ 这是范晔的祖籍，他实为东晋的侨郡顺阳人，故《宋书》卷六十范泰传称为"顺阳山阴（今浙江绍兴）人"。

承的《后汉书》,西晋司马彪的《续汉书》、华峤的《后汉书》、谢沈的《后汉书》、东晋袁山松的《后汉书》等①。论史料的可靠程度,当然要推《东观汉记》。论体例的完整程度,则要数司马彪、华峤二书,前者有志,后者有典有谱(即志、表),都是编写甚难而不足以炫示文采,为当时史家很少问津的领域。在这两方面,范晔的《后汉书》都显得逊色,却终于遮其光辉,独步于"正史"前列,道理何在呢?

这是因为,第一,它在编写形式上确有特色;第二,它在思想内容上也确有特色。

范晔生活在刘裕、刘义隆父子相继统治的时代。依靠北府兵起家的刘裕,虽然出身于不读书的无赖,也曾向造反民众挥舞屠刀,但他击败东晋末的君位篡夺者桓玄,扫荡境内各种割据势力,并曾率师北伐,恢复了中原大片地区,给东晋南朝带来前所未有的政治安定局面,因而使经济和文化都获得了较快发展的必要条件,反过来也使他的改朝换代事业取得江左士人的拥护。范晔的家族是东晋有名的经学世家②,其父范泰便曾代表东晋士族把象征王权的"九锡"授予刘裕③。作为报偿,刘裕建立宋朝后,便表示爱好文章,奖掖文化,"天下悉以文采相尚"④。刘义隆(宋文帝)继位后,尤好文章,自说人莫能及⑤。他在位三十年,大力发展文化事业,曾建立儒、玄、史、文四学,选派知名学者文士主持,促成"江左风俗,于斯为美"的局面⑥。受到这样浓郁的文化气氛熏陶,范晔很年轻便以善写文章、通晓音律出名。凭借父亲同皇帝的特殊关系,范晔本来把自己的文学才能看作跻登显贵班头的利器⑦。事实上,他也跨出了一大步,二十刚出头便做了刘裕宠子、彭城

---

① 以上诸书编撰概况,可参看清姚振宗《〈隋书·经籍志〉考证》(《二十五史补编》本)史部有关考证。
② 范晔祖父范宁曾著《春秋穀梁传集解》,父范泰曾撰《古今善言》,嗣父范弘之曾任太学博士,见《晋书》卷七十五范汪传附子范宁传、《宋书》卷六十范泰传、《晋书·儒林列传》范弘之传。
③ 刘裕专晋权时,范泰任尚书常侍兼司空,与右仆射袁湛共同主持授宋公九锡礼,见《宋书》卷六十范泰传。
④ 参见《南齐书》卷二十三王俭传。
⑤ 参见《南史·宋宗室及诸王传上》临川王义庆传。
⑥ 参见《南史·宋本纪中》宋文帝本纪。
⑦ 范晔曾自谓"耻作文士",表明他学文的抱负不在文士,而在政治,参见《宋书》卷六十九范晔传所载"狱中与诸甥侄书"。

王刘义康的高级幕僚①。但他的浪漫文人习气,竟使他在刘义康母丧期间忘记礼教,夜饮大醉,把挽歌当作宴乐欣赏,惹怒了主子,被贬为宣城太守。跌了一跤,郁郁不得志,这才转而发愿改编后汉史,借史学作为表现文学技巧和政治抱负的手段。②

晋末宋初的文学,比东晋越发讲究形式美,诗赋重俳偶,骈文重辞采。范晔对此表示不满。"常谓情志所托,故当以意为主,以文传意。以意为主,则其旨必见。以文传意,则其词不流。然后抽其芬芳,振其金石耳!"③他所以选择史学,也因为历史最便于表达他"以意为主,以文传意"的文学主张。

正因为范晔着眼于如何"以文传意",所以他首先注意的还是历史编纂的形式。

魏晋时期,撰写编年史成风,已达到与纪传史平分秋色的地步。范晔比较过二体得失,决定仍然采用纪传体。理由呢?"《春秋》者,文既总略,好失事形;今之拟作,所以为短。纪传者,史、班之所变也,网罗一代,事义周悉;适之后学,此焉为优,故继而述之。"④就是说,他认定纪传形式最适合表现一代王朝的兴亡过程。这虽然不是什么首出见解,只是概括纪传史家一派的意见,却反映范晔的一种野心,那就是要用同样形式编写汉史,压倒纪传体王朝史的鼻祖班固⑤。

实际情形如何呢?就总的体裁说,范晔仍然没有跳出司马迁、班固的框架,因为他所设计的编写方案,仍然是纪、志、传三种形式。而且"十志"要倩人捉刀⑥,"表"则付诸阙如,说明他自觉野心与功力不相称。然而,就纪传的具体形式说,范晔则确有改良,也可说发展了纪传体。

首先,范晔把本纪由"帝纪"改为"帝后纪"。这似乎不是首创,因为《史记》、《汉书》都将吕后列为本纪。但那只是例外,因为汉惠帝死后,吕

---

① 范晔在刘义康任冠军将军时为其参军,刘义康封彭城王后又任尚书外兵郎、荆州别驾从事史等职,见《宋书》卷六十九范晔传。
② 见《宋书》卷六十九范晔传、《南史》卷三十三范泰传附范晔传。
③ 《宋书》卷六十九范晔传载"狱中与诸甥侄书"。
④ 《隋书》卷五十八魏澹传引范晔语。
⑤ "详观古今著述及评论,殆少可意者。班氏最有高名,既任情无例,不可甲乙辨。后赞于理近无所得。唯志可推耳,博赡不可及之,整理未必愧也。"见《宋书》卷六十九范晔传载"狱中与诸甥侄书"。
⑥ "晔所撰十志,一皆托谢俨搜撰,垂毕,遇ември败,悉蜡以覆车。宋文帝令丹阳尹徐湛之就俨寻求,已不复得,一代以为恨。其志今阙。"见《册府元龟·国史部·采撰门》。

后临朝称制八年,不承认她做过皇帝,西汉王朝史便有中断的危险。其实,西汉一代实际控制政权的,还有景、武之际的窦太后,成、哀之际的王太后,只是因为没有称制,所以史学家也装作不看见。但东汉则不然,自中叶后小皇帝特多,如殇帝生后才百日即位,冲帝即位才两岁,质帝即位才八岁。皇帝年幼,母后听政,造成外戚专权。皇帝长大,信用身边奴才同外戚争权,又酿成宦官专政。东汉就在这种恶性循环的权力斗争中闹到亡国。这个矛盾如此尖锐,以致史学家无法装作没看见。范晔承认事实,在"帝纪"后专立"皇后纪",也就是给每个皇后都予以皇帝的平等待遇。这无疑是破例,破了班固不承认女主专政的先例。由于范晔还创立了"列女传",联系起来似乎表明他重视妇女地位,因而有的研究者便大为赞赏,说是此例一开,两千年中优秀的妇女,才在正史上占有一席。那至少是误解。范晔说得很清楚:"自古虽主幼时艰,王家多衅,必委成冢宰,简求忠贤,未有专任妇人,断割重器。"①就是说,他宁愿看到皇帝成为权臣的傀儡,也不愿看到皇帝成为母后的傀儡。他给东汉皇后立纪,便是要证明女主临朝,"终于陵夷大运,沦亡神宝"②。而他立"列女传",也旨在表彰以退让为主的贤妃哲妇③。两相映照,他把妇女看作东汉亡国祸水的意图,还不明白吗?

其次,范晔比班固更注重类传。除《汉书》所有的循吏、酷吏、儒林三类人物合传而外,《后汉书》还创制了党锢、宦者、文苑、独行、方术、逸民、列女七类人物合传,使类传达十种之多。类传的特色,在于不是单独考察某一人物的生平,而是综合考察一群人相似的作风和行为,因此比个别人物传记更能反映社会生活的某种特殊侧面。比如,《党锢列传》把东汉后期因反对宦官专政而被列入禁止参与朝政的黑名单的知识分子,加以综合研究,先写他们遭受禁锢的原因与结果,再提要简介三十五名著名党人的生平。这样,同《宦者列传》对照,便使读者对于东汉后期统治阶级内部斗争的主要对立面的状况,获得相当深刻的印象。又比如,《独行列传》所写人物,有的是愤世

---

① 《后汉书·皇后纪》序。
② 同上。
③ "《诗》、《书》之言女德,尚矣。若夫贤妃助国君之政,哲妇隆家人之道,高士弘清淳之风,贞女亮明白之节,则其徽美未殊也,而世典咸漏焉。故自中兴以后,综其成事,述为《列女篇》。"见《后汉书·列女传》序。

嫉俗而故意违背礼教,有的是沽名钓誉而过分讲究礼教,合写在一起,便可令人看到那些古典的个人主义者从相反方面给中世纪统治者带来的麻烦;而《方术列传》又可令人看到东汉时代社会上仍然盛行的巫术气氛,反过来也衬托出东汉王朝提倡神学化的经学确有社会基础。不过最有价值的类传,也许要数在上述十种之外的"六夷传"①。它们保存了中国古代各少数民族的社会史料,包括社会结构、风俗习惯和巫术信仰等历史材料,具体反映古代各族社会进化程度的不平衡状况,对于我们研究中华民族的形成史乃至人类发展史都非常有用。这类特殊史料受到重视,同东汉末以后中国境内的民族大迁徙引起人们注意有密切联系,但范晔注意搜集和研究,也应该说是有见识。

再次,范晔比前代史学家更重视纪传前后有关序、论、赞的写作。他对此极为自负:"吾杂传论,皆有精意深旨,既有裁味,故约其词句。至于《循吏》以下及六夷诸序论,笔势纵放,实天下之奇作。其中合者,往往不减于《过秦》篇。尝共比方班氏所作,非但不愧之而已。"②就是说,他见识之高,文才之美,主要倾注于序论,尤其是类传的序论里,岂止超过班固,还可同贾谊媲美呢。不宁唯是,他更欣赏自己所写的"赞"③,以致觉得有必要抽出另编单行本:"赞,自是吾文之杰思,殆无一字空设,奇变不穷,同合异体,乃自不知所以称之。此书行,故应有赏音者。"④这些"老王卖瓜"式的自白,都写在他临刑以前。那种与司马迁"疾没世而文采不表于后世"的相似心情,我们可以谅解。它们所表现的作者文学才华究竟如何,也可留待文学史家去评论。引起我们兴味的,只是作者虽然强调文章应该"以意为主",辞藻仅是表现观念的形式,也即不应以美词而害意,但实际上他重视辞藻仍然远胜于重视内容。他所以把论赞写作看得高于叙事写作,无非因为叙事要受历史内容的限制,况且还有那么多家后汉史的记录可供验证。而论赞则可驰骋笔锋以表现文学技巧。所以,刘知幾批评

---

① 包括东夷、南蛮西南夷、西羌、西域、南匈奴、乌桓鲜卑六篇列传。
② 《宋书》范晔传载"狱中与诸甥侄书"。
③ 赞,即司马迁《太史公自序》所述各篇提要;班固《叙传》同,称为"述"。范晔改名为赞,附在各篇之后。见《史通·论赞》。
④ 同②注引。《隋书·经籍志》有《后汉书赞论》四卷,两《唐书》均为《论赞》五卷;又,《隋志》另有《汉书缵》十八卷,两《唐书》均题为《后汉书缵》十三卷。这大约就是范晔抽出别行的两种传本。

他说:"夫每卷立论,其烦已多,而嗣论以赞,为黩弥甚。"①这固然有道理,却是就事论事的说法,并不明白范晔在议论上如此叠床架屋的真正用意。

然而,倘说范晔仅仅重视形式美,那也不尽然。一切形式都不能脱离内容而单独存在,何况他写的是实实在在的东汉王朝史呢。因此,范晔尽管犯了过分追求形式的毛病,经常为辞藻而删削史实②,却从来没有放弃他要宣传的"意",也就是他的政治观念。

范晔从来不是一个职业史学家。他卷入刘宋王朝统治集团内部斗争的漩涡那样深,以致终遭灭顶。刘裕死后,他的继承人与顾命大臣之间,他的儿子们相互之间,便为争夺最高权力而展开撕咬。我们知道,自东晋末起,南朝统治集团便由"华族"与"寒族"两部分贵族官僚联合组成。所谓华族以王、谢两大家族为首,所谓寒族则包括各朝皇族和由寒门出身的文官武将。二者并非如传统所说的那样势不两立,而是各自分成不同派系,再与另一部分的不同派系结合成各种政治集团③。在刘裕死后一场长达五年的权力争夺战中,宋文帝刘义隆依靠王氏家族和部分寒门士人的支持,最后战胜了出身布衣的徐羡之与华族谢晦、傅亮为首的权臣们。但也不得不向后一势力妥协,任命后者支持的刘义康代替王弘执政④,使政权出现号称小康的稳定局面。范泰、范晔父子通过谢家与刘义康有姻戚关系⑤,按照中世纪权力结构的规则,在元嘉时期以宋文帝与刘义康兄弟阋墙形式出现的统治集团内部斗争中间,必然拥护刘义康,而不问此人是否能成为什么"大有为之君"⑥。范晔得罪刘义康后,经过宦海浮沉,一度被宋文帝拉拢,官至左卫将军、太子詹事,与沈演之对掌禁军,参预机要。但文帝因其私德不修而拒绝

---

① 《史通·论赞》。
② 清代以来学者曾将范书与《东观汉记》、谢承《后汉书》、司马彪《续汉书》等残篇的文字进行对比,多以为范书文字虽简炼,却往往牺牲事实以迁就形式。详可参见王先谦《后汉书集解》。
③ 以往史著大多夸大南朝士族与寒人的斗争,不尽符合事实。其实,南朝所谓华族内部早已分化,即使同族内部也已分化。如刘裕曾欲废太子刘义符,派谢晦去考察刘义真可否继为太子。谢晦评义真"德轻于才,非人主也"(见《南史·宋宗室及诸王列传上》),而义真即谢晦从父谢景仁之婿。
④ 徐羡之任孙徐湛之为刘裕外孙,为刘义康的亲信;刘义康又是谢晦之婿。谢晦于元嘉三年举兵叛乱,失败被杀,而刘义康于元嘉六年即入相。此中消息,不言自明。
⑤ 范泰之女为谢晦叔叔谢述妻,谢述子谢综即范晔甥,而任刘义康的大将军记室参军。
⑥ 关于刘义康的情况,可参看《宋书·武二王列传》、《南史·宋宗室及诸王列传上》。

同范家联姻,信用沈演之又超过他,所以范晔仍然满腹怨气①。这时正值刘义康争权失利,被罢相,于是密派谢综等与范晔暗地勾结,酝酿发动政变,拥立刘义康为帝。结果被同伙出卖,下狱处死②。

这样一个自称"吾狂衅覆灭"③的政治人物,又是一个"本未开史书,政(正)恒觉其不可解耳"④的单纯文学家,在政治上失意的时候,由于要炫耀文章和寻求政术,所谓"欲因事就卷内发论,以正一代得失"⑤,而去研究历史。不消说,他的目光不在过去而在现实。他特别重视论赞的写作,无非因为要借题发挥——他在文学上本也精于此道⑥。

范晔借东汉历史做题目,以文传意,表达什么样的见解呢?钦佩他的清代学者王鸣盛,有段话概括得不错,说是他的《后汉书》,"贵德义,抑势利。进处士,黜奸雄。论儒学则深美康成,褒党锢则推崇李、杜。宰相多无述,而特表逸民。公卿不见采,而惟尊独行。"⑦

这反映他的看人看事的标准,不是别的,正是东晋南朝正在衰落的高门华胄的政治见解和是非观念。

人们都熟悉汉魏六朝的门阀制度。东汉以来由政治分裂和民族迁徙所造成的社会结构的特殊变化,使得一批大官僚大地主,成为世代享有经济、政治和文化特权的贵族。他们像欧洲中世纪的领主那样,把祖先的功勋当作特权的依据,形成用地望、门第、阀阅和婚姻关系来衡量权力财产分配得

---

① "晔素有闺庭议论,朝野所知,故门胄虽华,而国家不与姻娶。""晔时与沈演之并为上所知待,每被见多同。晔若先至,必待演之俱入;演之先至,尝独被引。晔又以此为怨。"见《宋书》范晔传。
② 范晔与孔熙先、谢综等于元嘉二十二年九月策划发动政变,因耽搁未成。同年十一月,参与密谋的徐湛之上书告发,范晔等遂被捕,次月处死。见《宋书》卷六十九范晔传。《南史》卷三十三范泰传附范晔传同。清王鸣盛、陈澧、李慈铭等,都曾力辨"蔚宗不反",谓范晔之死实为"千古之至冤"。有的学者作文反驳,谓范晔谋反是实,但谋立刘义康是为稳定政局,"在当时是有进步意义的"。二说貌似相反,其实都从封建观念出发,将范晔描绘成刘宋王朝的忠臣,于历史事实均不合。
③ 范晔"狱中与诸甥侄书"语,见《宋书》卷六十九范晔传。
④ 同上引。"未开史书",《宋书》作"未关史书",不可通。《南史》改作开,是,今从。
⑤ 同上引。
⑥ "晔性精微,有思致,触类多善。衣裳器服,莫不增损制度,世人皆法学之。撰《和香方》,其序之曰:'麝本多忌,过分必害;沈实易和,盈斤无伤。零藿虚燥,詹唐粘湿。甘松、苏合、安息、郁金、柰多、和罗之属,并被珍于外国,无取于中土。又枣膏昏钝,甲煎浅俗,非唯无助于馨烈,乃当弥增于尤疾也。'此序所言,悉以比类朝士:麝本多忌,比庾炳之;零藿虚燥,比何尚之;詹唐粘湿,比沈演之;枣膏昏钝,比羊玄保;甲煎浅俗,比徐湛之;甘松、苏合,比慧琳道人;沈实易和,以自比也。"见《宋书》卷六十九范晔传。
⑦ 《十七史商榷》卷六十一"范蔚宗以谋反诛"条。

当与否的传统。因而，他们不但同自己宗族的世袭领民之间严分主奴，而且在统治阶级中间严分寒素。魏晋以来实行的九品中正制度，所谓"上品无寒门，下品无势族"①，便集中暴露了门阀制度在政治上的垄断保守特性。范晔的《后汉书》特重人物分类，在人物传记中特重考评式的论赞写作，正是将当时的世家大族品第人物的现实标准移植到史学研究中。

于是，《后汉书》一系列貌似蔑视权势的处理方式，便不难索解。在东晋南朝，所谓华族子弟惯于凭借血统门第，"平流进取，坐至公卿"②，对于那种不费力气便可取得的高位，自然不会格外重视。同时，他们虽占据卿相地位，也总以不做事为荣。因而中枢或地方的实权，如帮助皇帝处理日常政务的中书通事舍人，处理日常军务的制局小监，以及帮助出镇诸王处理日常公务的典签，诸如此类位卑权重的官职，都落到寒门子弟手里③。范晔鄙视历史上凭借个人能力取得权力财富的所谓势利人物，正是那时现实里面华族忌恨政治暴发户的心理反映④。

不宁唯是，东晋南朝的世家大族，把保持本家族的世袭特权看得高于一切。只要不触犯自身利益，他们对于改朝换代并不太在乎。而且，只要有利于自身的特权或野心，他们也决不惮于参与所谓禅代式的政变阴谋，范泰、范晔父子便是例证。《后汉书》对于东汉层出不穷的宫廷阴谋，着重谴责出身卑微的宦官外戚，每每替"清流"所支持的权臣外戚开脱，道理就在这里。例如东汉桓、灵之间的党锢之祸，背景就是外戚与宦官的斗争。宦官集团相继控制了两个皇帝，利用专制君权战胜了梁、窦两个外戚集团，进而将支持窦武集团的士人列入党锢名单，酿成长达数十年的大狱。范晔便一味表彰党人及其首领窦武、陈蕃等⑤，对于他们发动的宫廷政变失败表示惋惜⑥；只依出身门第分别清浊的意图，流露得非常明显。

至于所谓"论儒学则深美康成"，更暴露范晔个人的偏见。郑玄是东汉末遍

---

① 《晋书》卷四十五刘毅传。又，《宋书·恩幸列传》序："凡厥衣冠，莫非二品，自此以还，遂成卑庶。"
② 《南齐书·褚渊王俭列传》论。
③ 参见《南史·恩幸列传》，赵翼《廿二史札记》卷八"南朝多以寒人掌机要"。
④ "服冕之家，流品之人，视寒素之子，轻若仆隶，易如草芥，曾不以为之伍。"见《文苑英华》卷七百六十引《寒素论》。
⑤ 参见《后汉书·党锢列传》序论。
⑥ 参见《后汉书·陈王列传》关于陈蕃的叙述和评论。

注群经的经学大师,在经学上以古文经学为主,而调和今古文两派,号称"通学"。论时代,他居于东汉诸经学大师的最后。论名望,他与古文经师马融、今文经师何休等相仿。论气节,他依违于东汉末权臣军阀何进、董卓、袁绍之间。然而范晔替他立传,却违反按时代排列或按行事归类的体例,将他提到八十列传的第二十五篇内,放在东汉诸经学大师传记的首位①。这种突出处理的奥妙何在呢?原来,就因为范宁治经专守郑氏家法,表彰郑玄也就是抬高范晔本人的地位②。照他说来,东汉一代安危治乱的关键,全在提倡经学,"人识君臣父子之纲,家知违邪归正之路"③;而郑玄足以上承孔子,范家又世传郑学;这不就是范晔可成为帝师王佐的充足理由么?不就是可掌握王朝命运的资格证明么?

晚于范晔《后汉书》而倾向大略相同的王朝史名著,还有梁朝沈约(441—513)编撰的《宋书》。

《宋书》所记,上起刘裕控制中央政权开始的东晋安帝义熙元年(405),下迄萧道成代宋建齐的宋顺帝昇明三年(479)。全书分帝纪十卷,列传六十卷,志三十卷,共一百卷。它的纪传体制,与《后汉书》相似,也注重人物分类与考评式论赞,其中《孝义传》是同期史著里类传的创制。它有志,与《后汉书》不同④。其中《律志》、《历志》、《天文志》三篇,都沿袭《史记》、《汉书》的旧例;而将《礼》、《乐》二志分开,将《地理志》改成《州郡志》,则有意同班固立异;只有《符瑞志》,可算创作。诸志都不是断代史。它们基本上都接续《汉书》、《续汉书》的下限写起,凡二书没有记录的各种典章制度,便追叙秦汉乃至三代,因而也属于社会政治和文化的通史。

沈约字休文,南朝吴兴武康(今浙江德清西)人,世代为江东势族⑤。他

---

① 《后汉书·张曹郑列传》。同传的张纯曾建议光武帝封禅,曹褒曾同明帝议礼,二人在学派上均与郑玄无直接关系。而该传以下便是东汉初郑兴以后的诸经师列传。因而范晔显然有意置郑玄于东汉经学家首列。
② "自秦焚六经,圣文埃灭。汉兴,诸儒颇修艺文。及东京,学者亦各名家。而守文之徒,滞固所禀,异端纷纭,互相诡激,遂令经有数家,家有数说,章句多者或乃百余万言,学徒劳而少功,后生疑而莫正。郑玄括囊大典,网罗众家,删裁繁诬,刊改漏失,自是学者略知所归。王父豫章君每考先儒经训,而长于玄,常以为仲尼之门不能过也;及传授生徒,并专以郑氏家法云。"见《后汉书·张曹郑列传》郑玄传论。范宁在东晋孝武帝时曾任豫章太守。
③ 《后汉书·儒林列传》论。
④ 范晔原拟作志。据《册府元龟·国史部·采撰门》谓其所托撰志的谢俨,在范晔败后毁掉了志书。但有说尚存残篇,名目可考的有百官、礼乐、舆服、天文、五行等,见清章宗源《隋书经籍志考证》后汉书条。
⑤ "江东之豪,莫强周、沈。"见《晋书》卷五十八周处传附周札传。

历官宋、齐、梁三朝，以文章声韵知名，与著名文学家谢朓、王融、范云、任昉等，往来于齐竟陵王萧子良门下，号称"竟陵八友"，是齐、梁间文坛领袖。但他同范晔一样，真正热衷的是在统治集团内的权力地位。他同范云一起替萧衍画策，实现齐梁禅代，在用谶记促萧衍发动政变时，就说："今与古异，不可以淳风期万物。士大夫攀龙附凤者，皆望有尺寸之功，以保其福禄。"①梁朝建立，官至尚书令，一味热心保护荣利，做了多年宰相而一无建树②。但也同范晔一样，难改中世纪文人的轻薄积习，而又极端迷信，因病命道士奏闻上帝，说"禅代"阴谋不由己出，因此惹怒梁武帝，速遭谴责，吓得一命呜呼③。

《宋书》就是沈约在齐朝任太子家令兼著作郎时，奉齐武帝命所修。在东晋南朝，秘书监的官职，如秘书丞、郎，著作郎、佐郎，都是华族子弟"平流进取"的必经梯级，为著名的清要官。因而，修史即品第前朝和本朝人物的权力，也就被华族所把持④。沈约在宋时便主动请求修晋史⑤，在齐时又任史官首领，不待说是以君主贵族的好恶做是非标准。事实上，由立传到叙事，他都请示皇帝⑥。前面说，中世纪君主对于历史编写由消极干预到积极控制，自东汉明帝命班固写毕《汉书》始。现在又可看到，史官主动要求专制皇帝给近代史定基调，则自沈约始。

严格地说，《宋书》不能算沈约的著作。他在齐武帝永明五年（487）春奉诏编写，次年二月便奏呈纪传七十卷的清稿⑦，经过不到一年。成书如此快，如沈约所承认的，无非因为有宋朝历代史官何承天、山谦之、苏宝生和徐

---

① 《南史·沈约范云列传》。
② "约历仕三代，……自负高才，昧于荣利，乘时射势，颇累清谈。及居端揆，稍弘止足。……用事十余年，未常有所荐达，政之得失，唯唯而已。"见《南史·沈约范云列传》。
③ "因病，梦齐和帝剑断其舌，召巫视之，巫言如梦。乃呼道士奏赤章于天，称禅代之事，不由己出。先此，约尝侍宴，会豫州献栗，径寸半。帝奇之，问栗事多少，与约各疏所忆，少帝三事。约出，谓人曰：'此公护前，不让即羞死。'帝以其言不逊，欲抵其罪，徐勉固谏乃止。及疾，上遣主书黄穆之专知省视。穆之夕还，增损不即启闻，惧罪，窃以赤章事因上省医徐奘以闻，又载前失。帝大怒，中使谴责者数焉。约惧，遂卒。"见《南史·沈约范云列传》。
④ "著作郎谓之大著作，专掌史任。晋制，著作佐郎始到职，必撰名臣传一人。"见《宋书·百官志下》。
⑤ "常以晋氏一代，竟无全书，年二十许，便有撰述之意。泰始初，征西将军蔡兴宗为启明帝，有敕赐许，自此迄今，年逾二十，所撰之书凡一百二十卷，条流虽举，而采掇未周。"见《宋书·自序》。
⑥ "（齐）武帝使太子家令沈约撰《宋书》，疑立《袁粲传》，以审武帝。帝曰：'袁粲自是宋家忠臣。'约又多载孝武、明帝诸褒黩事，上遣左右语约曰：'孝武事迹不容顿尔。我昔经事宋明帝，卿可思讳恶之义。'于是多所除除。"见《南史·文学列传》王智深传。
⑦ 沈约进书表有"所撰诸志，须成续上"，研究者多以为志为后来续成，是。参见《宋书·自序》。

爰等相继编次的旧稿作底本①。他的工作,只是改订体例,删削增补,并续成宋孝武帝大明八年(464)以后四帝十五年的史事。据清赵翼考证,《宋书》大半当为徐爰旧作②,那是不错的。

然而,就《宋书》的特色来说,却又打上了沈约个人的印记。主要表现在它好收文章辞赋,神秘主义色彩相当浓重。

《宋书》收录的文章,数量之多,在现存南北朝诸史中无出其右。因而唐代李延寿删节南朝四史为《南史》,将《宋书》所录文辞几乎尽行删除,结果叙事部分仅有原书的十分之三四③。《宋书》所录文辞,大概分两种情况。一是刘宋君臣的诏、诰、符、檄、章、表等政治文件,大都原文照抄,这是所谓实录或国史的特色,反映沈约的确根据宋代史官原本而没有来得及认真删改。一是刘宋著名文人的作品,包括辞赋和政论、哲理著作,也大量选载。例如,《谢灵运传》收入三篇作品全文,其中《撰征赋》万余字,《山居赋》达数万字;《颜延之传》所收《庭诰》全文,四千余字;《顾觊之传》所载《定命论》,也有三千余字;其他文人作品也极多④。同时,沈约还借史论做文论,发表他关于文学艺术的见解⑤。这个特色受到文学史家的重视,那是当然的。而所收的有些作品,像王弘的《建屯田议》,傅亮的《演慎》,何承天的《安边论》,何尚之与沈演之关于货币增值的争议,周朗上皇帝论治道书等,对于人们了解当时的政治思想状况,更有价值。然而,沈约选载后一种作品,着眼点显然在于它们是"文章"。因为那是个在文学上追求形式美的时代。文人们大都致力于文字声韵的雕琢,句法讲究对仗,语音讲究平仄,造句讲究用典,使晋朝以来的骈体文更流入形式主义一路,而内容的狭隘平庸也越发突出。沈约不仅同范晔一样,选文重视辞藻,而且更注重序论赞的表现形式。因此,《宋书》的评论部分,大都"四六"成句,节奏感强,却经常以美词害意,而且满纸

---

① 沈约进书表:"宋故著作郎何承天始撰《宋书》,草立纪传,止于武帝功臣,篇牍未广。其所撰志,唯《天文》、《律历》,自此外悉委奉朝请山谦之。谦之、孝建初,又被诏撰述,寻值病亡。仍使南台侍御史苏宝生续造诸传,元嘉名臣皆其所撰。宝生被诛,大明中,又命著作郎徐爰踵成前作。爰因何、苏所述,勒为一史,起自义熙之初,讫于大明之末。至于臧质、鲁爽、王僧达诸传,又皆孝武所造。自永光以来,至于禅让,十余年内,阙而不续,一代典文,始末未举。……臣今谨更创立,制成新史。"见《宋书·自序》。
② 参见《廿二史札记》卷九"《宋书》多徐爰旧本"、"《宋书》书晋宋革易之际"诸条。
③ 参见《廿二史札记》卷十"《南史》删《宋书》最多"条。
④ 同上。按赵翼对《宋书》收录文章辞赋的篇目数量,都有详考。
⑤ 例如《谢灵运传》论发表的情文关系、声律问题等见解,对研究南朝文学史都有价值。

典故,增加了阅读的困难。文人修史,容易犯华而不实的毛病,于此可见一斑。

《宋书》宗教神秘气息浓厚。它既立《五行志》,又创《符瑞志》,合起来共八卷,差不多占八志的三分之一。在二志中间,沈约既不辞辛苦地胪列魏晋以来自然现象的种种异常变化,以证明经学家关于五行相克引起灾变的说法有理,又不厌其详地搜录五帝三代以来所谓圣帝哲王的种种嘉应瑞命,以证明君权的确得自神授。如果说,《五行志》的记录,在客观上还替科学史的研究提供了有用的史料,那么,《符瑞志》便只能称作连篇鬼话,尽管它同时也是研究宗教信仰史的好材料。此外,《礼志》五卷,《乐志》四卷,记录的重点也在于祭祀上帝鬼神的礼仪乐舞,而列传内也不时插入鬼神之说。这都表明沈约对于传统的儒道巫术相结合的信仰十分爱好。陈寅恪曾考证沈约的家族世代信仰天师道,他本人后来虽改奉佛教,但临终前仍召巫师觇鬼,用道教上章首过之法禳解,证明他对传统信仰并未涤除①。我们知道,在齐武帝时,竟陵王萧子良及其门客,同哲学家范缜进行过一场著名辩论,题目是"神"灭不灭。沈约在论战中曾经充当佛教灵魂不死说的辩护士②。虽然他没有从理论上驳倒范缜的"神灭论",然而却暴露他骨子里信仰鬼神实有之说。他企图借历史来证明鬼神在冥冥中支配着古往今来的一切人事,尤其热衷于证明君位篡夺者有成王败寇的区别都早由鬼神暗中注定,更显示他是自觉地用神道信仰来维护通过篡夺所建立的萧齐政权。

沈约也同样利用修史达到个人目的。刘宋一代曾多次发生弑君事件,但沈约却单挑出刘劭、刘濬立《二凶传》。这无非因为沈璞曾经效忠于刘濬。用诋毁故主来洗刷己父,证明自己家世清白,也算文人修史的一个创造。

二 注经和注史

王朝史著作的大量涌现,也不免给读者带来烦恼,那就是记录同一时代历史的不同作品,非但议论分歧,而且叙事经常互相矛盾。

---

① 《天师道与滨海地域之关系》,《金明馆丛稿初编》,上海古籍出版社 1980 年版,第 32—34 页。
② 沈约著有《形神论》、《神不灭论》、《难范缜神灭论》等,均见《广弘明集》。

以东汉末的记录为例，《三国志》与《后汉书》的内容，便常相抵牾。

召唤凉州军阀董卓入京，终于酿成汉末大乱的祸首，是谁呢？陈寿说是何进①，范晔却说是袁绍献策②。

杀董卓后又激使其部下李傕、郭汜拥兵叛乱的人，又是谁呢？陈寿说是吕布，因为他害怕并厌恶凉州人③；范晔却说是王允，因为他不肯赦免凉州人④。

曹操的重要谋士、也是阻碍曹操称魏公的重要人物荀彧，怎么会死的呢？陈寿说他劝阻曹操加九锡后，被留在寿春，因忧病死⑤；范晔却说他因病留在寿春，收到曹操送来的一个空食器，于是服毒自杀⑥。

诸如此类，都属于汉魏之际政治动乱的重要情节。客观事实只有一个，不同史书的记载却是两样，谁是信史？同样的事例，在其他著作里更不胜枚举，使读者困惑。

这种陈述上的矛盾，不外有如下原因：

或者是同一事件本有不同记录，史学家占有的史料不全面，无法进行比较鉴别，择信而从，只能各据所本，因而叙事发生分歧。这在社会动乱而读书很难的时代，是不足为奇的常事。

或者是原始记录失实，史学家误信其辞。这在政治分裂而所记涉及其他政权统治区域的情形下也是常事⑦。

或者是史学家服从于某种政治需要，故意隐瞒乃至歪曲重要事件的真相。这在所谓易姓鼎革之际的中世纪史家笔下，几乎是必然发生的通病，以致愈是当代史官的所谓直接记录愈不可信。

还有史学家为了某种不可告人的目的，比如谄媚权贵，接受贿赂，报复私怨等，而使用曲笔。这在中世纪官方史学家那里也不罕见⑧。

---

① 见《三国志·魏书·董二袁刘传》袁绍传。
② 见《后汉书·袁绍刘表列传》。
③ 见《三国志·魏书·吕布臧洪传》。
④ 见《后汉书·刘焉袁术吕布列传》。
⑤ 见《三国志·魏书·荀彧荀攸贾诩传》。
⑥ 见《后汉书·郑孔荀列传》荀彧传。
⑦ 参见《廿二史札记》卷九"《宋书》纪魏事多误"等条。
⑧ 不妨举沈约为例："初，子野曾祖松之，宋元嘉中受诏续修何承天《宋史》，未成而卒。子野常欲继成先业。及齐永明末，沈约所撰《宋书》称'松之已后无闻焉'。子野更撰为《宋略》二十卷，其叙事评论多善，而云'戮淮南太守沈璞，以其不从义师故也'。约惧，徒跣谢之，请两释焉，叹其述作曰'吾弗逮也'。"见《南史》卷三十三裴松之传附裴子野传。这是两名官方史家斗法，结果企图掩没前辈以独擅盛名的沈约，被人借历史揭其阴私而吃了大亏的故事。

因此，在三国两晋南北朝时代，王朝更迭的周期缩短，王朝活动的区域缩小，矛盾的历史记录便层出不穷。

历史的事实是从矛盾的陈述中清理出来的。怎么清理呢？广搜史料，另行改编，是一种办法。例如，蜀汉学者谯周，对《史记》有关先秦的记载不满，便另搜材料编成《古史考》①。但那结果，往往是在已有的矛盾记录中间增添一种新的异说，而且往往是新著不如旧著，假如旧著已是名作的话，更使新著易招人非议乃至摒弃。

较好的办法，是选择一部所谓良史作依托，用注解的形式进行清理。这是两汉经学家的常用形式。到东汉后期，著名的《左传》学者服虔，首先移用来研究历史，著有《汉书音训》。以后许多人仿效，出现《汉书》、《史记》的多种"音义"②。所谓音义，就是用传统的章句训诂式的解经方法，来研究史书。它的好处，在于帮助读者识字断句，了解典故，从而知道文意。但如遇到不同记录，注家便选择一种自以为善的解释，而摒弃异说。这固然有助于加深人们对原著的信仰，但由于注家往往受门户或眼界的限制，取舍每每流于主观武断，因此当其他异说仍然流传的时候，常使读者感到不满。

首先打破困境的，仍然是经学家。原来，自西汉后期今古文经学纷争以来，各派经师党同伐异，专己守残，对于同一经典有着非常不同的解释，已使后来的经学家们感到困惑。东汉末郑玄企图统一经说，开始打通今古文界限，以古文说为主，兼采今文说，以便各派都能接受。这种办法，受到经生们的欢迎，在东汉末曾风靡一时。然而到魏初便受到反对。以何晏、王弼为代表的一派学者，经过东汉末的社会剧烈震动，对于神秘而烦琐的传统经学表示极大不满，因而抛弃章句训诂式的传统研究方法，主张越过两汉经师们墨守的什么家法师法，直接探讨孔学经典中间的哲理。不过，要研究经书的哲理，也不可避免地要对已有的各种解说进行比较研究。那第一步，必定是广集前人有关经义的种种分歧解释，作为自己研究的资料。于是，将经学发展成玄学的先驱者之一何晏便首先创造了广集异说的解经法，唤作集解法，代

---

① "初，谯周以司马迁《史记》书周、秦以上，或采俗语百家之言，不专据正经。周于是作《古史考》二十五篇，皆凭旧典，以纠迁之谬误。"见《晋书》卷八十二司马彪传。按《古史考》刻意模仿《春秋》，叙事方式迂腐，参见《史通·模拟》。
② 据唐颜师古《汉书叙例》引用诸家注释，在隋以前凡二十三家。但首列荀悦《汉纪》，乃混淆改编与注解的区别。因而替史书作注，可考的仍以服虔《汉书音训》为最早。所列诸注体制，可参看清姚振宗《〈隋书·经籍志〉考证》史部内有关《汉书》注各条。

表作即《论语集解》。

在史学作为经学附庸的时代,经学研究中间发生的每一重要变化,都必然引起史学的反响。何况魏晋以后,史学受到异说纷纭的困扰,决不亚于经学。因此,集解法很快被史学家所接受,最先应用的要数晋初的晋灼、臣瓒①。接着,东晋的蔡谟,又将臣瓒的集解散入《汉书》各篇之内②,于是便产生集解式的史注。

集解法的最大特色,是广搜史料,并存异说。作者本人对于记录的真伪、理论的是非,可以发表意见,但都要另行标出。因而,它同训诂法相比,便能为后人研究提供更多史料。

现存的集解式史注,较早的名著要算裴松之的《三国志注》。

裴松之(372—451),字世期,南朝河东闻喜(今山西闻喜)人。作为华族子弟,他年方二十便做了东晋王朝的殿中将军③。宋朝建立,他历任清要官职,在文帝时任中书侍郎、司冀二州大中正。这时宋文帝对《三国志》大感兴趣,要求他作注。他"鸠集传记,增广异闻",于元嘉六年(429)成书,得到文帝赞赏,说是"此为不朽矣"④。他的著作还有《晋纪》、《元嘉起居注》(部分)等五种。他的儿子,就是著《史记集解》的裴骃。孙裴昭明以传儒史之业,曾任刘宋太学博士。曾孙裴子野著有《宋略》等多种史书。可称作史学世家。

《三国志注》的内容,据裴松之自己的概括有:"其寿所不载,事宜存录者,则罔不毕取,以补其阙;或同说一事而辞有乖杂,或出事本异疑不能判,并皆抄内,以备异闻;若乃纰缪显然,言不附理,则随违矫正,以惩其妄;其时事当否及寿之小失,颇以愚意有所论辩。"⑤简单地说,就是(一)增补史实;(二)备录异说;(三)考订伪误;(四)批评过失。

清纪昀等则将它的内容概括成六点:"一曰引诸家之论,以辨是非;一曰

---

① "《汉书》旧无注解,唯服虔、应劭等各为音义,自别施行。至典午中朝,爰有晋灼,集为一部,凡十四卷,又颇以意增益,时辩前人当否,号曰《汉书集注》。……有臣瓒者,莫知氏族,考其时代,亦在晋初,又总集诸家音义,稍以己之所见,缀厕其末,举驳前说,喜引《竹书》,自谓甄明,非无差爽,凡二十四卷,分为两帙,今之《集解音义》则是其书。而后人见者,不知臣瓒所作,乃谓之应劭等集解。"见颜师古《汉书叙例》。
② 参见《晋书》卷七十七蔡谟传、颜师古《汉书叙例》。
③ "年二十,拜殿中将军。此官直卫左右,晋孝武太元中,革选名家以参顾问,始用琅邪王茂之、会稽谢辀,皆南北之望。"见《宋书》卷六十四裴松之传。又,南朝规定,"甲族以二十登仕,后门以过立试吏。"见《梁书·武帝本纪上》。后门即寒门,是知裴氏是甲族,且是高门。
④ 见《宋书》裴松之传。
⑤ 裴松之《上三国志注表》,见裴注《三国志》诸版本卷首。

参诸书之说,以核讹异;一曰传所有之事,详其委曲;一曰传所无之事,补其阙佚;一曰传所有之人,详其生平;一曰传所无之人,附以同类。"①

很明显,裴松之注的重点,在于历史事实的增补和考订。要实现以上四点或六点要求,不待说是个巨大的工程。就客观条件来说,必须披阅有关三国历史的全部资料。注解与著作的最大不同,在于著作可以按照自己意图对史料进行取舍,注解则必须踩着作者的脚印,对原著的每字每句进行研究,寻其出处,察其本意,正其错误,补其缺漏,因而不但要掌握原作者所依据的全部材料,还要掌握原作者所没有掌握的有关材料,尤其是以拾遗补缺、考订辨伪作目的的集解,更要求如此。就主观条件来说,注解者必须有学问,有见识,态度客观,方法正确,还要有足够的耐心。前人曾将注解比作老吏断狱,是有道理的。好的注解,担负着代替历史本身充当审判官的角色,去审查判断历史著作是否忠实于历史。中世纪的经学家,把注解看作传达圣贤旨意的事业,非但不敢指摘经书的错误,而且极力回护传注的错误,所谓"疏不破注",那就像一味替被告开脱罪责的辩护士,徒然增加混乱。集解所以比训诂有用,也因为它一般较少护短的偏见。

裴松之有家学,又奉诏作注,凡刘宋王朝宫廷和贵族藏书都有可能阅览。他本人对经学与史学都有研究②,接受的皇帝旨意又明白是因《三国志》简略而要他"补注其阙"③。这就使他得以发挥集解的长处。事后他总结自己的工作,比之于画师调众色成文,蜜蜂采百花为味④,说明用的功夫很深。据清朝学者统计,他的注解所引各种史书达一百四十五种⑤。而有人说其中引用经史子集共达二百十家⑥。

裴注引书,力求首尾完整,很少删节或只作撮要。裴松之征引的著作,十分之九以上已经亡佚,如今全赖裴注才能见其大概面貌。引用的方面很

---

① 《四库全书总目》史部正史类。
② "松之年八岁,学通《论语》、《毛诗》,博览坟籍。"曾著《晋纪》,拟续何承天"国史"。见《宋书》卷六十四裴松之传。
③ "宋文帝以《国志》载事,伤于简略,乃命中书郎裴松之兼采众书,补注其阙。"见《史通·古今正史》。
④ 见裴松之《上三国志注表》。
⑤ 见钱大昕《廿二史考异》卷十五,赵翼《廿二史札记》卷六。
⑥ 沈家本《三国志注所引书目序》,谓裴注引书,计经部22家,史部142家,子部23家,集部23家,见《沈寄簃先生遗书》乙种。或说,除论注和释文书目,裴注征引共156种,见王祖彝《三国志人名录》附录《三国志裴注引用书目》。

广,包括纪传史、编年史、起居注、百官表、地理记、家传族谱、史评书序、玄言杂语、小说神话、谶记图纬,等等,几乎囊括了当时一切形式的著作。因而它所保存的材料,成为研究三国历史的一个宝库。各种专门史家都从中拣择自己所需要的矿石。就史料价值来说,它反而超过了《三国志》。

但对于裴松之的注解方式,历代学者却有不同评价。例如唐朝刘知幾斥它"烦芜","自比蜜蜂兼采,但甘苦不分,难以味同萍实者矣。"①明朝胡应麟则相反,盛赞裴注"综核精严,缴驳平允",堪称"史之忠臣,古之益友"②。而清朝纪昀等一面肯定它"网罗繁富",价值超过《水经注》《文选注》,一面又讥斥作者"往往嗜奇爱博,颇伤芜杂","深于史法有碍"③。这些批评都不恰当。因为批评者出发点不同,刘知幾主张自己作史,胡应麟着眼于搜罗掌故,纪昀等则欣赏汉儒的笺注方法,所以他们尺度不一,结论自不同。

其实,可批评的不在于注解形式,而在于注文所反映的思想。裴松之是奉诏注解《三国志》的,书成后得到宋文帝赞赏,可见他满足了皇帝的口味和需要。他自说治史的目的,"将以总括前踪,贻诲来世"④,也就是要从历史里面汲取道德的政治的教训。恰在这里,裴松之透露了他的保守和迷信。

不妨举裴注驳斥陈寿的两例为证:

其一,关于想做皇帝而失败了的东汉末军阀袁术,陈寿曾批评他"奢淫放肆,荣不终己,自取之也"⑤。裴松之却认为这批评太轻,理由是袁术没有功劳,竟然称帝,"固义夫之所扼腕,人鬼之所同疾,虽复恭俭节用,而犹必复亡不暇;而评但云'奢淫不终',未足见其大恶。"⑥

其二,关于同样具有篡夺野心的东汉末军阀董卓,陈寿的评语是此人"狼戾贼忍,暴虐不仁"⑦。裴松之却又嫌太重,理由呢?"既曰'贼忍',又曰'不仁';'贼忍'、'不仁',于辞为重"⑧。

两条驳斥,尤其是对陈寿评董卓的驳斥,显然都不成理由。如果人们记

---

① 《史通·补注》。
② 《少室山房笔丛》卷十三。
③ 《四库全书总目》史部正史类。
④ 裴松之:《上三国志注表》。
⑤ 《三国志·魏书·董二袁刘传》袁术传陈寿评语。
⑥ 同上裴注按语。
⑦ 《三国志·魏书·董二袁刘传》董卓传陈寿评语。
⑧ 同上裴注按语。

得刘裕也是军阀,靠着讨伐桓玄称帝、镇压卢循起义等"有功",由握政柄而做皇帝,而刘义隆又刚经历过权臣徐羡之、谢晦的政变,总在提防别人算计他的帝位,那便可以理解裴松之的矛盾驳论,自有其"贻诲"现实的理由。

同样,《三国志注》大量引录神仙鬼怪的记载,也不是出于好奇。我们知道,魏晋以后佛、道二教盛行,所谓鬼神实有、灵魂不死一类信仰,支配着许多皇帝贵族的头脑,也引起很多有见识的士大夫反对。曾编写刘宋"国史"的何承天,便是南朝向"神不灭"论挑战的先行者,而范晔也宣称自己相信无鬼论。裴松之曾续写宋史,对于何承天斥责佛教徒"在生虑死","口谈空无,身陷物欲"①等等议论,当然十分熟悉。因而,他热心地借史注谈信仰,只能表现他在现实生活中自觉地站在宗教一边,维护神权信仰,而反对无神论。

这就说明,集解式的史注,固然对保存史料有利,但内容的采择,同样受注家观念的影响,而或明或暗地体现一定的思想倾向。

异说并存而有史学价值的著名史注,还有梁刘孝标的《世说新语注》、北魏郦道元的《水经注》等。

《世说新语》是宋临川王刘义庆(403—444)②所编的一部文化史,专记东汉到东晋间中世纪士大夫的轶事琐语,中心是当时清谈家的言行,分成三十六门③。

在宋武帝刘裕的子侄辈里,刘义庆要算纨袴习气较少的一个。他爱文义,重才学,长期出镇荆州、江州等地,都搜求文学之士。当时以文章诗赋知名的袁淑、陆展、何长瑜、鲍照等,都是他的座上客。他所著的《世说》,以及《徐州先贤传》、《集林》等书,按那时达官贵人著书的惯例,也都应出自这些门客的手笔。

这里不是考察魏晋清谈历史的地方。陈寅恪指出起自汉末的清谈适至晋末宋初而衰歇,因而刘义庆不自觉地编完一部清谈的全集④,那是正确的。清谈在理论上的大问题,是名教与自然的关系。所谓名教,就是以正名

---

① 见何承天《答宋居士书》。何承天的哲学著作,保存于清严可均辑《全上古三代秦汉三国六朝文》较完整。
② 本为刘裕弟长沙王刘道怜次子,出嗣刘裕幼弟临川王刘道规。《宋书》、《南史》均有传。
③ 西汉刘向曾撰《世说》,刘义庆仿其体例著书,也名《世说》。原本八卷,梁刘孝标作注时分为十卷。唐时号称《世说新书》,以示与刘向旧书有别。北宋晏殊对本文加以删并,分为三卷,每卷又分上、下,遂成今本,仍名《世说》。不知何时何人又加"新语"二字,书名遂称《世说新语》。
④ 陈寅恪:《陶渊明之思想与清谈之关系》,前揭《金明馆丛稿初编》第194页。

分、定尊卑为宗旨的中世纪礼教。它的提倡者，如魏末晋初的何曾、王祥、荀颉等人，自称周公、孔子的信徒，标榜忠孝，实则以趋炎附势、谄媚权贵为忠，以追名逐利、光宗耀祖为孝，以支持司马氏家族僭夺魏朝帝位而名列三公为荣。反对这班伪君子的人，如嵇康、阮籍等，便提倡率性自然以对抗。他们表面上放荡不守礼法，其实如鲁迅所说，倒是笃信礼教的真君子①。他们同旧皇族关系密切，对帝位僭夺者假忠孝之名以行攘窃之实表示愤懑，于是用崇尚老庄自然的言行抒发消极抵抗的心声。但到后来，时移境迁，原先名教与自然争论所包含的实际政治内容，渐被忘却，于是清谈真正变成空谈，变成做名士必须具备的一种本领，也就是博学、机智和雄辩相结合的一种才干。由于《春秋》曾被说成"道名分"的著作，因此名教派的清谈家也喜欢模拟《春秋》，撰写编年史以寄托自己的见解。东晋主张名教的头号雄辩家孙盛②，以及力排玄言的习凿齿、干宝，都是编年史家，原因也在这里。当然，依照惯例，有对立的见解，必定有调和派出现。曾经列名"竹林七贤"的山涛、王戎，便是调和论的先行。如陈寅恪所指出，"其周孔老庄并崇，自然名教两是之徒，则前日退隐为高士，晚节急仕至达官，名利兼收，实最无耻之巧宦也。"③然而，到东晋，这类追求名利兼收的学问却最时髦，它在史学上的代表如《后汉纪》作者袁宏④，在文学上的代表如山水诗人谢灵运⑤，在哲学上的代表如《庄子注》作者郭象⑥，都是持名教与自然相同论的名士。

  刘义庆显然也属于调和论者⑦。持有这种见解，如果作为清谈家，无疑要受到反名教与反自然两派的夹击，然而作为清谈史家，则可能采取比较客观的态度。《世说新语》正以后一点见长。编者一方面对崇尚老庄自然说的名士言行抱欣赏态度，从各个侧面予以详细记录，另一方面也对名教派的人物表示肯定，在书中描写他们对维护中世纪统治如何有用。全书采取《论语》的编写形式，以记言为主，兼采行为的记录，编者不下评语，也像存而不论的集解式

---

① 参看鲁迅《魏晋风度及文章与药及酒之关系》，见《而已集》。
② 孙盛与殷浩、刘惔关于"易象"的辩论，曾是东晋清谈史上最著名的事件，见《世说新语·文学》。
③ 《陶渊明之思想与清谈之关系》，《金明馆丛稿初编》第197页。
④ 袁宏以自然为体，名教为用，《后汉纪》的评论主要发挥此义。
⑤ "玉玺戒诚信，黄屋示崇高。事为名教用，道以神理超。"见《昭明文选》卷二十二谢灵运《从游京口北固应诏》诗。
⑥ 郭象谓圣人的标准，谓"虽在庙堂之上，而其心无异于山林之中"。参见《庄子·逍遥游》郭注。
⑦ 刘义庆曾以顺自然之性解说礼法，参见《宋书·宗室》刘义庆传。

作品。这就给研究魏晋思想和文化的历史，留下了大量有用的资料。

然而《世说新语》一则失于太简，二则错误不少，因而到梁时有刘孝标的注。

刘孝标（462—521），名峻，以字行。祖籍平原（今山东平原）。少年时曾被北魏人掠卖为奴，又曾因贫出家为僧，还俗后常通宵苦读。齐武帝时逃奔江南，到处借书，被人称为"书淫"。多年苦学，终于成为学问文章均美的学者，但一再受压抑，原因是"率性而动，不能随众沉浮"。到梁武帝时，才做了荆州户曹参军。然而由于有次在朝堂上大露才华，惹恼了忌才妒贤的梁武帝①，更遭压制，郁郁而终。著有《汉书注》、《类苑》、《山栖志》、《辨命论》等。《世说新语注》大约也是他入梁后的著作。

《世说新语注》用集解法，遍引群书，并录异说，同时对原文进行考订，着重纠正谬误，补充史实。据宋高似孙说，刘孝标引证过的著作，除汉、魏、吴诸史及子、传、地理等书外，"只如晋氏一朝史，及晋诸别传、谱录、文章，凡一百六十六家，皆出于正史之外"②。其中十分之九，也已亡佚，靠这部注释才有佚文流传③。刘知幾是瞧不起《世说新语》的，屡次讽刺它是"妄言"、"委巷小说"、"流俗短书"，却也不能不佩服刘孝标注，赞为"正说"，说是表现作者才识远大，而叹息他不能自己写史，而把精力用到小说上④。这个批评当然充满偏见，但也反映《世说新语注》的价值。

刘知幾曾经称赞刘孝标的"识"，说明他看出了刘义庆与刘孝标虽都采用较客观的研究方法，却都表现自己的见解，而且颇不相同。按照逻辑，刘义庆是行时的贵公子，刘孝标是倒运的穷学者，因而注文应当比正文更开通一些，更无偏无党一些。其实不然。《世说新语》的正文反而比较客观，对于儒学名流的虚伪、怯懦和阴鸷的一面，有较多的暴露。而刘孝标的注文，遇到这类记载，便引异说进行驳斥，甚至单纯凭主观推理进行詈骂。

例如，孔融被曹操所杀的罪名之一是不孝，因为他说过子在母腹如瓶中

---

① "初，梁武帝招文学之士，有高才者多被引进，擢以不次。峻率性而动，不能随众沉浮。武帝每集文士策经史事。时范云、沈约之徒皆引短推长，帝乃悦，加其赏赉。会策锦被事，咸言已罄。帝试呼问峻。峻时贫悴冗散，急请纸笔，疏十余事。坐客皆惊。帝不觉失色，自是恶之，不复引见。及峻《类苑》成，凡一百二十卷，帝即命诸学士撰《华林遍略》以高之，竟不见用。乃著《辨命论》以寄其怀。"见《南史》卷四十九刘怀珍传附从父弟峻传。
② 高似孙：《纬略》。
③ 参见《四库全书总目》子部小说家类。
④ 参见《史通》的"杂说"、"补注"等篇。

寄物，离腹便没关系。但《世说新语》却记他被捕时哀告使者，"冀罪止于身，二儿可得全不？"反而是他那年方八、九岁的两个儿子开导他："大人岂见覆巢之下，复有完卵乎？"①这个故事也见于孙盛《魏氏春秋》。它当然不一定可信。但刘孝标注却驳孙盛，说此说"废念父之情"，"无乃贼夫人之子与？盖由好奇情多，而不知言之伤理也。"②用这种方法，间接指斥刘义庆宣传不孝。

又如，刘义庆记东汉经学大师马融，害怕弟子郑玄擅名，驾车追杀他，被他设计躲过③。这则传奇式的故事，情节可能有编造，事情则未必是假。逢蒙杀羿的故事，自孟轲起便在儒门流传，说明儒林师徒斗法是常事。刘孝标找不到任何替马、郑辩解的反证，只好求助于想当然："马融海内大儒，被服仁义；郑玄名列门人，亲传其业；何猜忌而行鸩毒乎？委巷之言，贼夫人之子！"④

其他如《世说新语》暴露华族人物非礼处，刘孝标也屡在注文中凭臆度给以指责⑤，说明他的见识不过是维护名教，而且以为守礼与否与势位高低必成正比例，实在迂腐可厌。因此，他的注文虽然保存了不少亡佚材料，但并非如刘知幾所恭维的那么"善于攻谬，博而且精"⑥。我们对这类作品，同样不能迷信中世纪史学家的评价。

相形之下，《水经注》在史学史上更值得肯定。

《水经》本是中国古代的一部地理学著作，记录着一百三十七条河流水道的概况。它的作者是谁，至今还不清楚，据清朝学者考证，以为大约是三国时人⑦。这部书本身编得很粗糙。

---

① 见《世说新语·言语》"孔融被收"则。
② 同上书刘孝标注。
③ "郑玄在马融门下，……业成辞归。既而融有'礼乐皆东'之叹，恐玄擅名，而心忌焉。玄亦疑有追，乃坐桥下，在水上据屐。融果转式逐之，告左右曰：'玄在土下水上而据木，此必死矣。'遂罢追。玄竟以得免。"见《世说新语·文学》。
④ 《世说新语·文学》"郑玄在马融门下"则注。
⑤ 例如评《世说新语》记诸葛恢女先誓守寡、后再嫁江彪的经过，谓："葛令之清英、江君之茂识，必不背圣人之正训，习蛮夷之秽行。康王之言，所轻多矣。"见《世说新语·假谲》"诸葛令女"则注。康王，即刘义庆的谥号。又如评《世说新语》记王浑娶妻不交拜，其子遂呼"颜妾"事，谓："婚姻之礼，人道之大，岂由一不拜而遂为妾滕者乎？《世说》之言，于是乎纰缪。"见《世说新语·尤悔》"王浑后妻"则注。
⑥ 《史通·补注》。
⑦ 《水经》作者，一说为汉桑钦，见《唐六典》"工部水部员外郎"注，宋晁公武、郑樵均从此说；一说为晋郭璞，见《旧唐书·经籍志》。《新唐书·艺文志》两说并存。清阎若璩考证非郭璞撰。胡渭以为成书于魏晋间，全祖望则谓成书于东汉初。而赵一清、戴震等考证，多以为作者当系三国时人。可参看清王先谦《合校水经注》序。

郦道元为它作注，补充记录的河流水道达一千二百五十二条，注文二十倍于原书，今本分为四十卷，是研究历史地理的必备资料。但郦道元注的价值远不止古地理学。他对《禹贡》到《水经》的文字记录，都不迷信，而亲自跋涉郊野，寻访古迹，追溯源流，并注意搜集民间歌谣、谚语、方言和传说作为佐证。因此可说是最早尝试把实际调查和书本知识结合起来的学者之一。书中对北魏前的河流水道、土地物产、建置沿革、聚落兴衰以及自然地理现象，都有记载，引书达四百三十七种，因而也是史学、文学史、科技史和考古学史的重要史料。

三　清谈与史学

魏晋在中国思想史上是个重要时代。这个时代的一大特色，就是人们普遍由谈论"神"而转到谈论"人"。人的本性，人的才干，人的品德，人的风度，人的前途，突然成为整个思想界的话题。文学家描写人的感情，哲学家讨论人的理性，政治家评定人的等级，连宗教家也不再沉思神的启示，而是热心地寻找把人直接变成神的灵丹妙药。有人把这个时代的思潮概括为"人的觉醒"，至少从现象上是有道理的，虽然我不太同意他的结论。

那时关于人的自我崇拜的程度，在《世说新语》里有详细的描写。略举几则关心人的仪表的小故事：

> 何平叔美姿仪，面至白。魏明帝疑其傅粉，正夏月，与热汤饼。既啖，大汗出，以朱衣自拭，色转皎然。（《容止》）

> 潘岳妙有姿容，好神情，少时挟弹出洛阳道，妇人遇者，莫不连手共萦之。左太冲绝丑，亦复效岳游遨，于是群妪齐共乱唾之，委顿而返。（《容止》）

> 卫玠从豫章至下都，人久闻其名，观者如堵墙。玠先有羸疾，体不堪劳，遂成病而死。时人谓"看杀卫玠"。（《容止》）

从皇帝到平民都企羡人的风度，使人们都尽力发展自己的特殊方面，力求超群出众。有时爱好和行为达到古怪的程度，然而照样得到尊重：

> 王仲宣好驴鸣。既葬，文帝临其丧，顾语同游曰："王好驴鸣，可各作一声以送之。"赴客皆一作驴鸣。（《伤逝》）

诸阮皆能饮酒。仲容至宗人间共集,不复用常杯斟酌,以大瓮盛酒,围坐,相向大酌。时有群猪来饮,直接去上,便共饮之。(《任诞》)

人们如此重视个人的特点,于是关于"人"的研究,盛极一时。它在政治上发展到将人分等定级,作为选拔官僚的标准;在哲学上便由评论人的品德才干,发展到探讨人的本性,人与自然的关系,一直追索到世界存在的真实性,叫作"清谈"。因为清谈所依据的思想资料,主要是三本小书:《周易》、《老子》和《维摩诘经》;而《老子》、《庄子》特别受到重视,《老子》说"玄之又玄,众妙之门",于是后人把清谈称作"玄学"。

其实,相对于东汉经学家努力想从非常世俗的经书里找到神的启示的风尚来说,魏晋清谈的表面空洞而抽象的议论中间,倒是包含着非常世俗的内容。

这内容便是(或首先是)人才问题。清谈的前身是清议。东汉讲经术,选拔人才分孝廉和秀才二类。孝廉的标准,就是克尽孝道,为人方正。秀才的标准,则是所谓"通经致用"。结果举孝廉变成培养伪君子和结党营私的途径。因为孝廉要官僚荐举,于是士人用了种种手段造成名声,赵宣在墓道中居丧二十余年,号称大孝,屡次拒绝州郡辟召以抬高身份,被郡守陈蕃查出他在墓道中连生五子,按惑众欺神的罪名处罚,便是例子。这位赵宣,当然不及那些会走门路的人,他们投奔达官贵人,名为门生,实做奴才,结果都能被举为孝廉、秀才,因而也成就了那些"经学世家",出现"四世三公"的门阀贵族。当时民谣说:"举孝廉,父别居;举秀才,不知书。"便是对用经术造就人才遭到失败的讽刺。因此,东汉后期已出现清议,不是靠虚名和荐举,而是靠直接观察和了解舆论的办法批评人物,出现了许劭、郭泰那样著名的人物家,所谓"泰之所名,人品乃定,先言后验,众皆服之"①。

汉末民众造反和军阀混战打乱了统治秩序。经学再照原来的道路走不下去了,当然也难以按什么孝廉、秀才的传统标准选拔官员。于是出现轻名节而重实际的倾向。仲长统的《昌言》表现最明显,成为曹操提出"唯才是举"的理论基础。这时官僚选拔中采取任贤考功方式,因此有批评人物的专著出现,姚信的《士纬》、阮武的《正论》、刘劭的《人物志》相继产生。批评人物,不能不注意个人的特点,所以研究个人才性的问题,在魏晋时很风行。

---

① 《后汉书·郭符许列传》郭泰传李贤注引谢承《后汉书》。

但三国仍处在分裂与混乱的局面,战争不断,统治阶级争夺政权的斗争异常尖锐。曹魏内部就分成曹氏和司马氏两大集团。许多士大夫处在动荡不稳的情况下,遭到严刑峻罚的骚扰,看到那些当权人物高谈汤武周孔,实则破坏礼教,非常气愤和不平。他们愈观察现实,愈发现人性的虚伪,人生的艰辛,命运的无常,前途的渺茫。所以清谈很快由人才的批评,转变到人性与自然的讨论。在个人作风上,也变得目无礼法,纵情享乐,根本不顾名教。

阮籍遭母丧,在晋文王坐进酒肉。司隶何曾亦在坐,曰:"明公方以孝治天下,而阮籍以重丧显于公坐,饮酒食肉,宜流之海外,以正风教。"文王曰:"嗣宗毁顿如此,君不能共忧之,何谓?且有疾而饮酒食肉,固丧礼也。"籍饮啖不辍,神色自若。(《任诞》)

刘伶恒纵酒放达,或脱衣裸形在屋中,人见讥之。伶曰:"我以天地为栋宇,屋室为裈衣,诸君何为入我裈中?"(《任诞》)

阮仲容先幸姑家鲜卑婢。及居母丧,姑当远移,初云当留婢,既发定将去。仲容借客驴,著重服,自追之,累骑而返。曰:"人种不可失"。(注引《竹林七贤论》:"咸既追婢,于是世议纷然,自魏末沉沦闾巷,逮晋咸宁中,始登王途。")(《任诞》)

张季鹰纵任不拘,时人号为"江东步兵"。或谓之曰:"卿乃可纵适一时,独不为身后名耶?"答曰:"使我有身后名,不如即时一杯酒。"(《任诞》)

他们居丧无礼,纵情物欲,表面看来破坏礼教,但正如鲁迅所说:"魏晋时代,崇奉礼教的看来似乎很不错,而实在是毁坏礼教,不信礼教的。表面上毁坏礼教者,实则倒是承认礼教,太相信礼教。""他们倒是迂夫子,将礼教当作宝贝看待的。"嵇康便是例子。他因为与山涛绝交书中说了"非汤武而薄周孔",被司马昭杀了头。但鲁迅举出他的《家诫》证明,他教子做人小心,比如长官处不可常去,亦不可住宿;官长送客,不可在后面,怕将来他惩办坏人时有暗中告密的嫌疑;比如宴会中遇人争论即走开,免得从旁批评,因两造总有是非,不批评不像样,一批评就要得罪人;比如人劝饮酒,不饮也不要力辞,必须和气地拿着杯子。这就是教子恪守儒家的中庸之道。阮籍也一样,表面放荡之至,司马昭却称赞他"至慎","每与之言,言皆玄远,未尝臧否人物"①。可见空谈也是避祸的手段。

正因如此，魏晋清谈要衡量人的价值，实际上是以礼教作标准。因为整个统治集团都在用虚伪来毁坏礼教，所以他们更重视个人真实地相信礼教。因为统治集团把讲礼教变成了形式，是做样子给人看的，如魏晋两度禅让。所以他们极端鄙弃这种表面文章，而认为礼教应该是人性的真率表现。

> 阮籍当葬母，蒸一肥豚，饮酒二斗。然后临诀，直言："穷矣！"都得一号，因吐血废顿良久。（《任诞》）

你看他同东汉末的赵宣，哪个孝呢？孔融以不孝罪名被曹操所杀，因为他主张母子关系是瓶中寄物，一生下来这关系便完了，还主张天下饥荒时，如父不好，宁可赈济别人。其实他倒教子以礼以孝。他两个儿子，五、六岁，小儿子乘父午睡到床头盗汤喝："大儿谓曰：何以不拜？答曰：偷那得行礼！"孔融被捕时，儿子八、九岁，正在游戏，融要求使者"罪止于身，二儿可得全不？"儿徐进曰："大人岂见覆巢之下，复有完卵乎？"寻亦收至②。即例证。

这样，关于人性的讨论，克服了东汉经学神学化的倾向，就人的本身来研究它在理论上的表现，给史学以重大影响。过去谈魏晋南朝的史学，重视人物分类，人物批评，重视隐逸，重视独行，重视序论赞语的写作，重视名教和自然的关系，都是时代的反映。它与东汉经学化的史学显然有区别，但绝不是对立，而是扬弃了前者的神学外壳，剥露出中世纪人的本性。使史学摆脱谶纬神学的桎梏，无疑是进步，但如果夸大为人的解放，而看不到它在理论上没有跳出礼教的圈子，便不免谬误了。

清谈的风气对史学有很大影响。

影响最大的是史学评论，尤其是人物评论。东汉末评论人物的风气已很盛。如许劭、许靖兄弟，"俱有高名，好共核论乡党人物，每月辄更其品题，故汝南俗有月旦评焉。"曹操微贱时，卑辞厚礼，请其品评，许劭不得已曰："君清平之奸贼，乱世之英雄。"曹操大喜而去③。那时评论历史人物，也同此。祢衡只评当代人物："大儿孔文举，小儿杨德祖。"④"文若可借面吊丧，

---

① 《世说新语·德行》。
② 《世说新语·言语》。
③ 《后汉书·郭符许列传》许劭传。
④ 《后汉书·文苑列传》祢衡传。

稚长可使监厨请客。'其意以为荀但有貌,赵健啖肉也。"①后来就变为人物才性的研究,特别是九品中正制度实行以后,评论历史人物也跟着成为一种制度。魏晋南北朝的历史书,在论赞中十分注意给历史人物下评论。

这方面的代表作,有刘劭的《人物志》三卷。序曰:"夫圣贤之所美,莫美乎聪明。聪明之所贵,莫贵乎知人。知人诚智,则众材得其序,而庶绩之业兴矣。……圣人兴德,孰不劳聪明于求人,获安逸于任使者哉!"既然知人用人是治国行政的根本,古代帝王都由此决治乱贤愚之分,那么品评历史人物,当然同现实政治直接联系着。《人物志》(1)说人物的本性、才干、气质、神貌、流别;(2)各种人物的得失长短;(3)鉴别选用人才的方法。这种人物学著作的出现,给评论历史和现实人物提供了标准,所以效法的著作纷纷出现。

《訄书·学变》:"法家之教,任贤考功,期于九列皆得其人。人有其第,官有其伍。故姚信《士纬》作焉。乱国学者,盛容服而饰辩说,以贰人主之心。'修誉不诔,害在词主。'(二语即《阮子正论》之言,见《意林》四引)故阮武《正论》作焉。"这就是当时史评的一般状况。

这种史评与时评,在刘宋临川王刘义庆所撰《世说新语》中最集中,此书将东汉初到东晋士人的轶事琐语,分门别类辑录,计三十八门,如"德行、言语、政事、文学、方正、雅量、识鉴、赏誉、品藻、规箴、捷悟、夙惠、豪爽……"这种分门别类,既是史学评论,又给现实人物分类提供了标准,当然有很高的文学价值,但它不是一部文学著作,而是一部史评,尤其是一部历史人物评论著作。

附:文献资源和体制的控驭②

二十世纪中叶的史学史论著者,金毓黻、李宗侗、魏应麒、吕思勉、刘节等,都曾注意由两汉到隋末的历史编纂史的一个矛盾现象,就是这六百年的史学名著,编年史也好,纪传史也好,作者署名均为个人,但考其成书过程,没人能脱离宫廷提供的历史资源,因而所谓私修诸史,多半都难说

---

① 《三国志·魏书·荀彧荀攸贾诩传》裴松之注。
② 本文为未刊手稿残片。

是"独修"。

然而发现矛盾不等于理解矛盾。在唐初设馆修史以前,历史编纂学的难题,不在于个人的取向,而在于体制的控驭。如前所述,历史论述的资源,在秦一统前的,已焚毁殆尽;在秦亡以后的,多半搜藏于宫廷。现代史的资源,更由于集权体制推行的官员考核、大臣鉴定等法定措施(所谓上计、封爵、班禄、予谥等),而集中在朝廷。相对于其他学术行业,历史著述更依赖传统文献资源,没有机会接触宫廷藏书和政府档案,尽管才学识兼备,也不可能成为通观历代或一朝全局的史家。这情形要到印刷术普及以后才逐渐改变。

正因为秦汉以后列朝无不强化资源垄断,才可能通过权术操控史学著述。由控制到操纵,对私人著史进行政治打击、宫廷监督、钦点传人、残害灭口等,历三百多年。而后三国时代魏明帝在政府中设置专职史官,称著作郎,主持编纂"国史",从此修史制度化,也意味着非史官不得擅用内廷外朝的史学资源。制度因时局动乱而未能贯彻是一回事,但制度要求修史服从权力运作规范,成为政治机制的必要组成部分,却变为传统。

第七章 中世纪后期王朝史

一 从私家修史到官修"正史"

北朝隋唐的典章制度,呈现一种特殊色彩。经济上的均田制,军事上的府兵制,都同六朝的传统有区别。政治上的某些制度,例如官职和爵位制度,也和南朝传统不大一样。反映在文化问题上,它的表现形式也和六朝有差异。

这些制度上的特点,引起过一些历史学家的注意。最早提出北朝隋唐文化自成一系统的是陈寅恪先生。他的《隋唐制度渊源略论稿》、《唐代政治史述论稿》,在这方面提出了问题。开始解决问题的是陈守实先生,他尝试用马克思主义的唯物史观作指导,研究北朝隋唐的社会经济形态,并据此说明这是兵制和政治措施的变化。可惜他的工作没有做完,有些重要成果没有来得及整理发表,就过早去世了。

北朝,指北魏、东魏、北齐、西魏、北周。(1)北方长期统一于北魏王朝,政权相对于南方来说要稳定;(2)北方的统治集团,以鲜卑拓跋部为核心,是汉族与鲜卑、匈奴、羯、柔然等族贵族的联合统治。

这两个特点,对史学带来影响:(1)政府对修史的干预能力,比南朝要强;(2)各民族不同集团都出于本身利益而对修史施加影响,因此修史中忌讳多,更使政府要统一调整修史制度。

于是,当南朝私人修史仍然盛行的时候,北朝的官府修史制度却建立了起来。

十六国时,就多次出现史官因修史而获罪的事情。例如:(1)"前赵刘聪时,领左国史公师彧撰《高祖本纪》及功臣传二十人,甚得良史之体。凌修潜其讪谤先帝,聪怒而诛之。"(2)"前秦史官,初有赵渊、车敬、梁熙、韦谭相继著述。苻坚尝取而观之,见苟太后幸李威事,怒而焚灭其本。后著作郎董谊追录旧语,十不一存。"(3)"夏(赫连勃勃)天水赵思群、北地张渊,于真兴(勃勃纪元)、承光(赫连昌纪元)之世,并受命著其国书。及统万(夏城)之亡,多见焚烧。"①

然而对修史控制最严,却在北魏时。北魏从拓跋珪(道武帝)定国号做皇帝后,就关心修史。《魏书·邓渊传》:"太祖诏渊撰《国记》,渊造十余卷,惟次年月起居行事而已,未有体例。"到太武帝拓跋焘神䴥二年(429),"又诏集诸文士崔浩、浩弟览、高谠、邓颖、晁继、范亨、黄辅等撰《国书》为三十卷。又特命浩总监史任,务从实录。复以中书郎高允、散骑侍郎张伟并参著作,续成前史书。叙述国事,无隐所恶,而刊石写之,以示行路。浩坐此夷三族,同作死者百二十八人。自是遂废史官。"②

这个事件,表面是民族矛盾,实则是胡汉统治集团内部矛盾。崔浩"总监史任",表明当时已任命重臣监修史书。而崔浩的获罪,更使北魏王室要加强对修史的控制。所以文成帝和平元年(460)恢复史官,便在秘书省内置著作局,正郎两人,佐郎四人。这是设局修史的正式开端。到北魏晚期,就别置修史局,其职有六人。"及洛京之末,朝议又以为国史当专任代人,不宜归之汉士。于是以谷纂、山伟更主文籍。凡经二十余年,其事阙而不载。斯盖犹秉夷礼,有互乡之风者焉。"③据《魏书·谷浑传》附纂传,谷纂就是"监国史"。不但不信任汉人,而且不信任命的史官,故要以大臣监修。

于是,"高齐及周,迄于隋氏,其史官以大臣统领者,谓之监修国史。自领则近循魏代,远效江南,参杂其间,变通而已。"④

可见,由史官到史馆,意味着修史官方化、集权化。这种制度,对于各个时期近代史料的保存,固然有特殊意义。但却说明中世纪王朝对历史著作的控制,在统治集团内部矛盾的冲突中,不断加强。崔浩是因为修史获罪的著名例子,开了两方面的先例:第一是统治者用强力迫使史家按照他的意旨说话,第二是参与修史人员害怕株连而互相牵制。这就造成历史歪曲、事

---

① 刘知幾:《史通·古今正史》。
② 同上。
③ 《史通·史官建置》。
④ 同上。

实造假的问题日益严重。

二 必须写歪的"正史"

官修"正史",也就是由中世纪王朝钦定为历史教科书的纪传体著作,自南北朝起都由中世纪王朝任命史官编写。《魏书》的编写过程,很清楚地表现出中世纪的"正史"学风。

《魏书》成于北齐魏收之手,但这以前已经历了一百多年的反复。它的雏型,是邓渊的《国记》(一作《代记》),崔浩、高允等的《国书》。二者都是编年体,但由于崔浩等得罪,编写事业中断了三十年。以后续编,到北魏孝文帝时,命李彪、崔光改成纪传体。宣武帝又命邢峦补写《孝文起居注》,崔鸿、王遵业续补到孝明帝统治时期为止。但终北魏一代,"国史"编写总是时断时续,到底也没有修成,最大原因就在史官无法解决一个难题,即北魏王朝的合法性问题。

说来也怪,北魏王朝统治中原那么长久,难道还存在合法性问题吗?是的,其秘密就在于北魏王朝是以一个少数民族统治者压迫大多数民族开始其统治的。

处于不同社会经济形态的民族互相同化,必定是个漫长而痛苦的过程。常常发生这样的情况:文明较低的征服民族,开始进入文明较高的地区时,总要强迫被征服的人民接受他们的生产方式,以按照自己的习惯攫取政治的和经济的特权,这就必然要引起被压迫民族包括其中的统治阶级的抵制和反抗;然而在文化上,文明较低的民族的统治者,又会自惭形秽,总怀疑被征服者鄙视他们的落后和野蛮,并由疑忌而变得过度敏感,每每因误解而对被征服者进行残忍的屠戮。其实,这情况不限于少数民族统治者,在汉族中间那些利用民众造反由匹夫而登帝位的暴发户,对待中世纪知识分子,也常持同一态度。于是忌讳特多,修史更难,所谓合法性问题由此而生。例如古代开国皇帝,都要追尊其先世,一般为二三代。用意在于表明他"受命"并不突然,他的祖父早已蒙受上帝眷顾。这已够使史官为难了,因为他们必须想方设法把那些人描绘成"潜龙",为天心民望所归。但北魏道武帝建国后,追尊先世达二十八帝。其实他的祖先成为部落联盟首领不过三四代,成为部落酋长最多十三代,再往上数都是无名之辈,为了追谥帝号还要追制名字这种可笑做法,只能表明他们对于自己的征服者地位能否稳定缺乏信心,因而对史官能否证明自己享有天命一事极度关切。在这种情况下,所谓"务从实录",即使史官毫无别的用意,也很易被认为是对统治的合法性表示非议。崔浩的被杀,魏史的难产,这是一大原因。

北魏分裂,高欢集团和宇文泰集团,各自拥立一个北魏宗室做傀儡皇帝。双方都自称是元魏政权的合法继承者。双方也都要继续同南朝争"正朔所在"。夹在西魏和萧梁中间的高欢集团,尤其急于让人承认自己统治的合法性①。这时候,编写北魏史,便是争正朔的有用武器。因而,东魏一建立,高欢就立即设置史馆,命宰相监修"国史",而选用被他所信任的魏收典起居注,担任撰修。高欢重臣崔暹在向高澄推荐魏收时说:"国史事重,公家父子霸王功业,皆须具载,非收不可!"高欢任命魏收时更露骨地说:"我后世身名在卿手!"②中世纪帝王干预和控制近现代史的政治企图,在这里显示得非常清楚。

魏收(507—572),字伯起③。北魏末便以才学知名,但品格极差,一方面靠巴结权贵,挤进了高欢集团的核心,一方面又把编写魏史看作争夺权势的政治手段。他"奉旨曲笔",便肆无忌惮地篡改历史,当时人已骂他"党齐毁魏,褒贬肆情"④。他更借修史作为要挟勒索、报复私怨的刀笔,公然宣称:"何物小子,敢共魏收作色?举之则使上天,按之当使入地!"⑤高洋(齐文宣帝)天保五年(554),他撰成《魏书》一百三十卷,内纪传一百十卷,志二十卷。书稿奏上,立即在北齐统治集团中间引起一场轩然大波,"众口喧然,号为秽史"⑥。由于得到权臣杨愔回护,由高洋下诏暂不颁行,才勉强制止风波。过了六年(560),高演(孝昭帝)即位,命魏收修改,于次年颁行。高演同时下令,将邓渊《代记》,崔浩等《国书》,李彪、崔光改作的纪传表志,邢峦、崔鸿、王遵业所作《孝文起居注》,温子昇所作《庄帝纪》,以及元晖业的《辨宗

---

① 《北齐书·杜弼传》:"弼以文武在位,罕有廉洁,言之于高祖。高祖曰:'弼来!我语尔。天下浊乱,习俗已久。今督将家属,多在关西。(宇文)黑獭常相招诱,人情去留未定。江东复有一吴儿老翁萧衍者,专事衣冠礼乐;中原士大夫望之,以为正朔所在。我若急作法网,不相饶借,恐督将尽投黑獭,士子悉奔萧衍。则人物流散,何以为国!尔宜少待,吾不忘之!'"
② 《北齐书·魏收传》。
③ 关于魏收生平略历和《魏书》概况,可参见周予同主编《中国历史文选》上册,第294—296页。
④ 参见赵翼《廿二史札记》卷十三"魏书多曲笔"。
⑤ 《北齐书·魏收传》。
⑥ 同上。

室录》等旧史,全部焚毁。

　　如今重看这段公案,《魏书》在当时被骂作"秽史",理由主要是魏、齐交替之际记录不实,而提出控诉的都是北魏高门势族的后裔,"云遗其家世职位,或云其家不见记录,或云妄有非毁"[1]。他们的眼光,和魏收并无不同,都认为历史就是帝王将相的家谱。其实,《魏书》的列传部分,已比过去任何一部纪传史更像贵族官僚的家谱。它的附传特别多,一人立传,其祖宗、子孙、家族、姻戚,一概都附传于后,名单往往达数十人,而多数本无事迹可记。而当时那些公子王孙还嫌不足,不是恰好证明他们的历史观与魏收同样污秽么？除此而外,《魏书》不见得比别的"正史"差。它的十"志",设置了同期南朝史家所忽视的《食货》、《刑罚》二志,创制了前所未有的《释老》、《官氏》二志,并一反断代史立志的惯例,概不追叙前代,只有《释老志》例外。说明它在编纂形式上有新意,在记录内容上也可观,因而仍然属于有用的史料。

　　倒是高演的做法更令人愤慨。一部新史完成,便将旧著付之一炬,这是中世纪文化专制主义史上首开的恶例。它不但是欲盖弥彰,令人立刻懂得新史中间存在着大量伪造和歪曲之处,而且是专横已极,从此一个王朝的"正史"只能有一部,使人们只能由这部钦定教科书来获得近现代史的解释,怎么会不发生思想的贫乏和僵化呢？当然高演并未完全达到目的,终北齐一代,对《魏书》的攻击从未停止。魏收死后,坟墓也被仇家掘发,碎尸弃骨。可见单靠政治权力强迫人们接受伪造的历史,在统治集团内部也无法真正行得通。

三　《晋书》等六史的编撰

　　隋朝统一后,即拟修梁、陈、北齐、北周诸王朝史,都未成。唐高祖武德五年(622),根据起居舍人令狐德棻的建议,下诏修梁、陈、齐、魏、周、隋六朝史书。但拖了六、七年,一部也没编成。原因在于唐初的政治仍很混乱,南北朝末的许多高门势族,入唐依然是达官贵人,掣肘很多,叫史官都迟疑不敢动笔。

　　唐太宗即位,消灭了据朔方称帝的梁师都政权,由玄武门之变造成的政

---

[1] 《北齐书·魏收传》。

局动荡也已过去,全国统一,政治稳定。于是他把注意力转向思想文化,相继办了两件大事。第一件是统一解释"五经"。第二件是重开史馆修史。

从《史记》、《汉书》到《宋书》、《魏书》,被列入"正史"的纪传体通史、断代史,共有七部。作者虽多任史官,如司马迁任太史令,班固任兰台令史,陈寿、沈约、魏收任著作郎等。他们的历史认识,总的说来也是反映了统治集团的观念。在撰著过程中也有其他人参加,但除《东观汉记》外,绝大多数却成于一人之手,作者的史观贯串到全书始末。最高统治者也直接干预修史,如汉明帝对班固,齐武帝对沈约,高欢对魏收,但主要是用威吓和收买使史官就范,总的史观还是史官本人的,某些见解认识还和最高统治者的观念相抵牾,如司马迁。

但从隋唐开始,情况就发生变化。二十四史有八部修于唐初,其中南北二史系李延寿撰,另《晋书》、《五代史》(梁、陈、北齐、北周、隋五书),均为众手修史。就是说,由中世纪王朝开设史馆,任命宰相贵臣担任监修,遴选许多史官担任纂修,集体分工编纂而成。

这些史著,更直接地反映出当时统治者的政治观念,更赤裸裸地表现出了中世纪帝王钦定政治教科书的特性。

《旧唐书·职官志》:"历代史官隶秘书省著作局,皆著作郎掌修国史。武德因隋旧制。贞观三年闰十二月,始移史馆于禁中,在门下省北,宰相监修国史,自是著作郎始罢史职。及大明宫初成,置史馆于门下省之南。……开元二十五年三月,……移史馆于中书省北,以旧尚药院充馆也。"

首先修的是《五代纪传》,分为两种情况:(1)以子继父业,《梁书》、《陈书》由姚思廉续成其父姚察的遗稿。《北齐书》由李百药续成其父李德林的遗稿。(2)朝廷命官共撰。《北周书》由令狐德棻、岑文本和崔仁师共修,陈叔达、庾俭助成之;《隋书》由魏徵主修,房玄龄总监,魏徵选颜师古、孔颖达、许敬宗同修。贞观十年(636)五史俱成。

其次修的是《五代史志》。贞观十五年(641),唐太宗因五代史均有纪传而无志,故下诏修《五代史志》,由左仆射于志宁领其事,与修者有太史令李淳风、著作郎韦安仁、符玺郎李延寿、著作佐郎敬播。唐高宗显庆元年(656)五月,太尉长孙无忌等诣朝堂上进,遂题长孙无忌撰。先有单行本,后又编入《隋书》。故今本《隋书》纪传题魏徵撰(亦有题许敬宗撰,不实,见刘昫校刊时所注），志的部分题长孙无忌撰。

赵翼《陔余丛考》卷六《梁陈周齐隋五史凡三次修成》："《旧唐书》令狐德棻谓高祖曰：'近代以来，多无正史。梁、陈、齐犹有文籍，周、隋遭大业离乱，多有遗缺，宜及今耳目犹接，及早修之。'①高祖乃诏萧瑀、王敬业、殷闻礼修魏史，陈叔达、令狐德棻、庾俭修周史，封德彝、颜师古修隋史，崔善为、孔绍安、萧德言修梁史，裴矩、祖孝孙、魏徵修齐史，窦琎、欧阳询、姚思廉修陈史。此第一次修史也。

"瑀等受诏，历数年不就而罢。贞观三年，太宗又诏令狐德棻、岑文本修周史，李百药修齐史，姚思廉修梁、陈史，魏徵修隋史，与房玄龄总监诸史。众议以《魏书》有魏收、魏澹二家，遂不复修。德棻又奏引崔仁师佐修周史。而徵与德棻又总知梁、陈、齐各史，隋史序论皆徵所作，梁、陈、齐书徵又各为总论。此第二次修史也。

"李延寿自序云：贞观十七年，褚遂良以《隋书》十志未就，奏延寿佐修。其时梁、陈、周、齐、隋正史虽已成书，以十志未就，尚未颁行。而延寿南、北史已讫事，遂先表上②。则隋志之成，又在延寿进呈南、北史之后。按《旧唐书》高宗显庆元年五月长孙无忌等进史官所撰梁、陈、周、齐、隋《五代史志》三十卷。此第三次修史也。"

唐太宗贞观十八年（644），下诏房玄龄和褚遂良重修《晋书》。房等奏取许敬宗、来济、陆元仕、刘子翼、令狐德棻、李义府、薛元超、上官仪等八人与修③。后又加入敬播、李淳风等共二十余人（一说十八人），这是一部典型的集体修撰的著作。因为唐太宗亲自撰《宣帝纪》（司马懿）、《武帝纪》（司马炎）和陆机、王羲之二传的后论，故题名"御撰"。

---

① 《旧唐书·令狐德棻传》原文如下："窃见近代已来，多无正史，梁、陈及齐，犹有文籍。至周、隋遭大业离乱，多有遗阙。当今耳目犹接，尚有可凭，如更十数年后，恐事迹湮没。陛下既受禅于隋，复承周氏历数，国家二祖功业，并在周时。如文史不存，何以贻鉴今古？如臣愚见，并请修之。"
② 《北史·序传》："延寿……既家有旧本，思欲追终先志，其齐、梁、陈五代旧事所未见，因于编辑之暇，昼夜抄录之。……十七年，尚书右仆射褚遂良时以谏议大夫奉敕修《隋书》十志，复准敕召延寿撰录，因此遍得披寻。时五代史既未出，延寿不敢使人抄录……至于魏、齐、周、隋、宋、齐、梁、陈正史，并手自写，本纪依司马迁体，以次连缀。又从此八代正史外，更勘杂史于正史所无者一千余卷，皆以编入。其烦冗者，即削去之。始末修撰，凡十六载。始宋，凡八代，为《北史》、《南史》二书，合一百八十卷。其《南史》先写讫，以呈监国史、国子祭酒令狐德棻，始末蒙读了，乖失者亦为改正，许令闻奏。次以《北史》咨知，亦为详正。因遍咨宰相，乃上表。"
③ 参见《旧唐书·房玄龄传》。

它是众手修史的代表作,故略加分析。

中国社会经过南北朝时期的长期分裂,在政治上重新统一并稳定下来以后,统治者在学术文化和意识形态上也迫切要求重新统一。这正是中世纪经历了曲折变化的过程以后,发展到一个新的阶段的表现。所以在贞观间,唐朝统治集团一方面对儒家经典统一加以解释,命孔颖达主编成《五经正义》(同时又命颜师古校定《五经定本》),作为科举取士的钦定教科书;一方面又以经过统一整理的儒家思想体系为准则,完全按照最高统治者的意图,对唐以前诸朝历史进行大规模的整理和改编;而后太宗甚至亲自参预改编著史的部分工作,直接申诉他的历史观念和政治理论,作为改编的指导思想。

唐修《晋书》时,还有"晋史十八家"的说法。其中南齐臧荣绪所撰《晋书》较后出,总括东西晋史事,纪录志传俱全,材料丰富,唐修晋书即以此为底本。

《晋书》共一百三十卷。本纪十卷,仿陈寿《三国志》武帝纪例,也为司马炎的祖父司马懿、伯父司马师、父司马昭撰写本纪。志二十卷,另立《舆服》、《职官》二志,并分礼、乐为二,反映魏、晋、南朝时期统治集团崇尚礼仪服饰的风气。列传七十卷,类传分十三类,创立《叛逆传》。另创制前史所无的"载记"三十卷,反映十六国史实,并表明它们都是"僭伪"。

《晋书》作为王朝史馆众手修书之作,其长处:(1)集体编撰可发挥各家所长,如体例定自令狐德棻和敬播,《天文》、《律历》、《五行》三志由著名天文历算学家李淳风编撰;(2)搜罗丰富,提供了大量有用史料,如"载记"保留了一百多年北方社会状况的重要资料。(3)文字较简洁有力,有的用散文写作。

《晋书》缺陷,主要是直接秉承皇帝意旨撰成。叙事论赞完全以帝王的是非为是非。袭中世纪道德贬逆臣贼子,触及时忌者更多方回护。李世民撰《武帝纪》后论,批评武帝可废惠帝而不废时说:"全一人者德之轻,拯天下者功之重。弃一子者忍之小,安社稷者孝之大。"实为自己违背礼教、杀兄逼父、夺取帝位的行为辩护。"载记"中为证实刘赵、石赵政权的"僭伪",为天所厌弃,便采大量怪异入史。与修诸臣,多以文词见长,好采诡谬碎事,取舍失当,文字也留有六朝骈偶绮丽的余风。对典章制度考核欠精审,如《食货志》中所载西晋户调式,关于占田、课田的记录模糊不清。各传失实处也颇多。

众手修史要看条件。在中世纪王朝严密控制史著之时,它的短处显然超过长处,特别到宋朝以后,全是众手修史,成书时间愈长,修改遍数愈多,失误纰缪之处就愈明显。专制不容许历史的客观态度,于此甚明。

唐初六史,均未流行。因当时无印刷条件,录副困难。而进士科重文辞,明经科重经学,史学非做官之正途,故士人不重视。明经史者均愿从简,故李延寿南、北二史流行。在流传过程中,周、齐二书均残缺,北宋仁宗嘉祐六年(1061),始搜求天下所藏,同秘阁所藏校对,将六史颁行。赵翼《廿二史札记》卷九"八朝史至宋始行":"若无镂板之法,各正史盖已一部不存矣。"

四 《南史》和《北史》

初唐八史中,有二部史官私修的断代通史,即《南史》和《北史》。

二书始作于李大师。李大师的七世祖李暠,即十六国时西凉的建立者,是李唐皇室的始祖。陇西李氏在北魏以来即是世家大族,但在尔朱荣叛乱后受到打击,到隋时李大师父亲已衰落。大师在炀帝时仅任信都司户书佐,迁渤海郡主簿。窦建德建立夏政权,召为尚书礼部侍郎。夏亡后被徙配西会州,受到凉州都督杨恭仁赏识。《北史·序传》:"大师少有著述之志,常以宋、齐、梁、陈、魏、齐、周、隋南北分隔,南书谓北为'索虏',北书指南为'岛夷'。又各以其本国周悉,书别国并不能备,亦往往失实。常欲改正,将拟《吴越春秋》,编年以备南北。至是无事,而恭仁家富于书籍,得恣意披览。宋、齐、梁、魏四代有书,自余竟无所得。……武德九年,会赦,归至京师。……于是俶装东归。家本多书,因编缉前所修书。贞观二年五月,终于郑州荥阳县野舍,时年五十九。既所撰未毕,以为没齿之恨焉。"

大师四子李延寿,入唐,仕至符玺郎。贞观初,"延寿与敬播俱在中书侍郎颜师古、给事中孔颖达下删削。既家有旧本,思欲追终先志,其齐、梁、陈五代旧事所未见,因于编缉之暇,昼夜抄录。至五年,以内忧去职。服阕,从官蜀中,以所得者编次之。然尚多所阙,未得及终。十五年,任东宫典膳丞日,右庶子、彭阳公令狐德棻又启延寿修《晋书》,因兹复得勘究宋、齐、魏三代之事所未得者。十七年,尚书右仆射褚遂良时以谏议大夫奉敕修《隋书》十志,复准敕召延寿撰录,因此遍得披寻。时五代史既未出,延寿不敢使人抄录,家素贫罄,又不办雇人书写。至于魏、齐、周、隋、宋、齐、梁、陈正史,并手自写,本纪依司马迁体,以次连缀之。又从此八代正史外,更勘杂史于正史所无者一千余卷,皆以编入。其烦冗者,即削去之。始末修撰,凡十六载。始宋,凡八代,为《北史》、《南史》二书,合一百八十卷。其《南史》先写讫,以呈监国史、国子祭酒令狐德棻,始末蒙读了,乖失者亦为改正,许令闻奏。次以《北史》咨知,亦为详正。因遍咨宰相,乃上表。"①

《表》中陈述的修史理由,表达了当时统治者对历史的一般见解。他说,古代立史官,记言直,"斯盖哲王经国,通贤垂范,惩诫之方,率由兹义。"就是说,历史是明"惩戒"道理的一门学问。他说,南北朝以后的历史,由于太宗修《晋书》已明白了,"然北朝自魏以还,南朝从宋以降,运行迭变,时俗污隆,代有载笔,人多好事,考之篇目,史牒不少,互陈闻见,同异甚多。而小说短书,易为湮落,脱或残灭,求勘无所。"他以为,假如南北朝史料湮灭,是很可惜的,有三点:"一则王道得丧,朝市贸迁,日失其真,晦明安取?二则至人高迹,达士弘规,因此无闻,可为伤叹!三则败俗巨蠹,滔天桀恶,书法不记,孰为劝奖?"就是说,近代史的作用,第一是宣传"王道"得失的真相,第二是表扬至人达士的事迹,第三是揭露败俗巨蠹的罪恶,归结起来就是把历史看作巩固中世纪专制统治的工具。

这种历史作用的观念,仍然是《春秋》以来的看法。虽然历史对于统治者的兴亡并没有什么影响,从皇帝到农夫,大半依然按照实际利益去行事,但历史被如此同政治联结在一起,却使历史真实受到莫大损害。

李延寿上高宗表中又说:"臣轻生多幸,运奉千龄,从贞观以来,屡叩史局,不揆愚固,私为修撰。起魏登国元年,尽隋义宁二年,凡三代二百四十四年,兼自东魏天平元年,尽齐隆化二年,又四十四年行事,总编为本纪十二卷、列传八十八卷,谓之《北史》;又起宋永初元年,尽陈祯明三年,四代一百七十年,为本纪十卷、列传七十卷,谓之《南史》。凡八代,合为二书,一百八十卷,以拟司马迁《史记》。"就是说,他以通史自命,不为断代所限,其特点也是优点,即是前后通贯,因此宋以后颇风行,而原来八史反而鲜受人注意。其体裁无所更新,史料与八史有详略,不再分析。

---

① 《北史·序传》。

五 "实录"不实

所谓"正史",都是前代的王朝史。如果现存的王朝寿命很长,像唐朝存在达二百九十年,那么前朝史编成后,史馆诸臣岂非无事可做了吗?不然。因为中世纪的史馆,还有一项重要职能,就是编写本朝史,唤作"实录"。

相传先秦时代就有专门记录天子诸侯言行的史官,所谓"左史记言,右史记事"。记下来经过整理,便是编年的现代史。据说孔子编《春秋》以前,就曾命弟子四出寻访,得到百二十国宝书,作为依据。但那也许是经学家造作的说法。不过汉朝时每个皇帝都有起居注,则大约是事实,只是现在没有实证。两晋南北朝时修史成风,皇帝在位时就命史官编写本朝史。这种编年史,称为"实录",取如实记录之义。《隋志》著录周兴嗣撰《梁皇帝实录》三卷,是这个名目见于历史记载的开端。

自唐朝以后,每个皇帝死了,必由继位的君主命令史馆编写他在位期间的"实录",已成为制度。这种"隔代修史"的传统,一直保存到清朝灭亡。因而,所修实录,数量非常可观。据金毓黻统计,唐朝二十一帝实录共 623 卷,五代十国十四主(不全)实录共 335 卷,两宋十六帝实录共 3 112 卷册,包括度宗《时政记》,恭帝《事迹日记》,辽八帝实录有数可考者 90 卷(大部分无数字),金先朝加十一帝实录可考者仅三部 41 卷,元十六帝实录可考者六帝 417 卷,明十四帝实录 2 707 卷(缺崇祯数),清十二帝实录 4 373 卷,合计 11 698 卷①。这个远非完全的数字,已够惊人了。如今,唐、五代、宋、辽、金、元诸朝的实录,都已亡佚。现存最早的一部完整的实录,是唐韩愈所编《顺宗实录》五卷②,稍后残存的有北宋钱若水等《太宗实录》二十卷。而明、清二朝实录,仍较完整地保存着。

实录都是编年史。它们的名称,易令人误当作原始记录,其实不然。真正比较原始的记录,是记录皇帝日常言行的起居注,宰相自撰的时政记。宋以后,又命著作郎把起居注和时政记加以整理,编成"日历",或称"目录"。

---

① 参阅金毓黻《中国史学史》第六章"唐宋以来设馆修史之始末"。
② 见《昌黎文集》、《全唐文》及《海山仙馆丛书》。

实录则是由隔代史官将这些资料重新汇总而成。所以,它的性质,其实同"正史"一样,也是王朝史,不过一记一代,一记一朝而已。

但因实录都是记载一代皇帝的事迹,所以内容要比"正史"繁重无比。它以时间为纲,年经月纬,详记重要事件。凡政治设施、军事行动、经济措施、社会状况、自然灾祥,以及帝王婚丧生子命名,大臣任免赏罚死亡,祭祀、营造等事,都要记录,而诏令奏议、百司重要案牍,以及已故大臣生平事迹,也要选载。

一般地说,实录都有官方档案作根据,事件发生的时间、地点和经过,也都有比较准确的记录。同时,它虽都是隔代所修,但许多事件也是史臣耳闻目睹的,有疑问也较易核对。因此,同隔朝所修的"正史"相比,史料的可信程度理应要高得多。

可是,中世纪的历史记载,就往往那么古怪:愈是官修史书,愈是记录失实;愈是写到现代,愈是疑窦丛出。因此,实录的史料价值,往往反而不及"正史",或者说只和正史关于前朝末年的记录差不多。

举《明太祖实录》为例。它记录朱元璋同许多大臣的关系,记录朱元璋关于皇位继承问题的处理,就是说涉及明初统治集团核心的许多问题,便远不及《明史》的叙述可信。为什么呢?因为朱元璋长子早死,立了长孙朱允炆做皇太孙。为了保证这个孱弱的孙子将来安然当皇帝,朱元璋寻找各种莫须有的罪名,屡兴大狱,将大批功臣杀逐殆尽,例如胡惟庸、蓝玉"谋反"案,株连杀戮便达四万多人。岂知"季孙之忧,不在颛臾,而在萧墙之内"。朱元璋刚"驾崩",建文帝刚继位,燕王朱棣便起兵南下夺取帝位。大乱之后,朱棣又将乃父选出扶持建文帝的大臣杀逐一空,其残忍程度更胜于前。《太祖实录》于建文帝在位四年间本已编成,这时朱棣要为自己非法得位讳饰,便下诏修改。永乐间一连改了几次,愈改愈失实,连他的生母是谁的记载也自相矛盾,给后代史家留下不少疑案。

诸如此类的问题,如果不是有其他记录,包括所谓野史、笔记的记录,那么实录不实的问题,便很难暴露。即使没有上述情况发生的年代,实录的记载也未必更可信一点。因为一是它完全根据官方档案,而中世纪官方文件是怎么回事,刘知幾早揭露过,说魏、晋以后,"凡有诏敕,皆责成群下。但使朝多文士,国富辞人,肆其笔端,何事不录?是以每发玺诰,下纶言,申恻隐之渥恩,叙忧勤之至意。其君虽有反道败德,唯顽与暴。观其政令,则辛、癸不如;读其诏诰,则勋、华再出。"①这能轻信吗?二是它完全出自史官手笔。如果史官缺少史德,阿附权势,好恶任情,是非颠倒,还谈得上实录吗?因此,早有人批评过所谓实录:"止书美而不书刺,书利而不书弊,书朝而不书野,书显而不书微;且也序爵而不复序贤,迟功而巧为避罪。"②这就是许多实录的实相。

六 "正统"与"书法"

唐宋以后被列为"正史"的中世纪王朝史,大多形式呆板,内容枯燥,思想贫乏。尽管其中也保存着大量的有用史料,但陈述的矛盾,文笔的曲折,一部赛过一部,表现着因观念而牺牲事实的恶劣学风愈来愈盛行,因而要从中清理出历史的真相,也就越发困难。

怎么会形成这样的状况呢?是作者缺乏才学吗?当然有。如宋、辽、金三史的作者们,便很不高明。《元史》的作者更糟糕,总裁官宋濂、王祎等,既不懂蒙文,也不明少数民族社会状况,而与修的蒙古族史官也早已汉化,数典忘祖,致使这部书的错误程度,居廿四史之首。但也有好几部出于颇有学问的史学家手笔。如《新五代史》的作者欧阳修,曾与宋祁合著《新唐书》,他们都是北宋著名的学者、文学家。如《明史》,体例出于黄宗羲,初稿出于黄宗羲的学生万斯同,他们都是清代浙东史学的开创者。可是结果呢?《新五代史》内容之空洞,见解之迂腐,超过了薛居正监修的《旧五代史》。而《明史》记载明代后期中央政府同女真诸部的关系,其隐讳篡改历史事实之露骨,也早已为世所周知。

可见,在历史研究中,如同在一切科学研究中一样,起作用的不仅是人们的才能,更重要的是人们如何运用才能。中世纪后期许多王朝史的作者,虽然不乏聪明才智,但他们的注意力主要不是放在如何反映历史真相上,而是放在表现中世纪史观上。他们把"卫道"看得比"考信"更重要,于是著作不能不显得死板、陈腐,充斥着歪曲乃至篡改历史事实的讨厌说教。

在这股把修史当作"卫道"手段的风气中,所谓"正统"的争论,"书法"的

---

① 《史通·载文》。
② 何乔远《名山藏》李建泰序。

讲究，尤其引人注目。

以前说过，"正统"之辨，起于两晋史学家关于帝魏与帝蜀之争。南北朝的史学家争得更热闹。《宋书》作者沈约，为了表明南朝是天命所在的合法王朝，否定北魏王朝的客观存在，连北魏的国号也不承认，而称之为"索虏"。《魏书》作者魏收也不甘示弱，同样不承认宋、齐、梁诸王朝的客观存在，而笼统地叫作"岛夷"。唐初的官方史学家要好一点，为南北对峙的王朝各立专史。曾参与编写"五代史"的李延寿更进一步，把南北朝诸史改编成两部通史，就叫作《北史》和《南史》，取消了体现南北隔阂与憎恨的"索虏"、"岛夷"之类不正当议论。这说明国家统一了，人们的历史眼光会变得比较现实，开阔。但这只能说唐朝统治者争"正统"不那么起劲而已。事实上，当问题触及比较敏感的现实矛盾，像怎样看待隋末群雄割据政权之类，他们便同样表现出强烈的"正统"观念。唐太宗"御撰"的《晋书》，把西晋末出现的十六国，包括曾经短期统一北方的强大的前秦王朝，统统贬为"僭伪"政权，而不顾自己的祖先同样是当时割据军阀中间的一个，便是明显的例证。

"正统"之辨，在宋以后更成为定例。北宋初薛居正监修的《五代史》，北宋中欧阳修私撰的《五代史记》，都以相继割据中原的五个小朝廷——后梁、后唐、后晋、后汉、后周，作为继承唐朝的"正统"王朝，而不承认同时并存的其他政权为王朝。其实，五代诸朝，寿命最长的后梁不过十七年，最短的后汉仅四年。而其中的后晋，本为契丹王朝所立的傀儡王朝，石敬瑭在辽帝面前自称"儿皇帝"，甘居于附庸地位，哪里能算一"统"？相反，北方的辽朝，江南的南唐、吴越，西南的前蜀、后蜀等，无论在寿命、版图、国力等方面，都超过五代诸朝，为什么只能算"霸主"、"僭伪"呢？唯一理由，就是赵匡胤的帝位，夺自后周。而后周篡自后汉，后汉乘后晋灭亡建国，后晋又篡自后唐，后唐篡自后梁，后梁则篡自唐朝。按照中世纪礼教，这五朝统治者都是"叛逆"，都是"僭伪"。但这样说，北宋王朝的合法性岂非失却根据了么？所以，北宋史学家非尊五代为正统不可。

南宋和东晋南朝一样，属于偏安江左的中世纪王朝。北方女真族所建立的金朝，国力的强大，文明的发达，都超过北魏。还有一点不一样：就是北魏是在并吞其他少数民族政权之后统一北方的，而金朝不仅灭亡了北宋，并且把宋徽宗、钦宗父子两个皇帝，俘获当人质，长期囚禁于燕京。这就不但给南宋的汉族统治者，造成巨大的屈辱感，而且带来严重的心理威胁。因为按照传统，北宋的半壁河山为金所得，北宋的首都汴梁为金所占，更重要的是享有"天命"的两个皇帝都落入金人之手，这当然会被金人当作"革命"、"受命"的根据。而南宋统治者只有两点可资利用，一是血统，赵构是徽宗第九子；二是种族。由此可知，南宋的理学家、史学家，为什么要力争正统，力辨夷夏。

　　争正统最起劲的是朱熹。他编著《资治通鉴纲目》，推定的正统王朝，就是秦、西汉、东汉、蜀汉、西晋、东晋、宋齐梁陈、隋、唐、五代。其中，属于统一王朝的，仅居三分之一，有十二朝属于割据一隅或偏安半壁的中小王朝。这里包括三种标准。一是"革命"，如五代；二是"血胤"，如蜀汉、东晋；三是"夷夏"，如南朝。然而这三者是互相抵触的。例如五代，不仅都是"篡逆"，而且后唐开创者李克用本是回纥沙陀部人，属于"夷"；后晋为契丹所立，属于"用夷变夏"。承认它们是正统，那么辽、金当然也可算正统。然而中世纪政治的需要，从来是以不顾历史事实作为代价的。如果把五代开除出"正统"，那么自称继承北宋正统的南宋王朝，不也从根本上发生合法性的问题了吗？所以理学家只好不讲理。不过朱熹是聪明的，他把五代正统当作既成事实而不去多辨，主要注意力放在争辩帝魏还是帝蜀上，这样就达到了用血统论替南宋合法性找根据的目的；他又大讲南北朝的"夷夏之辨"，同样达到了用种族论否定金朝合法性的目的。

　　从此辨正统就成为中世纪史学家必备的修养。不过到元朝又发生了问题。元朝皇室为蒙古族，先后灭金灭宋，统一中国，应该自居为谁的继承者呢？从金吧，却无法处理南宋继承北宋的血统问题。从宋吧，又涉及夷夏之辨的忌讳。所以自忽必烈时起，就开始纂修前朝史，然而体例始终争论不决，"或欲以宋为世纪，辽、金为载记；或以辽立国在宋先，欲以辽、金为北史，宋太祖至靖康为宋史，建炎以后为南宋史"①。结果一修再修，闹了六十年，始终不能定稿。直到末代元顺帝，不管三七二十一，下诏辽、金、宋各为一史，就是说承认三个王朝都是正统。于是由宰相脱脱主持，将旧稿按纪传表志排列一番，不到三年便竣工。这在道学夫子看来自然是胡闹，然而却比较合乎实际。但修史诸臣自然还有强烈的正统观念，因而诸史各举一统，遇到南北交争时都要曲解史实以迁就需要。于是出现议论抵牾，记事矛盾，清朝

---

① 参见赵翼《廿二史札记》卷二十三"宋辽金三史"。

钱大昕、王鸣盛、赵翼诸考史家,都摘发出很多。

元、明、清都是统一王朝,本不该有正统问题。然而因为元修三史有三正统,不合"春秋大一统"的原则,因此明朝人屡次要改修宋史。英宗正统中就特许周叙改编,未成①。嘉靖时又廷议更修,命权臣严嵩主持,也无结果②。只有两名史学家私自改编成功,即柯维骐的《宋史新编》,王惟俭的《宋史》③。不过从柯维骐的传记可知,当时改编,都是合三史为一史,"以宋为主,而辽、金附之,并列二王于本纪"④,着眼点全在褒贬义例,于史实并无多少增补。明人以宋为正统,着眼于血统和夷夏之辨,尚有可说。奇怪的是清朝乾隆帝。这位满族皇帝御批《通鉴》,也上承朱熹之说,推定南宋、元、明、清为正统,真是数典忘祖。难道他承认"夷夏之辨"了吗？是的,但内容已被他作了根本的修正,把种族之辨改成文明之辨。就是说,他把是否接受儒家礼乐制度作为区别夷夏的标准。这一来,承认孔孟道统的少数民族王朝,都可以挤入中世纪"正统"之列。表面看来,这样来区分文野,比单纯讲种族,要合理得多,实际上是更巧妙地掩饰了作为统治民族的满族压迫各民族人民的现实。乾隆本人便从来没有忘记夷夏之辨。他开四库全书馆,下诏求天下书,明令有触忌讳的禁毁,说:"明季末造,野史甚多,其间毁誉任意,传闻异词,必有诋触本朝之语,正当及此一番查办,尽行销毁,杜遏邪言,以正人心而厚风俗。"⑤这明白是说要"防夏"。大概据他的意见,只要把暴露清朝夺取政权的书籍统统烧光,人们关于满洲是"夷狄"的记忆便会消失,他们作为压迫民族的特权便会永远保持下去。这自然是臆见支配世界的梦想,然而中国文化却遭到空前浩劫,据近人余嘉锡对《违碍书籍目录》的考证,当时禁毁的达三万余种,史书最多。禁毁以外,流传的也都遭篡改,逢到夷狄字样,非删即涂。这大约是非朱熹辈始料所及的。

所谓正统观念,理论根据来自今文经学。《春秋公羊传》解释"春王正月"四字,说:"何言乎王正月？大一统也。"这里所谓的"统",就是"三统"。我们说过,三统说本是一种历史循环论,"天命有常,五德代起",由老天来决

---

① 《明史》卷一百五十二周叙传。
② 《明史·奸臣列传·严嵩传》。
③ 《明史·文苑列传三·柯维骐传》,《明史·文苑列传四·王惟俭传》。
④ 赵翼:《廿二史札记》卷二十三"宋辽金三史重修"。
⑤ 《东华录》乾隆三十九年八月。

定代表哪一统的帝王在人间执政。但到东汉以后,三统说逐渐变成一统说,几乎所有的帝王服色都尚黄即自居土德,便是证明。因而"统"的概念就成了王朝合法性的同义语。所谓合法性,表面上说是王朝所受的"王命"得到普遍承认,其实是宗法制度在政权问题上的表现。宗法制是建立在嫡长子世袭权力财产基础上的。中世纪统治者同样视国家为帝王的私产,因而在同一王朝内部经常发生夺嫡之争,而王朝倾覆后便必然出现正统之争,实际上也是争夺整个帝王私产继承权。它的根源仍然深扎在中世纪生产关系之上。梁启超说正统论一是起于当代君臣自私本国,二是起于陋儒误解经义煽扬奴性①。那是皮相的看法,把一种思想作为另一种思想的原因,决不可能弄清历史的秘密。

同正统辨相联系的,是讲书法。

所谓书法,就是历史家在叙事时借助遣词造句来表达自己的是非善恶见解。据说这是孔子的发明,他在编《春秋》时用字造句都包含着"微言大义"。后代的史学家都仿效起来,因而叫作"《春秋》笔法"。开始提醒人们注意《春秋》笔法的是孟轲。但真正将它造出一个系统的,仍是今文经学家。《公羊传》从头到尾都在揣摩《春秋》用字造句、行文叙事的用意,几乎从每个字里都发现了字面上所看不出的"微言大义",可说是史学史上的书法教科书。这种书法,据董仲舒、何休的归纳,有所谓"五始、三科、九旨、七等、六辅、二类"、七缺等等②,其中最重要的是三科九旨。科的意思是段,谓《春秋》有三段行文法,每段包含三重意思,合称三科九旨。何休说:"三科九旨者,新周,故宋,以《春秋》当新王,此一科三旨也。""所见异辞,所闻异辞,所传闻异辞,二科六旨也。""内其国而外诸夏,内诸夏而外夷狄,是三科九旨也。"③但郑玄的弟子宋忠意见不同,以为三科即:张三世,存三统,异内外;九旨即:时,月,日,王,天王,天子,讥,贬,绝。前三者为详略原则,中三者为记录时分辨远近亲疏的原则,后三者是贬轻重的原则④。正如郑玄混合今古文的经典注释影响最大一样,宋忠关于三科九旨的解释也多被后代史

---

① 梁启超:《新史学·论正统》。
② 何休:《文谥例》,徐彦《春秋公羊传疏》隐公第一书题下疏引。
③ 同上。
④ 同上徐彦疏引。清朝今文经学家多是何非郑,因而关于三科九旨的解释,都沿用何休《文谥例》。参见刘逢禄《公羊何氏释例》。

家奉为不二法门,尽管何休的说法更符合《公羊传》的原意。

于是我们就看到北朝隋唐以后的"正史",部部讲书法。欧阳修的《新五代史》可作典型。本来,北宋初官修的《五代史》,主要依据历朝实录,记事多混乱,叙述多矛盾,因而对它不满是正常的,重修是必要的。但欧阳修对它不满,却主要不是史实,而是书法,因而他要改编,虽说要上追《史记》,名书为《五代史记》,实则自比孔子,刻意模拟《春秋》笔法,寓褒贬于纪传之中。于是牺牲史实以显示书法谨严,便成了《新五代史》的最大特点。五代时期军阀混战,很少有可能判断挑起战争者的是非。欧阳修却用了六种概念:攻(两相攻),伐(以大加小),讨(加有罪),征(天子自往),寇(敌方来攻),侵(敌方入境)。讲述战果,易得为取,难得叫克,身归称降,地归为附①。这还可称作区别事实。可是有些事实分明俱在,也要服从所谓褒贬义例,如君主被弑不书葬,但后唐明宗正常死亡,也不书葬,为什么呢?就因为葬者是他的养子李从珂,而李从珂废明宗子闵帝自立,被欧阳修判为"贼子"的缘故。赵匡胤在后周靠军功发迹,参与了几次重要战役,因而才能掌握禁军发动陈桥兵变。但欧阳修一概不书,就是说以赵匡胤仕周为讳,连后周一代重要的史实都抹煞了。此外什么篡逆叛反有别,什么诛与杀有别,以及连死都分等级,所谓皇帝叫崩,公侯和二品以上大臣叫薨,五品以上朝臣称卒,六品以下至于庶人称死等等,当然更是格外讲究。这样,作者的精力全用在咬文嚼字以宣扬中世纪儒家伦理道德上,当然不可能严格订正和搜集补充《旧五代史》缺误的史实,而且反比《旧五代史》更空洞,更缺乏历史价值。

清修《明史》和《国史列传》也相当典型。谁都知道,没有洪承畴这样洞悉明朝军政内幕的汉族大官僚投降清朝政权,替它策划利用明朝统治者和造反民众的矛盾,乘李自成在北京立足未稳的时候驱兵入关,清朝要夺取全中国统治权,要困难得多。然而这一批降清官僚,却被乾隆下令列入《贰臣传》,痛斥他们不忠于明朝,目的在于防止清朝官僚效尤。梁启超讽刺说:"当崇祯、顺治之交,使无一洪承畴,则本朝何以有今日?使多一史可法,则本朝又何以有今日?而洪则为国史《贰臣传》之首,史则为《明史》忠烈传之魁矣!"他比之为一个男人要求别人的妻子迎合我,要求自己的妻子善于骂

---

① 《新五代史·梁本纪二》徐无党注。

别的男人一样矛盾可笑。① 这比喻虽肤浅,却相当准确地道出了中世纪统治者争正统、讲书法的卑劣心理。

提倡《春秋》笔法,把一字一句都看作关系到辨善恶、明正邪、影响现在和未来的统治稳定的大事,这是古典史观的表现,也是中世纪史学的特色。古典史观颠倒思维与存在的关系,把思想、概念、政策等看作支配历史的动力。而中世纪史学不承认历史的变化,总是从过去的观念里寻找现在和未来政治的依据。因而在中世纪史学家那里,以今律古,按照政治的需要,随意曲解和篡改史实的现象,就显得特别突出,而通过用字造句来表达自己的政治意向和道德准则,也就不能不成为通病。

毫无疑问,写历史应该讲究文字,表达准确、鲜明、生动。但文字是传达信息、交流思想的工具。史学家的首要责任在于详细研究历史上各种社会形态存在的条件,然后设法从这些条件中找出相应的政治、司法、美学、哲学、宗教等等的观点。他使用文字,首先应该使它成为再现客观历史过程的工具,因此第一要求准确地反映历史事实,这是历史研究能否具有科学性的基本条件。随之而来的,就是怎样使这种再现被广大群众所了解,发生兴味,因而要求文字鲜明和生动。人类需要回顾过去,了解自己是怎样走过来的,研究今后怎样才能少走弯路。这就需要忠实地反映过去,正好像一个人在青少年时代犯过罪,需要承认罪过以避免重犯一样。而中世纪史学的所谓书法,恰好是回避歪曲过去的犯罪行为,这只能表明他要继续犯罪。因此,任何歪曲历史的书法都应否定,不管动机多么良善。

七 十七史、廿二史和廿四史

中国经历过漫长的中世纪。单从秦始皇建立统一的王朝算起,到辛亥革命赶跑了清朝最后一个皇帝为止,便长达二千一百三十二年(前 221—公元 1911)。帝制时代之长,王朝更迭之多,在世界历史上绝对仅有。因此,反映这个过程的中世纪史学著作,数量也居世界之最。

本来,在隋朝以前,已经出现了具有钦定教科书性质的王朝史著作,但还只限于前朝史和"国史"。随着王朝的更替,新的王朝史便排挤旧的王朝

---

① 梁启超:《新史学·论书法》。

史，使旧王朝史退出了近代史教科书的范围。因此，魏晋南北朝时期，学者虽已将《史记》、《汉书》和《东观汉记》与"六经"并列，号称"六经三史"①。但三书都是依靠编写的成就而取得权威地位，与"六经"依靠中世纪统治者强迫人们信奉而取得独尊地位的情况，实不相同。

《隋书·经籍志》开始把纪传体史叫作"正史"，编年体史叫作"古史"。但它的正史概念，与后来还有区别：第一，不限于官修纪传史，因而魏晋后大量私修王朝史著也列入目录；第二，不限于一个王朝只有一部，因此从《史记》到《齐书》，共列了八十部，包括若干著作的注释、评论，都算在内。唐朝刘知幾的《史通》，列有《古今正史》篇，把《左传》以来的编年史、《史记》以来的纪传史，不论官修私撰，统统叫作"正史"。这说明，至少在唐朝前期，"正史"还没有严格的定义，对象也没有经过选择。

但唐初已出现了进一步变化的征兆。"正史"名目的出现，便已预示着纪传体王朝史，已经被中世纪统治者认可为钦定历史教科书的标准形式。唐太宗开史馆大规模地改编前代史，而不顾前人已编了多种，并且一律采用纪传体，这更预示着一朝一史的方向。不过最直接的征兆，还是对"五经"的统一解释，采取了每一经只选一种旧注，而后按照"疏不破注"的原则加以引申发挥的方式。这就必然要在史学领域产生反响，因为经学是中世纪史学的理论基础，它的任何变化，都会导致史学的变化。

这个变化大约在中唐以后开始发生。这时科举考试有史学一门，规定必读的史书有七种：《史记》，《汉书》，《后汉书》并刘昭所注志，《三国志》，《晋书》，《南史》并兼通宋、齐志，《北史》并兼通魏、隋书志②。这里面实际包括十一部纪传体史（刘昭注志除外）。就是说，它们已被中世纪王朝列为官方教科书，其他同类著作自然而然被排除在外。唐穆宗长庆三年（823），谏议大夫殷侑上奏，说"司马迁、班固、范晔三史为书，劝善惩恶，亚于六经。比来史学废，至有身处班列，而朝廷旧章莫能知者。"③于是唐穆宗下诏设置三史科和三传科，作为科举取士的门类。这说明中世纪统治者已在认真选择合于"劝善惩恶"需要的史书，作为标准教科书，因而正式出现了"三史"之名。同时期，韩愈提出了"道统说"，把周公、孔子以来的儒学变迁，照嫡长子

---

① 参见钱大昕《十驾斋养新录》卷六"三史"条。
② 《通典·选举门五》举人条例。
③ 《玉海》卷一百十五"唐三传科、史科"条。

继承制的宗法原则,列为一脉单传的系统①。这是经学发展为理学的转折点。后来朱熹一方面鼓吹"道统",一方面大讲"正统",说明"道统说"是史学中"正统说"的教父。因此,为秦汉以来每个王朝的历史,选择一部标准教科书,当然要提到中世纪王朝加强文化专制的日程上来。

南宋是"正统"说的完成时期,于是有官方确定的十七史的名目出现②。哪十七部呢? 即《史记》、《汉书》、《后汉书》、《三国志》、《晋书》、《宋书》、《南齐书》、《梁书》、《陈书》、《魏书》、《北齐书》、《周书》、《隋书》、《南史》、《北史》、《新唐书》、《新五代史》。其中,除《史记》属于通史,《南史》、《北史》和《新五代史》属于断代通史而外,都是王朝史。

值得注意的是最后两部。五代时已有刘昫监修的《唐书》。因为北宋统治者不满意,由欧阳修、宋祁重修,并列为正史,《旧唐书》因此停止流传。而《旧五代史》本是宋初官修史书,但欧阳修的《新五代史》更符合卫"道"的需要,所以虽是私撰,在宋神宗时已被承认为官书,与旧书并行。到金章宗泰和七年(1207,南宋宁宗开禧三年)下诏只用《新五代史》。而南宋统治者居然对这种亵渎自己祖宗的行为予以默认,十七史中也只列《新五代史》。可见一朝一史,已成为当时统治者公认的准则。

元末明初,又相继编成宋、辽、金、元四史。但到明嘉靖初,才正式由南京国子监刻出宋、辽、金三史,与翻刻的十七史一起流传,叫南监本。万历中,北京国子监又刻十三经注疏,二十一史(即加《元史》),叫北监本。这样,十七史变成了廿一史③。

清初顾炎武曾说:"《旧唐书》病其事之遗阙,《新唐书》病其文之晦涩,当兼二书刻之,为二十二史。"④这是首次提出廿二史的名目。但在清初,所谓廿二史,却是前揭廿一史加上清修《明史》,仍然坚持一朝一史的传统。

直到清朝乾隆中,四库馆臣由《永乐大典》辑出湮没已久的薛居正《五代史》。可能为了夸张自己的功业,也可能对欧阳修特别强调夷夏之辨不满,乾隆记起了百年前顾炎武的建议,于是下诏正式增加《旧唐书》、《旧五代史》和《明史》,与廿一史同列为"正史"。这就是我们现在所熟知的廿四史的

---

① 韩愈:《原道》。
② 参见《四库全书总目》史部正史类小序。
③ 顾炎武:《日知录》卷十八"监本二十一史"。
④ 同上。

由来。

不过,两《唐书》、两《五代史》的并存,终究违背南宋以来一个王朝只许可有一部"正史"的中世纪传统。因此,虽然有皇帝的"圣旨"规定,乾、嘉时期的考史名家,仍然用各种方式表达他们墨守中世纪"正统"史观的意向。钱大昕、赵翼都把自己考辨廿四史的著作,分别命名为《廿二史考异》和《廿二史札记》。王鸣盛更顽固,连元、明、清三代已获得公认的宋、辽、金三史并列的做法,都不承认,干脆回到朱熹那里,把自己的著作命名为《十七史商榷》。可见,中世纪史学的传统一经形成,在人们头脑里便难以改变,即使是名目的改变也难以接受。

北洋军阀时期,又明令把柯绍忞的《新元史》列入"正史",于是有廿五史。后来《清史稿》草草编成,又有"廿六史"之说,但这回遭到国民政府教育部的抵制,因而舆论大哗。这就说明,从三史到廿四史,所谓"正史"始终具有官方教科书性质,因而是阻碍史学发展的象征。

第八章 由经验到理论

一 史部的升格

直到近代,中国人还习惯于把所有图书分成四大类:经、史、子、集。

这一四部分类法,缺乏严密的科学性。实际上,其中每一部都包含着哲学、社会学说和自然研究。例如经部,就包括着古文献汇编的《尚书》,古代诗歌总集的《诗经》,古代政治制度、宗教仪式和贵族生活章程的"三礼",古代哲学和宗教的混合记录的《易经》,编年史的《春秋》,百科辞典式的《尔雅》等。它们称为"经",唯一根据就是中世纪统治者承认它们是孔学系统传授的宗教教条。又如史部,其中除历史著作外,还有经济学、法学、宗教学和地理学、天文学等。至于子部和集部,更是五花八门,包罗万象。

然而,四部的出现,自有它的历史理由。这里单说史部。

以前说过,中国的历史记录产生很早,成型的史学著作也在春秋时出现,到《史记》问世,更使中国史学登上了那时代世界史学的第一高峰。可是,尽管已经历了上千年的发展,史学却仍然不被人们看作一门独立的学问。连司马迁也以为历史应该是中世纪经典的具体解说,"余所谓述故事,整齐其世传,非所谓作也,而君比之于《春秋》,谬矣!"①

看来,这种认识在两汉曾被人们所普遍同意。西汉末,由刘向、刘歆父子相继主持,对宫廷藏书进行了一番普查,同时又在全国搜集遗书。结果有了第一份全国图书总目,即刘向的《别录》,又有了第一份图书分类目录,即

---

① 《史记·太史公自序》。

刘歆根据《别录》编写的《七略》。《七略》把当时存在的三万三千九十卷书籍①，分成六类：六艺、诸子、诗赋、兵书、术数、方技，而综合六部分大意为《辑略》②，实即总序。东汉初，班固依据它的纲目，略有增补，编成了《汉书·艺文志》。我们看到，六类里面，经学、诸子、文学、军事、宗教、医药等，都占据了一席地位。唯独史学著作，却被置于经学的附庸地位。《世本》、《战国策》、《楚汉春秋》、《太史公》、《汉著记》，都拥挤在《六艺略》之一"《春秋》类"的脚下。而人物传记，如《高祖传》、《孝文传》，则莫名其妙地塞入"儒家类"。

史学怎么会受到这种待遇呢？正象欧洲中世纪只知道神学一种意识形态一样，我国中世纪在西汉以后也只知道一种意识形态，就是经学。因此，一切可以归并到经学中间的学问，都不免做了它的奴婢。例外的只是被汉朝皇帝明令罢黜的百家异说，研究中世纪政权镇压民众和进行战争的手段的兵法学，供给帝王贵族消闲需要的美文学，为帝王贵族求仙问神捉鬼和安排死后"生活"的宗教学，以及主要替帝王贵族生活和淫乐服务的技术。它们所以取得"独立"地位，只是因为它们不可能并入经学。在经学著作中间，汉朝人特别重视两部书，即纬书所谓孔子的志和行(思想与行为)规范的《春秋》和《孝经》。《春秋》，这部编年史被提到西汉根本大法的高度，于是，以后的史学著作，只能成为这部法典的注脚。

但史学的本性是反映变化着的社会历史，它总要随着客观历史的变化而起变化，当然不能满足于给一部老掉牙的《春秋》做奴婢的屈辱地位。无论司马迁如何表白，事实上《史记》已全面地超过了《春秋》。西汉历史家纷纷续写《史记》，刘歆续过《史记》，特别表彰《左传》，说是："《春秋》所贬损大人当世君臣，有威权势力，其事实皆形于传。是以隐其书而不宣，所以免时难也。"③无论他主观上是否怀疑过《春秋经》，在这里则分明是认为《左传》说出了《春秋》所不敢说的事实。班固还把纪传体看作编写历史的最好形式，用断代为书的办法使它得到巩固。这就为史学形成一门有别于经学的学问，进一步开了路。

到魏晋时期，全国图书再次得到搜集整理。魏秘书郎郑默更编了一份

---

① 据《隋书·经籍志》记载的《七略》录书数字。
② 见《汉书·艺文志》序、梁阮孝绪《七录》序。《隋书·经籍志》称为"集略"。
③ 《汉书·艺文志》，这是刘歆的话，班固照录。

名叫《中经》的目录。西晋统一后,秘书监荀勖据《中经》扩展成《中经新簿》,并把二万九千九百四十五卷宫廷藏书,按照不同于《七略》的新分类法,分成甲乙丙丁四部,其中丙部专收史记、旧事、皇览部、杂事①。从此中国文化史上就有了四部的名称,而史学也跳出了在经部中的向隅地位,朝独立发展的道路跨出了决定性的一步。

四部分类法,特别是史学著作自成一部,比《七略》更能反映图书有机构成已经起变化的事实,所以很快取得历代史官的赞同。东晋初著作郎李充,根据《中经簿》核对群书,整个数量只剩下三千一十四卷,只及晋初的六分之一强,却使魏晋时期数量剧增的史学著作显得更惹人注目。于是李充重分四部,以五经为甲部,史记为乙部,诸子为丙部,诗赋为丁部②。经史子集的序列由此确定。其后,刘宋谢灵运造《四部目录》,南齐王亮、谢朏造《四部书目》,萧梁任昉、殷钧造《四部目录》,都采取李充分类法。

自然不会没有异议,有人依然喜欢七部分类法。刘宋的王俭编《七志》③、萧梁的阮孝绪编《七录》④,就是如此。

王俭看来墨守刘歆的体系,仍把"史记"列入首篇"经典志",但自成一类,与六艺、小学、杂传同列,就是说不能不承认史书与经书有区别,但这一来史书也成了"经典",反而更加不伦不类。

阮孝绪在分类体系上有改革,分六艺与史传为二,首列"经典录",次列"记传录",承认史部的独立,另取消方技,分列佛、道二录,也是承认魏晋以来佛老著作大增的事实,所以《隋书·经籍志》作者称他"分部题目,颇有次序"。另萧梁还有"五部"说法⑤。

但王俭守旧,阮孝绪只是"处士"。而魏晋以来宫廷藏书都已按四部分类。分类法的任何变动,都势必引起藏书管理方面的一系列变动。在相对承平时期,没有几个官员愿意改变现状。因此,较新的传统习惯,又成了稳

---

① 见《隋书·经籍志》序。
② 参见《隋书·经籍志》序、钱大昕《补元史艺文志·序》及《晋书·文苑列传·李充传》。
③ 《隋书·经籍志》序。七志为:经典、诸子、文翰(即诗赋)、军书、阴阳(阴阳、图纬,即术数)、术艺(即方技)、图谱(地域及图书)。又佛、道附见。取消"辑略",但首卷有九篇条例。
④ 《隋书·经籍志》序。七录为:经典、记传、子兵(合诸子、兵书为一录)、文集(诗赋)、术技(数术)、佛、道。参见《广弘明集》卷三所载《七录》序目。
⑤ 梁任昉、殷钧撰《四部目录》时,术数书目录令祖暅编次,另成一部,故称《五部目录》。这是临时措施,并未改变"四部"的分类法。

定四部名目的因素。到唐初修《五代史志》，虽说"远览马史班书，近观王阮志录"，综合各家长处，把图书分成五十五类①，编成《经籍志》，但总的分部，仍然沿袭荀勖、李充以来的传统，只是把甲乙丙丁的序号，改成经史子集的实名。四部名称由此定②，史部的独立也就得到统一的中世纪王朝的确认。

由"七略"到"四部"，看起来只是辨别图书性质问题，但取得一个公认的标准，却费时六百五六十年。其中使目录学家和史官们都感觉棘手的问题，显然是史学与经学的关系。这就不仅涉及技术问题，而且涉及理论问题，涉及观念与事实、历史与政治的相互关系问题。

事实上，从《史记》开始，史学与经学已经走上不同的发展道路。形式上突破《春秋经》编年体的束缚，使纪传体成为中世纪史学的正宗；内容上突破《春秋公羊传》提倡在字里行间表现"微言大义"的传统，使明白记叙历史事件成为编著史书的职责；这都是史学对经学所取得的胜利。同时，史学著作在数量上夺得了优势，用具体的史实、优美的文字，战胜了抽象、沉闷的经学说教，都使中世纪统治者不得不承认它是一门独立学问，而且是对中世纪统治非常有用的学问。史书同经书的分离，史部由丙部升格到乙部，不过是对它早由附庸蔚为大国这一既成事实的追认。

尽管如此，直到唐初，人们在观念里，依然认为史学应该是经学的附庸。突出表现为所谓"正史"，从总的指导思想到具体的论赞写作，都必须以经书的是非为是非，而经书的是非解释已由中世纪统治者重新统一过，因此就是要以中世纪政治的是非为是非。不在理论上解决这个问题，史学要真正走上独立发展道路，是不可能的。

二　经传也是历史吗？

说来也怪，起先提出孔门经书不能超过历史的，不是史学家，而是经学家，当然只是经学家中间的一派，那就是两汉末的古文经学派。

古文经学派的开创者刘歆，在西汉哀帝时继父刘向校秘书。据说他在校书时发现了古文《左传》，非常爱好。又据说这以前《左传》学者只传训故，

---

① 《隋书·经籍志》序，参见《新唐书·艺文志》序。
② 参见钱大昕《经史子集之名何昉》，《潜研堂文集》卷十三；黄侃：《七略四部开合异同表》，《黄侃论学杂著》。

刘歆则"引传文以解经，转相发明，由是章句义理备焉"①。他要求把《左传》及《毛诗》、《逸礼》、《古文尚书》等都立为博士。那时《五经》博士都是今文经学家，表示反对。刘歆便写了一封长信去责备他们。这封著名的《移让太常博士书》，值得我们注意的有两点，第一说汉朝学官所传，"经或脱简，传或间编"，就是说都是残缺不全的著作；第二说古文的《左传》等书，才是解释《春秋》的真传记，就是说真在讲历史②。后来的古文经学家，又找出孔子自称"述而不作，信而好古"③做根据，说六经都是孔子以前的古书，孔子只是将它们加以整理，并没有掺进自己的哲学，因此孔子只是史学家，周公才是儒家的始祖④。按照这种意见，经书的神圣性更发生了动摇。既然孔子以前就有，孔子以后又残缺，那么怎能只许信仰，不许怀疑呢？既然孔子只是经书传授的中间人，而不是"为汉制法"的教主，那么又怎能不把经书当作古史来研究一番呢？在刘歆等人的本意，也许只是为了打破人们对今文经的迷信，并不想动摇整个经学的权威，但客观效果只能引出对经书的"信仰危机"。

这种信仰的动摇，由深受古文经学影响的王充的言论里，流露得非常明显。他驳斥那种即使残缺的经书也比后人记载可信的见解，以为"《尚书》、《春秋》，采掇史记；史记兴，无异书，以民事一意，六经之作皆有据。由此言之，书亦为本，经亦为末；末失事实，本得道质。"⑤将六经看作采集古史的著作，因而古史是经书的根据；将经书看作丢掉史实的著作，因而史书比经书更可信从。这无疑是向六经独尊地位的挑战。王充甚至认为诸子也比六经可靠，所以"知经误者在诸子"⑥，这更是大胆的怀疑论。可见古文派的怀疑论说在思想界引起的反响，也可知古文经学派在东汉尽管非常盛行，但始终不得立为博士的缘故。

但王充的思想被埋没了，直到三国初蔡琰把《论衡》介绍出来，才被世人所知。魏晋时代对六经的怀疑论十分盛行，连笃信礼教的嵇康，在向司马氏

---

① 《汉书·楚元王传》附刘歆传。
② 见《汉书·楚元王传》附刘歆传。
③ 语见《论语·述而》。
④ 参见周予同《经今古文学》，《周予同经学史论著选集》。
⑤ 《论衡·书解篇》。
⑥ 同上。

集团攻击时,也说出"非汤武、薄周孔"①那样的话。这里面原因很多,有一点是无可置疑的,就是神学气息极浓的今文经学已经衰落,变成了极少有人研究的"绝学",而古文经学,尤其是《左传》,则非常流行。因此,所谓"六经皆史"说,自然逐渐发生。

唐太宗统一经学的解释,主要采用魏和六朝的经说。因此,统一的结果,并没有达到使孔门经书恢复像两汉那样的绝对神圣地位的目的。一个证据,就是唐初的科举,有明经、进士和算学三科。明经科应试者必须通晓《五经正义》的一种经及其官方解释,结果应试者很少。而进士科对经书理解的要求较低,主要考试策论(即政治)和诗赋,到后来竟变成文学为主,结果应试者很多。乃至中明经很容易,中进士极困难,而高级官员的选拔非常重视进士出身,因而形成"三十老明经,五十少进士"的局面。

经学在唐代名尊实卑的地位,便造成了一种气氛,即公开议论经传的缺陷,也不会得罪。这就使当时有可能从史学角度对经史关系进行反省。

可能性不等于现实性,社会气氛也不能代替学术研究。中国的史学,虽然已经有长长的历史,然而由于长期处于经学的附庸地位,由于史学家的注意力被客观历史是什么、为什么的问题吸引住,也由于汉魏六朝的史学家常常借历史的写作来卖弄自己的文学技巧,所以人们很少对史学本身进行反省。到隋唐之际,史部的独立已成定局,因此史学的发展有什么不同于经学的规律性的问题,便显得迫切起来。更重要的,唐朝初年重开史馆,一下子修了那么多王朝史,这中间积累了大量修史的经验,也凸显了大量问题,从指导思想到写作技巧,都有。这就更提出了一个任务,即从理论上全面反省史学的发展过程,作出总结。

首先需要反省经史关系。隋末的王通,据说是唐初著名将相房玄龄、李靖、魏徵等人的老师②。他的讲学记录《文中子》里,说了一点迂腐而又大胆的话,以为六经都是透露"先王之道"底蕴的古代政治读物,因而经书实为史书③。他又做了一些迂腐而又大胆的事,为每部经书都写了续篇,发挥自己

---

① 嵇康:《与山巨源绝交书》,见《嵇中散集》。
② 参见杜淹《文中子世家》。
③ 参见《文中子》的《魏相》、《述史》等篇。《魏相》:"《书》以辩事,《诗》以正性,《礼》以制行,《乐》以和德,《春秋元经》以举往,《易》以知来,先王之蕴尽矣。"

关于历史和政治的见解，并且也命名为"六经"①。所以，他被认为是"六经皆史"说的作俑者——其实王充早说过类似的话。因为他是个名人②，这种观念在唐初必定有相当大的影响。

但真正对以往史学进行全面反省，并且明确地把几部重要经典列入"诸史"范围的，是初唐的刘知幾。

刘知幾(661—721)，唐玄宗时改名子玄，彭城(今江苏徐州)人。他从武周时起，历经中宗、睿宗，到玄宗时，三度入史馆，掌知国史二十余年③。他虽然没有赶上初唐大规模编修前代王朝史的机会，但却参修或自撰了高宗、武则天、中宗、睿宗四朝实录，还同徐坚等合修过《唐书》、《姓族系录》等。唐朝前期，除了唐太宗时魏徵、令狐德棻、李延寿那批馆臣外，大约再没有人获得像他那样多的编写现代史的实践机会，也再没有人获得像他那样多的切磋争辩怎样写历史的研究环境，这就使他有可能对史学本身的历史经验进行一番探讨。但他如果在修史过程中比较顺利，或者没有很大的个人抱负，也许终身就是一个庸碌的史官。不幸他有过大的抱负，还在做河南获嘉县主簿这样的九品小官时，便立志对《史》、《汉》到初唐六史的所有"正史"，"因其旧义，普加釐革"，想要上追孔子，成不刊之典④。不幸他又遭过多的干涉，虽然做了二十多年的史官，但每参加一次集体修史，不是被监修贵臣压制，就是受同作诸士的牵制，总不能实行自己的意见。他气闷之极，于是"退而私撰《史通》，以见其志。"⑤于是中国就有了一部史学理论专著。他的不幸，反而成了史学的大幸，这就是否定之否定的表现吧。

《史通》开卷就把四部经传，即《尚书》、《春秋》、《左传》、《国语》——后二部被称为《春秋内传》和《春秋外传》，当作史学著作来讨论⑥，显得十分刺目。而在全书尤其是"外篇"中，提到这几部分，都直接了当地叫作"史"，而

---

① 王谠《唐语林》卷一："文中子，隋末隐于白牛谿，著《王氏六经》。"据杜淹《文中子世家》，六经为《礼论》、《乐论》、《续书》、《续诗》、《元经》、《赞易》。
② 《唐语林》卷一：王通，"北面受学者皆时伟人，国初多居佐命之列。自贞观后，三百年间号至治，而《王氏六经》卒不传。至元和初，刘禹锡撰《宣州观察使王赟碑》，盛称文中子能昭明王道，以大中立言，游其门者皆天下俊杰。"
③ 刘知幾传见《旧唐书》卷一百零二，《新唐书》卷一百三十二。略传可参见周予同主编《中国历史文选》下册《史通》解题。
④ 《史通·自叙》。
⑤ 同上。
⑥ 《史通·六家》。

且大加指摘批评。

例如《春秋》。刘知幾沿袭古文经学家的说法,以为《春秋》是三代史书的通名,孔子根据周礼和鲁史编修《春秋》,言简意赅,寓褒贬于叙事之中,"为不刊之言,著将来之法"①,目的不在于修史。因此他又不同意古文经学家的说法,以为《春秋》并不是严格的编年史。正是从这个矛盾说起,他肯定孔子修《春秋》的动机,却又否定孔子修《春秋》的手段。

刘知幾说,孔子想用历史来讲政治,即阐发"大义",是对的;但他为书法而牺牲史实的手段,使《春秋》成为一部不足信的历史,因而连他的道理也成了问题。刘知幾写了一篇专论,即著名的《惑经》篇,就《春秋》记录失真处,提了十二道疑问,叫作"未谕"。

比方说,不理解之一:宣二年(前607),郑国出兵攻宋、陈,晋赵盾组织晋、宋、卫、陈四国联军反攻郑;楚庄王派兵援郑;赵盾怕了,托辞不战而退,《春秋》书"晋人、宋人、卫人、陈人侵郑",用贬号为"人"的书法斥赵盾有失霸主之义。僖二十七年(前633),杞伯朝鲁用夷礼,《春秋》书"杞子来朝",用降爵称"子"的书法斥杞伯失礼。僖二年(前658),虞君贪图晋国良马美玉之贿,让其假途灭虢,《春秋》书为"虞师、晋师灭下阳",以示"恶贪贿而先书"。襄二十七年(前546),楚、晋九国会盟于宋,楚为盟长,《春秋》书"会晋赵武、楚屈建……于宋",以示"讥无信而后列"。刘知幾认为这都是实行"直道"。但哀十年(前485),齐大夫鲍子杀齐悼公,襄七年(前566)郑相子驷毒死郑僖公,昭元年(前541)楚公子围绞杀楚君郏敖,分明都是"弑君",《春秋》却都书为"卒",好像是正常死亡。相反,宣二年(前607)晋赵穿弑晋灵公,只因正卿赵盾逃亡未出境,《春秋》使书为"晋赵盾弑其君";昭十九年(前523)许悼公病疟,服世子止药而死,只因世子送药前未亲尝,《春秋》便书为"许世子止弑其君"。刘知幾说,这是庇护恶人,而苛求于嫌疑犯,"嫉恶之情,岂其若是?"

比方说,不理解之三:"观夫子修《春秋》也,多为贤者讳。狄实灭卫,因桓耻而不书(见闵二年即前660年'狄入卫');河阳召王,成文美而称狩(僖二十八年即前632年'天王狩于河阳')。斯则情兼向背,志怀彼我。苟书法其如是也,岂不使为人君者,靡惮宪章,虽玷白圭,无惭良史也乎?"

----
① 《史通·六家》。

比方说,不理解之十二:"《春秋》记它国之事,必凭来者之辞。而来者所言,多非其实:或兵败而不以败告,君弑而不以弑称,或宜以名而不以名,或应以氏而不以氏,或春崩而以夏闻,或秋葬而以冬赴。皆承其所说而书,遂使真伪莫分,是非相乱。"

当然,刘知幾疑古、惑经,目的不在于否定孔子。不是的,他惑经,惑的是后代儒者"虚美"之经。司马迁说,夫子"为《春秋》,笔则笔,削则削,子夏之徒不能赞一辞"①。刘知幾说,《春秋》不过因袭古史旧文,稍加雕饰而已,孔子对于史策的阙文,时间的错乱,都没有纠正,怎么能说"不能增加一语"呢?孟轲说,"孔子成《春秋》而乱臣贼子惧"②。刘知幾说,《春秋》对"他邦之篡贼其君者有三,本国之弑逐其君有七,莫不缺而靡录,使其有逃名者",可见孟轲的说法无非是无稽之谈。孟轲又说,孔子曾谓"知我者其惟《春秋》乎?罪我者其惟《春秋》乎?"③刘知幾说,孔子写到鲁国隐、桓之间的事很明白,写到定、哀之际反而隐晦,说明他"危行言逊,吐刚茹柔,推避以求全,依违以免祸",怎么可能令人了解或怪罪呢?所以,他以为后儒无非想把《春秋》叙事说得神乎其神,故意言过其实。但孔子自己就说过"众好之,必察焉"④,孟轲也说过"尧舜不胜其美,桀纣不胜其恶"⑤,于是他要用同一原则考察《春秋》的本来面目,目的还是恢复孔子作为圣人的本来面目。就是说,他是在肯定孔子的前提下批评孔子的错误。

但就这一点,在那个时代已经很了不起。唐朝统治者虽然在尊儒的同时,还把老子拉来做皇室的始祖,并且用政权的力量扶植佛教的发展,所谓三教并尊,然而用来作为正统的统治思想的理论基础的,还是儒家学说。唐初恪守东汉传统,周公、孔子并尊,称周公为"先圣",孔子为"先师"。唐太宗贞观六年(632),下诏迁周公庙于太学外,升孔子为"先圣",而以颜回称"先师"⑥。这是中世纪政府正式承认孔子是圣人的开端。贞观十一年(637),"诏尊孔子为宣父"⑦,意为一切人之父。这比汉平帝时追谥孔子为"褒成宣

---

① 《史记·孔子世家》。
② 《孟子·滕文公下》。
③ 同上。
④ 《论语·卫灵公》。
⑤ 《风俗通·正失》。
⑥ 《新唐书·儒学列传上》。
⑦ 《新唐书·礼乐志》。

尼公"①，又抬高了一步，因为"公"虽是最高爵位，但究竟还居于帝王之下，而"父"就高于帝王，连皇帝也要尊崇自己的父亲。按照中世纪礼法，儿子不能批评老子，否则就是"不孝"，就是"大逆不道"，何况对于人类之父呢？而刘知幾居然敢于批评"宣父"，居然敢说这位宣父笔削的《春秋》有那么多令人不可理解的错误，不像君子、良史的作为，"盖君子以博闻多识为工，良史以实录直书为贵"。这就不能不说他颇为大胆。

所以，到刘知幾那里，经传是否历史的问题，已由经学家转给了史学家。而且，问题本身也深化了，已由经传是不是历史的问题变成了这种历史可信不可信的问题。这对经传的绝对权威地位，无疑是一个挑战。绝对权威，就是不管你理解不理解，都必须信仰。而刘知幾宣称，只有理解，才能信仰。他本人追求的是真信仰，如《惑经》篇开头所表白的，"古今世殊，师授路隔，恨不得亲膺洒扫，陪五尺之童，躬奉德音，抚四科之友"。但他破除孔子不犯错误的迷信，只能造成动摇信仰的效果。这一来，史学企图摆脱经学附庸地位的努力，才第一次获得理论的说服，而不再限于造成史部独立的既成事实。虽然这个理论说明，采用的是王充的形式逻辑方法，也就是逐一列举经传的缺陷，逐一加以对照事实的批评，同样有点形而上学的味道。可是，在破除一个已经依靠政权的提倡保护而蔓延到整个社会的巨大信仰体系的初期，首先列举事实，证明它犯的错误是什么，不但是合理的，而且是必要的，因为非如此便不能进一步搞清它为什么是错误的。这是刘知幾对古代史学的一大贡献。

三 怎样才算职业史学家？

刘知幾对古代史学的另一大贡献，便是提出了怎样做一个史学家的问题。

从司马迁以来，愈来愈多的人写作历史作品。司马迁曾经提出为什么要做史学家的问题。尽管他的回答，即所谓想要"究天人之际，通古今之变，成一家之言"，还带着以今文经学家自居的气息，也就是把史学家等同于政治家、哲学家、宗教家，引导史学家人人以当代孔子自许，想通过著史变成帝

---

① 《汉书·平帝纪》。

师王佐。但终究还是提出了问题,而且他的答案一直支配着中世纪史学家的头脑,包括刘知幾在内。不过,这样提问题,既然否定了史学家在意识形态领域内分工的特殊性,那就必然杜塞了人们进一步思考成为史学家的特殊条件问题。因此,从汉朝以后,以为只要通经便能成为史学家,或者像沈约等那样,以为有文学才干便能成为史学家,便成了似乎不证自明的道理。

刘知幾却向这种道理挑战。他于武则天时担任史官,历经中宗、睿宗、玄宗三朝,"三为史臣,再入东观"①,"掌知国史,首尾二十余年,多所撰述"②,不但具有写历史的丰富经验,而且具有担任官方史学家的丰富经验。

中世纪的官方史学家,首先是官僚,其次才是学者。这种官僚,没有烦冗的行政事务的辛劳,却有接近皇帝、与闻机密的特权,属于人所羡慕的清要官,因而必然成为科举出身的官员们喜欢钻营的美缺,尽管并非肥缺。而史馆和史官修史,多由宰相权臣直接控制。后者关心自己权势远胜于关心历史的真实,因而不仅对修史经常横加干涉,而且更愿意任用学者兼具奴才骨的人物做史官,使这个职位的官僚性更突出。

可以想见,对于真想搞历史学的史学家来说,在这样的环境里长期担任史官,决不会是一种愉快的经历。唐中宗景龙初(707),刘知幾论资升迁,由凤阁舍人转为太子中允,依旧修国史。照理他应该满意,静候下次升官,并且继续保持清要的史臣地位。然而这位官方史学家却大发其怒,要求辞去兼修国史的职位。惹他发怒的直接原因,是当时"监修国史"的贵臣,竟有五人之多:侍中韦巨源、纪处讷,中书令杨再思,兵部尚书宗楚客,中书侍郎萧至忠。这五人都有宰相身份,其中杨再思、宗楚客都是靠谄媚皇帝博取高位的大官僚,没有学问,却有横加干涉修史的本事。而萧至忠一上任,便责备刘知幾"著述无课",即没有像百姓交税那样按时交出史稿,因而成了刘知幾要求辞职的触发点。但由他写给萧至忠的辞职信③来看,事情却没有那么简单。

这封辞职信,实际上是对唐朝统治者控制和扼杀国史即现代史著作的控诉状。信中说,他无法写成国史,是因为存在着五种不许可完成的因素。

第一,因为史官太多,却人人既自负,又胆怯,"每欲记一事,载一言,皆

---

① 《史通·自叙》。
② 《旧唐书·刘子玄传》。
③ 见《旧唐书·刘子玄传》。

阁笔相视,含毫不断,故首白可期,而汗青无日。"

第二,因为史官无权,既缺乏皇帝贵族的原始记录,又难见政府各部门的档案资料,每事都需亲自询问访求,"虽使尼父再出,犹且成其管窥,况限以中才,安能遂其博物?"

第三,因为史官害怕得罪权门贵族,"今馆中作者,多士如林,皆愿长喙,无闻齰舌。倘有五始初成,一字加贬,言未绝口而朝野具知,笔未棲毫而搢绅咸诵",只要记得孙盛著《晋阳秋》险遭桓温毒手,王韶之著《晋纪》招来晋朝贵族子孙仇恨的先例,谁能无畏呢?

第四,因为史官受到政治干涉太多,"顷史官注记,多取禀监修。杨令公则云'必须直词',宗尚书则云'宜多隐恶'。十羊九牧,其事难行。一国三公,适从焉在?"

第五,因为史官没有明确分工,大家逃避责任。照理监修应该明确分配任务,明白立下章程,"今监之者既不指授,修之者又无遵奉,用使争学苟且,务相推避,坐变炎凉,徒延岁月。"

这样的史馆,纯粹是中世纪的官僚衙门,怎么可能按时完成当代历史的著作呢?刘知幾所列五大弊病,都是中世纪官僚制度的必至毛病。在这种制度下,文化控制权的过度集中反而变成控制者极端涣散的原因,学术研究相对自由的丧失必定换来学术研究毫无成就的结果。所以,生活在中世纪政治下的史学家,只可能逃避到往古遗事中间讨生活,而不可能对同现实的新鲜生活更有密切联系的近现代史进行正当的论述。大家都只能在说到前代史的时候才有那么一点发言权。

当然,这是刘知幾揭露的史馆弊病的逻辑归宿,他本人并没有将这种逻辑推究到底。但他为得到这几点反面经验所付出的代价,已足以使他提出一个正直的史学家应该具有什么条件的问题。

> 礼部尚书郑惟忠尝问子玄曰:"自古以来,文士多而史才少,何也?"
> 对曰:"史才须有三长。世无其人,故史才少也。三长:谓才也,学也,识也。夫有学而无才,亦犹有良田百顷,黄金满籯,而使愚者营生,终不能致于货殖者矣。如有才而无学,亦犹思兼匠石,巧若公输,而家无梗楠斧斤,终不果成其宫室者矣。犹须好是正直,善恶必书,使骄主贼臣,所以知惧。此则为虎傅翼,善无可加,所向无敌者矣。脱苟非其

才,不可叨居史任。自叐古以来,能应斯目者,罕见其人。"①

这就是著名的"史才三长"论。这三长,即才学识,各个概念如何下定义,有不同说法。看来刘知幾颇有点工商业者的意识,因而会用这类人的活动打比方——比喻往往反映比喻者的注意力和心理状态。他用有土地有资本而不会经营致富来比喻才与学的关系,用有本领而无材料无工具来比喻学与才的关系,相当形象地说明他所谓的才,相当于鉴别史实,运用史料和文字技巧一类能力,他所谓的学,包括掌握基本史料和基本见解两个侧面,即他所说的建筑原料和施工机械。同样的土地资本,交给不同的商人去做生意,有的蚀本,有的发财,这就是有学有才和有学无才的区别。同样的能工巧匠,没有原料工具便无所施其技,有了原料工具便可造出宫殿房屋,这就是有才无学和有才有学的区别。

可见,做一个史学家,在刘知幾看来,基本条件是要有才有学,二者缺一不可。比喻有点生硬,反映的概念还不明确。如说才相当于工匠的思与巧,表明其中包含着指导思想,当然主要是指文思,类似工匠的设计方案;而不单是指文学表现能力。又如说学相当于建筑材料和施工工具,也表明他所说的学问不单是指掌握的史料或基本的知识,而且包含着理论素养,当然主要是指熟悉历史编纂形式和古人对各种历史问题的见解而言。两个概念的涵义有互相交错的地方,区别得不够确当。但在中国史学史上,这是第一次试图把史学家的才学加以解析,指出二者互相联系,却有区别。因此,六朝以来认为只要善写文章便可当史学家的普遍看法,或者如汉朝以来的章句小儒搞烦琐哲学的办法,认为只要会搜写和堆砌前人陈说便可当史学家的普遍方法,被证明都是偏见。如果各执一端去培养史学家,不是流于空谈,便是流于烦琐。

正因如此,刘知幾在《史通》里,用了颇多力气去评论前代史学家有才有学,缺才或缺学而带来的利病。他专门写过《覈才》篇,批评汉晋以来的史学家,大多只能叫作文士,"齿迹文章而兼修史传",结果做出的都只能叫丽词,而不能称史笔,而且养成了"世重文藻,词宗丽淫"的风气。于是朝廷拜授史官,必推文士,"遂使握管怀铅,多无铨综之识;连章累牍,罕逢微婉之言。而举俗共以为能,当时莫之敢侮"。最令人生气的,是难得出现几个有真才实

---

① 《唐会要》卷六十三,《旧唐书·刘子玄传》。

学的史学家,"术同彪、峤,才若班、荀,怀独见之明,负不刊之业,而皆取窘于流俗,见嗤于朋党",闹得他们生活贫困,有力没处使。这是批评文人修史。同时他也批评经师修史,比如蔡邕、刘峻、徐陵、刘炫之徒,都是汉晋南北朝有名的经学家,"各自谓长于著书,达于史体"。其实呢?以蔡邕为例,他认为修史最要紧的是拓广《汉书·天文志》,而不知《天文志》在《汉书》里可有可无,因而这个建议,好比看见黄河决口,不赶紧筑堤堵住洪水,反而大讲必须疏而导之,以致洪水泛滥。又如徐陵,在北齐时有志于修梁史,可是等他回到江东,有材料写了,却又写不出,"嗟乎!以徐公文体,而施诸史传,亦犹灞上儿戏,异乎真将军,幸而量力不为,可谓自卜者审矣。"再如刘炫,是隋唐间许多经学家的崇拜对象,号称"洪儒硕学",他说话极力想成为经典语言,希望永传不朽,"而言皆浅俗,理无要害,岂所谓'诵诗三百,虽多,亦奚以为'者乎!"挖苦得很尖刻,然而的确击中了自以为有学问,其实开口便是陈词滥调的经师们的要害。

但刘知幾以为,才学兼备,仅是做一个史学家必备的条件,还不算做一个好的史学家的全部条件。

那么,好的史学家,需要什么条件呢?刘知幾说,除了有才有学,还要加上一条,就是有识。

所谓史识,很容易被说成有见识。那是误解。识者,知也,帜也,兼有认识和表记二义。刘知幾的本意正是兼具这二义。"好是正直,善恶必书",就包括史学家的认识和品格。他更强调的是品格,要求史学家既不"妄生穿凿,轻究本源"①,又"爱而知其丑,憎而知其善"②,还要"彰善贬恶,不避强御"③,这样才能成为一个好的史学家,所谓"良史以实录直书为贵"④。

因此,在刘知幾看来,史记不仅属于理论范畴,而且属于伦理范畴,缺识便是缺德。就概念论概念,他说的都不错。史学家当然应有清楚的是非,鲜明的爱憎,善善恶恶,不屈服于权势和压力;也当然应有客观的态度,勇敢的精神,据实照录,不隐讳事实和真相。

然而,概念不过是事实的反映,因而每个概念都有特定的内容,特殊的

---

① 《史通·探赜》。
② 《史通·惑经》。
③ 《史通·辨职》。
④ 《史通·惑经》。

涵义。当刘知幾把史识由理论范畴转移到伦理范畴，就是说以为历史认识的任务主要不在于探索历史的过程，即客观存在的规律，而在于维护标准的道德，即主观创造的信念，他所告诉我们的东西之贫乏，他头脑中居支配地位的政治倾向，便呈露在人们眼前。

何以见得呢？不妨重引刘知幾前面的自述：史学家有才有学还不够，"还必须爱好真理，为人鲠直，善恶两方面一定都记录，让放肆的君主、逆乱的臣民，可以见了他写的东西都觉得恐惧，这样他的著作便好比猛虎添了翅膀，好得不能再好，任何时候任何场合都能用而不败。"可见，他认为史家的最高品格，便在于写出的书，使骄主贼臣读了觉得恐惧，就是说从中获得道德的教训，从此小心做人，收敛坏心，免得自己也在历史上留下恶名。

难道我们还不熟悉这个见解么？从孟轲说孔子作《春秋》而"乱臣贼子惧"，并受到汉朝经学家的特别表彰之后，人们便惯于把研究历史的任务，规定为从中引出对统治者和被统治者都有益的道德教训，因此我们从他们的著作里同样发现，"历史教导我们"一类廉价的诗歌语句，触目皆是。

的确，如果认为自古至今的人类社会是一成不变的，如果认为现在只是过去的简单延续，如果认为今日之种种不过是昨日之种种的单调循环，就是说把历史与现实等同起来，那么历史上各种贤良方正、忠臣孝子、义夫节妇、明君清官之类实例，可以陶冶人们的性灵，尤其可以灌输给天真的儿童，作为获得善良品质的教材。但事实是各民族各国家的命运远不是按照道德家的设计在发展。人们吃喝住穿的条件即生产力不断在起变化，由此引起的生产资料占有状况，人们在劳动中结成的相互关系，以及产品的分配形式等，都不断起变化的事实，便决定着政治要变，意识要变，伦理道德观念也必然要变。

黑格尔说："人们惯以历史上经验的教训，特别介绍给各君主、各政治家、各民族国家。但是经验和历史所昭示我们的，却是各民族和各政府没有从历史方面学到什么，也没有依据历史上演绎出来的法则行事。每个时代都有它特殊的环境，都具有一种个别的情况，使它的举动行事，不得不全由自己来考虑、自己来决定。当重大事变纷乘交迫的时候，一般的笼统的法则，毫无裨益。回忆过去的同样情形，也是徒劳无功。一个灰色的回忆不能抗衡'现在'的生动和自由。从这一点看起来，法国大革命期间，人们时常称道希腊罗马的前例,真是浅薄无聊极了。"①

是这样的。希腊罗马时代的风气,比起黑格尔那个时代的风气,相差很大。而三代秦汉时代的风气,比起刘知幾那个时代,相差难道不大么?鲁迅曾批评"唐室大有胡气"。在这方面,陈寅恪先生的《唐代政治史述论稿》、《隋唐制度渊源略论稿》和《元白诗笺证稿》等,给我们提供了大量实例。向达的《唐代长安和西域文明》也有价值。举例来说,陈先生考证,在武则天以前,唐代统治集团由两部分人组成,皇室贵族为北周宇文泰时所形成的胡汉关陇集团遗绪,外廷士大夫则为比较传统的山东士族。这类士族,最初都以家学及礼法等标异于其他诸姓,如山东士族头等著姓范阳卢氏,"其文武功烈殆无足纪,而见重于时,声高冠带,盖德业儒素有过人者。"②以后才变成专以祖宗官职高下作为区别门第的标准。唐太宗时设明经科,实为此类士族子孙提供登仕的阶梯。然而唐高宗、武则天后,君主有意提拔社会地位较低的新官僚代替墨守陈规的旧士族,因而特重文学词章为主的进士科,于是士大夫多由进士出身,统治集团的组成也随之改变。在主张经学礼法为正宗的旧家公卿眼里,进士出身的人都是浮华放浪之徒。然而正是这班所谓放浪有才华之人,敢于吸收外来的新事物,敢于蔑视陈腐的旧观念,从而给唐朝文化带来了前所未有的蓬勃气氛。对于这些人,如果拿东汉或北朝的道德准则去衡量,无疑属于"骄主贼臣";但如拿魏晋之际公开声明"礼岂为我辈所设"的竹林名士的道德准则去衡量,则又嫌放肆毁礼还不够。阮籍可以公然祖卧在邻家当炉美妇的面前,武则天却在她的大臣们的干预下不得不站在后门口迎接她的情人,能说她是"骄主"么?因此,如果照刘知幾的说法,让武则天去看"实录直书"式的魏晋贵族生活史的话,无疑只会引起微笑,而不会引起恐惧。这还是生活小事,在政治大事上有哪一个放纵的君主曾经看了历史而改变自己的行为呢?不错,唐太宗说过,以史为鉴,可以明得失。但这只在所谓历史镜子照出他的尊容是美的时候,他才愿意照,一旦他发现"玄武门之变"之类行为在历史上是受谴责的时候,他可就因脸丑而憎恶镜子了,当然他比较聪明,说是镜子不好,应该修理,结果修的镜子映象总是歪的,然而却能使丑脸显得美一点,这就是《晋书》。

---

① 前揭黑格尔《历史哲学》,第 44 页。
② 《魏书·卢玄传论》,参见陈寅恪《唐代政治史述论稿》,三联书店 1956 年版,第 71 页。

因此，刘知幾的史识论，只是赋予史学家一种幻想的任务。我们也以为史学家要有才学识，但史识只是唯物史观的眼光。如果扯到道德上去，便成了荒谬。清朝的《史通》注释家浦起龙，在《史通》附录的《新唐书·刘知幾传》书后里，作过回答。他说，从《新唐书》作者指斥"知幾以来，工诃古人"之后，大家都骂刘知幾；他最初读《史通》，也怪刘知幾把《史记》以下诸史说得没有"完史"，太过分了，想来此人大约是史学中的法家；但读他的传记，却发现他身世清通，子孙荣贵；"自迹释其书且数过，乃始窹其为人也，虽口不谈道，而实种道学之胚胎（原注：观《采撰》、《载文》等篇力屏诞幻夸诬可见）。故其为言也，虽貌似拂经，而实操经物之绳缰（原注：观《疑古》、《惑经》等篇寄愤篡夺叛逆可见）。"虽不尽确切，却还是较公允的意思。因此，他本人至多是个好的中世纪史学家，他要别人也做一个好的中世纪史学家，这才是他的"史才三长"论的真意。

四 《史通》：形式与方法的反省

中国中世纪的史学那样发达，但史学理论的研究却那样不发达，这是个令人吃惊的矛盾现象。原因以后再谈。正因为史学理论极少有人研究，于是刘知幾的《史通》，章学诚的《文史通义》，便如凤毛麟角一样，弥足珍贵。古往今来，关于研究《史通》的专门论著，究竟有多少，尚无统计。但这部书经过许多学者反覆咀嚼过，品味过，则是事实。我不想再细嚼前人嚼过的美味。若想了解中世纪学者较为客观的见解，可看浦起龙的《史通通释》，但须注意此书大有道学家的头巾气。若要了解近来史家的评论和意见，则《中国史学史论集》第二册所收六篇论文，均可一阅，其中翦伯赞《论刘知幾的史学》介绍得较全面，白寿彝《刘知幾的史学》认为刘知幾有"士族意识"，我觉得都可参考。

这里仅就《史通》关于历史编纂的形式和方法的见解，说一说我的看法。

以前多次说过中国古代历史记录形式的变迁过程。到刘知幾的时代，所谓纪传、编年二体，不仅已经成熟，而且已经凝固。尤其是纪传体，已经变成钦定中世纪历史教科书的唯一编写形式，所谓"正史"的传统体裁。历代史学家运用这种形式，积累的经验最多，用得也最纯熟。所以，刘知幾研究这种形式最用力，便毫不足怪。

《史通》的内篇十卷，凡三十六目，其中大部分篇目，都是在讨论纪传体历史的编写形式问题。这里面又分两个方面，一是表现历史面貌的形式，二是表现历史观念的形式。

属于前一方面的，有《本纪》、《世家》、《列传》、《表历》、《书志》、《论赞》、《序例》诸篇。一看目录便知，刘知幾首先对纪传体的各部类，进行分析式的研究。纪传体原是一种综合性的历史编纂体裁，但纪、传、表、志等如何区分，各自适宜于表现哪些内容，相互之间有些什么联系，为什么可以综合成一种完整的形式，诸如此类的问题，除了司马迁、班固有些简要的说明外，还没有人根据累世修史的经验作过理论的说明。刘知幾作了尝试，不妨举几个例。

关于本纪。刘知幾的探讨有四点：第一，确定本纪的地位，是纪传体史的大纲："盖纪者，纲纪庶品，网罗万物；考篇目之大者，其莫过于此乎！"第二，确定本纪的界限，是天子的行事："迁之以天子为本纪，诸侯为世家，斯诚说矣！"第三，确定本纪的叙事方式，以编年为主，"盖纪之为体，犹《春秋》之领，系日月以成岁时，书君上以显国统。"第四，确定本纪的记录对象，只是天子在位时的大事："又纪者，既以编年为主，唯叙天子一人；有大事可书者，则见之于年月，其书事委曲，付之列传：此其义也。"这样，就说明了本纪这种形式的性质和任务。

关于列传。刘知幾讲了五点意见：第一，纪、传的区别，好比经、传的区别，列传是本纪的解释："盖纪者，编年也；传者，列事也。""《春秋》则传以解经，《史》、《汉》则传以释纪。"第二，列传的对象，应以人臣传记为任务，"编年者，历帝王之岁月"，"列事者，录人臣之行状"。第三，列传的内容，应该名实相符，"纪名传体"（如《史记·项羽本纪》）固然不可，传名纪体（如《三国志》孙权、刘备列传）也不合纪传之情。第四，列传的变体，如合传、寄传，应该事迹相随，或品格相类，而不应该滥写附传，"攀列传以垂名"。第五，列传名单的选择，应该是这样的人，生有令闻，死有异迹，值得播其遗烈，传之不朽。"窃以书名竹素，岂限详略，但问其事竟如何耳。"

其他如世家、书志、表历等，刘知幾都企图——确定它们的性质、对象、任务等。这种工作，很像自然科学中的分类。它的使命，在于回答研究对象"是什么"的问题。分类是一切科学研究的起点，属于掌握和整理现成材料的工作。这一步显然是必要的。因为到了唐代，纪传体作为中世纪史著的正统编写形式,已臻于成熟。官方史学家,即史馆的官员,都应该熟练地运用这种形式。但应该是一回事,事实又是一回事。在刘知幾看来,他的史馆同僚们,虽然都自负得很,却在事实上缺乏编写历史的起码常识,包括纪传体各部类的区别和联系的常识。所以他要对他们进行启蒙教育。《史通》编成后,他的好友徐坚说:"居史职者,宜置此书于座右。"①便反映了刘知幾当初确想将它写成史官教科书的隐衷。

正因如此,刘知幾谈的是纪传史编写形式,实际上是在说帝王历史教科书的形式。他在上引诸篇中,几乎每篇都把司马迁作为头一个批评对象。比如项羽,没有得天下,没有称皇帝,而司马迁为他立了本纪。刘知幾对此愤慨得很,先于《本纪》篇斥责道:"项羽僭盗而死,未得成君,求之于古,则齐无知、卫州吁之类也,安得讳其名字,呼之曰王者乎?《春秋》吴楚僭拟,书如列国。假使羽窃帝名,正可抑同群盗,况其名曰西楚、号止霸王者乎?霸王者,即当时诸侯;诸侯而称本纪,求名责实,再三乖谬。"继在《列传》篇讽刺道:"寻兹例草创,始自子长,而朴略犹存,区分未尽。如项王宜传,而以本纪为名,非惟羽之僭盗,不可同于天子,且推其序事,皆作传言,求谓之纪,不可得也。……纪名传体,所以成哂。"司马迁是纪传体的创立者。谁宜入本纪,谁宜入列传,他当然有自己的标准,而这标准就是他给自己创造的纪传体所区别的界限。他给项羽立本纪,陈涉写世家,无论他是什么动机,但有一点是明显的,就是他的头脑里还很少有"成则为王,败则为寇"的中世纪正统观念。而这正是他的伟大之处。然而刘知幾却宣称,这位纪传体鼻祖所写的纪传,不合纪传体的标准。这个古怪的解释,只有一个理由:那就是刘知幾已经给纪传体另立了标准,其基本点就是"成则王,败则寇"。按照这个基准,所谓纪传体史必然要严格地以帝王将相为中心。刘知幾用他另立的标准,回过头来去量度《史记》,当然要"再三乖谬"了。

所以,历史编写形式固然与历史记录内容有区别,但也不能否认,一定的形式总同一定的内容相联系。司马迁虽没有"成王败寇"的观念,但他已有了帝王为中心、王侯将相有等级的观念。他的纪传书表的形式,就是为表现他的这种观念的。经过班固到唐初史臣的发展,这种形式已变成表现中世纪王朝史的凝固形式。而形式的凝固,必然反过来影响内容的教条化、公

---

① 《旧唐书·刘子玄传》。

式化。刘知幾根据这样的经验,来确定纪传体各部类的性质和任务,必然比它的创始人更加刻板,更加僵硬,从而成为中世纪正统史学的理论家。

《史通》内篇讨论表现历史观念形式的篇目,有《题目》、《断限》、《编次》、《称谓》、《采撰》、《载文》、《言语》、《浮词》、《叙事》、《品藻》、《直书》、《曲笔》等。

这些篇,有的学者认为属于论历史学方法,我不敢苟同。这里面固然有方法问题,但刘知幾论述这些内容,都围绕一个中心,就是通过它们来表现作者的"史识",因而应当看作为在讨论表现历史观念的形式。

逐篇分析太烦琐,不妨也举数例。

例如题目。刘知幾说:"夫名以定体,为实之宾,苟失其途,有乖至理。"名者实之宾,这当然是对的,因此体裁要正名,篇章也要正名。没有题目就没有中心,但论著的标题如何恰当地反映论著的内容,却更需要注意。问题在于刘知幾对"实"的理解,表明他注意的主要不是内容,而是观念。我们已经知道,战国秦汉之际,"春秋"既非儒家经书的专名,也非编年史书的专名。因此,百家著书,都可称为"春秋",著名的如《吕氏春秋》、《楚汉春秋》等,在古代目录学中常被列入"杂家"类,其实都是古典的历史哲学著作。只是到了儒术独尊、所谓《春秋经》被说成孔子为西汉预制的"宪法"之类神话发生后,它才成为"经"的专名,而且成为神化了的春秋编年史的专名。这个名称的变化,反映中世纪大一统观念的确定,也反映中世纪文化专制主义的强化,连名称都成为中世纪统治者的专利品,更不消说所谓异端邪说必然不容存在了。然而刘知幾却拿变化了的观念,去衡量未变化前的事实,说吕不韦、陆贾的书,"唯次篇章,不系时月,此乃子书杂记,而皆号曰春秋",这是多么"有乖至理"啊!我们翻阅旧史,常因标题不明而感到困难,比如要查刘向、刘歆父子的传记,在原本《汉书》目录中是找不到的,你必须知道他们的家世,知道刘向父名德,德父名辟彊,辟彊父名富,富父名交,即刘向的高祖,他是刘邦的同父异母弟,封为楚王,死谥为元,然后在《楚元王传》内才能见到刘向父子传。然而怎么知道其家世呢?如果不懂查《诸侯王表》,那就只能在《楚元王传》方能找到。本来需要通过读史才了然的事,却被史家当作人人熟悉的事而不予标明,这样的篇题不是需要改革么?范晔著《后汉书》改了,于列传篇题全刊姓名。然而刘知幾却挖苦它"乃类俗之文案孔目、药草经方,烦碎之至,孰过于此?"这也笑"有乖至理",即《春秋》的表现形式,能说仅是方法论的探讨吗?

又如断限。《史通》所谓断限,今称断代。刘知幾赞美断代体的《汉书》,而贬抑通史体的《史记》。在客观意义上,断代史能为中世纪社会内部周期性的矛盾运动提供实例,使人们可以从一个王朝兴废更替去探讨中世纪社会上升下降的运动过程,因而值得重视。但刘知幾的主观意图,却是把历史运动看作改朝换代的过程,因而正统的史体应该用来描写王朝史。正是用这个观念为尺度,他去衡量《汉书》以下的断代王朝史,便深致不满。例如《汉书》立表志,都不限于汉朝,而上追到先秦乃至三代,其中保存了大量有用史料。然而刘知幾却批评它"侵官离局",违反了孔子所说的"不在其位,不谋其政"的大道理。同样,《宋书》的志上溯到魏晋,《隋书》的志囊括了"五代",其理由都已说过。然而刘知幾却指斥它们的作者都沿习班固的迷误。如此等等,总是用后来的观念度量从前的事实,要求古人服从后人的"理"。这样,他不仅把断代绝对化,企图割裂本来无法截然分开的历史连续性,而且以今律古,苛责于前人,这也很难说仅是方法论问题。

因此,刘知幾强调史识的重要,把史识归入伦理范畴,拿它来作为反省纪传史编写形式的准则,从而把中世纪史家的经验上升到理论,对于后人固然有启发作用,然而作用也只在于启发,也就是引起我们注意"历史的历史",注意古往今来各种历史记录怎样描述历史的现象,怎样寻求历史的本质。刘知幾首先提出了这样的问题,就是他的大功劳。然而,提出问题不等于解决问题。刘知幾企图解决问题,但却把问题解决的途径,归结为严格遵循中世纪的正统观念,归结为正史编写形式决不可越中世纪正统观念之雷池一步。这即使在当时,也只可能起着把正史编写引上更加僵化道路的作用。因此,这种解决办法,可以由历史条件得到说明,却不可以盲目称道。倘说它反映了一种进步的历史观,反映了刘知幾对史学传统的批判精神,那就很难令人信服。

《史通》还有很多篇幅,属于史学方法的反省。例如《叙事》、《因习》篇说,写作历史的方法,应该简要、隐晦和真切,而不应该因习前史文字。例如《采撰》篇讨论史料的搜集,赞成"征求异说,采摭群言",但反对"务多为美,聚博为功",尤其讨厌"以刍荛鄙说,刊为竹帛正言"。这里面都有真理的因素,也有谬误的腐见。然而这都是具体的方法,而不是根本的方法。

刘知幾所说的基本方法,就是"良史以实录直书为贵"。所谓实录直书,顾名思义,应该是据实照录,是怎么回事就写怎么回事。

这种精神,属于中国古代史学的优良传统。刘知幾在提倡这个传统时,对于使直书愈来愈难的环境表示憎恨:"如董狐之书法不隐,赵盾之为法受屈,彼我无忤,行之不疑,然后能成其良直,擅名今古。至若齐史之书崔弑,马迁之述汉非,韦昭仗正于吴朝,崔浩犯讳于魏国,或身膏斧钺,取笑当时,或书填坑窖,无闻后代。夫世事如此,而责史臣不能申其强项之风,励其匪躬之节,盖亦难矣。"①这在客观上是对中世纪文化专制主义的揭露。

因此,当刘知幾说,"盖烈士徇名,壮夫重气,宁为兰摧玉折,不作瓦砾长存。若南、董之仗气直书,不避强御;韦、崔之肆情奋笔,无所阿容。虽周身之防有所不足,而遗芳余烈,人到于今称之。"②我们是同意的。说话作文,固然应该看时间,看地点,看条件。然而环境只能成为有些话该说不该说的限制,而决不应成为看风使舵、歪曲历史真相的借口。当中世纪文化专制主义猖獗之时,尤其需要提倡实录直书的精神。

然而我们现在所研究的不是精神,而是方法。方法是抽象的,又是具体的,抽象正存在于具体之中。刘知幾所说的实录直书,不应该与唯物史观所理解的尊重历史的态度相混同,而应该考察它的特定含义。

那特定含义,不是别的,就是褒善贬恶。"盖史之为用也,记功司过,彰善瘅恶,得失一朝,荣辱千载;苟违斯法,岂曰能官?"③显而易见,在刘知幾看来,方法问题,同样属于伦理的范畴。所谓实录,便是为中世纪统治者记功司过;所谓直书,便是代中世纪统治者彰善瘅恶。历史的价值在于此,历史的方法在于此。当然,判断一个史学家有没有才能,也就要看他违背不违背这样的实录直书方法。

不消说,功过也罢,善恶也罢,各阶级、各集团、各派别,都有很不相同乃至截然相反的标准。就看刘知幾生活的时代,统治集团内部的政治纠纷,皇位问题,党派问题,总和道德问题扭结在一起。唐太宗杀兄夺嫡,逼父夺位,是功是过,是善是恶? 唐高宗娶父妾做皇后,合不合中世纪伦理? 武则天箝制丈夫,杀逐亲子,以外姓妇女做了皇帝,还把国号改为周,有哪一件符合中世纪礼法? 唐中宗支持宫廷政变推翻了母亲的帝位,唐玄宗又发动宫廷政变推翻了伯母而让父亲做傀儡皇帝,接着又效法祖父唐太宗而自立为帝,难

---

① 《史通·直书》。
② 同上。
③ 《史通·曲笔》。

道不是中世纪道德所谴责的"不孝"、"犯上"么？这一连串大事，以浮华著名的新贵们不以为非，例如骆宾王代徐敬业草拟的《讨武曌檄》，指责武则天的最大罪名，不过是"掩袖工谗"，"一抔之土未干，六尺之孤安在"，并不指责唐高宗娶继母是错误，也不指责武则天事二夫、养男宠是错误，这不奇怪。奇怪的是信守礼教的刘知幾竟无"一字以为褒贬"①，怎么解释呢？可见他也是"为尊者讳"、"为贤者讳"。可见他的功过善恶论，基本上没有脱离以孔子的是非为是非，"昔夫子修《春秋》，别是非，申黜陟，而贼臣逆子惧。"②他的实录直书，追求的不过尔尔。

方法与目的，自然不能混为一谈。问题在于刘知幾自己混为一谈。如果勉强就他的方法来考察他的方法，那也不会太令人愉快。为什么呢？因为他的方法，很明显是一种形而上学的方法。

形而上学的方法，也就是把事物当作一成不变的形态去研究的方法。它的出现，自有其历史的理由。刘知幾反省历史编写的形式，首先进行分类的研究，确定纪传体各部类是什么，当然是需要的。但问题回到方法本身，他依然认为孔子修《春秋》的方法，即所谓"一字以为褒贬"，借历史进行道德的政治的说教，是千古不变的好方法，就这值得怀疑了。我们不能要求他超越历史的时代，采用唯物辩证法，然而我们应该要求他超越前人而有所前进。但是，司马迁已经提出历史家应该"究天人之际，通古今之变"，也就是历史家不应该把视野限制在褒善贬恶，而应该仔细考察历史变化的规律性。他失败了，不足为奇。过了一千年，刘知幾却连这个目标也抛弃掉，反而回到孔子那里去，把褒贬作为史学方法的定义。这无论如何是一种倒退，是中世纪统治阶级思想趋于僵化的反映。要说他进步，在历史观和方法论上都超过古人，恐怕不能说合乎历史事实。

---

① 《史通·题目》。
② 《史通·载文》。

第九章　中世纪社会结构 历史的百科全书

一　由动态研究到静态研究

说来也怪,唐初设馆修史的规模那样大,关心史学的风气那样盛,积累的经验之丰富促使了刘知幾《史通》的出现,然而在中唐以后,却没有出现几个像样的纪传史家或编年史家,也没有出现什么像样的纪传史或编年史。

现在勉强可以称道的,只有与刘知幾同修国史的徐坚、吴兢,略后的韦述、元行冲,以及中晚唐之际的韩愈等。徐坚曾奉武则天命修改唐史,但现在留下的只有《初学记》和与徐彦伯、刘知幾、张说合编的《三教珠英》。吴兢是著名的《贞观政要》的编者。他曾预修《则天实录》,还曾改编唐修梁、齐、周史,死后其子献上所修《唐史》,但时人评前者疏略,后多纰缪,大概并不高明。韦述曾在史馆二十多年,把令狐德棻至吴兢相继编撰的国史稿,改编成《国史》一百十二卷、《史例》一卷,唐玄宗时被称为"有良史之才";还有《高宗实录》等多种,但书今均不存,无从评论。元行冲是北魏宗室后代,于玄宗时修成编年的《魏典》三十卷,号称"事详文简",但如今也不传。我们所看到的只有韩愈的《顺宗实录》五卷。唐顺宗时发生了所谓二王八司马的政治改革,但很快被一场宫廷政变所击败。韩愈是著名的文学家,但不仅政治上保守,思想也够迂腐的。以后在中世纪史上起过很大作用的"道统"说,发明权便属于他。《顺宗实录》采取的就是"春秋笔法",曲解事实以贬斥"永贞革新",还迎合阿谀专权的宦官集团,极力替顺宗被劫持"内禅"给宪宗帝位的丑史作讳饰。

所以,唐中叶后史学的成绩,可数的只有杜佑的《通典》,李吉甫的《元和郡县图志》和苏冕的《会要》。但那都不属于通史或断代史，而是专门史，将于下面论述。

　　唐朝为什么会出现纪传史即动态研究衰落的状况？如说中世纪统治者不重视，那不合事实。恰好相反，唐朝建立了最完备的史馆制度，每朝任命的史官都满员乃至超编，以致执政常为安排他们的职守伤脑筋。唐朝统治者还屡次下令中央和地方各部门配合史馆工作，颁行过《诸司应送史馆事例》，详细规定每个部门必须及时"勘报史馆，修入国史"的材料，还规定"如史官访知事由堪入史者，虽不与前件色同，亦任直牒索；承牒之处，即依状勘，并限一月内报"①。可见，编写现代史得到中世纪政权的各种必要保证。不仅如此，唐穆宗长庆三年(823)，还根据谏议大夫殷侑的建议，设立三史科和三传科，选拔通晓各代历史的官员②。如此重视，照理史学应愈来愈兴旺。结果适得其反，晚唐时人便承认，"比来史学废，至有身处班列，而朝廷旧章莫能知者"③。依我看，毛病正好出在中世纪王朝过于重视。重视得迫使史学走向反面：第一，使研究历史变成中世纪官方垄断的事业，于是不在其位者便不敢或不想编写通史或断代史；第二，使官方史学部门衙门化，史官成为纯粹的官僚，修史成为纯粹的例行公事，制度变成了史学的障碍；第三，使修史和论政混淆起来，殷侑议立三史科，理由便是"司马迁、班固、范晔三史为书，劝善惩恶，亚于六经"，"自宋以后，史书烦碎冗长，请但问政理成败所因及其人物损益关于当代者，其余一切不问。"④这样编写历史纯粹着眼于汲取政治经验和道德教训，根本不注意廓清历史的本来面目，当然要窒息客观的研究和理论的探讨；第四，引出各种享有特权的人物，对编写历史的种种干预，于是史学家正直者莫伸其志，中庸者看风使舵，卑劣者乘机渔利，当然不可能产生《史》、《汉》一类著作。所以，中世纪王朝对史学的蔑视或重视，都足以造成史学的灾难，然而两害相权，还是扼杀史学研究更可怕。这似乎是怪论，却是历史昭示的事实。

　　不过，事情不能一概而论。唐朝统治者重视修史，重视向历史"问政理成败所因及其人物损益关于当代者"，也促进了史学一个新领域的开辟，这

---

① 《唐会要》卷六十三。
② 《玉海》卷一百十五"唐三传科、史科"条，《日知录》卷十六"史学"。
③ 同上。
④ 同上。

就是关于历代政治、经济、法律、文化等制度的研究。这种研究,把中世纪上层建筑的结构的变化,制度的沿革,当作一条完整的历史发展体系加以考察,目的在于为现实政治生活采取各种措施提供借鉴。它的成果,中世纪史家称为政书,近代史家唤作制度史,据我看不如命之为中世纪结构历史的百科全书,更能反映它的形式、内容和用途。

这种百科全书式的史学著作,前身就是纪传史多半都有的书或志。书志都属于专题史范围,除了记录自然史或宗教史的《天文志》《五行志》,记录全国图书的《艺文志》或《经籍志》而外,大部分都是记录各代的典章制度。但《汉书》以下断代纪传史的志,都存在着王朝史带来的共同缺陷。王朝是以皇帝改姓为转移,但各个中世纪王朝的制度却顽强地显示着中世纪制度的保守性格,也就是大体继承前朝制度而有所调整,或者仅是纯名目的改变。这就给志书的编写带来困难,如不追叙前代,便不明制度的由来和变更;如追叙过多,则又失之烦琐重复。因此,魏晋以后的史学家,有的干脆不写志,因它考订费力而难于表现文章技巧;有的写了志,也设法另立篇目,以见编者自出新意。这种缺而乱的现象,给留心典章制度沿革的中世纪政治家,造成难于检索的麻烦。因此,就志体著作的内在矛盾来说,早有改变的必要。

经过几百年的分裂局面,重新实现大一统的隋、唐王朝,迫切需要重建中央集权的上层建筑。从中央到地方各级政权机构的组织形式需要统一,军队的编制、武器和粮饷供给的制度需要统一,征收赋税劳役和管理财政收支的办法需要统一,镇压犯上作乱和处理民事诉讼的法律需要统一,礼仪服色以至观象制历等措施也需要统一。这是一个很长的过程。它的准备,可上溯到西魏僭主宇文泰同他的有远见的谋臣苏绰模仿《周礼》六官所制定的北周六典。隋朝就在这部法典基础上制定各种统一措施。唐朝又继续改进隋制。但中间插进了隋末民众造反和武则天建立"女性中心"政权形式的改制,直到唐玄宗才大体完成,历时一个半世纪。

这种中世纪上层建筑的结构实现统一和稳定,反映在几部中世纪法典的制定上。主要有三部:《唐律疏议》即刑法和民法的综合法典及其官方解释,唐太宗时由房玄龄主持制定法律,唐高宗初由长孙无忌主持编成义疏;《唐六典》即政府组织法,题为唐玄宗撰、李林甫注;《大唐开元礼》即中世纪的礼仪规范,因唐初礼无定制,遇大事便临时定一仪,定后便成为传统,查考很麻烦,唐玄宗时张说建议取贞观、显庆礼书折衷异同,编制唐礼,因由萧嵩等按吉宾军嘉凶五礼次序编成。这三部法典影响很大,唐律的基本法则一直沿用到清代;六典关于三师、三公、三省、九寺、五监、十二卫等职司官佐及其品级等规定,说是仿自周礼,实为沿袭隋制,主要部门的组织如尚书省六部组织法,也一直沿用到清代,开元礼也成为后代王朝,尤其是宋、明制定礼仪的基本参考资料。

法典的制定过程,必定是有关制度的研究过程。比如长孙无忌主持制定唐律的官方解释,在疏中就详考古律源流,说明取舍存废的理由,因而也成为现存最古的法律史专著。这个研究过程都由宰相主持,皇帝也过问,因而就开了执政和高级官员关心制度沿革史的风气。我们看到唐宋大臣的奏议和公函辄引经据史,如果以今律古,以为都是幕僚代劳,便是误解。上有所好,下必有甚焉。所以,恰在几部主要法典完成的唐玄宗时,出现了综合考察历代制度沿革的百科全书式著作,就不奇怪。

当然,还有促成它出现的两个重要因素,也不可忽视。一是这类专史,着重考察"政理",较少牵扯到"人物损益",便较少引出贵族官僚的掣肘毁谤,因而作者较少顾忌;二是统治者重视有关专门史料的征集,如果进入史料或政府中枢,便可不劳大力去搜集,因而作者易出成果。要是没有后一条件,那便困难得多。郑樵的《二十略》中间,关于礼、乐、职官、食货、选举、刑法六略,都是删节《通典》,地理、器服二略更全抄《通典》,大遭后来学者讥评,其实一大原因便在于他享受不到杜佑的特权。

中世纪法典的完成,必定要有条件,最重要的是王朝政权已经相当稳定,而法典的内容早已用成文或不成文的形式实行并有成效,也就是得到统治阶级的承认。所以,它是统治原则固定化的产物。但中世纪法典的制定和颁行,必定反过来也对统治秩序的稳定起作用。这种作用,包含两种意义,积极的意义是巩固现存的统治秩序,消极的意义便是遏制破坏现存统治秩序的力量或事物出现,而不管这种力量或事物是否具有历史的合理性。所以,一部在实践中起作用的中世纪法典,主要反映中世纪某个历史时期的相对静止、相对稳定的状态。它的本性是要求现有的社会结构不变,各种制度不变。因而,法典的实行又起着促使中世纪制度、风俗、习惯和社会细胞凝固乃至僵化的作用。它的原则往往比已经改变了的现实落后,例如由唐初至清亡,时间流逝了一千二百年,社会结构不断在起变化,但《唐律疏议》

仍然被《宋刑统》、明律、清律的制定者奉为圭臬。这就深刻表明中世纪法典的主要性格。

正因如此，从所谓制度史的角度去观察中世纪的结构状况，自然而然地容易偏向于静态研究。在这里，人们所看到的不是活生生的历史运动面，而是死板板的历史静止面。由人的活动所创造的政治、法律、礼乐、经济等制度，发生了异化，成为仿佛独立于人之外而支配人的活动的异己力量。王朝在更替，君主在轮换，种种人物都成为匆匆来去的历史过客，"乱哄哄你方唱罢他登场"，唯有典章制度所构筑的中世纪上层建筑舞台，却屹然不变，要隔几代才修补或粉刷一下。这样，由王朝史的研究转向制度史的研究，也就是由社会历史的动态研究发展到静态研究。

以前，纪传史中的志，总的还是属于动态研究的组成部分，反映的是中世纪王朝更替运动过程中相对静止的截面。而唐中叶起"政书"的出现，则是将这类静止截面抽取出来进行独立考察，好比生物学家在显微镜下研究一个个标本，记下各自的结构形态、性状、特征，以便于人们对照它认识活的动植物，因而我说它实为中世纪社会结构的百科全书。

二 《通典》：中世纪的第一部百科全书

说《通典》是百科全书式社会结构史的第一部专著，也许不很恰当。同多数新形式的名著一样，它也有自己的雏型，那就是开元末刘秩的《政典》。

刘秩是刘知幾的第四子。他的生平，仅见于两《唐书》刘知幾本传所附的一篇百余字小传。他在开元末做过宪部员外郎，因"小累"贬为陇西司马；安史之乱起，曾上书反对杨国忠夺兵权；他著的《政典》，被拥立唐肃宗的宰相房琯比作刘向；后来做过给事中、阆州刺史，又被贬官而死。他著书有数十篇，其中有《政典》，据《旧唐书》说有三十五卷。北宋苏轼说："世之言兵者，或取《通典》。《通典》虽杜佑所集，然其源出于刘秩。"①《政典》今不存，仅知它的体例是依《周礼》六官职掌分类，大约意在替号称皇帝御撰的《唐六

---

① 苏轼《志林》卷四"房琯陈涛斜事"条。此条乃讽刺刘秩，全文如下："房次律败于陈涛斜，杀四万人，悲哉！世之言兵者，或取《通典》。《通典》虽杜佑所集，然其源出于刘秩。陈涛之败，秩有力焉。次律云：'热洛河虽多，安能当我刘秩？'区区之辨以待热洛河，疏矣。"

典》提供历史证明①,但可由此推知它确为研究典章制度的专史雏型。

过了二十多年,一部真正的百科全书式巨著开始编纂。这部书,由唐代宗大历初(766后)动手,到唐德宗贞元十七年(801)竣工,时费三十年,量达二百卷,名叫《通典》,作者就是杜佑。

杜佑(735—813),字君卿,唐京兆万年(今陕西长安县)人。他祖籍在襄阳,六世做官,号称"襄阳杜氏";父希望,于玄宗时曾任鄁州都督,有军功。杜佑以荫入仕,初任济南参军事,后任金部郎中。德宗即位被擢升勾当江淮水陆运使,次年改判度支使,但建中三年(782)被贬为苏州刺史。到贞元六年(790)由陕虢观察使升任淮南节度使,在任十四年;贞元十九年(803)召为检校司空、同中书门下平章。顺宗在位的八个月里(805),他靠拢王叔文集团,仍任宰相,位升检校司徒,领度支盐铁转运使,副使即王叔文。宪宗由"内禅"即帝位,他仍任原职;但元和元年(806)三月顺宗被宦官毒死,二王八司马被杀逐,次月他即被罢相,解使,但正拜司徒,位居三公之首,却无实权;元和七年(812)加太保致仕,次年死,年七十八。

他善于做官,以理财著名,在德、顺、宪三朝统治集团内部剧烈斗争的漩涡里周旋应付,因而官运亨通,出将入相,位极人臣,二十余年。但《旧唐书》说他"性嗜学,该涉古今,以富国安人之术为己任"。这大约是他中年以前的抱负。还在代宗大历初,他刚过三十,任淮南节度使掌书记,便广搜典籍,编著《通典》。书成于淮南节度使任末,此时年已六十六岁。

《通典》二百卷,据《旧唐书·杜佑传》所载他于贞元十七年(801)上给皇帝的《献书表》,说"书凡九门":食货,选举,职官,礼,乐,兵,刑,州郡,边防。但《通典·自序》所列为八门,兵、刑合为一门。《自序》刑门下自注:"大刑用甲兵,十五卷;其次五刑,八卷。"可知作者原分八门,献书时始分九门,今本都分为九门。

就编写形式看,《通典》基本采取历代史志的写法。门下分若干目,也就是若干专题。每目下不再另列细目,但实际按照所叙事件的性质再加区分。例如食货门,下列"田制"等目,而"田制"目下实分为均田、屯田等节;礼门,则列吉嘉宾军凶等目,各目下又分若干节。而每目叙事,都采取编年式。比如食货门田制一目考察均田制,便广搜故书旧史所记均田的法令、诏书、奏

---

① 刘秩曾论封建,见《志林》卷五"秦废封建"条。

疏以及北朝人有关此制的各种议论,按照时间顺序编排。材料上追均田制的酝酿过程,下至开元、天宝间唐王朝颁布的官方文件,最后记个总账,"天宝中应受田"若干万顷亩;前人的议论即插入有关各朝文件之后。但杜佑的记录实到唐肃宗、代宗二朝,对这些材料,包括由作者自行统计或考证的材料,则作为小注,附在有关事项之下。

这样的体例,看来比较客观。作者只是记录事实,按年编排,不附序论或按语,颇像资料长编。但事实上,材料的选择,以历代官方文书为主,已可见作者认为这类记录最重要,而前人议论的选择相当严格,每事只取同样观点的作品,也足以表现作者是借古人之口来说自己的话;同时小注数量很少,纯考证的注释更少,基本上都是直接联系到天宝至大历间的时事的详注,更足以表明作者的意图是给现实政治提供借鉴,也是借历史抒发自己的见解。

事实上,杜佑并不隐讳自己的意图。《自序》声明编写宗旨,便说:"所纂《通典》,实采群言,征诸人事,将施有政。"《献书表》又说,他认为"往昔是非,可为来今龟镜",方才花巨大精力编著此书。可见,他的目的在于编写一部以制度沿革得失为内容的政治教科书。

这个意图贯穿于《通典》,包括门类的次序编排,也是为了表达作者关于各种制度相互关系的理论和改造当前朝政进行程序的方案。《自序》说:"理道之先,在乎行教化;教化之本,在乎足衣食。《易》称聚人曰财。《洪范》八政,一曰食,二曰货。《管子》曰:'仓廪实,知礼节;衣食足,知荣辱。'夫子曰:'既富而教。'斯之谓矣。夫行教化在乎设职官,设职官在乎审官才,审官才在乎精选举。制礼以端其俗,立乐以和其心。此先哲王致治之大方也。故职官设然后兴礼乐焉,教化隳然后用刑罚焉;列州郡俾分领焉,置边防遏戎敌焉。"

结合《通典》各门的内容分析,杜佑认为中世纪社会结构的历史,提供了如下施政经验:第一,处理统治(即儒家术语中的教化)与被统治的关系,必须先使被治者有吃有穿,统治的基础才能稳定;第二,处理统治有效(行)与无效的矛盾,必须着眼于改革政权组成成分,行政效率来自官员的才能,因此改革前提是审查官员的才能,而官员的才能又必须通过考核才能鉴别,故而应该从严格选举制度做起;第三,解决被统治者不安于受统治,以及统治集团内部争吵的问题,还需要有好的风俗和教养(心和)做保证,因而必须制礼作乐加以薰陶;第四,对于破坏统治的人和事,必须用刑罚镇压,大者用兵,小者用刑;第五,还要注意地方政治和敌国外患,所以政区的划分要合理,边境的防御要加强。

正是基于以上见解,杜佑详细搜罗经、史和汉魏六朝人的重要议论,来构成他的著作内容和体系。反之,也只有把《通典》当作杜佑设计的稳定统治的蓝图看,我们才能弄清他的历史认识和编纂特点。

不难看出,这张蓝图总的来看并不新鲜。它的基本点,所谓"教化之本,在乎足衣食",《管子》作者早已提过,司马迁也在《史记》里专门强调过。然而,怎样才能使百姓足衣食,杜佑的认识显然有不同。《管子》作者强调"侈靡",即用高消费来促使经济活跃,司马迁强调的是发展手工业和商业来刺激人们为致富而竞争。那里面反映的更多是刚抓得全国政权而有广大回旋余地的统治者的幻觉。他们没有尝到小农经济的惩罚。历史很快证明,统治者的高消费只能建筑在大量兼并土地上,而工商业的发展又离不开剥削程度的提高,结果二者都只能促使小农破产,经济凋敝,社会矛盾加剧,反过来引爆农民造反。吃了无数苦头之后,统治者中间的有识之士,终于感觉到关键在于让农民要有小块土地。《通典》以《食货》为首,而"食货"又以"田制"为先;在"田制"中间特别研究的是如何实施"均田"以缓和土地兼并造成的尖锐矛盾。把历代调整土地关系的政策措施,放在历代典章制度的首要地位,这是杜佑的首创,说明他真正触及到中世纪统治之"本"的问题。

然而,中世纪土地问题的根本解决,只能是推翻封建制度。杜佑当然不能也不敢那样想,他把有效的统治看作"理道"的首要表现,就说明他的注意力集中在如何稳定这个统治,不能忘记他生活在安史之乱后各种社会矛盾都很紧张的年代。只打稳定统治的主意,便一定归结到政权要有效率,也一定要埋怨统治者腐败无能,因此把改造政府的最大希望寄托在选拔有才干的官员上。然而,前面说过,杜佑很会做官,当然深知"为政不得罪于巨室"的诀窍,因此明知"精选举"的希望难以实现。于是不得不沉溺于更大的幻想,就是通过制礼作乐,来移风易俗,使人人都满足于自己的现状。所以,《通典》二百卷,礼门即占一百卷,不但详录魏晋六朝议礼之文,还把《大唐开元礼》一百五十卷的"精华"摘编成三十五卷,希望数典忘祖的唐德宗君臣能恢复自己曾祖父时代的"开元盛世"。但书序中分明引录了《管子》关于仓廪衣食与礼节荣辱关系的名言,而书中却把制礼作乐提高到最重要的地位,显然极不调和,也说明杜佑知道自己的设计是空想。此外,《通典》刑门论兵,单记兵法,乃至火鸟、火兽之类兵法也一一备载,相反兵制沿革反而只字不录。这一处理大遭后代史家批评,认为几近废品。批评是对的,然而不知杜佑隐衷。他何尝不知"大刑用甲兵",关键不在兵法呢!可是他的书既为"将施有政"设计,提出兵制改革,就必然要对藩镇割据发表意见。他做了十多年"空军司令",对于军阀的厉害深有体会,又不能引起希望消灭藩镇的皇帝不满,只能扯淡以避祸。

杜佑显然希望改革政治,所以他能同二王八司马关系很好,但又胆怯得总想"勿为权首",因此出将入相都没有大作为。这种矛盾性格,在《通典》中都有体现,因为他想写的是政治教科书,而不是真正的历史著作。因而,《通典》既有创见,又有迂见;既有触及历史本色的认识,又竭力用灰色的回忆来冲淡这些认识的尖锐性。我以为,研究它的史学特色,不能不注意这样的矛盾。

《通典》献给朝廷后,博得许多士大夫的称誉,说是"礼乐刑政之原,千载如指诸掌"。这个评价很高,然而只从了解掌故出发,德宗君臣都没有提出实践的问题。杜佑肯定觉得失望,而且大约认为是篇幅过重难读的缘故,于是便自己动手作提要,编成《理道要诀》十卷三十三篇,采用问答形式。这部提要于《通典》成后二年献给皇帝。原书于明代亡佚,南宋末王应麟编的《玉海》卷五十一有此书进书表和序的节存,另于《困学纪闻》卷十四"考史"也屡有引录。节存的自序有一段说,"颇探政理,窃究始终,遂假问答,方冀发明。第一至第三食货,四选举命官,五礼教,六封建州郡,七兵刑,八边防,九、十古今异制议。"可见他仍然希望博得皇帝重视,能将自己的设计付诸实施。提要的末二卷关于古今制度不同的讨论,是新增的,他自称评古今之要,斟酌时宜,可以见于行事。朱熹据此说它为"非古是今之书",表明杜佑的主要倾向在于改革。《理道要诀》于贞元十九年二月献上[1],三月杜佑便应召入朝做宰相,透露了这部书终于引起唐德宗注意的消息。可惜这位皇帝一年后便"龙驭上宾"。新立的顺宗连话都不能说,虽然支持王叔文集团的"革新",并推戴杜佑做名誉主持者,但只有半年便垮了台。杜佑靠了老成持重,总算保住了首序元老的虚位,却迅即被夺了实权,空做了"三朝宰相",只留

---

[1] 见王应麟《玉海》卷五十一。

下一部空洞的方案。这不能不说是一场悲剧,然而却是一切想补中世纪王朝统治之天的改革家的共同悲剧。

不过,在中国史学史上,《通典》则享有很高地位。首先它为历史编纂学开创了一个新领域;其次它一反过去史学家轻视中世纪社会经济结构研究的传统,从此土地关系和经济措施的记录,引起了史学家的关注;再次如金毓黻所说,《通典》八门是八种专史,由此发展出各种专门史和专题史的纷纷独立成科。

当然《通典》也招来很多批评和赞扬。如它记礼特详,引经很多,便受到《四库全书总目》作者的赞美,以为都是"有用之实学","考唐以前之掌故者,兹编其渊海矣"。这是以缺点为优点,已如前述。元初马端临则批评它体例不完备,取材不精审,这又是苛求于开山者,也有失公允。

据我看,《通典》的根本缺陷,还在于想从历史上求得政治经验和道德教训,介绍给皇帝实施,于是便不能不落入徒劳无功的命运,反而影响了作者用通彻的历史眼光去反省过去,并且使过去和现状发生真正的而不是虚构的联系。正因如此,杜佑只是在编写形式上给后代史学家提供了启示,只是在某些卓见指导下给后来研究者提供了大量研究历史的资料,而作为政治教科书却没有价值。

三 青胜于蓝的《文献通考》

继续杜佑的研究,并且青胜于蓝的中世纪社会结构的百科全书,则要数宋末元初马端临编撰的《文献通考》。

关于马端临的生平,我们所知更少。他的父亲马廷鸾,南宋末曾任右丞相,《宋史》有传,却未附及其子。他曾受到元朝政府召用,但《元史》也无传。我以前查考,仅见《宋元学案》卷八十九《介轩学案》内有"教授马竹洲先生端临"一篇极简短的小传,《四库全书总目》内也只有寥寥数十字,而近人柯绍忞《新元史·儒林传》将他和胡三省合传,材料与《宋元学案》、《四库全书总目》雷同。近见新出的朱杰勤《中国古代史学史》,谓"其传仅见于邵远平《元史类编》一书"。邵书未见,据朱著介绍,也与《宋元学案》雷同,不知谁抄谁的。以前白寿彝为《中国思想通史》第四卷所撰《马端临的史学思想》一章,介绍他的生平事迹,都根据元至治二年抄白、清顺治《乐平县志》等片断记载,史实还少于《宋元学案》,似未见后书。

根据以上简短或片断的记载,联缀成马端临的略历,大概是这样的:他是元朝饶州乐平(今江西乐平)人,字贵与,号竹洲。白寿彝据《乐平县志》考证,当生于宋理宗宝祐二年(1254)。其父马廷鸾,宋末曾任国史院编修官和实录院检讨官,著有《读史旬编》三十八帙,是研究尧舜至后周的通史性著作,另有说经和诗文集多种;宋度宗时官至右丞相兼枢密使,因同贾似道不合而辞职。马端临早年师事朱熹学派的曹泾,受他和其父影响很大。大约宋度宗咸淳九年(1273),他二十岁,漕试第一,以荫补承事郎。马廷鸾去职,他留原籍侍养。宋亡,隐居不仕。据白寿彝考证,他约在三十岁前后,开始编著《文献通考》,历时二十多年,于元成宗大德十一年(1307)成书,时年五十四。这期间,曾与其父同为宋相的留梦炎,降元后任吏部尚书,召他做官,被他辞谢。元仁宗延祐四年(1317),真人王寿衍奉命寻访"有道之士",在饶州路发现《通考》稿,于六年奏上。元帝命官为雕版。至英宗至治二年(1322),请马端临赍稿本赴饶州路校刊,于是《通考》行世。马廷鸾死后,元廷又召他出任慈湖、柯山二书院院长、台州儒学教授,约于1323年辞归(朱引邵书谓不三月即告老辞归),卒于家。据《乐平县志》,他还著有《多识录》一百五十三卷、《义根守墨》三卷和《大学集传》等书,均佚。

《文献通考》共三百四十八卷,为中国史学史上有数的巨著之一。全书分二十四门:田赋、钱币、户口、职役、征榷、市籴、土贡、国用、选举、学校、职官、郊社、宗庙、王礼、乐、兵、刑、经籍、帝系、封建、象纬、物异、舆地、四裔。每门再分子目。其中田赋等十九门,仿照《通典》成规,详加增补;经籍、帝系、封建、象纬、物异五门,则为编者所自创。

从编纂体系看,《通考》大体沿袭杜佑开创的叙述次序,也是由经济到财政,再由选拔官员到政权体制,继述礼乐制度和军队法律、进而分列图书、帝王贵族谱系、神道信仰、政区划分和边疆概况等。所不同的,是这部百科全书,重视了中世纪文化、历代统治者和官方神学的介绍。

但在编纂方法上,《通考》较之《通典》,有个重要的发展,这就是除了区分类目,按时代排比有关史科而外,增加了大量议论。议论分两种:古人和近人(宋代名人)的议论,夹录于各条之后;阐述编者本人见解的按语,附录于有关事件之末。表现在记录形式上,正文都顶行书写;引当时历史事实以补充正文,则较正文低一字;引后人议论,及作者自加按语,则较正文低二字

(例可参看《中国历史文选》下册所选《文献通考·田赋考·屯田》,此从略)。

这种编纂方法的理由,马端临于说到《文献通考》命名用意时,作过申述:

> 凡叙事,则本之经史,而参之以历代会要,以及百家传记之书;信而有证者从之,乖异传疑者不录,所谓"文"也。凡论事,则先取当时臣僚之奏疏,次及近代诸儒之评论,以至名流之燕谈、稗官之纪录;凡一话一言,可以订典故之得失、证史传之是非者,则采而录之,所谓"献"也。其载诸史传之纪录而可疑,稽诸先儒之论辨而未当者,研精覃思,悠然有得,则窃著己意,附其后焉。①

可见,编者录入全书的,有三种性质的内容:文、献和考。文献一词来自于孔子。《论语·八佾》:"夏礼吾能言之,杞不足征也;殷礼吾能言之,宋不足征也;文献不足故也。"词的解释,历代略有不同。郑玄释为"文章贤才"②。朱熹说文指"典籍",献为"贤"的意思③。马端临当从朱熹说,但具体地指文为经史百家著作,指献为古近朝野议论。考也不是马端临的发明。《礼记·中庸》有"非天子不议礼,不制度,不考文"的说法。汉以后的儒者解释前引孔子的话,以为孔子强调夏殷二代制度没有征验,所以只就周礼可用于春秋的,为之考定而存之④。因而孔子其实是替后世天子"考文"。马端临要通观古今文献,考定为信而有当之论,不消说是隐然以当代孔子自居,如杜佑一样,目的在于替帝王施政写一部教科书。

但是,这种综合文、献加以通考的方法,与其说得自于孔子的启发,不如说是受到宋代科举教科书的影响。唐玄宗开元十九年(731),开始设置博学宏词科,准许所谓淹博能文之士自请应试。但这在唐代,属于不次选拔人才的特科。北宋哲宗时设宏词科,准许进士及第者赴礼部请试,宋徽宗改为词学兼茂科,但仍属特科性质。到南宋高宗时定名为博学宏词科⑤,三年一试,也是从中进士的知识分子中进一步选拔人材,但已变为常科。考试的内容,主要是替皇帝和政府起草官方文件以及各种应酬文字,分制、诰、诏、表、

---

① 《文献通考·自序》。
② 何晏《论语集解》引郑玄注。
③ 朱熹《四书章语集注·论语集注》。
④ 参见刘宝楠《论语正义》集前人说。
⑤ 顾炎武《日知录》卷十六"制科"谓博学宏辞科之名,为宋高宗的创举,失考。

露布、檄、箴、铭、记、赞、颂、序十二题，内杂出六题，分为三场，每场体制都是一古一今，即一篇仿古，一篇拟今。应试者要熟悉古今典故、历代制度和名人议论，当然还要会音韵铿锵的"古文"。号称历代典章制度渊薮的《通典》，也就博得准备应"宏词"科（入翰林、取卿相的捷径）的学人重视。但《通典》的缺点是"文"富而"献"不足，更缺乏"时贤"的议论。因此宋代学人早就改编《通典》，将历史典制文章和本朝名人议论分别摘抄，附于《通典》各类事实之后，以便应试者翻检。我校现藏元至元丙戌(1286)刻本《新刊增入诸儒议论杜氏通典详节》，其中杂录欧阳修、苏轼等议论，便是宋末这类《通典》流行本的翻刻本。同时，宋代经学更新运动的一个重要特色，即是理学家善从主观需要出发评论古人古说得失，从中获得政治的道德的教训。这种学风文风的变化，到南宋朱熹学派已很盛，而陈亮、叶适一派更好谈功利。马端临《文献通考》的体例，非常明显地是受时代风气的影响，只是在这种基础上，将体例改造得更完整，更系统，更扩大。

正因如此，清以来学者对《通考》颇多贬辞，以为倘论体大思精、简而得要，它比《通典》差得很远。例如，《四库全书总目》曾详列《通考》的缺漏，批评它不像《通典》那样"剪裁镕铸，成一家言"，不过还承认它"上比佑不足，下比郑樵有余"①。章学诚却将它骂得一文不值，说是"书无别识通裁，便于对策敷陈之用"②。

"便于对策敷陈"是事实，"书无别识通裁"则非事实。就史料价值来说，《通考》大大超过《通典》，更超过了章学诚盛赞的《通志》。这不仅是因为同类著作，后出的可以对前人著作扬长避短，而且因为《通考》有两大优点：第一，保存的唐以前史料远比《通典》多，尤其是经济史的资料；第二，记录宋朝的制度既详细，又少粉饰，很多是《宋史》诸志所没有的材料，当然不能要求杜佑记宋制，然而却不能不承认《通考》于现代史料最详尽。史学家记录面的广狭，记录重点的远近，没有不同其历史认识联系在一起的。马端临把历史同现实比附起来，这是他的缺点。然而当他把眼光投向近现代，也就是投向两宋积弱的现实，并且寻找积弱的原因，这时他善于从政治上考虑问题，便转化成了优点。因为他痛恨宋朝统治者不争气，造成汉族统治权力的丧

---

① 《四库全书总目》史部政书类《文献通考》提要。引文见《四库全书简明目录》。
② 《文史通义·释通》。

失,所以对宋代制度不但用力特深,而且着重揭露它的阴暗面,于是就在书中保持了许多比较真实的史料。

问题不仅在史料,还在于马端临的历史认识,同杜佑相比也是青胜于蓝。杜佑首先注意到经济的巨大作用,尤其注意到农民的土地问题是造成统治不安宁的根源,这是《通典》的创新。然而杜佑把解决社会问题的希望,最终还是放到制礼作乐以化人心上,便从根本上回避了自己提出的问题。而清代以来学者称赞《通典》,如金毓黻所说,是因为它"长于言礼,多存古训,极有裨于治经"①,恰是将糟粕当作精华。《通考》在这方面前进了没有呢? 单看它关于经济的记录,门类占全书三分之一,篇幅还超过三分之一,就说明编者很重视杜佑提出的问题。如果再看马端临对土地关系、兵制结构等问题的议论,更可看出他有许多发前人所未发的特见。

举兵制为例。杜佑于此采取回避态度,把兵的问题缩小成兵法问题。马端临则不然。他不仅在兵门详考了中世纪王朝军队组织形式的变化,而且将兵与农联系起来考察。历史早已证明,中世纪王朝军队的主要作用在于镇压民众,即杜佑说的"大刑用甲兵"。然而愈是需要它发挥"大刑"作用的时候,愈是民众群起反抗王朝统治,使得王朝财政极端困难的岁月。因而,养兵和筹饷,增兵和加赋,便成了历代统治者都异常头疼的"二律背反"问题。东汉末曹操镇压黄巾起义,曾听从部将枣祗、韩浩的建议,用屯田即让军队从事农业生产以自筹给养的办法解决矛盾,并获得了相当的成功。于是后来的统治者,几乎无不将它当作一个理想的办法,尤其在长期战争的岁月里,稍有见识的官员都寄希望于寓兵于农,让兵士且耕且戍。王安石变法的重点也在于此。马端临在《通考》开头便着重考察了屯田的历史,得出的结论却未免令人丧气。首先,他说屯田只能在短暂的历史时期取得成功,若要用于长期战争便毫无效果。其次,他说屯田只能在空荒地多的情况下实行,若要用于土地都有主人的情况下便不行。再次,他说屯田对付衰弱的边乱和农业的居民是有效的,若要对付游牧民族的铁骑就没有用处。结论是:

> 议者皆曰:汉赵充国、魏枣祗屯田,皆卓有成效。不知充国以方隆之汉,敝垂尽之先零;枣祗以未裂之中原,营于无虞之许下,其为之也

---

① 金著《中国史学史》第七章"四、属于典志之通史专史"。

暇,且无有害其成者。今禾黍未登场,而驰突蹂践,有不可必;苟严其备,有以限戎马之来,则沿边莽堰,莫非可耕之地矣!

可见整个宋代解决养兵与筹饷矛盾的办法,都是建立在幻想的沙滩上;不从现实条件出发,害得宋朝无兵可用。他的考察,是否符合历史实际呢?显然比宋朝那些耽于幻想的君臣现实得多,揭露了他们自欺欺人的理论。这就是一种卓识,岂止有"别识通裁"而已。

所以,我们不否认《通考》中时常夹杂着迂腐可厌的议论。马端临的历史眼光,始终受着他的阶层意识的支配,使他一切议论都是为中世纪统治者打主意。因此,后来的卫道者喜欢《通考》,如曾国藩教子,便令其先读《通考》,因为他毕生从政,都把此书当作最重要的历史政治教科书。但如拿《通考》与《通典》相比,我们也不能不承认它青胜于蓝。

四 《通志》:会通一切学术史的实验

继刘知幾之后,曾认真研究过历史编纂学经验,并在中世纪史学理论上有所建树的,是南宋初的史学家郑樵。

郑樵(1104—1162),字渔仲,宋福建路兴化军兴化县(今属福建莆田县)人。他是一位自学成家的学者,中年以前居夹漈山(今莆田西北西岩)著作讲学二三十年,后出游名山大川,搜奇访古,遇藏书家就借居读书,读完便走,人称"夹漈先生"。中年以后,急欲"留芳百世",屡次上书宰相,上书皇帝,自陈一愿官府能流传自己的文字,二愿入秘书省整理天下图书金石,三愿在史馆编修通史。那时的皇帝和宰相,便是臭名昭彰的宋高宗和秦桧。郑樵年轻时曾发誓宁死也要抗金,这时却向唯恐抗金损害个人私利的君相表示效劳之急切心情,可见那时的民族问题究竟不像后人夸张的是决定士大夫节操的分水岭。他终于打动了秦桧系统的官僚,于绍兴二十八年(1158),由工部侍郎王纶等推荐,晋见宋高宗,授右迪功郎、礼兵部架阁。因宋高宗索阅《通志》,返家用两年时间草草写定,于绍兴三十一年(1161)再至临安献上。授枢密院编修,准入秘书省阅书,三愿满足了二愿,但立即受到上司和同僚的忌嫉,被弹劾失去了这一特权,次年便郁郁而死,年五十九。所著书,据厦门大学郑樵研究小组考证,约八十余种,留存的有《通志》二百卷,还有《夹漈遗稿》、《尔雅注》、《诗辨妄》等。

郑樵最出名的著作是《通志》,明清时与《通典》、《文献通考》合称"三通"。但《通典》、《通考》都是所谓政书,即制度专书,我称之为中世纪社会结构历史的百科全书。而《通志》却是一部纪传体通史,内分本纪、世家、列传、载记、四夷传、世谱、年谱、二十略等,也就是纪传表志俱备的作品。

作为纪传体通史,《通志》仅在指导思想上可以称许。因为郑樵不满汉以后断代为书的风气,而想上追《史记》并超过《史记》,打通王朝界限,编写一部贯穿古今的历史,这在汉以后的史学家中还是较少有的。但从整个体例和内容上说,此书并没有创新,如郑樵所自负的那样。纪传各书都有,谱即表,略即志,世家仿自《史记》,《载记》袭自《晋书》。除二十略外,各篇文字都是节略旧史而成,材料和写作方法均乏新意。

郑樵正好同刘知幾相反,推尊《史记》而贬抑《汉书》,认为司马迁能会通古今,使人们了解历代王朝的因革道理,而班固以下断代史作者都失去会通之道。他宣称自己要"集天下之书为一书",荟萃一切"天下之大学术",并对班固大加抨击,"班固者,浮华之士也,全无学术,专事剽窃","迁之于固,如龙之于猪,奈何诸史弃迁而用固,刘知幾之徒尊班而抑马"①。由于他如此打击别人,抬高自己,而他的著作除卷帙浩繁吓人而外,形式和内容大部分无所创新,史料考订也很粗疏,因而很受后代史家,尤其是清朝的乾嘉考史学家所讥评,认为他言过其实,志大才疏,眼高手低,给班固做奴仆的资格还不够。这就引起章学诚替他辩护,专门写了《申郑》篇,这场官司以后再说。

平心而论,《通志》的失败,不在于郑樵的抱负太高,而在于他不善于估量自己的条件和能力。他忘记了自己所处的时代,王朝历史编纂学已经异常发达的事实,单"正史"已有十七部之多,想沿着纪传史的老路走下去而压倒一切同行,谈何容易。他也忘记了自己所处的地位,既非史官也非达官的事实,无权无钱无书无帮手,想同靠王朝政权力量垄断编写历史权力的官方史学家竞争,必败无疑。因而,其志可嘉,其情可悯,其书可议,其个人成就却不容完全否定。

事实上,《通志》整体的失败,不能看作没有可肯定的部分。郑樵用功最深而引以自负的是"二十略"。所谓二十略,就是二十篇专题史:《礼略》叙五

---

① 《通志·总序》。

礼,《职官略》秩百官,《选举略》论选才,《刑法略》讲用刑之术,《食货略》讲工商财政,《氏族》谈婚姻家族史,《六书》为文字学史,《七音》为音韵学史,《天文》记天文图象,《地理》讨论自然地理和政治地位,《都邑》评历代都城形势,《谥略》论谥号涵义演变,《器服》考证古今祭器形制,《乐略》研究庙堂歌诗史,《艺文》为图书分类学史,《校雠》讲版本学史,《图谱》研究谶纬图书的兴亡,《金石》研究铜器石刻铭文发现史,《灾祥》为迷信批评史,《昆虫草木》为生物分类学。仅由这份简单纲目,便可见郑樵从事着一项巨大的工作,即会通一切学术史的实验。他没有停留在计划上,而去实做,并且居然都做出来了,数量达五十二卷之多。单是这股傻劲,就令人佩服,何况其中还真有好东西,至今还有参考价值。因此,当我们看到郑樵在《通志·总序》中用了大半篇幅介绍这二十略,而且看到他写下二十略是"百代之宪章、学者之能事,尽于此矣"之类自负过甚的话,也就不觉得太受不了。

详细研究二十略的得失,不是本课程的任务。这里需要研究的是郑樵通过会通学术史的实验所表达的史学理论。

首先需要回顾一下刘知幾到郑樵之间的学术变化。

中唐以后,占统治地位的思想体系,也就是中世纪经学,开始出现变化的朕兆,这就是怀疑孔门经传的历史真实性的思想产生。唐朝官定的伦理学和哲学教科书是孔颖达主编的《五经正义》,每年明经取士都依此考试。五经的标准解释,《周易》用王弼注,《尚书》用孔安国传,《诗经》用毛诗郑笺,《礼记》用郑玄笺,《春秋》用左传杜注。考试时,以《礼记》、《左传》为大经,《毛诗》、《周礼》、《仪礼》为中经,《易》、《书》、《公》、《穀》为小经,乃按经文字数多少分等。考试方法,叫作帖经课试,依举子自报所习经典,掩其两端,中间惟开一行,裁纸为帖,凡帖三字便在纸上另写数字,有对有不对,令举人抉择,以十道对四道,或五道、六道,便算通经(见《通典》卷十五选举三)。这是专考死背,而不求义解,所以明经被人瞧不起。而明经为了求官,大经多取《礼记》;《周礼》、《仪礼》比《毛诗》难读,《公》、《穀》比《易》、《书》字多,也很少有人诵习。开元间就有人忧虑三传二礼快要废绝,要奖励举人应考。然而蔑视它们已经成为时尚,于是有人敢于出来表示怀疑。

唐朝统治者除扶植孔学外,还鼓励佛、道二教。佛教是外来宗教,但它作为思辨哲学,则在中世纪时代居世界首位。关于思维与存在的关系,关于心性与宇宙的关系,关于思维本身的逻辑,关于概念的辨析,都是佛学之长,而远非儒家所及。所以佛教传入后，习闻孔学纲常伦理说教的中国知识分子，便惊为闻所未闻，而趋之若鹜。经过几百年的传播，结合印度佛学和中国传统孔老庄哲学的中国佛学出现，隋唐间相继流行的天台宗（智𫖮创）、三论宗（吉藏实创）、法相宗（慈恩宗，玄奘创）、华严宗（法藏，被武后赐法名为贤首）都是，各派都与政治结合，以扩充势力。然而到中唐时最流行的是禅宗。禅宗五祖弘忍是著名的佛学大师，死后分为南北二派。北派宗师神秀于武后、中宗、睿宗三代都是帝师。南派宗师慧能平民出身，不识字，相传弘忍因他理解高明，秘密传衣给他，遂称六祖，生前名声很大，曾被武后、中宗所召，都没有去。禅宗讲究传授心法，提倡心印。神秀继承弘忍学风，"禅灯默照，言语道断，心行处灭，不出文记"。慧能更提倡无言语文字乃是真解。但神秀主张渐修渐悟，要求信徒作坚忍的内省功夫。慧能则主张顿悟，不管罪孽多大，"放下屠刀，立地成佛"，还说"饮酒食肉不碍菩提路"，还反对念经坐禅，"东方人造罪，念佛求生西方；西方人造罪，念佛求生何国？"他的哲学极简单，既为官僚贵族成佛大开方便之门，也为一般平民百姓信仰佛教教义提供了工具。因此安史之乱后，社会动荡剧烈，佛教获得了肥沃的土壤。经过慧能弟子、南宗七祖神会的活动，禅宗便大行于世。禅宗的"明性见性"哲学，简单方便的方法，必定给烦琐的经学以巨大冲击。因此中唐以后，因佛释儒，援禅入儒，便渐成时髦，而形成宋明理学的前驱。

最初怀疑经传的，是唐朝肃、代间的啖助、赵匡，和助徒匡友的陆淳。三人的学说集中见于陆淳的《春秋啖赵集传纂例》、《春秋微旨》、《春秋集传辨疑》三书。《集传》为啖助作，赵匡修改，陆淳作《纂例》，今存于《古经解汇函》。他们主要攻击三传，说左氏乃六国时人，非《论语》所称左丘明，杂采诗书成《左传》，多不可信；《公》、《穀》虽得自子夏口授，但后人据其大义散乱经文，故多乖谬，失其纲统。因此他们要撇开三传，直接从哲学上研究《春秋》。这是比刘知幾《惑经》还大的挑战。《春秋》在汉唐都是最重要的孔子经书，中世纪统治者证明自己统治合理性最重要的依据，而说经必据三传，尤其是《左传》。如今《左传》的真实性发生问题，让统治者在哲学和历史上适从于谁呢？但这个怀疑派别尚很小，三人在政治上都没有影响，可以用置之不理的办法来抹煞。

然经学本质是神学，神学只许信仰，不许怀疑，因而要求经师怎么说就怎么信，所以汉唐学者只能在训诂注疏上下功夫，所争的无非是章句文字的差异,从来没人敢想圣经贤传本身还有问题。如今经学自身已经腐化,外受佛学冲击,内部再出现对经传怀疑的火花,当然阻遏不住。唐穆宗时曾特设三传科,用做官来鼓励士人讲三传,然而效果很小,他们不得不承认三传快成绝学。

北宋中叶起,这种怀疑风气更盛。学者不仅疑传注,而且公然疑经。王安石讥《春秋》为"断烂朝报"①,是否真的还有问题。但欧阳修疑"十翼"非孔子著②,他和二苏兄弟斥《周礼》非周公作,乃何休所说"六国阴谋之说"③,苏轼怀疑《尚书》,谓康王之诰为"失礼"④,晁说之贬斥《毛诗序》⑤,都是事实。司马光曾愤然道:"新进后生,未知臧否,口传耳剽,翕然成风,至有读《易》未识卦爻,已谓十翼非孔子之言;读《礼》未知篇数,已谓《周官》为战国之书;读《诗》未尽《周南》、《召南》,已谓毛、郑为章句之学;读《春秋》未知十二公,已谓三传可束之高阁。"⑥然而他自己就写过《疑孟》,谓孟轲责备不食不义之禄而避兄离母太过分。疑经就是疑圣人,所以孔子经传在宋代地位大为跌落,我称为经学更新运动。

郑樵生活在这个时代,而他本人又积极投入经学更新运动,尝著《诗辨妄》,攻击《毛诗序》都是村野妄人所作,赢得朱熹的极度佩服。因而他的学术思想,也以怀疑为特色。他写作"二十略",自称目的专在破除两种迷信,所谓"欺天之学"和"欺人之学"。

"仲尼既殁,先儒驾以妖妄之说而欺后世。后世相承,罔敢失坠者,有两种学:一种妄学,务以欺人;一种妖学,务以欺天。

"凡说《春秋》者,皆谓孔子寓褒贬于一字之间,以阴中时人,使人不可晓解。三传唱之于前,诸儒从之于后,尽推己意而诬以圣人之意,此之谓欺人之学。

"说《洪范》者,皆谓箕子本河图、洛书以明五行之旨。刘向创释其传于前,诸史因之而为志于后,析天下灾祥之变而推之于金木水火土之域,乃以时事之吉凶而曲为之配,此之谓欺天之学。"⑦

---

① 《宋史·王安石传》。
② 欧阳修:《易童子问》卷三。
③ 欧阳修:《问进士策》;苏轼:《天子六军之制》;苏辙:《历代论·周公》。
④ 《东坡书传》。
⑤ 晁说之:《诗之序论》,《嵩山景迂生集》卷十一。
⑥ 《传家集·论风俗札子》。
⑦ 《通志·灾祥略》序。

他把讲微言大义的汉唐经学都斥为"欺人之学",把受阴阳五行说支配的汉唐史学都斥为"欺天之学",这是非常尖锐的。经学不讲微言大义,就不能成为中世纪统治王朝的理论基础。史学不讲五行生克,就不能成为王朝更替的历史依据。虽然郑樵只是要求用新理论来代替旧理论,用新天理来代替旧五行,然而如此尖锐地攻击传统的经学和史学,则是对宋朝也承认的统治理论的基础的摇动。欧洲近代早期哲学要攻击神学支柱形而上学,使用的"武器是用形而上学本身的符咒锻铸成的怀疑论"①,如十七世纪末法国怀疑论者比埃尔·培尔,英国的休谟,德国的康德。这种怀疑论的作用,在于摧毁神学的哲学支柱,为在欧洲掌握唯物主义和健全理智的哲学打下基础。我们看到,宋明理学,以及郑樵的史学,都具有这种特点。然而欧洲哲学家成功了,中国哲学家却失败了,他们的理论很快成为中世纪统治的新的理论支柱,用来欺人和欺天,为什么?至今没有得到合理的解释。

郑樵用来破除妖、妄二学的法宝是"会通"。"自书契以来,立言者虽多,惟仲尼以天纵之圣,故总《诗》、《书》、《礼》、《乐》而会于一手,然后能同天下之文;贯二帝三王而通为一家,然后能极古今之变。是以其道光明,百世之上、百世之下不能及。"

可见,所谓会,就是要求综合天下一切文化;所谓通,就是要求找出全部历史变化的道理。在他看来,先秦诸子百家都没有继承会通之道,反而"各效《论语》以空言著书"。既以说空话为任务,则无"会",自不能"通"。而综合全部文化,必然考察"历代实绩",所以掌握"会"的秘密在史学,只有研究通史才能对古今之变真"通"。他认为只有司马迁才懂此理,然而班固把他的事业断掉了,所以要痛骂班固。然而郑樵又以为,司马迁的条件太差,"挟书之律初除,得书之路未广,亘三千年之史籍,而踯躅于七八种书",所以他批评司马迁"博不足",未能成一家之言。结果,一千年来,史家都没见识,专模仿《春秋》褒贬。"夫史者,国之大典也,而当职之人,不知留意于宪章,徒相尚于言语,正犹当家之妇,不事饔飧,专鼓唇舌,纵然得胜,岂能肥家!"②所以他要否定一切旧史学,完成司马迁无力完成的事业,写出会通一切"天下之大学术"的通史。

---

① 马克思、恩格斯:《神圣家族》,《马克思恩格斯全集》第二卷,人民出版社 1957 年版。
② 《通志·总序》。

他说出了重视理论、重视哲学的必要,但对史的认识,仍局限于经世致用之见,把历史当作政治道德教科书,这是继承了杜佑的缺点。至于《通志》的纰缪,则可参看《四库全书总目》,证明他的实验最终失败。

五　三通、九通和十通

《通典》、《通志》和《文献通考》,不知何时起,被人们看作同类著作,合称"三通"。其实,三书除名称各有"通"字,记录均通贯古今而外,内容与形式都属于两种类型的著作。《通典》和《通考》有"血缘"关系,《通志》则是历代正史的"穷亲戚"。但约定俗成,至迟到清朝前期,"三通"之名便为人所习闻。

《通典》问世最早,唐宋间影响又很大。但它的正式记录仅到唐玄宗开元、天宝年间为止,作为查考历代制度的百科全书,自然愈来愈不够用。于是续作者踵起。见于记载的最早续作,是北宋真宗命宋白编撰的《续通典》,上起唐肃宗至德初(756),下迄周世宗显德末(958),共二百零二年事。全书二百卷,体例均据《通典》,但由现存门类卷数看,内容以职官门最多,凡六十三卷,礼门次之,凡四十卷,可推知其重点在于政权组织史。据说编成后,时论非其重复,不得传布①。南宋魏了翁又编《国朝通典》,可能是续宋白书的作品,但据马端临说,仅有未完成的草稿②。

《文献通考》著成后,很快取代了《通典》的地位。因而晚清间学人感兴趣的是续编马书。明万历间王圻编《续文献通考》二百五十四卷,上接宋宁宗嘉定末(1224),下终明神宗万历朝(1573—1619),近四百年事。它的体例仿照《通考》,略依《通志·二十略》作更动。但内容在明以前,都取材于宋、辽、金、元四史,只是辑录明代史事较多。清朝四库馆臣讽刺它体例杂乱,错误丛生,遂使数典之书,变为兔园之策。大概编写目的,也在于给猎取功名的人翻检,然而这正是那时百科全书的特色。清康熙中,朱奇龄又撰《续文

---

① 《玉海》卷五十一说。马端临也说《续通典》传习者少。但据金毓黻考证,司马光《资治通鉴考异》已称引数事,而胡三省《资治通鉴音注》屡屡引用,足证其书元末尚在,因疑《文献通考》叙唐天宝末至五代事,自必依用宋书。说见《中国史学史》第七章。
② 见《文献通考·自序》。

献通考补》四十八卷,续录明万历后至明亡史事,但仅有钞本①。

　　清朝的乾隆皇帝继承乃祖乃父遗风,厉行文化专制。但他的手段不那么愚蠢,除搞文字狱外,更着重于用软手段统配文化。他经常设计一些庞大的工程,集中许多学者去干,免得他们在外面批评时政,给清朝统治捣乱。"续三通"、"清三通"的编撰,便是显著的例证之一。

　　乾隆十二年(1747),弘历首先命令集中一批学人续修"五朝文献通考",即接着马端临的书编写宋、辽、金、元、明五朝的百科全书,并将下限定到当代。在编修过程中,馆臣说是清朝部分与前五朝体例不同,奏请皇帝分成二书,即现存的《续文献通考》二百五十二卷,《清朝文献通考》二百六十六卷。前书记到明亡为止,后书终于乾隆二十六年(1761)。二书都依《文献通考》二十四门旧例编撰。所谓体例互异,只是《清通考》将宗庙考一门,分成群庙、群祀二门。二书都到乾隆三十七年竣工,历时二十五年。书名都加"钦定",可想而知非奉旨说话的内容不敢录。因而具有讽刺意味的,是后来《四库全书总目》虽力贬王圻《续文献通考》,归于类书存目,但乾嘉学者反而多重视王书。这不仅是以稀为贵,更是其对"钦定"百科全书的无言的蔑视,虽然清修《续通考》的体例内容的确比王书稍优。

　　乾隆三十二年(1767),弘历又搞了使更多学者疲于奔命的新花样,下诏开设"三通馆",给《通典》、《通志》各续修二部,即今存《续通典》一百四十四卷,《清朝通典》一百卷,《续通志》五百二十七卷,《清朝通志》二百卷②。前三书门目体例,完全沿袭杜佑、郑樵之旧。只有《清朝通志》,去掉纪传及谱,仅续修"二十略"。除《续通志》纪传抄袭前五朝正史并补抄了一点唐代纪传外,其他部分内容大半与两部续《通考》雷同,可以夸耀的仅有《清朝通志》的六书、七音、天文、地理、礼、乐、艺文、图谱、草木虫鱼等略,补充了郑樵"之所未闻"的某些新内容③。费了大批学人几十年功力,去搞这种叠床架屋、大半无用的巨大文字游戏,很难用乾隆"惟喜夸大"来解释。乾隆三十七年,续、清三通六书或成书或修纂中,弘历便下令开"四库全书"馆,非常清楚地证明醉翁之意何在。因此,清朝一些学者讨厌郑樵,如戴震骂郑樵是陋儒,

---

① 见金毓黻《中国史学史》第七章。
② 编者注:此处续、清三通卷数、门类与《四库全书总目》所录卷数、门类相同,与四库全书本及今流通本不同,可知乾隆时期六通有多种版本存世。
③ 《四库全书总目》史部政书类一《钦定皇朝通志》提要。

王鸣盛指斥郑樵是妄人,不能不说同乾隆特别抬举郑樵而强迫大批学者追随他一事无关。

"三通",加上"续三通"、"清三通",共九部,被目录学家称为"九通"。

清朝末年,浙江吴兴一个藏书家刘锦藻,即后来著名的嘉业堂主人刘承幹的父亲,又续修《清朝文献通考》。初稿由乾隆二十六年(1761)编到光绪三十年(1904)为止。辛亥革命后,他又加了七年史事,到清亡为止。这部《清朝续文献通考》共四百卷,除沿袭《清通考》二十五门旧例外,又增加外交、邮传、实业、宪政四门。刘锦藻藏书多,又是私撰,虽然见解仍属中世纪迂腐学者,但所搜资料很详备,避讳也比官书少,因而颇受近代史研究者重视。

一九三五年至一九三七年,商务印书馆根据乾隆间重刻的"九通",加上《清朝续文献通考》,汇编影印为"十通",附有分类索引。这就是我国现存最大的一套中世纪社会结构史的百科全书。

六 历史档案和历代会要

编写形式同《通典》类似,但性质属于中世纪制度法令的档案汇编,这种历史文献也在唐朝开始出现,那就是历代的会要、会典。

中国自古有保存历史档案的传统。远在商朝,经过占卜证验的卜骨,凡属重要的便皮藏保存,而成为档案。周代刻有铭文的青铜器,也可说是重要档案的保存形式。它们成为礼器,就赋予历史档案以神秘性。我们曾说过《尚书》是现存最早的官方档案文件汇编。到中世纪王朝,档案保存制度愈来愈周密,为官方史学家编写近现代史提供了很大方便。

然而,深藏于宫廷官府中间的历史档案,从来只有很少数人能够看到。一个王朝历年较久,要改变或新定某些制度法令,需要在本朝档案中寻找旧例,便成了很麻烦的事。唐玄宗时为了改变这种局面,根据太宗、高宗二朝的旧例,统一整理和改订成《大唐开元礼》、《唐六典》,便引起了人们追溯本朝制度法令的所谓因革损益由来的兴趣。刘秩的《政典》,杜佑的《通典》,创作动机都明显地从这里得到启发。而《通典》受到唐朝君臣的重视,又引出了专记本朝典章制度的著作出现,就是会要。

首先创制断代典章制度专书并命名《会要》的,是唐朝的苏冕。他的生平已不可考,大约是宪宗至武宗间人。他的弟弟苏弁曾任杭州刺史,搜集图书达二万卷,数量仅次于朝廷集贤院芸阁藏书。他们兄弟就据此纂修唐高祖至德宗"九朝沿革损益之制"①。这部《会要》必定很快流传,因为唐宣宗大中七年(853),便下诏续修,由曾任宰相的崔铉监修,杨绍复等编撰,著成记录德宗至大中六年的《续会要》。这样便正式开了官方定期编定档案汇编的先例。

苏冕、杨绍复的正续《会要》今已不存,但北宋初宰相王溥新编的《唐会要》一百卷,便是续成二书之作。它的编写形式与《通典》类似而不同。首先不同的是不分门别类,而在每卷下详列子目,共分五百一十四目,每一目或数目叙一事,中间又分正录和杂录。其次不同的是排列次序,不是从食货说起,而是由帝号、皇后、储君,说到中央和地方各部各级官员的职守,再记选举、租税等等重要法令措施,而以分列边疆少数民族和邻国概况作终结。它的内容限于本朝,每目记事也按时间排列,但只记首出或变动的典章制度,取材也主要限于官方的文书档案。由于这些特点,它就更具有做官用的百科全书式手册的色彩,翻检应用都比《通典》方便。

所以,《唐会要》编成后,王溥便受到宋太祖嘉奖。接着,王溥又编成《五代会要》三十卷。

大概由于宋代开国君臣重视"会要"的缘故,因而宋朝用这种形式定期整理编纂官方档案的事业很发达。朝廷内专设"会要所",作为秘书省的一个部门,同国史院、实录院和日历所并列,为四个修史机构之一。各级各类政府部门都要按期向会要所报送档案,使它实际成为国家档案馆。据近人研究,两宋大规模编修会要,至少有十次,有改修有续修,十次所修累计达二千余卷,而最后一次在宋宁宗时编定的"十三朝会要"(即由太祖到孝宗230年),便有五百八十八卷②。

会要与实录不同。实录其实是累经加工的编年史,于重大事件讳饰很多。会要则是原始档案的汇编,虽然也经史官摘编取舍,但失实较少,因而史料价值很高。宋朝历代会要仅有钞本,改朝换代后散佚,部分保存于《永乐大典》内。清嘉庆时,徐松入全唐文馆得见《大典》,从中钞出近五百卷,便

---

① 参见赵希弁《郡斋读书后志》卷二、陈振孙《书录解题》卷五。
② 参见汤中《宋会要研究》。

是1949年后重印的《宋会要辑稿》原本。

由于宋朝统治者重视会要，因而有的史学家便仿照它的体例著书。南宋徐天麟改编两《汉书》，先后编成《西汉会要》和《东汉会要》。李攸撰《宋朝事实》六十卷，今存清四库馆臣从《永乐大典》抄出的二十卷。曾经主持整理"十三朝会要"的李心传又撰《建炎以来朝野杂记》四十卷。二李之书都保存了宋代很多史料。清代学者编写会要成风，已刊的有姚彦渠《春秋会要》，孙楷《秦会要》（今人徐复订补），杨晨《三国会要》，龙文彬《明会要》等。但这些会要多同两汉《会要》一样，排比正史，便于检索，史料价值不高。近来我系杨宽正主编《战国会要》，可以填补历代会要的一个空白。

除会要外，属于王朝档案汇编的专著，还有会典。它始于元朝官修的《经世大典》。这部正文有八百八十卷的巨著，体例仿照《唐六典》，另加帝号、帝训、帝制、帝系四典，是元朝前期的法典汇编，原书已佚，略见于陈垣的元典章研究。明、清都有会典，就完全仿照《唐六典》，以六部为纲，专记政府各部的组成和制度法令演变，范围比会要更专门。现存《明会典》一百八十卷，光绪间重编的《清会典》一百卷，附《会典图》二百七十卷、《会典事例》一千二百二十卷。值得注意的是事例，用具体事实解说制度法令，而且都是官方档案，对于研究明清的政权和法律，都是重要材料。

第十章 编年史的复兴

一 "以史为镜"与思想僵化

自六朝时期断代编年史一度繁荣之后,到北宋中叶前约五百年间,编年史一直处于沉寂状态。难道没有史学家研究它吗?不是的。作为纪传史的纲要体裁,作为历朝实录的专用体裁,这种史学编纂形式几乎被每个史学家所熟悉。然而,极少有人用它来编写王朝史,更其是通史。看来,纪传体对于编年体的胜利,似乎已不可逆转。

然而,事情总是证明否定之否定是个规律。到北宋初年,被历代王朝承认的纪传体正史,已达十七部之多。两位著名的史学家欧阳修和宋祁,又在这个记录上增添了两部,就是《新唐书》和《新五代史》。正当他们陶醉在上承马、班而名垂不朽的遐想中时①,编年史忽然重放异彩。一部新出的编年史巨著,连同它的著作者,被皇帝承认为一面最好的历史镜子,照得欧、宋的纪传史黯然失色。

这部巨著,便是司马光主编的《资治通鉴》。

《资治通鉴》已经如此有名,其中许多著名的片断已被选入教科书和文学作品选而广为流传,因而关于它的作者和编纂过程,只需要略作介绍即可。

它是一部编年体通史,用二百九十四卷篇幅,记载了战国初(周威烈王廿三年,当前403)到五代末(周世宗显德六年,当公元959)的一千三百六十

---

① 有这样一个故事:《新唐书》列传部分的编者宋祁,对于他承担的任务是那样得意,因而每天晚上都层层大开中门,自己端坐堂上秉笔而书,两房姬妾秉烛列侍,使人们由门外远远望去,恍如神仙,都说:"小宋学士在修《唐书》也!"

二年的历史。

它的主编者司马光(1019—1086),字君实,陕州夏县(今山西夏县)人,是北宋著名的政治家、史学家。宋英宗时任龙图阁直学士。神宗时官翰林学士、御史中丞,因反对王安石变法,退居洛阳任西京御史台十五年,在这期间完成了《资治通鉴》的编著,并成为旧党的领袖。宋哲宗即位,出任宰相,尽罢新法,贬斥新党,八月后卒。追赠太师温国公,因而人称温公;又因居涑水乡,因而道学家呼为涑水先生。著作还有《传家集》、《书仪》、《涑水记闻》等。

司马光早年曾模仿《左传》,编成《通志》八卷,记叙战国到秦朝的历史,得到宋英宗赏识,受命继续编集,并可自选官属,置局编纂,还被准许借阅宫廷秘阁所藏图书,由政府供给笔札,这是英宗治平二年(1065)的事。由于他在政治上持保守态度,因而神宗对他愿处闲职也听便,倒使他获得充分的时间完成自己的编书计划。全书于神宗元丰七年(1084)十二月竣工,历时十九年。

书名是宋神宗定的,命名理由是它"鉴于往事,有资于治道"。这个名称,很恰当地概括了司马光的指导思想,那就是给中世纪统治者提供历代君臣治民的借镜。

"以史为镜",这种说法在《左传》、《荀子》里就有了,相传是孔子的说法。但自从唐太宗重新加以强调,说是"以史为鉴,可以知兴替"之后,便更加强烈地影响着中世纪史学家。如前所述,无论是刘知幾,还是杜佑,论史论政都以它为宗旨。因而它出现在司马光的指导思想里,算不上新鲜发明。

问题当然不在于谁发明,问题在于"以史为镜"的指导思想对不对。许多研究者都批评《资治通鉴》里的"臣光曰",尽管批评的角度和程度不同,但都指出他的观点是为中世纪统治服务的。这当然很对,不过司马光的问题并非个人的局限,而是一种时代思潮的反映。他的历史见解并不比欧阳修更保守。欧阳修的《五代史记》(《新五代史》),一味模仿《春秋》,刻意追求在字里行间表达褒贬大义,弄得许多篇章几成空话。司马光虽自称为"迂",却还懂得首先要辨别史实,而后再发议论,不强迫史料服从自己的需要。因此,我们除了说明司马光"以史为镜"是怎么回事,还应该进一步研究这个思想为什么支配了那时人们的头脑,否则并不保守的宋神宗为什么赞赏司马光的著作,就很难得到合理的解释。

我们已经说过,把研究历史的目的规定为给人以政治的道德的教训,属于一种幻想。"以古为镜,可知兴替",便是这种幻想的表现形式。令人感兴趣的是它为什么在唐宋以后反覆出现,以致在司马光身上,几乎完全消失了司马迁那种"究天人之际,通古今之变"的精神,尽管人们常把两司马的史学成就相提并论。

我们也已经说过,司马迁把研究历史的目的规定为探究自然和社会相互关系的秘密,找出历史发展变化的一贯线索,虽然带有相当浓厚的神秘主义气息,却是立足于变,立足于对更好的未来的追求,因而是积极的,向前看的。但唐宋时代,愈来愈频繁地回顾过去,把解决王朝统治矛盾的希望寄托于几百年、几千年前的历史经验,却不能不说是整个统治阶级日益丧失活力的表现。因而,即使像王安石那样的改革家,尽管说过"天变不足畏"、"祖宗不足法"那样大胆的话,然而"不足畏"、"不足法"的说法本身便具有消极防御色彩。事实上,面对旧党大讲"天变"、"祖宗"的压力,王安石发现宋神宗顶不住时,不是拿引咎辞职对神宗施加反压力,便是拿尧舜周孔等更老的祖宗来压旧党的近代祖宗。他搞"三经新义",把《周礼》、《诗》、《书》重新穿凿解释一番,当作变法的理论依据。这都说明他不敢从未来、而只是从过去汲取自己的诗情。统治阶级中间头脑最新的人尚且如此,头脑半新者如宋神宗,迂执者如司马光,自然更要把眼光投向业已逝去的历史。

任何哲学都不过是当时的时代思想的表现。把历史看作提供道德教训的镜子,因而成为宋朝君臣历史见解的出发点和归宿,只能说是当时统治思想已日趋僵化的反映。因此,虽然宋朝学者完成了经学更新运动,把宗教性的经学改造成了思辨性的理学,但这种思辨哲学很快变成新儒学即新孔教的理论支柱,也就是这种僵化趋势的逻辑结果。司马光说,他希望皇帝看历史,"监前世之兴衰,考当今之得失,嘉善矜恶,取是舍非,足以懋稽古之盛德,跻无前之至治,俾四海群生咸蒙其福"①。又说,他所以要写历史,"止欲叙国家之盛衰,著生民之休戚,使观者自择其善恶得失以为劝戒"②。这不是非常清楚地表明他的指导思想的僵化和保守么?

所谓"以史为镜",在理论上属于不可实现的幻想,在实践上就必然转化

---

① 司马光:《进通鉴表》。
② 《通鉴》卷六十九《驳正统论》。

为自欺欺人。司马光自己就没有以古为鉴。《资治通鉴》很认真地记录了历代改革家失败并不得好死的教训,用意是明显的。但他也承认,某些改革家不得好死,并不等于改革事业全部错了,更不等于参与改革的人都是坏人。《通鉴》写了商鞅被车裂,但承认秦惠文王并没有废掉商鞅所变之法,也默认秦惠文王只杀了商鞅一人。但他做宰相后,不但尽罢新法,而且尽逐新党,连坚决反对王安石的苏轼也认为太极端了,同他争论无效,气得回家后便摔掉帽子大呼"司马牛"。结果只为那些投机政客日后反过来大逐旧党提供了口实,弄得北宋王朝在内讧中灭亡。这不是证明他自己就没有从历史方面学到什么,也没有依据历史上演绎出来的法则行事吗?这是自欺。还有欺人,那就是"以史为镜",经常被拿来作为必须墨守陈规的借口。有一次,司马光给年轻的宋神宗讲"曹参不变萧何之法"。宋神宗发生疑问:"汉常守萧何之法不变,可乎?"司马光竟说:"何独汉也!使三代之君,常守禹、汤、文、武之法,虽至今存可也。"①只要夏、商、周的君主墨守祖宗成法,他们的王朝就会延续到现代。用这种毫无可能的推论来施行道德的教训,难道不是露骨的欺人之谈吗?

可见,思想僵化,而又自称从历史中得到借镜,不仅表现着中世纪统治者的保守性,而且表现着统治者的虚伪性。在这个意义上,宋神宗的赐名,《资治通鉴》里的"臣光曰",倒可说是一面历史的镜子。

二 《资治通鉴》在历史编纂学上的成就

就历史编纂学来说,《资治通鉴》仍然不失为一部成功的编年史巨著,尽管我并不认为"《通鉴》一书可以作为我们史学工作者毕生专攻的对象"②。

我以为,《资治通鉴》的最大特色在"通",而不在"鉴"。

自《汉书》以后,人们都重视编写王朝史,却忽视了对历代中世纪王朝的更迭运动,进行综合的考察。"一部十七史,从何说起?"正反映了自宋以来读者面对纪传体断代史那些浩繁而片断的记录,难以理出线条的困惑。刘知幾提出史要通,杜佑提出典要通,固然都给人以启发。但刘知幾最推崇的

---

① 《续资治通鉴》卷六十七熙宁二年。
② 前揭朱杰勤《中国古代史学史》,第187页。

还是王朝史的楷模,杜佑也只限于编了各门都可相对独立的百科全书式专史,并没有真正做到"通"。

真正尝试作综合考察的是司马光。他研究历史,"每患迁、固以来,文字繁多"①,"历年不能竟其篇第,毕世不暇举其大略"②。因而他痛切地感到必须求通,"使先后有伦,精粗不杂"③。

这说明,他从根本上怀疑起千年以来的一个传统历史编纂学模式,即纪传体是编写通史和王朝史的最佳体裁。他的怀疑,是有道理的。由司马迁创制的纪传体,虽然吸取了编年史的长处,以时间为纲,但这种体裁的中心,是以人物为主的列传。而突出了人,则历史运动的时间形式,便不免被冲淡,乃至忘却。尽管司马迁已经意识到这个缺点,专门列表作为本纪的补充,但他列的表,除《秦楚之际月表》而外,仍然以诸侯将相为中心,并不能从根本上弥补纪传体史的时间脉络不清楚的缺点。司马迁的那些效颦者,把他的缺陷发展得越发严重,以致连表都不屑列,只图在列传写作上显示自己的才华。

司马光发现并突破了断代和纪传的限制。那第一步,便是复古,复《左传》之古,即恢复重视历史运动的时间性的特色,以编年为体,年经事纬,使读者对战国以来历史的系统一目了然。这个复古,表面上是否定了西汉以来历史编写形式的重大进步,实际上是对已经僵化的纪传史体裁的一次突破,使人们知道它并非编写通史和王朝史的唯一形式。因而,复古也不能一概否定,关键在于以复古反革新,还是以复古为解放。这两种倾向,在同一人如司马光那里都有表现,便更需要审慎地辨别。

编年史很容易写成枯燥乏味的流水帐。在广阔的历史舞台上,同一时间总在演出不同场面,即使同一场面也有自己的前台与后台、正面与侧面。以著名的秦晋淝水之战为例,双方登场的主要角色有几十人,双方从战争准备到战争结束都有自己的问题和矛盾;秦王苻坚部下鲜卑、羌族的将领在酝酿反叛,东晋执政谢安头上的帝室、身旁的军阀也在另搞阴谋;每个场面、每个侧面,作为历史事件都有相对的独立性,都有各自的因果关系,也都穿插着一串偶然因素。这些纷陈错杂的事变,多半都有自身的序曲,并非公元三

---

① 司马光:《进通鉴表》。
② 刘恕:《资治通鉴外纪·后序》。
③ 司马光:《进通鉴表》。

八三年突然集中出现。编年史读者常感困惑的正是闹不清楚同一时间的不同人物事件的来龙去脉,因而总觉得面前摆的是"断烂朝报"。《资治通鉴》自然没能完全克服编年史这种先天的缺陷,然而司马光和他的合作者显然为克服这种缺陷尽了最大努力。他们每遇重大历史事件发生,必交代其前因后果;又扼要地叙述制度的沿革和运用,以助读者深入了解历史进程。例如他们对淝水之战的描写,便注意交代战争的原委,引导读者回忆双方后台发生的密谋的由来,并提醒读者注意戏中有戏,目前登场的配角已在准备占据舞台的中心位置,如对慕容垂、姚苌两名分裂前秦王朝的角色的描写便是。

这样,《资治通鉴》注意了"通",便既保持了编年史以时间为纲的长处,又在一定程度上突破了编年史的古典形式,把时间只作为交织历史事件的经线,而努力避免割裂各种历史事件的相对完整性。因而,不久出现的一种历史编纂新形式,一种以历史事件为主体的所谓纪事本末体,正是由研究《资治通鉴》而取得的突破,便不是偶然的。

《资治通鉴》编纂上另一大特色为"实"。

所谓实,不仅是史料采择问题,而且是忠于历史真实问题。以前的断代王朝史,史料采择有很大的片面性,那就是以前朝的官方文献为主,而采择官方文献又以前朝史官所编写的历代实录为主。官方文献作为史料,自有其不容抹煞的重要性,但中世纪的官方文献,即使是一字不改的原始档案,其记录的真实程度本来就有问题,何况经过史官们二度、三度改编,造成实录不实的问题更多。历史事件常有复杂的侧面,只知其一,不知其二,这样编纂的历史就必然陷于主观、片面,也就是不真实。

《资治通鉴》的编者们突破了这种限制。他们也以正史和官方文献为主,但不轻信它真实可靠,因而又大量采择稗官野史、百家谱录、总集别集、传状碑志等,加以比较、鉴别、考核,而后决定取舍。同一则记录,往往用三四种资料综合纂成。《通鉴》引用的著作有多少,很难说,因为编者没有完全注出自己判断的根据。据宋人高似孙统计,说《资治通鉴》除十七史外,引书多至三百二十二种①;但据清末胡元常由《资治通鉴考异》统计,则连十七史在内为二百七十二种,但不算引用的文集②。大概宋时还存在的前代史著,

---

① 见《四库全书总目》引高似孙《纬略》。《文献通考·经籍考》引《纬略》,"三百"作"二百"。
② 参见柴德赓《关于〈资治通鉴〉》,《中国史学史论集》(二),第 296 页。

司马光他们都设法找到过。

面对浩繁的史料,陈述的矛盾,怎样判断和取舍? 以前的史学家通常是不说的。这同唐以前治经的风气有关,那时只要是圣经贤传,几乎无人怀疑。史学家受此影响,遇到矛盾的历史记录,便选择前人或时人公认的权威说法,尤其是官方文献的说法,而不深究它可信不可信。司马光则不同。他编成《资治通鉴》,又另编《资治通鉴考异》三十卷,逐条说明有关矛盾分歧的记录为何舍此取彼的理由,从而使读者了解他对待史料的态度。这种考异的方法,出发点当然是不盲从官方文献或前辈权威,反映他颇具有怀疑精神,而怀疑正是宋朝学者治经的特点。司马光曾反对怀疑经典①,然而他又不自觉地对某些经书持怀疑态度,怀疑《孟子》便是一例②。在史学没有完全摆脱经学附庸地位的时代,对经书的怀疑必然波及史书,而且怀疑要更少顾忌。所以司马光对待历史记录的异说,自己不轻信,要详加考辨,同时也必须准备别人以不轻信的态度来对待自己的选择,于是就有将考异公布的必要。

《资治通鉴考异》为后代史学家带来有益的启发,主要在于研究历史的态度。首先说明史料必须检验,不能轻信孤证,不能排斥异说。其次说明作者要敢于自以为非,不存先入之见,不搞臆测武断。再次说明作者要取信于读者,不能依靠权威来压服或慑服,而要运用事实来说服或制服。这三者相互联系。只有自以为非,才能拿出自以为是的材料,也就是从矛盾的陈述中清理出来的可信事实,以说服读者,并使不同见解的作者无话可说。古代史学家明乎此理,并力求付诸史学实践,便是他们的实事求是态度。这种态度,离开我们的实事求是准则,自然还很远,可是同前人相比,就提供了一个新的范例。因此,清代乾嘉考史学者,一般对宋人考据持轻蔑态度,但说到《资治通鉴》便不能不表示敬意。如钱大昕说:"读十七史,不可不兼读《通

---

① "新进后生,未知臧否,口传耳剽,翕然成风,至有读《易》未识卦爻,已谓《十翼》非孔子之言;读《礼》未知篇数,已谓《周官》为战国之书;读《诗》未尽《周南》、《召南》,已谓毛、郑为章句之学;读《春秋》未知十二公,已谓三传可束之高阁。"见《传家集·论风俗札子》,又《困学纪闻》卷八经说也有引录。

② 司马光曾撰《疑孟》一卷,见《司马温公文集》卷七十四。按宋人疑孟,始于李觏,其撰《常语》多非孟之言,今本《盱江集》存三条。但司马光疑孟,据我看,理论上是反对唐以来孟子的升格运动,实践上是反对王安石尊孟,与其反对疑经的态度并不矛盾。这属于思想史范围,本篇不能详说。

鉴》。《通鉴》之取材，多有出于正史之外者，又能考诸史之异同而裁正之。昔人所言，事增于前，文省于旧，惟《通鉴》可以当之。"①

除了以上特色，许多论著对《资治通鉴》作为集体编写著作的成功，尤其是司马光作为主编的成功，给予很大的注意，这里不妨略予介绍。

问题是翦伯赞提出的②。司马光写《资治通鉴》，有三名主要助手：刘攽、刘恕、范祖禹，他们都是北宋知名的史学家。据元初胡三省说："修书分属，汉则刘攽，三国迄于南北朝则刘恕，唐则范祖禹，各因其所长属之，皆天下选也。"③此外还有司马光的儿子司马康担任文字检阅。翦伯赞说："集体不大，每一个成员都是自己邀请的具有专门研究而又是志同道合的朋友"。"即因志同道合，在认识上、观点上就容易取得一致。即因都有研究，每一个参加编写的人，都具备独立处理历史问题的能力，都能担负起他们所承担的那一部分的任务，都能写出基本上具有当时学术水平的初稿。但不管参加集体的成员怎样强，如果主编置身事外，那么写出来的书，也不过是一床最好的百衲被，如果要使集体写作的书变成一个完整的连针线的痕迹都看不出来的锦绣文章，那主编就必须对全书的体例以及各段落之间的联结、贯通负起责任。司马光在这一点上作出了很好的模范。"④话外是否有音，我们不知道。但从集体编纂来说，《资治通鉴》成就所以大大超过唐宋史馆诸书，则上面说的确实是一个条件。司马光由选拔合作者，到商榷体例、搜集史料、起草长编，都亲自主持，最后用十几年反复修改。司马光卒后，洛阳存留的残稿尚盈两屋，可见他所花精力之巨大。认真研究古代史学编纂的成功与失败，可使后人少走弯路。可惜后来的讨论变成《资治通鉴》编写分工的细节考证，结果它的编纂学成就，也

---

① 钱大昕：《跋柯维骐〈宋史新编〉》，《潜研堂文集》卷二十八。
② 《跋〈宋司马光通鉴稿〉》，《人民日报》1961年6月18日；已收入《翦伯赞历史论文选集》，人民出版社1980年版。
③ 《新注〈资治通鉴〉序》。清全祖望《通鉴分修诸子考》，谓刘攽实修自汉至隋部分，刘恕仅修五代，故胡三省误，见《鲒埼亭集》外编卷四十。前引翦文发表后，阎简弼撰《为〈通鉴〉的编写分工质疑》(《人民日报》1961年8月10日)引全说反对翦说。翦又撰《为〈通鉴〉编写分工问题释疑》(《人民日报》1961年8月18日)驳之。后柴德赓《关于〈资治通鉴〉》(见《中国史学史论集》[二])，王曾瑜《关于编写〈资治通鉴〉的几个问题》(《文史哲》1977年3期)，曹家琪《资治通鉴编修考》(《文史》第五辑)，仓修良《通鉴》编修的"全局副手"——刘恕》(《中国历史文献研究集刊》第一集)等，续有争论。看来当以胡三省说为是，参见《中国历史文选》下册《资治通鉴》解题。
④ 翦伯赞：《跋〈宋司马光通鉴稿〉》。

就愈来愈令人不明白。

由于《资治通鉴》卷帙浩繁，当时已感到普通人不易阅读，司马光便悲叹："修《通鉴》成，惟王胜之借一读，他人读未尽一纸，已欠伸思睡。"①他为了克服这个缺点，又附编《资治通鉴目录》三十卷，仿《史记》年表体例，纪年于上，而列《资治通鉴》卷数于下，实为全书纲领。此书与《资治通鉴考异》都在元丰七年同《资治通鉴》一起进呈。此外，《资治通鉴》只上通到周威烈王二十三年，实未全通。因而，司马光又编《稽古录》二十卷，刘恕也编《资治通鉴外纪》十卷、《资治通鉴外纪目录》五卷②，都延伸《资治通鉴》到上古，然而价值远逊于《资治通鉴》。

《资治通鉴》没有注也不好懂，所以它行世不久，便出现刘安世《音义》十卷，早佚。南宋史炤又作《释文》，错误很多，后来书贾抄袭它，假托司马康释文，或费氏音释。目前通行的以宋末元初胡三省《资治通鉴音注》最著名。胡三省（1230—1302），字身之，南宋天台（今浙江宁海）人，理宗时与文天祥、谢枋得、陆秀夫同中进士，做过县令、府学教授等官，首入贾似道幕府。宋亡，隐居山中注《通鉴》，稿本曾三次遇兵难遗失，每次都重新手抄定注，历时三十多年。他边注边校，理校（根据理论和学识判断）为主，他校为次，本校、对校也有③。如此重视校勘，在宋元学者中是少见的。他的注释，包括名物、训诂、典章、制度、地理等，比较完备。但清人多批评他考证不精，如钱大昕《通鉴注辨正》、陈景云《通鉴胡注举正》，但以纠正地理注为多。清代以来，许多学者专研《资治通鉴》，形成"通鉴学"，因而号称《资治通鉴》功臣的胡三省的思想，也引起学者兴趣。但研究思想必先了解作者身世，胡三省的生平长期被埋没，直到四十年代陈垣由《宁海县志》所载其子撰的墓碑入手，方才考订清楚，因而以为胡注实际上蕴藏着强烈的民族思想，特著《通鉴胡注表微》一书④，予以表彰，但那已不属于史学史范围。

---

① 胡三省：《新注〈资治通鉴〉序》。
② 编者注：《四库全书总目》及今通行本《目录》皆作"五卷"。《书录解题》、《通志·艺文略》、焦竑《国史经籍志》外纪之目录作"三卷"。参见李裕民《刘恕年谱》，《山西大学学报》1978年第2期。
③ 参见柴德赓《关于〈资治通鉴〉》；聂崇岐《〈资治通鉴〉和胡注》，《新建设》1956年第7期。
④ 此书首在《辅仁学志》十三、十四卷（1945、1946年）陆续刊出，1958年汇集成书，科学出版社出版。书分二十篇，前半论史法：本朝、书法、校勘、解释、避讳、考证、辩误、评论、感慨、劝戒；后十篇论史事：治术、臣节、伦纪、出处、边事、夷夏、民心、释老、生死、货利。书中用胡注七百五十条，引证书除正史外计二百种。就研究一部史注来说，《表微》至今为独一无二的专著。

三 "长编"的续作与当代史料的保存

《资治通鉴》文史俱佳,充分显示了编年史的长处,所谓千载兴亡,一编全收;加以作者名望很高,皇帝题名赐序,因而宋代流传很广,史学家也对编年体刮目相待,续作纷纷出现,至清代仍未衰退。

司马光编写《资治通鉴》,先搞长编,再加删定。所谓长编,今称初稿,但它是将各书有关诸事的记录,经过初步考辨筛选,将较重要的历史事实,按时间编次排比,又类似编年的史料汇编。司马光曾向修《资治通鉴》唐纪长编的范祖禹说过:"长编宁失于繁,毋失于略。"①二语即被后代编年史家奉为经典。

本来,长编只是编年史作者的未成初稿,为作者自己进一步加工修改的基础。所以,"宁失于繁",最初目的只在于修改时不要再重新翻检原始资料。但宋代印刷术推广不久,得书仍很困难,更其是许多官府档案、私家记载,往往只有靠特殊关系才能看到。这样,编年史家著作的长编,不但是作者的初稿,还成了保存当代史料的一种形式。因而,自南宋起,便有人效法《资治通鉴》初稿,续作长编,并直接以这种形式刊布。

目前最出名的是南宋李焘的《续资治通鉴长编》。它上继《资治通鉴》,由宋太祖建隆元年(960)续起,到宋钦宗靖康元年(1126),共记北宋一代一百六十八年史事。所记时间只有《资治通鉴》的十分之一强,但篇幅却达《资治通鉴》的三倍半,计正文九百八十卷,《目录》十卷,《举要》六十八卷,《总目》五卷,共一千零六十三卷。

李焘(1115—1184),字仁甫,眉州丹棱(今四川洪雅境)人,宋高宗时曾任礼部侍郎、敷文阁学士兼侍讲、同修国史等职。他年轻时受北宋灭亡历史耻辱的刺激,便留心国史,尤其是本朝史。南宋初他和他的长子李垕一起预修国史,有机会遍览内廷所藏实录正史、官府文书、档案秘籍,并且广搜家乘野纪。有这样的优越条件,而且是宋人写宋史,见闻真切。因此,作为北宋一代的编年体通史,无论就史料保存,叙事详尽,还是就记载较实,错误较少而言,《续通鉴长编》都胜过元末所修《宋史》。

---

① 《答范梦得》,《传家集》卷六十三。

李焘编书的指导思想,便秉承"宁失于繁,毋失于略"的精神,自称"旁采异闻,补实录正史之阙略;参求真是,破巧说伪辨之纷纭"①。后一点可看出他采取长编形式的现实原因,因为南宋初年,原来统治中心汴京失陷,迁到临安,学人论述北宋历史,都凭耳食,各信所传,不去考核,必定纷错难信,而且必定夹杂着政治派系斗争的因素,例如北宋末闹得乌烟瘴气的新旧党争,在南宋初便持续很久。李焘是希望南宋统治集团一致对外的,既然所谓"国史"已成为统治集团内部派系纷争的根据,因而他于此"发愤讨论,使众说咸会于一"②,就不令人奇怪。

李焘认为,从熙宁到靖康间,"大废置,大征伐,关天下之大利害者,其事迹比治平以前特异"③,很清楚地说明他尤其注意直接影响现实政治的那段历史。所谓大废置,就是王安石变法,司马光尽罢新法,哲宗元祐年间又恢复所谓新法,而围绕着这类大翻跟斗的运动,新党旧党争权夺利,升沉荣辱,搞得朝廷几无宁日。内乱必有外祸,辽、西夏的攻势刚有收敛,金朝又以更凌厉的攻势向宋朝压来。北宋王朝这样完结了,南宋王朝站得住吗?看来仍在重演宋英宗后的历史,所以李焘更想给这段"关天下之大利害"的历史作个总结。《续资治通鉴长编》记英宗治平(1064)后六十余年事,比前一百余年更详尽,如今本仅存神、哲二朝,中间还有缺佚,仅存二十六年④,卷帙却占今本三分之二,其理由就在于此。

正因为作者特别注意现代史,而编写目的本在用详尽的史实来否定乱哄哄的"巧说伪辨",于是在客观上便使长编成了保存当代史料的一种形式。所以,书成后,李焘自谦不敢比于《资治通鉴》,而命名为续《资治通鉴》的初稿,其实却是定稿——他本来就不想再删繁就简,而是要以详尽取胜。

《续资治通鉴长编》写于南宋,实际上是改朝换代之后,但观念上依然囿于本朝人写本朝史,因而书中于宋初开国、帝位传嬗等事,也讲究避讳;于宋辽、宋金关系,既据宋方的片面史料,又抱传统的夷夏偏见,记录不免经常失实。

---

① 李焘:《进〈续资治通鉴长编〉表》。案,引文据《文献通考》卷一百九十三《经籍考二十》所载李焘进表,与刊于《续资治通鉴长编》卷首者文字有异。
② 李焘:《进〈续资治通鉴长编〉表》。
③ 同上。
④ 参看《中国历史文选》下册《续资治通鉴长编》解题。

继李焘之后,李心传编《建炎以来系年要录》二百卷,"述高宗朝三十六年事迹,仿《通鉴》之例,编年系月,与李焘《长编》相续。"[①]南宋刘时举又撰《续宋编年资治通鉴》十五卷,始于高宗建炎元年(1127),终于宁宗嘉定十七年(1224),也是续《长编》的作品。李书有辑本,刘书未见。清末黄以周有《续资治通鉴长编拾补》六十卷,是考订《长编》阙误的著作。

四 "续鉴"的编写与中世纪官方史学的末路

元、明、清三代,写作编年体通史,成为一件愈来愈时髦的事情。

元末明初陈桱编《通鉴续编》,属于两宋通史,目的在于直续《资治通鉴》,但体例书法都仿照《资治通鉴纲目》,内容空洞,错误很多。明代王宗沐、薛应旂,各编了一部《宋元资治通鉴》,编写形式以《资治通鉴》为准,记载宋、元二朝历史。但王书年月差错多,史实脱误多;薛书重点表彰理学,内容空疏。而且,这三部书,都强调宋朝正统,详南略北,对于辽、金二朝,仅提及帝王更替年月。记录面只限于半个中国,当然算不上通史。明朝胡粹中编有《元史续编》,属于元朝编年史,但目的在于续写陈桱的《通鉴续编》,以陋书为蓝本,其更陋可知。

清康熙时,徐乾学以为陈桱、王宗沐、薛应旂三书都很浅陋空洞,于是邀请当时的史学名家万斯同、阎若璩、胡渭等,设局编纂《资治通鉴后编》。他们排比正史,编成一百八十四卷,上接《资治通鉴》,下终元末,是宋、辽、金、元四朝通史。同时仿照司马光例,作《考异》以折衷不同说法,著"臣乾学"云云以评论重要事件。就搜辑、审勘、订误、补遗等方面,的确花了相当功夫,比陈桱等三书要高明。但依据的材料,缺略仍很多,如李心传《建炎以来系年要录》等著作都没有见到。而且,叙述辽、金历史,止取正史本纪,记载宋宁宗嘉定以后到元文宗至顺前的历史,也过于疏略;但详记西夏姻戚世系、元末琐事,却又失于繁冗。章学诚批评它"失于裁制","不以义例为要,而惟主于多闻"[②]。虽不全面,却有道理。

清乾隆中,毕沅便以徐书为底本,约人重新编写。毕沅(1730—1797),

---

① 《四库全书总目》史部编年类。
② 《文史通义·为毕制军与钱辛楣宫詹论续鉴书》。

字缥蘅,一字秋帆,江苏镇洋(今太仓)人。三十岁中状元,长期担任陕西、河南、湖广等省巡抚、总督,镇压过陕甘回民造反、湘贵苗民造反和湖北白莲教造反,受到乾隆帝宠信。他属于清朝那种文人出身的封疆大吏,本人有些学问,喜欢用提倡文化来粉饰武功,因而在幕府中延揽了很多著名学者文人,代他著书立说。如汪中、章学诚、洪亮吉等,都曾做他的入幕之宾。他先命幕客编修《续资治通鉴》,历时二十年才完稿,大致根据徐乾学《资治通鉴后编》,略加删增。毕沅不太满意,另请当时的名史学家邵晋涵订正,又请乾嘉考史名家钱大昕校阅,大约章学诚也出过力。但毕沅生前,于全书二百二十卷,仅刻出一百零三卷,他就死了。死后清朝政府责他冒支军需,贻误军机,抄没他的家产。这是清朝统治者对付汉族"功狗"的惯用手段,而《续资治通鉴》的雕版也就中止。直到嘉庆中,才由冯集梧购得全部原稿和部分板片,补刻出其余一百一十七卷。这就是1949年后标点重印的《续资治通鉴》的由来①。

《续资治通鉴》上起宋太祖建隆元年(960),下终元顺帝至正廿八年(1368)。它比《资治通鉴后编》晚出一百年,正当清修《四库全书》之际,不少前人未见的遗文秘册都从《永乐大典》陆续辑出,因而在资料上超过前人。同时,很多著名史家参与工作,编辑剪裁也大有进步,如矫正略北详南的弊病,扩大引证史料的范围,用"考异"散见于正文之下的形式说明史料依据,略去"臣某曰"之类的主观论断等。

然而,《续资治通鉴》的编写,虽挂毕沅之名,却出于众手。由发凡起例到拟稿审正,主持者都置身事外,这就给这部编年通史带来很多毛病,我们已予以批评②。

由它的编写,可看出什么呢?过去已批评过中世纪正史即纪传史已完全僵化,从《续资治通鉴》又可见到,首先编年体通史的主持权,已由统治王朝的事业变成了大臣私人的事业,因而失去了"资治通鉴"的本意,它对中世纪王朝也不起历史镜子的作用了。其次即使它变为大臣私人的事业,但主持者都是为图虚名而请人捉刀,他们本人实际上也不关心它的客观作用,因而"资治"的意义完全落空。纪传史、编年史都已走入穷途,这正是中世纪官方史学的末路。

---

① 参看《中国历史文选》下册《续资治通鉴》解题。
② 同上。

第十一章 多彩的记录和僵硬的认识

一 历史编纂形式的改革

从刘知幾比较编年和纪传二体，断言它们都是编纂历史的最佳形式，"后来作者，不出二途"，那以后的历史编纂史，似乎只是在为他的预言提供新的例证。

隔代修史的传统，随着统治中国二百九十年的唐王朝的覆灭，活力大增。由十世纪中叶至十一世纪中叶，百年间便出现了两部《唐书》、两部《五代史》，不仅使纪传体的所谓"正史"，增至十九部之多，还开了中世纪王朝许可有关于前朝的两部"正史"同时流通的先例①。非但如此，到下一个世纪初，也就是南宋王朝刚在江南站稳，郑樵便着手实现他雄心勃勃的大计划，以个人力量编纂一部囊括古今全史的纪传体通史。尽管他的学识才干与雄心并不相称，使二百卷的《通志》，只能靠文化制度史部分与并非纪传史的《通典》比肩，却表明纪传体这一编纂形式，虽已沿用千余年而定型化，却仍然没有臻于至善，存在着部分改造的可能。

编年的王朝史的编纂，在刘知幾称道荀悦《汉纪》堪同班固《汉书》"角力争先"之后，也大大活跃了。还在安史之乱中间乘兵变逼父"禅让"的唐肃宗，便以重新"开国"的东汉光武帝自居，急不可耐地下令续修唐玄宗时吴兢

---

① 《旧唐书》修成于后晋出帝开运二年(945)。宋仁宗对其不满，命欧阳修、宋祁主持重修。《新唐书》奏上于嘉祐五年(1060)，但宋代并没有明令禁止旧书流通。《旧五代史》修成于宋太祖开宝七年(974)，以后欧阳修又撰《五代史记》，是私撰。至宋神宗熙宁五年(1072)，修死，始被皇帝承认为正史。两宋两五代史并行。下诏学官废止薛史，只用欧史的，倒是金朝，时在1207年(金章宗泰和七年，南宋宁宗开禧三年)。

未完成的"国史",但用编年体,以示同纪传体"正史"有别。这一欲盖弥彰的成果,便是唐德宗时再度改定的柳芳《唐历》①。此例一开,尽管唐朝还没有灭亡,以撰述编年体王朝史为宗旨的著作,却接踵出现。被《通鉴》作者们引用过的陈岳《大唐统纪》、王彦威《唐典》等佚书,就是唐人撰唐朝编年史的续证。到北宋,被官方所承认的"正统"王朝已换到第六代,模拟《汉纪》的编年体唐史,撰写更少顾忌,陈彭年的《唐纪》、胡旦的《唐乘》、梅尧臣的《唐载记》、孙甫的《唐史记》等等,接连献给宋朝皇帝。在这样的气氛中间,利用《汉纪》编纂形式而突破王朝始末畛域的意向,倘不发生,就不合历史的逻辑。

历史的逻辑必然得到历史事实的证明。还在北宋初期,刘熙古已采用编年体,撰写过编年体通史《皇王纪要》和《古今帝王年代历》。他的儿子刘蒙叟,为了获得官方承认,又将二书合编为一,撰成《五运甲子编年历》,上起传说中的唐尧,下讫宋太祖建隆元年(960),共三卷,于宋真宗景德间(1004—1007)献给皇帝。虽然司马光没有说到这部书,但我们相信他起意著《通志》,未必没有受到刘熙古、刘蒙叟两代编纂编年通史的影响。

司马光的《通志》,受到宋英宗、神宗两代皇帝赞赏,由政府资助经费,即使处于不同政见者的地位十多年,也可以安心著述,因而篇幅膨胀三十六倍,还被皇帝赐名《资治通鉴》。这一事实,大大促进了编年史的复兴,已如前述。到南宋,李焘父子刻意模仿司马光,用力四十年编成《续资治通鉴长编》。李心传继其书,撰成《建炎以来系年要录》。徐梦莘又专取宋与辽金的外交关系史料,撰成《三朝北盟会编》,都是编年史巨著,《续资治通鉴长编》达一千零六十三卷,《要录》二百卷,《会编》二百五十卷。且不说其他编年史,仅《资治通鉴》和这三部续作,便令人毫不怀疑这一编纂形式,确如刘知幾所论,足以同纪传史相颉颃。

特别是《资治通鉴》问世以后,由于皇帝亲自表彰,很快被奉为准经典。司马光的门人刘安世已为它作《音义》,司马光本人又曾作《考异》、《目录》、

---

① 吴兢是刘知幾的朋友,在唐玄宗时修"国史",未成遭贬而卒。唐肃宗诏韦述与柳芳续撰。韦述死,由柳芳独力撰成,凡一百三十он。始隋恭帝义宁之初(617),终唐肃宗乾元二年(759)。书成奏上,因叙及玄宗、肃宗禅代失实,遭舆论非难。柳芳被贬贵州,访问贬的高力士,问开元、天宝遗事,又改写前书,即《唐历》,记至唐代宗大历十三年(778)止。唐德宗时奏上,又因褒贬失当,被逐出史馆。

《稽古录》。参与修书的刘恕又撰《外纪》,范祖禹又撰《唐鉴》。到南宋,史炤又作《资治通鉴释文》,虽然被看作浅陋,却进一步稳定了《资治通鉴》的准经典地位。当然,编年史的形式,也因此令人刮目相看。

在编年、纪传二体仍在继续发展的情形下,编纂历史是否可能采用新形式?倘若可能的话,新形式将是怎样的?与旧形式的关系如何?这类问题,往往被置于人们视野之外。

其实,从逻辑上看,刘知幾断定编纂历史只有非纪传即编年二途,是不可通的。

历史运动不外由时、地、人、事四项基本因素构成。时间在连续中有间断,空间在延展中有界域。有限的时间和空间,给一代又一代的人类活动,提供了创造历史新场面的可能性。而能否将可能变成现实,则要由人们如何解决相互关系中间的新矛盾新问题所决定,这个解决过程,便是我们常说的历史事件。

然而,在中国传统的历史编纂形式里面,表现历史的时间进程的编年体,表现历史的主人更迭的纪传体,到十二世纪都已达到烂熟程度。表现历史的空间特征的地域史,虽然由于"大一统"将分野的观念冲淡了,只有在分裂时期才能看到《国语》编纂形式的回忆浮现,但空间的差异并没有因为"统一"而消失,无非在历史著作中的反映变了形,那就是记录不同区域的现状和历史的所谓"方志"。

可见,到此为止,历史编纂形式唯独缺乏一类,便是以"事"为主的记录。所缺乏的,恰是最重要的,因为历史事件,必定包括时地人三要素,使人在时间和空间中创造历史的活动,有机地结合起来。如果找到一种形式,从整体和局部的矛盾统一上表现历史运动,那么它必定是以事为主的记录。

以往史学家不是没有感受到这一矛盾。纪传体的创始人司马迁,"于《高纪》则云语在《项传》,于《项传》则云事具《高纪》"[1],便说明他一方面为了人物的独立性而牺牲事件的完整性,另一方面则为事件的完整性受到割裂而不安,企图用"互见"办法加以弥补[2]。但这并不能使纪传体的短处,如刘知幾批评的,"同为一事,分在数篇,断续相离,前后屡出",因此而消除。

---

[1] 《史通·二体》评《史记》之短语。
[2] "互见"例是司马迁的发明,在以后纪传史编撰中得到广泛应用。但司马迁还别创书体,又在人物传中另立类传,也有消除纪传记事不系统缺陷的意思,但不能从根本上改善。

至于编年体,每因顾全事件的同时性,而割断同一事件的连续性,则已是关心历史事件始末的读者都可感受的缺陷①。

编年体的这一缺陷,由于《资治通鉴》问世,显得更加突出。以往的编年史,都比纪传史简略。被刘知幾、司马光奉为编年史楷模的《汉纪》,编著起因便是因为汉献帝觉得《汉书》繁富难读,命荀悦加以简缩。因此,当刘知幾将"二体"进行比较的时候,仅觉得编年史所记事少,仅看到编年史有重视历史事件同时性的长处,所谓"中国外夷,同年共世,莫不备载其事,形于目前"②。

这一长处,在《资治通鉴》中却转化为短处。转化的起因,便是司马光追求的文省事详。叙事简洁,避免重复,固然不错,但编年的形式,就规定了记事愈详而叙事愈乱,因为实际生活过程总是由简单到复杂,总是把日益扩大的活动空间中同时发生的不同事件投入史学家的眼帘,所以同年同月同日需要记录的事件,必定日益增多,而个别事件却不受年月日的限制,尤其是那些将各地区各民族都卷入在内的长期战争。《资治通鉴》记录政治和战争特详,于是纪传史同一事件"断续相离"的责难,也就轮到编年史来承受了。

因此,针对纪传、编年"二体"的共同缺陷,必须进行历史编纂形式的改革,便是不可避免的。

二 所谓"纪事本末体"

我国传统的历史编纂形式,重要改革共三次。第一次是公元前二世纪司马迁改编年为纪传。他是成功的,《史记》被长久地奉为"正史"的鼻祖。第二次是公元八世纪的杜佑使书志体独立为专门史。他的改革限于局部,因而影响也限于局部,所谓政书体的继作者虽多,但在任何时代都没有取得与编年、纪传"二体"抗衡的资格。取得鼎足之一资格的第三次编纂形式改革的结果,出现于十二世纪,而且是作者始料所不及的,那就是袁枢创造的"纪事本末体"。

袁枢(1131—1205),字机仲,南宋建州建安(今福建建瓯)人。他出生的

---

① 奇怪的是,刘知幾对这一缺陷似无感受。《史通》批评编年体之短,仅从选材受人物重要性影响角度立论,指出记事不详,却没有指责它割断事件在时间上的连续性。
② 《史通·二体》。

时候，南宋王朝与金王朝隔着长江互相对峙的局面，已经大致形成。到他年方"而立"中进士的时候，宋金二朝都已经没有力量进攻对方，都只是隔江空叫要吃掉对方。然而，袁枢生活的南宋王朝，却在这时发生了两个不大不小的事件。一是宋高宗禅位于宋孝宗，宋孝宗企图改变他的养父对金朝一味求和的懦弱形象，做出种种姿态表示要收复中原。二是在宋高宗绍兴三十一年（1161），曾在采石矶击溃金朝南侵舰队的著名将领虞允文，被任命为右相即第二首相。这二事无疑滋长了南宋士大夫的统一热诚，袁枢便是其一。

袁枢约在宋孝宗乾道初中进士①，应诗赋科，于省试得此科第一而知名。以后相继做过温州判官、兴化军教授。乾道七年（1171），他四十岁，任礼部试官，事毕留临安任太学录，即国立大学的事务官助理，正九品小京官。就在这一年，宋孝宗提升自己的妻妹夫张说为签书枢密院事，引起舆论反对。因张说原官知阁门事，不过是皇帝的传达室领班，这时一跃而为全国军队的副总管，在进士出身的文官们觉得难以容忍。首先是同知枢密院事刘珙，表示耻与张说为伍。刘珙在湖南任安抚使时奖拔的张栻，一位与朱熹齐名的理学家，以翰林侍讲的身份，带头反对宋孝宗的这项任命，礼部和太学的官员举子跟着哗然。执政虞允文无法，改任张说为安庆军节度使，又将张栻调任知袁州，等于逐出京师。太学博士、著名的诗人和理学家杨万里，又上书反对贬逐张栻。宋孝宗的"天威"受到冒犯，极为恼火，次年又强迫虞允文同意召回张说任签书枢密院事，这又刺激了那班省学官。刘珙是袁枢在国子监就读时的恩师，杨万里是袁枢在太学任职后的密友。他在这一事件开始即持反对态度，这时又上疏要求宋孝宗"开言路以养忠孝之气"等，惹得皇帝很不高兴。他却在奏对后将奏疏拿给虞允文看，当面指责说："公不耻

---

① 袁枢生平仅见于《宋史》卷三百八十九本传。今人郑鹤声撰有《袁枢年谱》，材料也主要依据《宋史》。关于袁枢中进士时间，《宋史》本传未记某年，甚至漏记某帝。1962年，我在协助周予同师编注《中国历史文选》下册时，曾据郑鹤声考证，将时间说在孝宗初（见拙订《中国历史文选》下册，再版本，页126）。但近年阅新出几种史学史及《中国历史大辞典·史学史卷》，多谓袁枢为宋孝宗隆兴元年（1163）进士。惊异之余，再作考证，知近人所云均无据。据《宋史》本传，袁枢"试国子监，周必大、刘珙皆期以远器"，必为周任礼部尚书、刘任礼部郎官时事。按周必大为虞允文任参知政事后起用的人才，虞允文任参知政事在宋孝宗乾道元年（1165），而周必大被他起用，先任起居注、中书舍人，再长礼部，其时当在乾道二、三年；刘珙于绍兴末至隆兴初任知潭州兼湖南安抚使，其后入京为朝官，乾道二年（1167）任同知枢密院事，故尔隆兴初及乾道三年后却不可能与周必大同主国子监试，故知袁枢试国子监取得举子资格，必在乾道元、二年间，应进士试也只能在取得举子资格之后。所以，诸书谓枢于隆兴元年中进士，肯定是错误的。倘说他中进士，时在乾道二、三年间，当近于事实，那时袁枢为三十五岁左右。

与哙等伍耶！"①樊哙是西汉开国功臣，刘邦的妻妹夫，曾被项羽称为"壮士"，与此等人为伍本无可耻，然而袁枢竟以为可耻，而虞允文听后"愧甚"②，足见理学家的"朝议"，视出身比才干更重要，不见得比宋孝宗任人唯亲的作风高明。袁枢得罪了皇帝和宰相，便自行要求补外官，于乾道九年（1173）出任严州教授。

《通鉴纪事本末》，是袁枢所著书留传下来的唯一一种③。他何时开始撰写？已无法考证。但成书和初刊，都在严州教授任上，则有确证。宋孝宗淳熙元年（1174）三月，杨万里也出任外官，路过严州（治所在今浙江建德东北），便见到《通鉴纪事本末》稿本，并为其作序④。北京图书馆藏有此书宋本，为淳熙二年严陵郡庠刻本⑤，可知在成书第二年便已有初刊本⑥。

关于编书的起因，《宋史》本传说："枢常喜诵司马光《资治通鉴》，苦其浩博，乃区别其事，而贯通之，号《通鉴纪事本末》。"这句向被论者重视。其实，在袁枢以前，胡安国编《通鉴举要历补遗》，朱熹编《资治通鉴纲目》，共同原因之一，就是嫌《资治通鉴》太详，而司马光自编提要《通鉴目录》又太简，企图寻求一部繁简适中的全书提要⑦。可见，"苦其浩博"，是读《资治通鉴》者的共同感觉，也许包括司马光自己⑧。既然如此，为什么先前的"苦其浩博"者不能创造"纪事本末"体呢？

《四库全书总目》的作者，似乎感到此说有矛盾，于是另作解释，以为"枢乃自出新意，……遂使纪传、编年贯通为一，实前古之所未见也。"这与朱

---

① 《宋史》袁枢本传。哙，樊哙。
② 同上引。
③ 袁枢晚年爱好《周易》。《宋史》本传谓其于宋宁宗时退休后，在家闲居十年，"作《易传解义》、《辨异》、《童子问》等书，藏于家"。书均佚，按其书名，《易传童子问》，显然模拟欧阳修的《易童子问》而作。
④ 见《通鉴纪事本末》卷首杨万里序。
⑤ 见柴德赓《史学丛考》，中华书局1982年版，第194页引证。
⑥ 今人多据王应麟《玉海》卷四十七记淳熙三年（1176），宋孝宗下诏"严州摹印十部"，谓《通鉴纪事本末》初刊本，所谓"严陵小字本"刻成于此年，误。摹印指就已刻板刷印，宋孝宗是在听说有此书时下诏摹印的。《玉海》仅记诏书，未记先已有刻本。故柴德赓（上引书第194页）以为《玉海》所记三年"当是二年之误"，亦未细考。
⑦ 司马光晚年曾撰《通鉴举要历》八十卷。南宋高宗绍兴中，胡安国因其遗稿，修成《通鉴举要历补遗》一百卷，追求的即文约事增。朱熹因此二书，另修《资治通鉴纲目》五十九卷，于序言中特别提出这一宗旨。
⑧ 陈振孙《直斋书录解题》，谓司马光著《通鉴举要历》的动机："尚患本书浩大，难领略，而《目录》无首尾，晚著是书，以绝二累。"朱熹《纲目》自序说略同，强调《举要历》之作欲求详简适中。

熹的意见很不相同,然而评价虽高,仍未解释袁枢何以要"自出新意"。

倒是宋孝宗给了一个解释。淳熙三年(1176)十一月,经过代理首相的参知政事龚茂良推荐,袁枢的书重印本十部送到了宋孝宗面前①。"孝宗读而嘉叹,以赐东宫,及分赐江上诸帅,且令熟读,曰:'治道尽在是矣!'"②

可知袁枢的着眼点,与司马光原无二致,也在借用历史作为"治道"的镜子。但他没有如司马光那样,劳神焦思地去研究历史本身,而只将司马光已铸就的镜子,现成地拿来去照"治道"。就是说,他甚至比司马光更强调历史的"资治"作用,以致历史的真相如何似已变成多余的事。

正因如此,袁枢是从南宋王朝"治道"的现实出发去改编《资治通鉴》的。那是什么样的现实呢?如前所说,最基本的现实就是中国分裂,宋金二王朝对峙,南宋已由军事上的劣势转向与金朝大致平衡③,但这并非由于南宋变强,而是由于金朝变弱,由于金朝的统治民族女真族进入中原地区以后,在文化上迅速被先进的汉族所征服,已经失去当年灭辽侵宋时期那种军事上的蛮勇气概。但力量对比趋向平衡,却使南宋统治者得以用高喊恢复以控制人心,而内部政争也必定在主和与主战两派辩论中展开。这样,围绕宋金和战问题所出现的一系列事件,便非常引人注目。袁枢从寻找眼前事变的历史比拟出发,去读《资治通鉴》,注意力集中于"区别其事",就不是偶然的。

袁枢的改编办法,如清代学者所概括,是将《资治通鉴》的材料,"区别门目,以类排纂;每事各详起讫,自为标题;每篇各编年月,自为首尾"④。他无非是把《资治通鉴》中属于同一事件的原文,连同"臣光曰",逐一钞出,按时间顺序撮录成书,再安上标题而已。

用这个办法,袁枢从《资治通鉴》中共钞撮大事二百三十九目;另有附录六十六目,散见于各正目之后。断限一仍《资治通鉴》之旧,上起三家分晋,下终周世宗征淮南。初刊本共分四十二卷,命名为《通鉴纪事本末》⑤。

---

① "淳熙三年十一月二十四日,参政龚茂良言袁枢编《通鉴纪事》,有补治道,或取以赐东宫,增益见闻。诏严州摹印十部。"见《玉海》卷四十七艺文类。
② 《宋史》本传。
③ 宋孝宗乾道元年(1165),与金朝签订和议,始正敌国体。见《宋史·孝宗本纪》。这是南宋王朝建立三十余年后,第一次得到金朝的"平等"相待。它是金朝承认无力灭亡南宋的重要信息。
④ 《四库全书总目》史部纪事本末类《通鉴纪事本末》提要。
⑤ 《通鉴纪事本末》,宋刊小字本、大字本,均四十二卷。明末张溥评点本,分二百三十九卷,即每篇一卷。

《通鉴纪事本末》,除标题外,全书没有袁枢所添加的一个字。然而,它刚问世,便引起了上至皇帝、宰相,下至著名学者的广泛重视。杨万里作序,龚茂良推荐,宋孝宗命太子和将帅熟读,已说明它是一部令人刮目相看的著作。而它在南宋便有仿制①,明清时仿制更多,又说明它是一种新型的历史编纂形式。

然而,新在哪里?论者却有不同意见。头一个发表批评意见的是朱熹。淳熙二年七月,即杨万里作序后四个月,袁枢将新刻成的《通鉴纪事本末》寄给主管台州崇道观的朱熹。朱熹读后写了一篇跋,说是"每事别记,以具事之首尾"的体例,发端于《尚书》,成就于《国语》,二者都是编年史的补充形式②;但这种修史方法在《史记》问世后便中断,至司马光《资治通鉴》出,才重新有了需要;"今建安袁君机仲乃以暇日作为此书,以便学者,其部居门目、始终离合之间,又皆曲有微意,于以错综温公之书,其亦《国语》之流矣。"③在朱熹,这自然是对《通鉴纪事本末》的很高评价。因为宋代理学家仍然认为《左传》"翼经",是《春秋》的标准解释,而《国语》仍称"左氏外传"。袁枢的书居然被认为上追《国语》,得《尚书》遗意,岂非身价陡增?袁枢即将跋文附于书首,说明他接受朱熹的评价。

由此可见,"纪事本末体"初出现时,批评者不以为是创作,连作者也不自居为创作。这一事实,便是后来评价差异的依据。前引《四库全书总目》作者认为袁枢"自出新意",使编年纪传二体联系成一种前古未见的新体裁,这一说法很快受到反对。章学诚依照朱熹的意见,又加发挥,说这种形式,"文省于纪传,事豁于编年,决断去取,体圆用神,斯真《尚书》之遗也。"但他紧接着又否定说:"书有作者甚浅,而观者甚深,此类是也。"④就是说,袁枢的史学浅薄无足道,不过碰巧检到了《尚书》遗存的编纂形式。梁启超又发挥章学诚的说法,以为"善钞书者,可以成创作",袁枢钞录《资治通鉴》,"其

---

① 南宋理宗宝祐元年(1253),杨仲良《皇宋通鉴长编纪事本末》刊行,为今存仿作之首。见阮元《四库未收书目提要》史部纪事本末类。
② "古史之体,可见于《书》、《春秋》而已。《春秋》编年通纪以见事之先后,《书》则每事别记以具事之首尾。意者当时史官既以编年纪事,至于大者,则又采合而别记之。"见《通鉴纪事本末跋》。
③ 同上引。朱熹于末语下又谓:"或乃病其于古无初,而区别之外无发明者,顾第弗深考耳。"时此书方出,何来这种议论?只说明朱熹不肯将话说满,借"或"曰表示自己的微词。同书还有吕祖谦序,也没有朱熹所说那种议论。
④ 《文史通义·书教下》,注见《中国历史文选》下册,第217—228页。

始亦不过感翻检之苦痛,为自己研究此书谋一方便耳。及其既成,则于斯界别辟一蹊径焉"①。

是这样吗?从形式上看,袁枢确实在"钞书"。说好听些,也就是将摘抄的卡片连缀成文,比现代某些用一二句话穿插于大段引文之间的所谓论文还不如。但细究内容,却令人不能附和章学诚、梁启超等人的看法。

袁枢不是没有头脑的人物。他的《通鉴纪事本末》的编排,便显示他不但熟悉历史,还有自己的识见②。全书所有标题,便是证明。柴德赓曾对《通鉴纪事本末》二百三十九条的标题所用动词,做过一个分析。据柴德赓统计,一百七十二目(占全书正目百分之七十强)内,有"平"字二十九次,用"据"字二十三次,用"灭"字二十三次,用"叛"字二十三次,用"乱"字二十次,用"篡"字二十次,用"寇"字十次,用"伐"字九次,用"逆"字八次,用"讨"字七次,其余用"专政"、"用事"、"归"、"祸"、"亡"、"变"、"争"等不一③。

这一统计,表明袁枢对历史事件是分等级的。他最注意的是战争,尤其是汉族王朝同少数民族王朝、中央政权同割据政权之间的战争。其次是政争,包括宫廷政变与军阀相残。略知宋史的人,当然都了解北宋立国伊始,便处在少数民族建立的王朝或政权的军事威慑之下。同辽、西夏和金朝的对峙和冲突,始终在困扰着两宋王朝的统治集团。北宋王朝被金王朝灭亡之后,逃奔至江南的统治集团幸存部分建立的南宋王朝,面临的最大问题,依然是宋金和战问题。正因如此,从北宋到南宋,王朝内部的一切矛盾和纷争,无不把同少数民族王朝的和战如何处理,当作最大的题目。包括范仲淹主持的庆历改革和王安石主持的熙宁变法,也都是为了解决同辽朝和西夏长期军事冲突所造成的一个无可克服的矛盾,即养兵、筹饷、加赋三者间的恶性循环。因此,在袁枢著书的时代,尽管宋金矛盾已形成僵持局面,和战问题并没有解决。他看历史,视线集中于战争史,是不奇怪的。同时,他又注意政争史,那本来就是中世纪史学家不可或缺的讨论课题,在前面已说过④。

---

① 《中国历史研究法》第二章。
② 参见前揭《中国历史文选》下册,第 125—126 页。
③ 前揭《史学丛考》,第 194—195 页。
④ 或据此以为袁枢充满正统王朝思想,他所谓大事无非是夺天下、抢王位,因而如说《资治通鉴》是"相斫书",这里则相斫更为明显。这种批评,适用于任何一位中世纪史家,包括少数民族王朝的史家,但没有指出袁枢异于其他史家之处。而没有异,便不能见同。

研究《通鉴纪事本末》的学者，都注意到书中经济问题仅有两则，文化史则完全阙如①。原因自然与它取材没有越出《资治通鉴》有关②，但也反映袁枢的识见。

袁枢的时政议论，见于记录而又在《通鉴纪事本末》编撰时期的，仅有任太学录时"轮对三疏"的题目："一论开言路以养忠孝之气，二论规恢复当图万全，三论士大夫多虚诞、侥荣利。"③由此推知，三题之下，内容大概是涉及君臣关系、和战问题和官场弊病。题目是文章的中心，三篇文章无非一劝宋孝宗继承祖宗优待文官的传统，显然针对张栻等反对任命张说为签书枢密院事而发；二劝宋孝宗在宋金关系上维持现状，以与金朝"正敌国体"而满足；三劝宋孝宗注意文官政治的弊病，言外之意是勿用急功好利之臣。尽管他冒犯了宋孝宗，但议论却没有超出平凡之上，特别是第三论的题目，明白显示他同道学家"存天理、灭人欲"的认识是一致的。

因此，《通鉴纪事本末》仅有的两则经济记事，从题目到内容，便反映袁枢的个人识见。一则题为《奸臣聚敛》，一则题为《两税之弊》。前一则撮录历代以"兴利除弊"著称的名臣事迹，不分效果好恶，唯究动机正否，一概斥为"奸臣"，责以"聚敛"。后一则撮录唐代杨炎两税法实行以后出现的问题，将中世纪官僚政治的必至之弊，说成杨炎实行税收制度改革本身造成的毛病。联系前引袁枢上宋孝宗"论对三疏"第三题斥责士大夫"侥荣利"，不是可见他撮录意向么？所以，倘说他忽视经济问题，只是因为取材的限制，那是皮相之论。

总之，关于《通鉴纪事本末》，数年前我在修订《中国历史文选》下册时，曾重申六十年代初协助周予同师编写此书时在它的"解题"中所说的意见："全书除标题外，袁枢没有添加一个字。但编排本身，就表现出他不但熟悉历史，还有自己的识见。因而本书条理完整，能以事件为中心，把历史人物在历史上的活动及其作用，依年代加以贯穿，显现于具体而生动的史实当中，对于初学历史和阅读《资治通鉴》的人很有帮助。但是，它取材没有越出《资治通鉴》，全书内容局限于政治和封建统治阶级人物的活

---

① 前揭《中国历史文选》下册，第 126 页。
② 此点在《中国历史文选》下册初版已指出，见该书中华书局 1962 年版，第 140 页。此后在拙订该书再版中又予以说明，见前揭书，第 126 页。
③ 《宋史》本传。

动,经济问题仅有两则,文化史则完全阙如,专题之间也多缺乏必要的联系;标题的遣词造句,也刻意模拟《春秋》笔法,凡镇压农民起义必曰'平',凡北朝打南朝必说'寇',南朝打北朝则称'伐'等,突出地显示了袁枢的封建正统史观。"①

附带说一说袁枢的后半生经历。《通鉴纪事本末》初刻于宋孝宗淳熙二年(1175),次年便上达"天听"。宋孝宗赏识之余,就关心起袁枢的官运。经过代理首相龚茂良的介绍,宋孝宗也许记起了他曾反对张说出任国防副长官的事情,因而只赏给他大宗正簿的职位。这位新任皇族事务总管衙门秘书长的袁枢,头一次受皇帝召见,便借《资治通鉴》所记历史,讽谕宋孝宗信任的谋臣,都是"诈伪而似诚实,佥佞而似忠鲠"之徒。宋孝宗很不高兴,却假装醒悟。袁枢却以为(也许是装傻以为)皇帝真接受了他的意见,因此一再说些皇帝不中听的话,特别是指责皇帝偏信才引出朝士"朋党"。这些话,在皇帝听来自然很不悦耳,因此他虽然资历日增,安流平进,十几年里也不过做到权工部侍郎兼国子祭酒,而且在孝宗末年被抓住一点过失而降了两级。宋光宗即位(1190),才外放知常德府。宋宁宗即位(1195),又迁知江陵府。两任肥缺,刮地皮不少,被弹劾罢官,又三任祠禄官,而后自请退休,宁宗开禧元年(1205)卒。这三十年,他再也没有写出像《通鉴纪事本末》那样的著作,唯一可记的,是宋孝宗时他兼任国史院编修官,分修北宋列传。王安石变法的主要助手章惇的后裔,由于章惇的名声太臭,曾想利用袁枢与章家的同乡关系,辗转请求袁枢对章惇传多加美言。不知袁枢是反对王安石唯"利"是图的,于是碰了大钉子,得到袁枢回答:"子厚为相,负国欺君;吾为史官,书法不隐;宁负乡人,不可负天下后世公议!"当时的宰相赵雄也反对任何变革祖宗成法,对袁枢的说法大为欣赏,说是"无愧古良史"②。如今《宋史·奸臣列传·章惇传》,是否依据袁枢所撰原文,不得而知。所知的是他反对改革,对章惇那样拥护变法而又借谋私利的人物,缺乏具体分析。除此而外,他的形象,与平庸的官僚,并无二致。

---

① 前揭《中国历史文选》下册,第125—126页。初见中华书局1962年版,第140页。在抄袭而不言所本颇烈的风气下,指出我协助周予同师编订的《中国历史文选》全书各篇解题所发表的观点,对于读者鉴别某些史学史著"发明"的来源,也许不无益处。
② 《宋史》本传。

三 所谓"纲目体"

同为用新形式改编旧著作,同将《资治通鉴》作为改编的依据,但形式与《通鉴纪事本末》不同,而在后世发生过重大影响的,还有一种"纲目体"。

所谓纲目体,指编纂历史采用对既成著作的提要形式。"纲目"的名称,始于朱熹主编的《资治通鉴纲目》。但这种形式,如朱熹所承认的,有它的直接先驱,那就是司马光的《通鉴举要历》、胡安国的《通鉴举要历补遗》。但还有一种,应该是朱熹《纲目》编纂所仿效的模式,但没有被朱熹所明白承认,那就是司马光自编的《历年图》。

《历年图》已佚,留下的只有司马光的自序和后记。据后记,司马光曾用图表形式作历史大事记,以便私下讨论,但被人刻印并有改动,于是自行刊正,共七卷①。"上采共和以来,下讫五代,略记国家兴衰大迹,集为五图。每图为五重,每重为六十行,每行记一年之事。其年取一国为主,而以朱书它国元年缀于其下,盖欲指其元年以推,二三四五则从可知矣。"②这使我们可以推知所谓《历年图》,大概是用类似行列式的方法制作的表格。每年大事限记一行字;每行首记王朝年号,次列该年大事;如遇分裂时代,则在一朝年号下面,用硃书同时列列国君主名号,但以列国国君第一年号的元年为限③。每表分五栏,每栏记六十年大事,实际是以干支纪年作为一卷首尾的统属④,称为五重。五重为一卷,则由西周共和元年(前841)至后周显德七年(960),首尾一千八百年,当分六卷,但司马光自记起初"集为五图"⑤,则以后正式刊行时有增补⑥。

---

① 关于《历年图》编制和刊布,可参张煦侯《通鉴学(修订本)》,安徽人民出版社1981年版,第123—124页。
② 《记历年图后》,《司马温公文集》卷六十六。本文首谓"光顷岁读史,患其文繁事广,不能得其纲要,又诸国分列,岁时先后,参差不齐,乃上采……"云云。
③ 据前引司马光后记推知,如魏文帝黄初二年(221),下当硃书"蜀昭烈帝(刘备)章武元年";黄初三年(222),下当硃书"吴大帝(孙权)黄武元年",以此可类推。
④ 司马光称"六十行为一重"。字一条称行,复合形态叫重。据此可推知《历年图》用的是传统年表的"旁行斜上"编法,行为自右至左横写,重则以甲子至癸亥作为往返基准。如第一栏首记"秦王政十年"(前237,甲子),则二栏当首记"汉文帝三年",三至五栏依次首记"汉武帝元狩六年"、"汉宣帝五凤元年"、"汉平帝元始四年"。余类推。
⑤ 见前引司马光《记历年图后》。
⑥ 《历年图》卷数,记载各异,参前引张煦侯《通鉴学(修订本)》,第123—124页。

就编纂形式来说,《历年图》与以往诸史年表的不同处,一是实际应用干支纪年统属王朝纪年,因而突破了大事记以王朝断限的旧例;二是用两种墨色标注分裂时代并立王朝的纪年,令读者一看便知分立诸国的君位年号更迭情形,使同一时间的不同空间发生的大事互相照应。这两点不同,都给朱熹设计《资治通鉴纲目》的编纂形式,提供了模式。

《资治通鉴纲目》五十九卷,名为朱熹所编,其实除"凡例"一卷是他的手笔外,"其纲皆门人依凡例而修,其目则全由赵师渊任之"①。

朱熹(1130—1200),字元晦,后改字仲晦,祖籍徽州婺源(今江西婺源),生于建州尤溪(今福建尤溪)。他是所谓理学的集大成者,在元明清三朝受到中世纪统治阶级愈来愈高的尊崇,实际影响已经超过孔子②,生平已无需介绍。

赵师渊(生卒年不详),宋朝宗室,定居黄岩(今浙江黄岩),字幾道,号讷斋,是朱熹的门人。宋孝宗乾道间中进士,曾官宁海军推官。宋宁宗初受丞相赵汝愚推荐,做过职事官,不久随赵汝愚罢相而辞官,闲居十余年,后官至太常丞,著有《讷斋集》。由《讷斋集》和朱熹的《晦庵集》所载双方来往信件,可以考知《资治通鉴纲目》编纂的大概过程,即赵师渊忠于老师委托,编成若干卷便寄呈朱熹审定,而朱熹回信却常说没空审阅。因而倘说全书是朱熹制定凡例,而由赵师渊编纂,则是事实。

《资治通鉴纲目》成书于宋孝宗乾道八年(1172)③。那时朱熹四十三岁,仍任候补枢密院编修官,而赵师渊约三十余岁,在宁海军推官任上。但赵师渊写成以后,朱熹虽然作了"序例",却迟迟未予刊印。到宋宁宗嘉定三年(1210),也就是朱熹死去十年以后,稿本才由他的儿子朱在出示予他的门人李方子。再经朱熹的崇拜者真德秀审读④,李方子才敢于刊行。时在宋宁宗嘉定十二年(1219),上距朱熹作"序例"已四十七年,而距《通鉴纪事本末》初刊已三十四年。因此,它成书虽在袁枢书前,刊行却在袁枢书后。

---

① 周予同:《朱熹》,前揭《周予同经学史论著选集》,第170页。
② 参见拙著《中国经学史研究五十年》,前揭《周予同经学史论著选集》,第851—852页。
③ 见《资治通鉴纲目》卷首朱熹"序例"所署时间。
④ 真德秀(1178—1235),字景元,后改字景希,号西山,建州浦城(今福建浦城)人。宋宁宗庆元进士,官至参知政事。庆元党禁后,朱学复兴,多赖其力。

朱熹的"序例",说明《资治通鉴纲目》的材料,主要依据司马光的《通鉴举要历》和胡安国的《通鉴举要历补遗》二书,但"义例"即编纂形式,则自出心裁:"盖表岁以首年,而因年以著统;大书以提要,而分注以备言。使夫岁年之久近,国统之离合,事辞之详略,议论之同异,通贯晓析,如指诸掌。"①

《资治通鉴纲目》今存,不妨对照原书和"序例",于它的编纂形式略加分析。

所谓"表岁以首年"。岁指干支纪年,年指在位帝王的年号。朱熹规定,在年号上方,都用干支纪年作为统属;凡遇岁在甲子,则"甲子"二字都用硃墨书写。我们记得《历年图》已将六十年作为历史一轮的标志,因而朱熹的方法不过是对司马光方法的沿袭。

所谓"因年以著统"。统,即指正统、闰统。"大一统"王朝属于正统,自无话说。倘遇几个政权并存时代,朱熹便规定必须分正僭。那标准,一是同前一正统王室的血统联系,二是所谓夷夏之辨,三是政权所据地域位置。如三国鼎立,《资治通鉴》本来"帝魏",《资治通鉴纲目》却改为"帝蜀",即以自称西汉中山靖王后裔的刘备所建蜀汉政权为正统王朝,而以代汉称帝的曹魏和割据江东的孙吴二政权为僭伪,尽管二政权统治者都属汉族,孙吴还地处南方。区别正僭的形式,就是在"岁"即干支纪年的下面,用大字书写正统年号,而用双行小字分注僭伪政权年号。朱熹能坚持他的标准吗?不然,五代诸朝,照他的标准,非僭则伪,因为后梁代唐,用的是曹魏方式,后唐统治者是沙陀部人,后晋、后汉都向契丹称臣,后周也是篡汉而立。但朱熹仍以五代为一脉相承的正统王朝,为什么?就因为北宋政权承袭后周而来,否定五代诸朝的正统地位,无异于否定宋王朝的历史合法性,所以朱熹也就顾不得自乱其例了。

所谓"大书以提要"。大书,即用大字书写的条文。照朱熹规定,凡事关历代王朝的大举,如制度的始末更替,灾祥的发生变化,皇帝的号令,战争的起止,刑法的当否,官员的任免,都用大字记其主题,这是正例。还有变例,即事情本身不大,但关系到用三纲五常衡量可作善恶鉴戒的,如受到皇帝表彰的义夫节妇,也用大字书写。这种大书,就是朱熹所指的"纲"。

所谓"分注以备言"。分注就是对大字提纲的解说,用双行小字书写,即朱熹所指的"目"。它的内容,依朱熹手定的凡例,约有十项,一是追原其始,

---

① 朱熹:《资治通鉴纲目序例》。

二是遂言其终,三是详陈其事,四是备载其言,五是因始终而见,六是因拜罢而见,七是因事类而见,八是因家世而见,九是司马光《资治通鉴》的取言立论,十是胡寅《致堂读史管见》的集说评论,附载两人遗漏的言论和南宋学者的评论。这类解说较详尽,所以叫作"备言"。

可见,朱熹对于历史事实的本相如何,没有什么兴趣。他的兴趣只在于借历史的形式,表达自己的政治见解和伦理观念。

本来,《资治通鉴》的"臣光曰",已经表明司马光编著《资治通鉴》,旨在替中世纪帝王提供一部如何维护纲纪名分的政治教科书,因而材料"专取关国家兴衰,系生民休戚,善可为法,恶可为戒者"①。但司马光终究尊重历史,尽管材料取舍有极强的主观性,但对历史事实的态度还是严肃的。

朱熹呢?他同样要为中世纪帝王编写一部教科书,但这部教科书,虽然用了历史的名义,却不在乎历史的实际。因为在朱熹的眼里,客观的历史是不存在的,从来的历史著作都是纯主观的产物。他教学生,"读书须是以经为本,而后读史"②。就是说,史著不过是经书的注脚,主要精力不用于读经,而用于读史,便是舍本逐末。因此,他呵斥道:"看史只如看人相打,相打有甚好看处!"③为了纠正自己的学生喜欢读史甚于读经的习气,他甚至不惜背后讥评自己的朋友吕祖谦、陈亮,说是"伯恭于史分外子细,于经却不甚理会"④,"陈同父一生被史坏了"⑤。当他的一名学生为吕祖谦解释,说吕祖谦只是继承了江浙间的一种史学传统时,他大为恼火,说:"史甚么学?只是见得浅!"⑥你看,他连历史是一门学问,都断然否认,还能指望他认真对待历史的客观存在么?

不错,朱熹面对的历史著作,尤其是当时的近现代史著作,例如《神宗实录》,的确有实录不实的问题⑦。然而,主观的意识不能代替客观的存

---

① 参见《资治通鉴》前附司马光进书表。
② 《朱子语类》卷一百二十二。
③ 《朱子语类》卷一百二十三。可知梁启超称廿四史为"相斫书"的来历。
④ 《朱子语类》卷一百二十二。
⑤ 《朱子语类》卷一百二十三。同卷载朱熹弟子黄榦说:"东莱教学者看史,亦被史坏。"
⑥ 《朱子语类》卷一百二十二。此语前先记朱熹弟子黄义刚说:"他(吕祖谦)也是相承那江浙间一种史学,故恁地。"
⑦ 《朱子语类》卷一百二十八:"史甚弊?因《神宗实录》皆不敢写,传闻只据人自录来者。""今日作史,左右史有《起居注》,宰执有《时政记》,台官有《日历》,并送史馆著作处参改,入《实录》作史。大抵史皆不实,紧切处不敢上史,亦不关报。"

在,中世纪史官的不实记录,怎能抹煞已成不可改变的过去存在的客观历史呢?

但这决非朱熹在认识上的一时失足,而是他将历史等同于现实的一贯谬见。他总是从主观需要出发去苛责古人,如斥《左传》作者:"左氏乃一个趋利避害之人,要置身于稳地,而不识道理,于大伦处皆错,观其议论,往往皆如此;且《大学》论所止,便只说君臣父子五件;左氏岂知此!"①他引苏辙说斥司马迁:"子由《古史》言马迁浅陋而不学,疏略而轻信。此二句最中马迁之失。"②既然《左传》、《史记》都不足道,还有什么历史著作能够入他的"法眼"呢?所以,他的《纲目》,材料全据《资治通鉴》,见解却处处悖于《资治通鉴》,便不足怪。

学者评论《纲目》,说是它的主要精神,在于"辨正闰顺逆,严篡弑之诛"③,那是有见地的。《通鉴纲目》不是一部严肃的历史著作,只是一部打着历史旗号宣扬纲常名教的伦理著作。

正因为朱熹的着眼点在于纲常名教,所以他的所谓凡例,用力最深的就是竭力在遣词造句上做文章。

朱熹为《纲目》拟定的凡例,共十九目,对于统系、岁年、名号、篡贼、恩泽、朝会、封拜、征伐等十九类问题的用字遣词造句格式,作了统一规定。他模拟《左传》的"五十凡",将应用于同类事件的字词,集中在"凡"字下叙述,每字每词都冠以简明释文。录"征伐"目中几则为例:

"凡正统,自下逆上曰反,有谋未发者曰谋反,兵向阙曰举兵犯阙。"——关于反对正统王朝的内战性质的写法规定。

"凡调兵曰发,集兵曰募,整兵曰勒④;行定曰徇,行取曰略,肆掠曰侵,掩其不备曰袭;同欲曰同,合势曰连兵,并进曰合兵;在远而附之曰应,相接曰迎,服属曰从;益其势曰助,援其急曰救,开其围曰解;交兵曰战,尾其后曰追,环其城曰围。"——关于战争行动的具体写法的规定。

"凡书敌,于敌国曰灭之,于乱贼曰平之;敌国乱贼,岁久地广,屡战而后

---

① 《朱子语类》卷一百二十三。
② 《朱子语类》卷一百二十二。本节对司马迁有大段批评。
③ 侯外庐、邱汉生、张岂之主编:《宋明理学史》上卷,人民出版社 1984 年版,第 413 页。该卷编者黄宣民对作者的帮助,是应在此表示感谢的。
④ 原作"勤",据清温嘉钰《资治通鉴纲目校勘记》改,见《资治通鉴纲目四编合刻》附录。

定,则结之曰某地悉定,或曰某地平。"——关于总结正统王朝在战争中取胜的写法规定。

如此等等,规定都很详尽,很像一部历史术语小辞典。毫无疑问,编写历史,必定要研究怎么写,也必定要研究遣词造句问题。一部书里所用术语涵义不统一,将使内容变得混乱不可解。同代史学家所用术语及其涵义不相同,将使历史的叙述和讨论难以开展。然而,自《左传》"五十凡"出现以后,历代史学家虽然都对"书法"很注意,遣词造句无不煞费心机,例如《资治通鉴》的"臣光曰",便有多则是为书中所用术语的选择及其涵义进行解释,却还没有一人像朱熹那样,应用归纳法将如此众多的术语集中、分类、沙汰,并逐字逐词给予标准解释,以确定应用原则。这一方面显示朱熹具有缜密的哲学头脑,能够把握概念的细致差别,另一方面也说明那个时代的史著丛出,历史术语标准化问题势必要提上研究日程。

从清代以来,憎恶专制主义的学者,多半憎恶朱熹主编的《通鉴纲目》。尤其因为它经过康熙"御批",乾隆"御定",还被配上也是"御批"、"敕撰"的《前编》①、《续编》②和《三编》③,作为凡想求取功名的全国士人的必读教科书,就越发叫有识之士倒胃口。于是,挑它体例不纯的毛病,讥为"蚍蜉所大骇"的俗书④,斥为迎合"村学究之见"的所谓圣书⑤等,便屡见不鲜。这类批评,当然有道理,却大都犯了朱熹看历史的同样毛病,即只看朱熹刻意追步《春秋》的主观动机,忽视《纲目》在史学上的客观影响。

那是什么影响呢?第一,开了历史术语标准化的风气。在《纲目》以后,史学家无不注意统一用语,虽然引出名不符实、言过其实的弊病,但却使历史著作变得好读,易解。第二,开了不为尊者讳恶的风气。朱熹明白表示不

---

① 《资治通鉴前编》十八卷、《举要》三卷,宋末元初金履祥撰。清康熙有"御批"本。
② 《续资治通鉴纲目》廿七卷,明商辂等撰。清康熙有《御批通鉴纲目续编》。
③ 《资治通鉴三编》二十卷,清乾隆十一年敕撰,至乾隆四十年增至四十卷,更名《御定通鉴纲目三编》。以上三书与《纲目》合刊为《资治通鉴纲目四编合刻》。
④ 清全祖望《书朱子纲目后》:"但观朱子与赵师渊书,则是书全出讷斋;其本之朱子者,不过凡例一通,徐未尝有所笔削,是左证也。著述之难,即大儒不能无馀论。雷同附和之徒,遂以为《春秋》后第一书,可谓耳食。苟或能成朱子之志,重于讨论,不可谓非功臣也,但必为蚍蜉所大骇耳。"见《鲒埼亭集外编》卷三十四。
⑤ 章炳麟晚年在一次提倡读史的演说中,曾对《纲目》的纰缪大加抨击,以为:"要之襃贬笔削,《春秋》而后,不可继作。《元经》一书,真伪不可知。《纲目》则晦庵自视亦不甚重。尊《纲目》为圣书者,村学究之见耳。"见《大美晚报》1937 年 5 月 18 日"历史周刊"所刊章氏演讲稿。《元经》,传为隋末王通著。

赞成《春秋》为尊者讳的书法，说是"非史法"，因而主张修前代史固然不可对"乱臣贼子"的罪过加以隐讳，即使修本朝史也不可学习孔子而使用曲笔①。他对《神宗实录》只敢照抄报送史馆的各种政府档案，"不敢增减一字"，"不敢写传闻"，大加批评，称为"史弊"②。尽管他提倡不为尊者讳，仍是为了维护纲常名教，但把书法不隐说成编纂历史的正确方法，却在一定程度上破掉史学家对孔子为君父隐恶的传统。第三，开了普及历史教育的风气。《纲目》是《资治通鉴》的提要，也是后者的缩写本。《资治通鉴》卷帙浩繁，连作者自己都感不易阅读，更不要说普通读者望而生畏了。不读怎能成为"资治"的龟镜呢？所以由司马光本人开始，改编本缩写本不断出现。因改编而创新的，当数《通鉴纪事本末》。但真正起到《资治通鉴》普及本作用的，还要数《资治通鉴纲目》。元明清三朝，《纲目》在统治者心目中的地位有增无已，乃至利用政权力量迫使全国读书人诵习。从《春秋》到《资治通鉴》的十五个世纪里，没有一部史书，能像《纲目》那样起到历史普及教科书作用的。在整整六百年间，由皇帝到平民的一般读者，要读历史便差不多都需从《纲目》开始。那是好事坏事，姑且不论，但没有一部史书如它那样起到这一作用，则是无疑的。

所谓客观影响，自然不单指如今看来是好的影响。正因为朱熹编撰《纲目》的动机，在于维护纲常名教，在于借历史宣传"存天理、灭人欲"的僵硬认识，那就不能不使它的内容受到限制，见解偏向极端。

朱熹反对读史，却喜欢说史，看来矛盾，其实都用同一尺度作为衡量标准。那尺度，就是历史的陈述，是否"合于天理之正，人心之安"③。

天理难知，人心难测，这是古代人们熟知的经验谈，许多优秀人物都努力想揭开个中奥秘。朱熹和他的先驱者们，继续进行这样的努力，原是值得称道的。他们的认识，固然有很多迂腐的谬见，但也有很多新鲜的精义，比

---

① 《纲目》凡例自注："晋董狐、齐太史，书赵盾、崔杼弑君而不隐，史氏之正法也。至如《春秋》，鲁君被弑则书薨，而不以地著之，盖臣子隐讳之义，圣人之微意也。前世史官，修其本朝之史者，多取《春秋》之法，然已非史法。又况后世之人修前代之史，乃亦有为之隐讳，而使乱臣贼子之罪，不白于世人之耳目者，则又何所当乎。《通鉴》所书已革此弊，然亦有未深切者，今颇正之如左，观者详之。"
② 参见《朱子语类》卷一百二十八论史弊语。
③ 参见《资治通鉴纲目》李方子后序。

如说随时变易是天理之"常"①,说相反而相对是天理的自然表现②等。即使说人心,他们的见解,也不能一概否定。朱熹赞赏程颐"人心不同如面,只是私心"的说法③,尽管可从"理一分殊"的否定方面给予批评,然而敢于承认人各有心,似乎也较汉唐经学家的解释要符合实情。

不过,当问题一旦转到现实的领域,朱熹和他的先驱者们的努力,便不那么值得称道了。"父子君臣,天下之定理,无所逃于天地之间"④。程颢的这一"天分"论,是朱熹终身服膺的,它就是《纲目》企图阐释的"天理"的现实表现。照他的说法,这一天理,存于人心之中,而人心所以不明天理,只是因为受到种种物欲的干扰,以致做出许多非礼无义的举动;所以,要在人心中存天理,必须做到"无欲",然而无欲只有圣人才能做到,那第一步就是要做到"寡欲",也就是除了"饥而欲食,渴而欲饮"之类动物本能的欲望而外,不可再有更多的物质要求,否则便是不安本分。无需说,在他的眼里,由皇帝到贫民,饥食渴饮的悬殊要求,一馐千金与糠菜果腹,都是"合当如此",符合寡欲的要求⑤。因此,《纲目》憎恶历史上那些乱臣贼子,并非因为他们残酷地剥民虐民,而是因为他们不守天分,居然企图打破现存的社会秩序,要求只有君父才能享受的物欲,没有做到"求放心",即"心要在腔子里"⑥,当然应该受到《春秋》"诛心"那样的笔伐。

"岁周于上,而天道明矣;统正于下,而人道定矣;大纲概举,而鉴戒昭矣;众目毕张,而几微著矣。是则凡为致知格物之学者,亦将慨然有感于斯!"朱熹在《资治通鉴纲目序例》中的这段自白,比任何批判都更有力地说明了他改编《资治通鉴》的真实意向,也比任何推论都更有力地说明了这部

---

① "天下之理,未有不动而能恒者也。动则终而复始,所以恒而不穷。……恒非'一定'之谓也,一定则不能恒矣。惟随时变易,乃常道也。"见程颐《周易传》恒卦象辞传。朱熹对此说的解释,可参《近思录》卷一此条江永注引熹诸说。但关于常与变的联系,朱熹则以为"能常而后能变",与程颐变而后能常不同。
② 《近思录》卷一引程颐说。参见江永注引朱熹诸解说。
③ 同上引程颐说。
④ 《近思录》卷二引程颐说,江永注引朱熹说:"天分,即天理也。父子君臣各安其分,则安得私。"不安于现状所规定的尊卑上下长幼等级名分,便是"私心",这是程、朱的发明。
⑤ "濂溪言寡欲以至于无,盖恐人以寡欲为便得了,故言不止于寡欲而已,必至于无而后可耳。然无底工夫,则由于能寡欲。到无欲,非圣人不能也。曰:然则欲字如何? 曰:不同,此寡欲,则是'合不当如此'者,如私欲之类。若是饥而欲食,渴而欲饮,则此欲亦岂能无? 但亦是'合当如此者。'"见《近思录》卷五"濂溪先生曰孟子曰养心莫善于寡欲"条江永注引朱熹说。
⑥ 《近思录》卷四引程颐说。江永注引朱熹说:"孟子所以只管教人求放心。"

非历史著作所以被后代专制帝王表彰为标准历史教科书的真实契机,不是吗?

四　两宋史论

史论,即关于历史问题的评论,并非宋以后出现的历史编纂的新形式。《左传》中的"君子曰",便是它的雏型①。这一雏型,到西汉,便从两个途径发展。一是只针对某个历史问题的是非得失,抒发自己的见解,例如贾谊在公元前二世纪撰写的《过秦论》。二是继续《左传》的传统,在历史著作中用论赞形式,申说自己关于具体的历史人物或历史事件的看法,例如《史记》中的"太史公曰"。

由于《左传》、《史记》的巨大影响,也由于通过历史著作了解历史过程在印刷术没有出现的时代仅是少数史官的特权,因此在很长时期里,如贾谊《过秦论》那样,研究历史只是为了从中得到某种启示,而得到启示后便撰写专文抒发自己的见解,也即"为史论而史论"式的论著,比较罕见。多见的倒是在历史著作中以序述论赞形式发表的史论。这就造成一种误解,以为后者才算史论。

六世纪初梁朝的贵族青年领袖萧统编辑的《文选》,便反映了上述误解。他选了班固《汉书》等四部史著中的纪传后论九篇,名之为"史论"②,却将贾谊《过秦论》、班彪《王命论》、曹冏《六代论》等,即作为独立体裁的史论,剔出与东方朔《非有先生论》、曹丕《典论论文》等非史论,列为同类,另名为"论"③。

然而,作为史学研究独立形式的史论,却日益顽强地显示自己的存在。原因是多样的。人们在制定关于未来的预见时,总不由自主地要回顾先辈留下的脚印。人们在回顾先辈留下的脚印时,也总不由自主地要评论他们的步履是正是歪,是快是慢,并且假设自己在那种时间和境地将会选择哪种走路的最佳方案。人们在选择自以为是的最佳方案时,又总不由自主地将

---

① 近人吕思勉《史通评》,以为《左传》的"君子曰","盖当时记事之文,有此一体",是以为《左传》成书时即有独立的史论。见吕著《史学四种》,第109页。
② 见《文选》卷四十九、五十。凡收《汉书》传赞一篇,干宝《晋纪》论二篇,范晔《后汉书》论四篇,沈约《宋书》论二篇。而另立"史述赞"一类,收《汉书》纪传赞三篇,《后汉书》纪赞一篇。可知他的标准。
③ 参见《文选》卷五十一至五十五。

现状作为出发点,论的是过去,想的却是未来。正因如此,历史愈来愈受非历史学家的注目。他们尽管不想或不能去编纂历史,却随时要行使自己作为读者的权利,去发表自己关于历史的看法。

至迟在九世纪中叶前后,雕板印刷技术开始普及了。这项技术的普及,带来一项意想不到的后果,便是历史知识的普及。以前除非享有特权(乃至拥有雇人传抄珍贵图书的财富也买不到的特权)才能读到的历史著作,随着印刷术的发展,变成容易得到的书籍了。读者愈多,评论愈多,那是不说自明的事实。

技术的发达与否,仅是给更多的读者参与讨论历史提供了可能性。可能变为现实,还需要环境条件,最重要的是对历史要允许讨论,而论者不必害怕以言获罪。

前已指出,同前代相比,宋代统治者对待士大夫是相对宽容的。宋太祖立下的"不杀士大夫"的规矩,在两宋统治者中形成传统,就使学者文士都比较敢说话。而宋代统治者过分重视传统与施政的联系,用政权力量支持历史巨著的编撰,皇帝与经筵讲官经常讨论历史问题,科举考试中受到重视的策论经常以历史为题等,这都鼓励知识分子读史论史。不消说,宽容依旧要以有利于专制统治作为前提,然而同前朝相比,这样相对的宽容,便足以使士大夫中间讨论历史的空气活跃起来了。

两宋的史论,大致可以归纳为这样五类:(一)经解。包括《春秋》"经"和左氏"传"的解说,但已脱离汉唐经学家的训诂传统,而着重探究所谓经义,更致力于考察这两部最古编年史中的所谓微言大义。北宋孙复(992—1057)的《春秋尊王发微》①,苏辙(1039—1112)的《春秋集解》②,南宋胡安国(1074—1138)的《春秋传》③,吕祖谦(1137—1181)的《春秋左氏

---

① 孙复,字明复,宋晋州平阳(今山西临汾)人。曾为宋仁宗说《春秋》。《春秋尊王发微》十二卷(或说十五卷),是他晚年著作,由朝廷命人抄录后收藏秘阁。晁公武《郡斋读书志》引常秩说,谓此书"犹商鞅之法,弃灰于道者有刑,步过六尺者有诛",是将《春秋》"诛心"法推到极端的史论著作。
② 苏辙,字子由,一字同叔,宋眉州眉山(今四川眉山)人。苏轼弟。《春秋集解》十二卷,成书于宋哲宗元符元年(1098),旨在反对孙复《春秋尊王发微》和王安石谓《春秋》为"断烂朝报"说,以为《左传》说经皆是,《公羊传》、《穀梁传》都是臆测之辞。
③ 胡安国,字康侯,宋建宁崇安(今福建崇安)人。孙复再传弟子。南宋初,受宋高宗命撰成《春秋传》三十卷,借经义发表政论。明初被定为科举考试中《春秋》的标准解释。清康熙三十八年(1699)曾命儒臣编纂《钦定春秋传说汇纂》,专引异说以驳胡传,可知其于官方史论的影响。

传说》①等,堪称此类代表作②。(二)论赞。依据历史编纂学传统,在纪传体或编年体的史著中,随文附论。欧阳修的《五代史记》论赞部分超过叙事部分,喧宾夺主,可说为发史论而撰写历史的极端例证。《资治通鉴》的"臣光曰",份量虽远逊于欧阳修的"呜呼"论,也是借历史发表政论,被宋神宗所识破③,前已说明。(三)史评。这是模拟刘知幾《史通》,形式上专以批评现成历史著作为鹄的,实际上借此发表作者对历史问题的不同见解。孙甫(998—1057)的《唐史论断》④、范祖禹(1041—1098)的《唐鉴》⑤、吴缜的《新唐书纠谬》⑥等,都引人注目。(四)策论。即在科举考试中应题而作的史论,见于宋人文集中很多。(五)专论。把历史著作当作现成资料,据以撰写史论。这虽不是宋代学者的创造,但在宋代却很发达。

以上五类,经解属于经学史范畴,容有机会讨论宋代经学时详论。论赞、史评已见前说。策论属于中国考诠制度史的范畴,兹不具论。我们需要讨论的是专门性史论。

专门的史论,自贾谊的《过秦论》以后,虽然每代都有,数量还是较少。到唐代柳宗元的《封建论》⑦,一千年间,可举的名篇不过数十。但都有一个特点,那就是陈守实先生所揭示的,"史论即政论"⑧。

所谓史论即政论,是说用史论形式发挥自己的政治理论,也就是从事历史的研究和总结,旨在表达自己对现实政治的理解和建议。在这里,明了历史的得失成败,只是为了寻找一面镜子,让现实政治在镜子里映照出自身的

---

① 吕祖谦,字伯恭,宋婺州金华(今浙江金华)人。世称东莱先生,与张栻、朱熹友善,但重视历史。著有《左传类编》、《左氏博议》、《春秋左氏传说》及《续说》等。以为《左传》作者不明君臣大义,好以人事附会灾祥;记管晏事则尽精神,说圣人事便无气象。
② 宋人史论,属于此类者,可参《四库全书总目》卷廿六、廿七春秋类及卷三十春秋类存目提要。
③ 宋神宗命司马光进读《通鉴》,谓"卿进读每存规谏"。见朱熹《名臣言行录》后集。
④ 孙甫,字之翰,宋许州阳翟(今河南禹县)人。《唐史论断》三卷,成书于宋仁宗嘉祐元年(1056)。因不满《旧唐书》,改纪传为编年,成《唐纪》,内附史论92则。其书曾为司马光《资治通鉴》的参考书。
⑤ 范祖禹,《资治通鉴》编者之一,已见前。《唐鉴》为范祖禹编写的《资治通鉴》唐纪初稿,在宋哲宗时已出单行本。叙事议论与《资治通鉴》颇有不同。
⑥ 吴缜,字廷珍,宋成都(今四川成都)人。据王明清《挥麈录》,谓吴被欧阳修排斥在《新唐书》编者之外,因作《纠谬》。但其书二十门,纠正《新唐书》谬误四百余事,大部分都是正确的,即使属于挟嫌报复,在客观上也是唐史研究的功臣。
⑦ 《封建论》,见《河东先生集》卷三。其实柳宗元论经史文,多可看作史论。韩愈评其文,以为似司马迁(见刘禹锡《河东先生集序》引韩书),可谓塙评。
⑧ 陈守实:《关于王船山史论的现实性问题》,《文汇报》1962年11月27日。

良苟美丑。古代人们所以这样频繁地以史为鉴,自有他们的理由,我们在前面已屡次作过分析。然而古代社会生活流程的缓慢,使过去和现在的相似处多于差异处,无疑也是不可忽视的理由。

社会生活节奏愈快,传统被否定的周期也愈短,因而在古代往往需要千百年才能显出的历史与现实之间的差异,在现代往往只要几十年乃至几年便可看出。正因如此,现在与过去的联系,在古代也比现代要紧密得多。人们在讨论现在与未来的关系时,也就很容易把过去的经验看作自己的老师。清初史论家王夫之说:"所贵乎史者,述往以为来者师也。为史者记载徒繁,而经世之大略不著,后人欲得其得失之枢机以效法之无由也,则恶用史为!"①这段话可说是唐宋以来史论作者相当普遍的认识。

宋代以史论为政论的作者,除欧阳修、司马光等史学家以外,北宋的苏轼、苏辙兄弟、陈瓘②,南宋的胡寅、陈亮③、叶适④、陈傅良⑤、真德秀⑥等,都很有名。倘数对后世的影响,那就不能不说到苏轼和胡寅。

苏轼(1037—1101),字子瞻,号东坡居士,眉州眉山(今四川眉山)人。与父洵、弟辙,都以文章驰名,号称三苏,并列于"唐宋八大家",而苏轼的诗词散文的风格尤其雄豪。他因为反对王安石的新法,在宋神宗时一再被贬官乃至坐牢。宋哲宗初司马光当政,开始进入统治集团的核心圈层,曾任翰林学士兼侍读,官礼部尚书。但宋哲宗亲政(1093)后,为报复垂帘听政的祖母高太后使自己做了八年傀儡,这位十七岁的皇帝将执政的旧党全部罢免,包括苏氏兄弟。苏轼由此又开始了长期的贬逐流放生活。直到宋哲宗死(1100),其弟徽宗即位大赦,才由海南岛调回内地,被任命为监成都府玉局

---

① 《读通鉴论》卷六东汉光武。
② 陈瓘(1060—1124),字莹中,号了翁,宋南剑州沙县(今福建沙县)人。坚持反对新法,宋徽宗时上书指责哲宗史官据王安石《日录》改修的《神宗实录》,变乱是非,不可传信,被流放,因著《四明尊尧集》,以史论形式给予驳难。
③ 陈亮(1143—1194),字同甫,人称龙川先生,宋婺州永康(今浙江永康)人。宋孝宗、光宗间因反对与金议和,三次下狱。治学强调事功,就王霸义利问题多次与朱熹辩论。但所著史论《三国纪年》,则与《纲目》的正统论同调。
④ 叶适(1150—1223),字正则,人称水心先生,宋温州永嘉(今浙江温州)人。孝宗至宁宗时,历官知建康府兼沿江制置使,宝文阁待制兼江淮制置使。因支持韩侂胄北伐,失败免官。治学倡导功利,其史论可参《习学纪言序目》。
⑤ 陈傅良(1137—1203),字君举,号止斋,宋温州瑞安(今浙江瑞安)人。与叶适同为永嘉学派领袖。史论可参《历代兵制》。
⑥ 真德秀(1178—1235),字景希,号西山,宋建州浦城(今福建浦城)人。理宗时官至参知政事,受庆元党禁打击后的朱学赖以复盛。

观的闲职,但没到任便死在途中。

苏轼的史论,现存的篇数很多,单是应付各种考试的策论,为皇帝讲史的"进论",以及为政治斗争需要而自行撰写的论古之作,合计便不下百篇,还有半游戏半认真的各种短论,数量更多。内容多半评论历史人物,古圣如伊尹、周公,王佐如管仲、乐毅,先师如孔子、孟轲,名王如秦皇、汉高,名臣如张良、贾谊,雄杰如曹操、诸葛亮,名士如韩愈、柳宗元等,都被他作为议论对象。其中如《范增论》、《留侯论》、《贾谊论》、《晁错论》等,明清间曾被收入多种古文选本,流传极广。除人物论外,苏轼还有评论历史制度和历史是非的多篇史论,如《续朋党论》、《刑赏忠厚之至论》、《正统论》等,也很著名。

通观苏轼的史论,在写作上有个共同特点,那就是实际上先立论,后求证,先假设历史是那么回事,再从历史记载中间寻求有利于自己论点的证据,主观性极强。但在表现形式上,则是先引书,后议论,先引用一段历史记载,接着生发出长篇议论,似乎言必有据。然而历史的客观存在到底不能与眼前的主观需要合拍,因而苏轼不得不强调客观以服从主观,频繁使用《春秋》"诛心"的手法,撇开客观存在的历史是非不论,专门追求历史人物的主观动机。

不妨举人们传诵的《留侯论》为例。汉初被封为留侯的张良,是汉高祖的主要谋臣。汉高祖自叹智谋不如他,能够"建筹策于帷帐之中,决胜于千里之外"。然而苏轼却选择张良少年时代的一段传奇,即谋刺秦始皇失败而亡命,遇圯上老人多次考验后授以兵书的故事,作为议论依据。他先肯定这事很怪,因为老人授书后便不见踪影,好似鬼物。接着笔锋一转,假定老人是对秦不满的隐士,出来试探张良的,因为这位隐士感到张良刺秦皇不过是"匹夫之刚",没有丧命已是侥幸,所以故意用对待仆人的办法,"深折其少年刚锐之气,使之忍小忿而就大谋"。他说,张良所以被老人认为孺子可教,是因为终于表现会"忍"了。证明就是楚汉相争,刘邦胜而项羽败,"在能忍与不能忍之间而已矣;项籍唯不能忍,是以百战百胜,而轻用其锋;高祖忍之,养其全锋,而待其弊,此子房教之也。"①

你看,张良改变了一念之差,影响到刘邦避免了一念之差,而助长了项羽一念之差,于是全部战争的力量对比顿时颠倒过来,由理应楚胜汉败,变

---

① 见《经进东坡文集事略》卷七,涵芬楼影宋本,收入《四部丛刊》集部。

成汉胜楚败。反过来推论,假定当初张良不能忍受老人命令他拾鞋穿鞋的侮辱,又假定当初张良因少年贪睡而不能一天比一天更早赴老人约,那么他就会被老人认为孺子不可教,也就得不到老人传授的《太公兵法》秘本,也就不可能教刘邦以忍待项羽军队的疲劳,当然也就会使历史进程改观。历史进程完全取决于一个少年侠客和一个中年无赖的一念差池,尽管不能说荒诞之极,却至少可以说于史无稽,因为刘邦在总结战胜项羽的因素时,至少还考虑到后勤与人事两大原因,并不认为取决于"一念"。

然而苏轼特别强调历史进程取决于"能忍与不能忍之间",却有现实的理由。《留侯论》在宋人所编苏轼文集中列为"进论",只能是他在宋哲宗初期充当翰林学士兼侍读时的作品。那时正是司马光当政,要尽废新法,所谓"元祐更化"。苏轼不赞成,以为完全取消王安石新政中免役法和裁抑贵族特权等措施,适足以为所谓新党提供攻击旧党的口实。因此曾同司马光激烈争论,并招致旧党内程颐一派攻击。他特别强调"古之所谓豪杰之士者,必有过人之节,人情有所不能忍者",显然是为旧党的全部打主意。尽管他的主意没有被采纳,然而却表明他以史论为政论的风格。

孤证不足据,可以再举苏轼的《商鞅论》为例。此篇原题《司马迁二大罪》①。《汉书·司马迁传》不是指责《史记》"论大道则先黄老而后六经,序游侠则退处士而进奸雄"么?在苏轼看来,那只是司马迁的小小罪过,"吾尝以为迁有大罪二""则论商鞅、桑弘羊之功也"。

为什么呢?据说,司马迁论商鞅变法,"秦民大悦","秦人富强",不过是把战国游士的邪说诡论当作信史。"秦之所以富强者,孝公务本力穑之效,非鞅流血刻骨之功也。而秦之所以见疾于民,如豺狼毒药,一夫作难而子孙无遗种,则鞅实使之。"就是说,秦国富强应该全部归功孝公,秦朝所以二世而亡,却应该全部归罪商鞅。但商鞅早在秦朝统一前百年死去,怎能替秦国以后六代君王的作为负责呢?然而苏轼没有回答过这一问题,也许没有想过需要回答。只要认定"臣罪当诛兮天王圣明"是衡量历史是非的尺度,便够了。

"至于桑弘羊,斗筲之才,穿窬之智,无足言者,而迁称之,曰'不加赋而

---

① 宋本《经进东坡文集事略》题为《商鞅论》,但宋左圭《百川学海》本《志林》则作《司马迁二大罪》。《志林》是苏轼所定名,因此说《司马迁二大罪》为原题,可能更合事实。

上用足'。善乎,司马光之言也!曰:'天下安有此理!天地所生财货百物,止有此数,不在民则在官,譬如雨泽,夏涝则秋旱。不加赋而上用足,不过设法侵夺民利,其害甚于加赋也!'"

这话还不露骨吗?所引司马光言,是宋神宗熙宁元年(1068)十一月他和王安石在神宗面前争论"国用不足"怎么办时说的话。王安石认为办法在于得"善理财者",并驳斥司马光说善理财者不过会按人头收税,强调他们"不加赋而国用足"。司马光大恼,用上引话再反驳,并说"此盖桑弘羊欺武帝之言,司马迁书之以见其不明耳"。苏轼引司马光言斥桑弘羊,连带他首斥王安石赞扬过的商鞅①,那么他作此篇的意向还有疑问吗?

然而还有疑问。苏轼暗斥王安石,却将王安石引《史记·平准书》语内"国用"二字改为"上用";明引司马光,却将司马光说司马迁记载此事是暴露汉武帝"不明"而被桑弘羊所欺的数语删去。但这一来,恰好表明他称道秦孝公是"有志之君"乃虚情。"自汉以来,学者耻言商鞅、桑弘羊,而世主独甘心焉,皆阳讳其名而阴用其实,甚者则名实皆宗之,庶几其成功,此则司马迁之罪也。""二子之术用于世者,灭国残民覆族亡躯者相踵也,而世主独甘心焉,何哉?乐其言之便己也。"这里屡提"世主",不是说宋神宗又是谁呢?可见他认为"臣罪当诛","天王"也不"圣明"。倒霉的是司马迁,因为忠于历史,在千载以后还被声讨有诱惑时君犯错误之罪。

苏轼的史论是怎么回事,似乎不消再举例了。不过,苏轼毕竟还少了点道学气味,因此并不一味责备前人。倘论苛求古人的典型,还要数胡寅。

胡寅(1098—1156),字明仲,人称致堂先生,宋建宁崇安(今福建崇安)人。南宋初著名《春秋》学家胡安国的养子②。胡安国(1074—1138)的《春秋传》三十卷,是根据宋高宗的旨意著成的一部借《春秋》以抒发自己政治见解的著作,从元仁宗延祐年间被列为官方教科书③,风行于明代④,到清康熙

---

① 参见《王文公文集》卷七十三《商鞅》。
② 周密《齐东野语》卷六"胡明仲本末"条,谓胡寅为安国庶子。《宋史》卷四百三十五本传则谓乃安国之侄,因生时要被生母溺死,被安国夫人抢救,抱养为己子(此说《齐东野语》同)。
③ 元仁宗延祐二年(1315)制定经义经疑取士条格,定《春秋》用三传及胡传。见《元史·选举志》。
④ 明太祖时定科举制,规定《春秋》解释兼用胡传和张洽(朱熹弟子)《春秋集注》。成祖永乐中胡广等奉敕撰《春秋大全》七十卷,全抄元汪克宽《春秋胡传附录纂疏》,作为科举取士用书,于是胡传独行。可参《四库全书总目》经部春秋类有关提要。

时才被废止①。胡安国属于程颐学派,而胡寅的老师杨时又是程门"四先生"之一。因此,胡寅的历史和政治的见解,受到程颐一派理学家很深的影响,但更大的影响则来自现实的刺激。胡寅在北宋徽宗时已中进士,钦宗时做了秘书省校书郎,目睹过"靖康之祸",反对过金朝立傀儡张邦昌为楚帝的丑剧,逃回南宋后官至礼部侍郎、直学士院,尽管他的父亲生前与秦桧交谊颇深,但当秦桧力主同金朝议和后,他却坚持反对。结果被秦桧安上"不孝"的罪名罢了官,发配到新州(今广东新兴)管制。就在新州期间,他读《资治通鉴》,依托《资治通鉴》所记史事和"臣光曰",写下了一部史论专著,便是《读史管见》三十卷,成书于宋高宗绍兴二十五年(1155)。此年秦桧死,胡寅获赦复官,但次年也病死。过了六十年,宋宁宗嘉定八年(1215),才由衡阳郡守孙德舆用官资刻印②。

"先大父文定以经学受知于高宗皇帝,奉诏纂修《春秋传》,弘纲大义,日月著明。二百四十二年之后,至于五代,司马文正所述《资治通鉴》,事虽备而立义少。伯父用《春秋》经旨,尚论详评,是是非非,治乱善恶,如白黑之可辨,后人能法治而戒乱,趋善而去恶。"③胡寅之侄胡大壮为《读史管见》刻本所作序中这一段话,说明此书的写作动机,在于胡寅不满于《资治通鉴》重史轻论,因而是非不明,善恶难辨,于是就《资治通鉴》所记史事,以论为主,详加批评,以上追胡安国的《春秋传》。

胡大壮的话对吗?《读史管见》今存。通观全书,确实如此。因此,胡大壮序所述定义:"史论者,用经义以断往事者也。"也可相信正是转述胡寅对史论的看法。

那就是说,胡寅以历史的审判官自居,用来判决历史上的是非功罪的尺度,便是《春秋》,"断大论者,以仲尼为据,则无失矣。"④还是董仲舒以《春秋》决狱那一套,但所据的经义,已不是董仲舒解释的孔子《春秋》的"义",而是胡安国重新解释的孔子《春秋》的"理"。

《读史管见》议论的历史,没有超过《资治通鉴》的范围,因而起讫时间与

---

① 清康熙三十八年(1699)命儒臣撰成《钦定春秋传说汇纂》三十八卷,以胡传置于三传之末,"凡其中有乖经义者,一一驳正,多所刊除;至于先儒旧说,世以不合胡传摈弃弗习者,亦一一采录表章"。见同上引。
② 胡大壮《读史管见序》,谓书成于绍兴乙亥,过一甲子,由孙德舆据胡氏家藏定稿本刊行。
③ 同上引胡大壮序,见宛委别藏本《致堂读史管见》卷首。
④ 《读史管见》卷三汉纪孝哀"孔光何武奏迭毁之次"则论。

《资治通鉴》也一致。写作形式大抵模拟"臣光曰"。凡发论,先节引《资治通鉴》原文或"臣光曰"(包括"臣光曰"所引古近人议论),都顶行书写;继以胡寅本人的议论,均低一格书写;而遇尊讳字样,如"大宋"、"艺祖皇帝"、"昭陵"之类,都空格或抬头,表明他著书原准备"恭呈御览"。

《读史管见》议论的对象,都是《资治通鉴》提到的历史人物、事件或制度,但也包括《资治通鉴》作者司马光、范祖禹等人。胡寅尤其重视唐五代的历史。全书三十卷,取材于《资治通鉴》唐纪和五代纪的部分,便占十四卷半。

宋代的《春秋》学家,头一名当数孙复。他的《春秋尊王发微》,提出论《春秋》的一个原则,说是《春秋》"有贬无褒"。因而在他笔下,《春秋》所记二百四十二年间的人物事件,没有不被孔子视作"乱臣贼子"的,甚至连周天子也不能免贬。当时就有人批评说:"明复为《春秋》,犹商鞅之法,弃灰于道者有刑,步过六尺者有诛。"①此说一出,以后《春秋》学者竞相仿效,"必事事求其所以贬,求其所以贬而不得,则锻炼周内以成其罪"②。胡安国便是步孙复后尘的最著名者。

可以想见,胡寅既然自居为历史的审判官,而又把孙复、胡安国的"有贬无褒"说当作量刑准绳,当然更加严厉。《四库全书总目》作者评论说:"寅作是书,因其父说,弥用严苛。大抵其论人也,人人责以孔颜思孟;其论事也,事事绳以虞夏商周。名为存天理,遏人欲,崇王道,贱霸功,而不近人情,不揆事势,卒至于窒碍而难行。王应麟《通鉴答问》谓,'但就一事诋斥,不究其事之始终',诚笃论也。"③只要读过其书的,大概没法否认纪昀等的批评比较客观。

由于《读史管见》被清朝四库馆臣列入"存目",清以来传本很少,现存宋明本也大多是残本,因此为使读者看一看这部在元明清三朝学人中间发生过很大影响的史论专著的原貌,引录一则如次:

  帝(汉宣帝)曰:汉家自有制度,本以霸王道杂之。
  司马氏曰(即臣光曰):王霸无异道。三代之隆,礼乐征伐自天子

---

① 晁公武《郡斋读书志》引常秩说。
② 《四库全书总目》经部春秋类四《御纂春秋直解》提要,详"自孙复倡为有贬无褒之说"云云语。
③ 《四库全书总目》史部史评类存目一《读史管见》提要。

出,则谓之王。天子微弱,诸侯有能尊王室者,则谓之霸。其行之也,皆本仁祖义,任贤使能,顾名位有尊卑,德泽有浅深耳,非若黑白甘苦之相反也。

  帝王之德,莫不本于格物致知,以诚其意;正心正身,以正其家。若夫正朝廷以正百官,正百官以正万民,则自正家而推之耳。内外本末,精粗先后,非有殊致。犹百寻之木,起自萌芽;河出昆仑,至于大海,一以贯之,虽成功巍巍,与天地并,而知远之近,则其本微矣。小白、重耳、宋襄、秦穆之徒,抑有格物致知之学乎? 其意果诚,心果正,身果修,而家果齐乎? 其辅佐之者,果皆稷、契、伊、周之比乎? 其所行政事,果与唐、虞、夏后、商、周之教化类乎? 以是考之,王道霸术,正犹美玉之与碱砆,不可同年而语也。而谓王霸无异,可乎? 不知霸之异乎王,是不知圣学也。不知圣学,则其尊仲尼者,亦从人云尔而尊之耳,非真有见乎圣人也。不然仲尼之徒,无道桓、文之事,今乃断然著论,谓王霸同途,岂《春秋》之旨哉! 以此自为,故得'笃学力行而不知道'之讥;以此语学者,故有《疑孟》之作,而君子不之取。以此事君,设有人君以争国杀其弟,以私爱易其子,以欲惑不嫁姑姊妹,而曰古之圣王率由此也,岂不为正道之病耶!①

  在这里,胡寅引用《资治通鉴》原文和"臣光曰",都掐头去尾,等于曲解原意,然后"上纲上线",大发"诛心"之论。汉宣帝的话,本是教训太子的,前因后果都不见了②。司马光的评论,本是针对汉元帝即位后变乱祖制而发③,其是非且不说,但批评汉元帝"好儒",却拘于概念而不查实际,不知用"行"来判断所谓王道与霸道的是非,则不能说没有道理。胡寅对此一概不顾,首先以今律古,要求齐桓晋文实行二程之徒才表彰的"孔孟之道",所谓格致诚正之理,而不问桓文称霸远在孔子出生百年之前,更无论连孔子门生都不及见的孟轲了;接着又以"古"非今,痛骂司马光非圣无法,连司马光是自己宗派所属旧党领袖的事实都忘记了,无非因为司马光还比较尊重历史,

---

① 《读史管见》卷二汉纪孝宣"汉家自有制度"则。引文格式从原书。
② 参看《通鉴》卷二十七汉纪宣帝纪甘露元年。
③ 参看同上引"臣光曰"。

更不赞成二程之徒视为命根子的孟轲继承孔子"道统"说。

举这一例，便可见胡寅的史论，到底是怎么回事。他以史论为政论，比司马光、苏轼等，更具有浓烈的主观性和宗派性，更具有浓烈的否定一切的倾向。否定一切，当然包括某些应该否定的历史内容，因此胡寅在书中的批评不能说全错，例如他批评汉武帝、唐太宗并非如世人所称颂的那么英明，揭露这些"英主"干了许多丑事坏事，就不可说非事实。但否定一切，必定违反历史事实，因为不仅会否定历史上应该肯定的东西，而且会否定那些在历史上曾经因时因地起过积极作用的东西。胡寅痛斥"唐世无家法，由太宗首恶也"①，无非因为唐太宗杀了己弟元吉而又娶元吉妻为妃。这自然不足称道，但也不可厚非，因为唐朝王室原与少数民族有血缘联系，在鲜卑习俗中以敌人的妻子作妃妾，以已故兄弟的妻子为己妻，本来不足为奇。胡寅据此否定唐太宗为盛唐奠基的历史作用，能说不是以偏概全吗？

清代主编《四库全书总目》的纪昀，讨厌"讲学家责人无已时"，在《阅微草堂笔记》中借狐鬼之口对于专讲"正心诚意"的理学家大加嘲弄，看来他心目中无疑有胡安国、胡寅父子的影子。

所谓《致堂读史管见》，是令人憎恶的，然而这不能妨碍我们承认它的客观影响。那影响，就是在近五百年内，它作为胡安国《春秋传》的例证和续篇，主导过史论的方向。还在南宋，南宫靖一已仿效《读史管见》，作《小学史断》，根据胡寅的说法，大谈秦朝应为"后秦"，因为秦始皇是吕不韦之子，不姓嬴，而姓吕；东晋元帝也不应姓司马，而应姓牛，因为是小吏牛金与西晋武帝皇后通奸所生之子云云。以后，明代宁王朱权的《通鉴博论》，商辂的《蔗山笔麈》，李东阳的《新旧唐书杂论》，张之象的《太史史例》，于慎行的《读史漫录》，钟惺的《史怀》，茅元仪的《青油史漫》，张溥的《历代史论》等，都没有脱出胡寅的路数。即使反对者的著作，如清初朱直《史论初集》，专为批驳《读史管见》而作，但也采取胡寅同一手法，痛骂胡寅为"腐鼠"，为"矇矇未视之狗"，为"痴绝"、"呆绝"、"稚气"、"腐臭"，说是"但可去注《三字经》、《百家姓》，不应作史论"云云②。这种以谩骂代替批判的作风，不过如旧社会的妇姑勃溪，于论敌无损，适足以暴露自己的无能，当然不能消除胡寅的影响。

---

① 《读史管见》卷十八唐纪高宗"上为太子也入侍太宗见武才人而悦之"则论。
② 《四库全书总目》史评类存目二《史论初集》提要。

附录一 关于更新中国史学史教学大纲的想法[①]

中国史学史,在我系属于专业选修课。设置它的目的,在于帮助历史学专业的学生,对于中国史学的发生、发展和演变的过程,有个简明而系统的了解。我们系于六二年开设了这门课程。不久就因十年动乱而中断。

前年秋天,系领导要我为76届学生开设此课,首先要制订教学大纲。当时面临两种选择,或用老的,或搞新的。旧大纲是根据陈守实先生的教学体系改订的,内容我也熟悉,用起来较省力。但我觉得,十多年过去了,自己已由青年进入中年,如果教学水平还在原地踏步,既是没出息的表现,更负不尽职的惭疚。况且多年里,林彪、江青一伙,利用史学制造现代迷信,搞什么"批儒评法",引起了巨大混乱,也暴露了封建史学的影响多么根深蒂固。因此,对从前的东西,需要根据实践的深化重新认识,加以改造,而不能抱残守缺,贻误后学。这都使我感到,大纲要改。

接着的问题是怎么改。教学要看对象,但我已长期不教书,对学生的状况很不了解。于是我找学生座谈,好的差的都请来。发现普遍的问题是,基础知识零碎,基本理论缺乏,文言史料读不懂,好多人甚至连历史和历史学两个概念的区别还说不清楚。我觉得,确定教学内容必须从实际出发,争取在两方面有所提高:自己要赶上现有研究水平而有所提高,也要照顾学生现有学识水平而使他们有所提高。所以,头一次修订

[①] 原载《复旦》校报1980年12月5日第2版。

教学大纲,我采取的办法是改良。一方面吸取国内外学者的研究新成果,另一方面根据自己的认识发展,对旧大纲作了较多的增删,初步搭成一个架子,使之可以容纳由传说时代到"五四"以前中国史学演变过程的各个侧面。至于在教学内容上,则以讲授基本知识为主,理论分析为辅,特别注意在讲授中把补基础和讲专门知识结合起来。因此,那一学年,课程的一半以上时间,讲的是学习史学史所需要的预备知识。从效果看,那样改,似乎还过得去。

去年冬天,系里要我继续开这门课。教学对象变了,是恢复高考后所招的首届学生。教学大纲要不要再改?我的心情很矛盾。从需要说,应该重订,因为通过座谈,我了解这一届学生的基础知识比较好,何况史学史研究重新活跃以后,国内外都提出了不少新问题。但从可能说,则最好不改,因为重订大纲,原先可讲一年的讲稿,势必全部重写,而我承担的各项教学和科研任务已够重了,每周再要重写至少一万二、三千字的讲稿,就更吃力。

我考虑很久,觉得不改不好。过去,我的两位导师,对待教学都非常认真。陈守实先生的中国土地制度史,我听过四遍,每次都发现他讲授的体系和内容有更新。周予同先生的中国经学史,我听过三遍,同样每次都有新收获。这样的好传统,我们理应继承。

这回重订大纲和改写讲搞,我主要依据这样几点考虑:

第一,尝试按照唯物史观,说明中国史学的发展过程。

史学属于观念形态。马克思说过,观念性的东西不过是在人类头脑中变了位并且变了形的物质性的东西。我觉得,我们过去关于各种观念形态史的研究,经常忽视这个变位并且变形的问题,往往是把一种思想当作另一思想的原因。这个毛病在史学史研究中更明显,以致把史学史搞成了历史编纂学史。

在重订的大纲里,我尝试把史学的发展过程,分解成历史记录的演变和历史认识的发展两个侧面;并将每个侧面分解成几个组成成份,逐一分析史学如何反映社会存在,现实生活中各种因素的交互作用在史学中的表现,人们头脑中的传统在史学发展中所起的作用,等等。这样做,我觉得可以使中国史学中某些凝固的形式,传统的观念,得到比较合于历史实际的说明。比如"五百年必有王者兴",是种神学气息很浓的历史循环论。为什么连司马迁那样有头脑的史学家也深信不疑呢?显然,简单地骂一声迷信,讲几句"阶级的时代的局限性",是说不清楚直到康有为的《大同书》里还在作祟的这种神秘观念的。我根据中外科学史家研究的成果,说明它的原型来自战国秦汉天文历算实践的最新成就,而这种成就曾被西汉王朝拿来有效地指导着全国的农业生产,从而促进了封建大一统局面的巩固和稳定,曲折地反映到封建哲学家和史学家的头脑里,便成为他们解释"天人关系"的历史表现的依据,并且使"五百年必有王者兴"成为人们普遍接受的历史模式。这样的说明,我自己觉得没有停留在从观念到观念的樊篱之中。

第二,努力做到论从史出,按照客观史实讲解史学发展过程。

恩格斯早就讽刺过那些把"唯物主义"当标签乱贴的人,说:"唯物史观现在也有许多朋友,而这些朋友是把它当作不研究历史的借口的。"① 近二十年来,我们的历史研究名声不佳,一大原因就是受所谓"以论带史"的影响,把唯物史观——而且往往是变了形的被当作"圣经"诵念的"历史唯物主义"理论,作为某种先验的公式,按照它来剪裁史料,构成体系。

我觉得,改革历史教学,应该把扫除这种教条主义、僧侣主义的恶习当作一大任务。在这方面,说空话同样无济于事。既然教条主义、僧侣主义已如恩格斯所说,把唯物史观转变成了自己的对立物,那么我们就有责任恢复它的实践品格,把它当作只是史学研究的指南,对史学史做出实事求是的解释。

作为学科史,史学史要求教师不但熟悉古今史学家的思想和传记,他们的论著的风格和倾向,还应该熟悉同史学有关的各种知识。我自知历史知识很贫乏,讲授形不成体系,只能重点准备,每回备课着重研究一两个时期的史学,争取有几段讲出点特色,使教学的体系内容逐步完善。我觉得,历史教师如果不下苦功夫逐点弄清自己所教的那门历史,分析

---

① 恩格斯致康·施米特(1890年8月5日),《马克斯恩格斯书简》,人民出版社1973年版,第58页。

它的发展形态，探寻它与别的形态的内部联系，争取多讲出点真的即谬论较少的知识，而只想尽速地把平凡而琐碎的知识构成纯属个人的体系，就未免显得迟钝而不聪明。这也是促使我每回上课都不得不改写讲稿的一个理由。

第三，注意继承和创新的关系，力求通过教学给学生作点独立研究的示范。

在史学方面，我还是个需要多多学习的新手。要使教学内容不断充实、提高，必须尽量吸取已有的研究成果。因而我总想使各种首出的真知灼见在教学中得到反映，并指出是谁的发现。但我觉得讲课中应有自己的见解，不能用引证和介绍来掩饰自己的懒惰。选修课是引导学生从事专业研究的入门课，任课教师更应作出示范，启发同学自觉地培养独立思考的精神，分析和解决各种历史问题的能力。这种不仅是教学方法问题，更要求教学内容自出新意，因而备课便更加吃力。

史学史虽然年轻，但它考察的人物和著作，却很古老，不仅被人们所习见，还被学者们翻来覆去研究过。要从这类"大路货"材料里，找出人所忽略而又带规律性的新东西，也难得很。但我总不信问题已经说完，真理已经穷竟，相反却感到许多已成常识的说法里包含着大量偏见乃至错误。例如司马迁和董仲舒的观念是否相反，刘知幾是否反对传统的正统史学，章学诚提倡的史德是否属于进步观念，康有为的托古改制史观是否在反对古文经学家的历史观等等，在史学家中几乎都有定论，但据我考察似乎都可提出悖论。我觉得费点力气讲讲这类悖论，起码可以证明想做一个吃现成饭的史学工作者也不见得舒服。不过我对许多问题还缺乏钻研，有的还说不出所以然，有的还只是些模糊想法。同学们反映我对有的章节讲得不精练，便是对我学识不足的客气批评。

附录二 中国史学史课程教学大纲

(1) 1979年1月、1980年1月教学大纲

中国史学史教学大纲(第二次修订稿)

甲

了解历史学本身的发展史,对于史学工作者来说,无疑是必要的。

"中国史学史"这门课程的设置,便是为了帮助历史学专业的学生,对于中国史学的发展过程,有个简单而系统的认识。对于少数有志于从事中国史学遗产研究的学生,则起着引导入门的作用。

在中国,这门学科还很年轻。尝试用唯物史观去指导研究,不过是近二十年的事。点的分析略有成果,面的综合则几等于零。有些基本问题,例如史学史的性质、对象和任务,研究者们的看法还存在分歧。至今还没有一部可供利用的教材,因而,任课者便只好各行其是。

本课程的任教者,着重讲授以下两个侧面的内容:

中国历史记录的演变过程,包括(1)历史知识的积累过程,(2)历史记录形式的变迁过程,(3)历史记录的内容和形式,如何被历代占统治地位的剥削阶级所歪曲、所限制。

中国历史认识的发展过程,包括(1)历史观念同社会存在的关系,(2)不同史学见解与不同时代思潮的关系,(3)史学理论由古典到近代的辩证发展过程。等等。

讲授范围限于中国史学,断限上起中国文明史的发生,下止"五四"

新文化运动的前夜。照理对中国史学和世界史学,应有平行的比较,但任教者目前还做不到。

讲授对象是历史专业三年级学生。他们应该具有:(1)历史唯物主义的常识,(2)中国通史的基本知识,(3)中国文化发展过程的一般知识,(4)直接阅读和使用中国古典的和近代的史料原文的初步能力,(5)使用字典、辞典、史学论著目录和索引等工具书的一定能力。因此,凡涉及以上方面的普通知识,课堂上不再讲授。

讲授时间为一学期,每周三学时。希望能完成乙项所拟定的具体内容。

教与学,都要坚持论从史出,史论结合。史学史不等于史学概论,尤忌放空炮,套公式,编造只存在于想象中间的所谓规律性。史学史也不等于史料学或名著介绍,又需防止用史料代替史学,或者只见树木而不见森林。

教与学,都要注意继承与创新的关系。要认真吸取已有研究成果,特别留心首出的真知灼见。尊重别人劳动,不搞以人废言。但不能用印证代替研究,用介绍掩饰偷懒。因此,课堂教学主要是讲授任课者自己的或者自己同意的见解,而对各家各派的代表性意见,则通过介绍和评论,引导学生在课外自学。提倡学生钻研史料,博览众说,学会用唯物史观为指导,独立地分析和解决各种问题。反对盲从迷信,反对以耳代目,反对吃现成饭。

本课程的考试或考查,都实行开卷方式,主要检查学生的理解程度、分析能力和写作水平。主修本课者,期中需交读书笔记一篇,题目在已学范围内自选,限一千五百字;期末考试由教师出题供自选。一般选修者,于期末实行书面考查。

乙

本学期的课堂讲授内容,初步拟订章节如次:

绪论

  史、史学与史学史

  中国的史学遗产:数量和质量

第一章　从记神事到记人事

- 一　巫和史
- 二　从卜辞到金文
- 三　史诗与神话
- 四　早期的历史文献汇编

第二章　时间的记录和空间的记录
- 一　编年史的诞生：从《春秋》到《左传》
- 二　地域史的出现：《国语》和《战国策》
- 三　综合时间记录和空间记录的雏型
- 四　在中国史学史上的孔子

第三章　探索历史本质的早期尝试
- 一　诸子争鸣和历史模式
- 二　从孟轲到邹衍的历史循环论
- 三　从荀况到韩非的历史发展观
- 四　庄周的相对主义历史观

第四章　《史记》：描绘历史运动全貌的先驱
- 一　思想统一和思想统死
- 二　司马迁和"通古今之变"
- 三　历史编写形式的创新
- 四　"究天人之际"的失败
- 五　《史记》与同时代外国名著的一点比较

第五章　反映封建主义周期运动的前期王朝史
- 一　引人注目的封建王朝更替现象
- 二　《汉书》和纪传体断代史
- 三　《汉纪》和编年体断代史
- 四　史学沦为经学的附庸
- 五　《三国志》与《后汉书》
- 六　矛盾的历史记录和异说并存的史注
- 七　迷信和空谈在史学中的反映

第六章　反映封建文化专制主义强化的后期王朝史
　　一　设馆修史取代私家修史
　　二　从《魏书》到《晋书》的编撰看"正史"学风
　　三　"实录"不实
　　四　"正统"史观的确立及其对"正史"编写的损害
　　五　篡改历史的所谓"春秋笔法"
　　六　十七史、廿二史和廿四史

第七章　由经验到理论
　　一　"史部"的独立
　　二　"经传"也是历史吗
　　三　史学家应该具有什么条件
　　四　《史通》：形式与方法的反省
　　五　《通志》：会通一切学术史的实验

第八章　封建社会结构历史的百科全书
　　一　从动态研究到静态研究
　　二　《通典》：关于封建制度的第一部百科全书
　　三　青胜于蓝的《文献通考》
　　四　三通、九通和十通
　　五　历史档案和历代会要

第九章　编年史的复兴
　　一　"以史为镜"与思想僵化
　　二　《资治通鉴》在历史编纂学上的成就
　　三　"长编"续作与当代史料的保存
　　四　《资治通鉴纲目》与钦定历史教科书
　　五　"续鉴"编写与封建官方史学的末路

第十章　多彩的记录和僵硬的认识
　　一　纪事本末体和编写形式的改革
　　二　地方志与外国记
　　三　笔记、野史及其他

四　道学家眼里的历史模式
　　五　八股与史论

第十一章　从历史中寻找救世药方
　　一　明清之际思想家所感受的"地震"
　　二　《明儒学案》：空谈"天理"的面面观
　　三　《读通鉴论》："力行求治"的历史图案
　　四　《日知录》：采旧铜以铸新钱
　　五　过分夸大史学作用的影响

第十二章　封建囚笼中的乾嘉史学
　　一　清初的现代史研究与文字狱
　　二　复古与求真
　　三　治经与治史
　　四　"六经皆史"说的双重涵义
　　五　《文史通义》：总结封建史学的尝试与失败

第十三章　史学的新课题
　　一　公羊学的古尸复活
　　二　龚自珍的浪漫主义史论
　　三　魏源的现实主义史论
　　四　史学中的西学东渐
　　五　康有为托古改制的实践意义

第十四章　进化论与近代史学
　　一　资产阶级新史学的催产剂
　　二　梁启超的叫喊与夏曾佑的实验
　　三　章炳麟："文学复古"与尊史
　　四　王国维与新考据学
　　五　李大钊：从进化论走向历史唯物论

丙

　　本课程教材暂缺。为了便于同学做好听课准备，节省课堂上一般介绍的时间，尽可能在一学期内把乙项所列内容讲完，现指定以下基本知

识参考书,供同学自行选择阅读:

(1) 周予同主编,朱维铮等修订:《中国历史文选》

上册用修订三版(上海古籍出版社 1979 年 10 月出版),下册暂用初版(中华书局 1962 年出版)。

主要阅读各篇解题,里面有中国历代各类史学代表作的体裁、内容和思想特色的简介,以及若干著名史学家的小传。联贯起来阅读,可获得中国史学发展过程的粗略印象。所选作品,对于了解史学原著的风格,也有小补。

(2) 梁启超:《中国历史研究法》

在《饮冰室专集》中,也有单行本。

主要阅读书中对中国旧史学的评论,它本身便是中国历史编纂学大体发展过程的简介,还可以了解资产阶级史学家关于研究史学遗产的意见。本书有《补编》,有时间的话,也可浏览。

(3) 金毓黻:《中国史学史》

初版于解放前(商务印书馆出版),解放后有重印本。

本书大体按照梁启超的设想,从史官、史家、史学之成立及发展、最近史学之趋势四方面,广搜材料编成。有助于了解中国史学遗产的概貌。

(4) 清纪昀等:《四库全书总目》

主要阅读史部提要,可从中了解清中叶以前中国多数史著的概况,还可了解封建时代的史著分类,以及封建官方史学家的史学批评。如难以借到,也可看它的缩编《四库全书简明目录》(有古典文学出版社 1957 年校点本)。

(5) 清赵翼:《廿二史札记》

有商务印书馆 1937 年排印本,1958 年重印。

本书实际评价了廿四史,即封建时代全部"正史"。主要阅读介绍诸史编修情况和体例异同的条目,大体都在该史有关条目的前面。可了解历代王朝史的编纂简况。

关于各章节的参考论著,将随堂介绍。

希望同学自行利用史学论文索引等工具书,查找参考论文,了解有关问题的研究进展情况。

1979 年 1 月第一次修订
1980 年 1 月第二次修订

（2）1980 年 12 月教学大纲

中国史学史教学大纲（第三次修订稿）

甲

未来的史学工作者需要了解自己的学科史。

设置"中国史学史"课程，便是为了帮助历史学专业的学生，对于中国史学的发生、发展和转化的过程，有个简明而系统的了解。

中国有全世界最丰富的史学遗产，但史学史的研究却长期被忽视。用唯物史观指导中国史学史的学科建设，不过是近二十年的事，而且直到近几年才得到较多的重视。因此，虽然由点的分析到面的综合，都已取得一定成果，然而作为一门课程，教什么，怎么教，还有待在实践中继续探索。

我们希望经过努力，能够建立具有自己风格而又比较稳定的教学体系。

乙

本课程为历史系的专业选修课。讲授对象是已经修毕中国通史、中国历史文选等基础课程的学生。

本课程讲授以下内容：

中国历史记录的演变过程，包括(1)历史知识的积累过程，(2)历史记录形式的变化过程，(3)历史记录的内容和形式，如何被历代占统治地位的剥削阶级所歪曲，所限制。

中国历史认识的发展过程，包括(1)历史观念同社会存在的关系，(2)史学见解与统治学说的关系，(3)史学理论由古典到近代的辩证发展过程。等等。

本课程讲授内容的时间断限，上起先秦，下止清末。辛亥革命以后的部分暂缺。

丙

本课程的课堂讲授,具体内容暂定如次:

绪论

第一章 从记神事到记人事
    一 巫与史
    二 史诗与神话
    三 古礼与古文献

第二章 时间的记录与空间的记录
    一 编年史的诞生:从《春秋》到《左传》
    二 国别史的出现:《国语》和《战国策》
    三 旧档案的分类和新形式的雏型

第三章 寻找历史规律的哲人
    一 老子的矛盾论
    二 孔子的定数论
    三 墨子的天志论
    四 从孟轲到邹衍的循环论
    五 从荀况到韩非的权力论
    六 庄周和屈原的怀疑论

第四章 继往开来的《史记》
    一 思想统一与思想统死
    二 司马迁和封建历史编纂学
    三 "道"变不变?
    四 经学、神学与史学

第五章 封建前期王朝史
    一 引人注目的王朝更迭运动
    二 《汉书》和纪传体断代史
    三 《汉纪》和编年体断代史
    四 《三国志》和正统辨

五　《后汉书》《宋书》和文人修史

六　注经和注史

七　必须写歪的"正史"

第六章　由经验到理论

一　史部的升格

二　史馆制度的确立

三　王朝史的大规模编纂

四　刘知幾对职业史学家不称职的批评

五　《史通》：反省与幻想

第七章　从静态研究社会结构

一　封建制度的法典化

二　寻求统治稳定奥秘的《通典》

三　历史档案和唐宋"会要"

第八章　史学的新厄运

一　宋代的封建经学更新运动

二　从历史中求得道德教训

三　策论与史论

四　道统与正统

五　所谓"春秋笔法"

第九章　编年史的复兴

一　司马光和《资治通鉴》

二　求通、求实和卫道

三　"长编"续作与史料保存

四　朱熹和《资治通鉴纲目》

第十章　静态社会研究的继续

一　"博学鸿词"与《通典》改编

二　郑樵的"会通"

三　百科全书式的《文献通考》

四　"大典"和"会典"
　　　五　三通、九通和十通
第十一章　新形式和旧内容
　　　一　读史难
　　　二　袁枢"化腐朽为神奇"
　　　三　以钞书为职的"纪事本末"仿作
第十二章　封建后期王朝史
　　　一　两唐书和两五代史
　　　二　民族问题与"正史"编写
　　　三　宫廷阴谋与"实录"失实
　　　四　十七史、廿二史和廿四史
第十三章　从历史中寻找救世药方
　　　一　明清之际的大"地震"
　　　二　观念批评史
　　　三　政治批评史
　　　四　史学与"经世致用"
　　　五　多彩的历史记录
第十四章　封建囚笼中的乾嘉史学
　　　一　当代史与文字狱
　　　二　整理古籍与禁锢思想
　　　三　史料学的巨大成就
　　　四　地方史的普遍编写
　　　五　编年史的回光返照
　　　六　章学诚与《文史通义》
第十五章　史学的新课题
　　　一　"一祖之法无不弊"
　　　二　"夷之长技"从何而来？
　　　三　"中西争竞之关键"

四　边疆危机与西北史地问题

五　"中体西用"和"托古改制"

第十六章　进化论和清末史学

一　"变"是主题

二　史的启示

三　人的由来

四　民族的起源

五　社会的结构

六　历史的因果

七　民变的是非

八　"以复古为解放"

九　章炳麟、夏曾佑和梁启超

以上章节，视教学进度，讲授时可能有调整或变动。

丁

本课程的考试或考查，都实行开卷方式，主要检查学生的理解程度、分析能力和文字表达水平；题目由教师拟出若干道供学生自选。

戊

本课程教材暂缺。除随堂介绍的论著希望同学选阅外，以下基本知识参考书，要求同学作听课准备时自行选读：

(1)《中国历史文选》，周予同主编，朱维铮等修订

上册修订三版，上海古籍出版社1979年10月出版；下册修订再版，同前1980年12月出版。

主要阅读各篇解题，内有历代主要史著的简介，若干史家的小传，联贯起来可获得中国史学发展过程的大概印象。

(2)《中国史学史论集》，吴泽主编，袁英光编选

已出一、二辑，均为上海人民出版社1980年出版。

两辑共收解放后关于中国古代史学史的论文48篇，注意到不同见解。从中可了解我国史学史研究(主要是前十七年)的大致水平。

(3)《史学要论》，李大钊著

商务印书馆1924年5月出版，北京师范大学史学研究所1980年

重印。

作者为我国用马克思主义观点研究史学史的先驱。本书较集中地叙述了作者的史学理论。

(4)《中国历史研究法》及《补编》，梁启超著

二书分别作于1922年和1926—1927年，均收入《饮冰室专集》，也都有单行本。

作者在我国最早提出建立史学史学科。书中对中国旧史学的评论，对史学史做法的设想，都曾起过较大影响。同时，它本身也是中国历史编纂学大体发展过程的简介。

(5)《中国史学史》，金毓黻著

商务印书馆出版，解放后重印。

本书大致按照梁启超的设想，从史官、史家、史学之成立及发展、最近史学之趋势四方面，广搜材料编成，有助于了解中国史学遗产的概貌。

(6)《中国古代史学史》，朱杰勤著

河南人民出版社1980年出版。

本书按照时间顺序叙述清中叶以前的史学演变。唐宋以后部分，比较注意面的介绍。

(7)《中国文化史要论》，蔡尚思著

增订本，湖南人民出版社1980年出版。

本书为人物、图书编，介绍中国文化史各类代表人物和著作的概况，内有作者关于历代史学家和史学著作的评论。

(8)《四库全书总目》，清纪昀等撰

主要阅读史部提要，可以从中了解清中叶前多数史著的概况，但需注意它的批评是"钦定"的。如难以借到，也可看解放后重印的《四库全书简明目录》、《四库全书简明目录标注》。

希望同学自行利用史学论文索引等工具书，自行查阅参考论文，并注意有关史学史问题的研究进展情况。

1979年1月第一次修订

1980年1月第二次修订

1980年12月第三次修订

(3) 1982年6月教学大纲(第四次修订稿)

中国史学史教学大纲

一

未来的史学工作者需要了解自己的学科史。

设置"中国史学史"课程,便是为了帮助历史学专业的学生,对于中国史学的发生、发展和转化的过程,有个简明而系统的了解。

中国有全世界最丰富的史学遗产,但史学史的研究却长期被忽视。用唯物史观指导中国史学史的学科建设,不过是近二十年的事,而且直到近几年才得到较多的重视。因此,虽然由点的分析到面的综合,都已取得一定成果,然而作为一门课程,教什么,怎么教,还有待在实践中继续探索。

我们希望经过努力,能够建立具有自己风格而又比较稳定的教学体系。

二

本课程为历史系的专业选修课。讲授对象是已经修毕中国通史、中国历史文选等基础课程的学生。

本课程讲授以下内容:

中国历史记录的演变过程,包括(1)历史知识的积累过程,(2)历史记录形式的变化过程,(3)历史记录的内容和形式,如何被历代占统治地位的剥削阶级所歪曲,所限制。

中国历史认识的发展过程,包括(1)历史观念同社会存在的关系,(2)史学见解与统治学说的关系,(3)史学理论由古典到近代的辩证发展过程。等等。

本课程讲授内容的时间断限,上起先秦,下止清末。辛亥革命以后的部分暂缺。

三

本课程的课堂讲授,具体内容暂定如下:

绪论

第一章 从记神事到记人事
    一 巫与史

二　史诗与神话
三　古礼与古文献

第二章　时间的记录与空间的记录
一　编年史的诞生：从《春秋》到《左传》
二　国别史的出现：《国语》和《战国策》
三　旧档案的分类和新形式的雏型

第三章　继往开来的《史记》
一　司马迁和封建历史编纂学
二　"道"变不变？
三　经学、神学与史学

第四章　封建前期王朝史
一　引人注目的王朝更迭运动
二　《汉书》和纪传体断代史
三　《汉纪》和编年体断代史
四　《三国志》和正统辨
五　《后汉书》、《宋书》和文人修史
六　注经和注史

第五章　由经验到理论
一　史部的升格
二　史馆制度的确立
三　王朝史的大规模编纂
四　《史通》：反省与幻想

第六章　从静态研究社会结构
一　封建制度的法典化
二　寻求统治稳定奥秘的《通典》
三　历史档案和唐宋"会要"
四　郑樵的"会通"
五　百科全书式的《文献通考》

六　三通、九通和十通

第七章　编年史的复兴
　　一　司马光和《资治通鉴》
　　二　求通、求实和卫道
　　三　"长编"续作与史料保存
　　四　朱熹和《资治通鉴纲目》

第八章　新形式和旧内容
　　一　读史难
　　二　袁枢"化腐朽为神奇"
　　三　以钞书为职的"纪事本末"仿作

第九章　封建后期王朝史
　　一　两唐书和两五代史
　　二　民族问题与"正史"编写
　　三　宫廷阴谋与"实录"失实
　　四　十七史、廿二史和廿四史

第十章　封建囚笼中的乾嘉史学
　　一　当代史与文字狱
　　二　史料学的巨大成就
　　三　地方史的普遍编写
　　四　章学诚与《文史通义》

第十一章　进化论和清末史学
　　一　"变"是主题
　　二　史的启示
　　三　人的由来
　　四　民族的起源
　　五　社会的结构
　　六　历史的因果
　　七　民变的是非

八 "以复古为解放"
九 章炳麟、夏曾佑和梁启超

以上章节,视教学进度,讲授时可能有调整或变动。

四

本课程的考试或考查,都实行开卷方式,主要检查学生的理解程度、分析能力和文字表达水平;题目由教师拟出若干道供学生自选。

五

本课程教材暂缺。除随堂介绍的论著希望同学选阅外,以下基本知识参考书,要求同学作听课准备时自行选读:

(1)《中国历史文选》,周予同主编,朱维铮等修订

上册修订三版,上海古籍出版社 1979 年 10 月出版;下册修订再版,同前 1980 年 12 月出版。

主要阅读各篇解题,内有历代主要史著的简介,若干史家的小传,联贯起来可获得中国史学发展过程的大概印象。

(2)《中国史学史论集》,袁英光编选

已出一、二辑,均为上海人民出版社 1980 年出版。

两辑共收解放后关于中国古代史学史的论文 48 篇,注意到不同见解。从中可了解我国史学史研究(主要是前十七年)的大致水平。

(3)《史学要论》,李大钊著

商务印书馆 1924 年 5 月出版,北京师范大学史学研究所 1980 年重印。

作者为我国用马克思主义观点研究史学史的先驱。本书较集中地叙述了作者的史学理论。

(4)《中国历史研究法》及《补编》,梁启超著

二书分别作于 1922 年和 1926—1927 年,均收入《饮冰室专集》,也都有单行本。

作者在我国最早提出建立史学史学科。书中对中国旧史学的评论,对史学史做法的设想,都曾起过较大影响。同时,它本身也是中国历史编纂学大体发展过程的简介。

(5)《中国史学史》,金毓黻著

商务印书馆出版,解放后重印。

本书大致按照梁启超的设想,从史官、史家、史学之成立及发展、最近史学之趋势四方面,广搜材料编成,有助于了解中国史学遗产的概貌。

(6)《中国古代史学史》,朱杰勤著

河南人民出版社1980年出版。

本书按照时间顺序叙述清中叶以前的史学演变。唐宋以后部分,比较注意面的介绍。

(7)《中国文化史要论》,蔡尚思著

增订本,湖南人民出版社1980年出版。

本书为人物、图书编,介绍中国文化史各类代表人物和著作的概况,内有作者关于历代史学家和史学著作的评论。

(8)《四库全书总目》,清纪昀等撰

主要阅读史部提要,可以从中了解清中叶前多数史著的概况,但需注意它的批评是"钦定"的。如难以借到,也可看解放后重印的《四库全书简明目录》、《四库全书简明目录标注》。

希望同学自行利用史学论文索引等工具书,自行查阅参考论文,并注意有关史学史问题的研究进展情况。

1982年6月第四次修订

(4) 中国史学史教学大纲(估计作于1980年代中晚期至1992年之前)

中国史学史教学大纲(草稿)①

序言

中国史学史的性质和任务。研究中国史学史的需要和意义。学习

---

① 本份教学大纲未署写作日期。朱先生自1987年出版《走出中世纪》后,逐渐使用"中世纪"一词代替"封建社会";不过1989年编者听课时,教学大纲内仍有"封建社会结构史"字样;而1992年后的教学大纲,则明确以"中世纪"取代"封建社会"。本提纲仍使用"封建王朝",故编者推测本份教学大纲撰于1980年代中晚期至1992年之前。

中国史学史的方法。参考书介绍。

第一篇 "史"和历史记录的发生

"史"是怎么来的。关于原始社会"史"的传说。甲骨文中的"史"。中国最早的文字历史记录：历史编纂学的萌芽；宗教观念与史学思想；甲骨文的史料价值。

第二篇 历史档案的保存和整理

殷、周青铜器铭文的产生和最早的历史档案。统治阶级为什么重视档案。金文和《尚书》。《尚书》的体裁和内容。《逸周书》、古本《竹书纪年》和《世本》。

第三篇 史诗与神话

史诗：便于记诵流传的口头历史。《诗经》的采辑与整理；《诗经》所反映的历史观；《诗经》的史料价值。神话与原始社会的传说。《山海经》的历史地理观念。《穆天子传》和西周逸史。《天问》：神话与史诗的结合。

第四篇 春秋战国时期的编年史和国别史

《周礼》所记的先秦史官制度。利用官府档案编成的编年史。孔丘和《春秋》。编年史的第一部较成熟的著作——《左传》；《左传》的体裁和编写特点；《左传》所反映的史学思想；《左传》对于中国古代史学发展的影响；关于《左传》的研究和争论。所谓"记言"和"记事"的分工。国别史的特色和体例。《国语》和《战国策》。

第五篇 先秦诸子的历史观

战国时期的"百家争鸣"及其对史学的影响。孟轲的历史循环论和他同杨朱、墨翟两学派的争论。庄周的相对主义历史观。荀况、韩非的历史进化论和历史研究方法。邹衍的"大九州"说和阴阳家的历史神秘主义。

第六篇 司马迁和纪传体通史

司马迁的生平和他的时代。《史记》的内容和体裁。"究天人之际，通古今之变"。纪传体对中国史学发展的影响。《史记》的注释和研究。

第七篇　早期的纪传体断代史

班固和《汉书》。班固的神秘主义历史观。《汉书》的评价及其影响。陈寿和《三国志》。大一统观念和封建分裂的现实在史学上的矛盾反映。范晔和《后汉书》。文学和史学。"前四史"的综合比较。

第八篇　汉魏六朝的编年史、史评和史注

《汉纪》与编年史的再生。《后汉纪》与名教和自然的辩论。空谈和史评。裴松之的《三国志注》。杜预的《左传集解》。专门史料(佛教史、历史地理：《世说新语》、《洛阳伽蓝记》、《水经注》)的搜集与整理。

第九篇　少数民族的历史记录

少数民族史的演变。反映少数民族现状的《十六国春秋》。魏收和《魏书》。北朝的其他史料。

第十篇　史馆制度和初唐八史

从私家修史到官设史馆修史。封建王朝干预修史所发生的作用。《晋书》、《北齐书》、《周书》、《梁书》、《陈书》和《隋书》的编撰。《南史》和《北史》。当代史和前代史的编修制度。

第十一篇　刘知幾和史学批评

刘知幾的生平和《史通》的写作。刘知幾对历史著作的评论。"才学识"的原则及其实践。刘知幾的历史方法论。关于刘知幾史学思想的研究和评价。

第十二篇　唐宋间的专门史料

唐朝佛学和中外交通史料，《大唐西域记》及其他。历史地理学研究的发展，《元和郡县志》及其他。谱牒学和姓氏书。科举史和社会史料——笔记小说。古代科学技术史料的汇编——《梦溪笔谈》。类书。

第十三篇　断代史复本与编年体通史

从《旧唐书》到《新唐书》。《新五代史》和"正统"史观。司马光和《资治通鉴》。编年体通史的史料价值。《资治通鉴》对中国史学发展的影响。

第十四篇　《通典》、《通志》和《文献通考》

　　专门史和通史相结合的由来与发展。杜佑《通典》的体裁及其在历史编纂学上的革新。郑樵的《通志》及其史学思想。马端临的《文献通考》及其史料价值。"三通"余波。

第十五篇　元修三史

　　元修三史的经过。《宋史》的好处与坏处。《辽史》、《金史》对研究少数民族历史的价值。

第十六篇　纪事本末体的产生和影响

　　《通鉴纪事本末》在史学体裁上的革新。《宋史纪事本末》及其他断代史纪事本末。纪事本末体的影响。

第十七篇　明清的官修史书

　　《元史》的编撰及其遗留问题。《明实录》的编修和改写。《明史》的编撰及对其批评。《清实录》与《东华录》。御批《通鉴纲目》及其对社会思想的影响。《四库全书总目》的史料价值和清朝的文化专制主义。

第十八篇　明清的野史和特种史料

　　明清野史大量出现的社会条件。明清野史所保存的农民运动史料。明末清初野史笔记的史料价值。清朝的文字狱和野史的消沉。明清方志所保存的地方史料。明清碑刻所保存的特种史料(手工业史、疆域沿革史等)。明清的历史地理著作。明清小说所反映的社会史料(《金瓶梅》、《水浒传》、《红楼梦》等)。

第十九篇　章学诚和浙东史学

　　章学诚的生平和《文史通义》的编写。章学诚对乾嘉两种学风的批评。章学诚的"六经皆史"说及其历史观。浙东史学的特色。

第二十篇　乾嘉考据学和史著的整理考订

　　乾嘉考据学对史学的影响。从钱大昕、王鸣盛和赵翼的考史著作看乾嘉史学的实际成果。以史料学代替史学的风气的发展。

第二十一篇　龚自珍、魏源的史论

(5) 中国史学史教学大纲(估计作于 1990 年代初期)

中国史学史(讲授大纲)①

一

作为历史学的专业基础课,本课程旨在提供我们的学科史的一份最简单的说明。

说明的任务,一是中国的历史编纂史,二是中国的历史认识史。

编纂史将告诉你,我们的先辈处理"历史怎么写"的故事。认识史则将探究,我们的先辈面对"历史写什么"的问题,世世代代遇到的困扰,所作的思考,以及他们在传统与"现代"之间徘徊不定的种种心态。

故事未必有趣,认识也可能远离真知,乃至反复呈现荒谬。但那都已成为历史,而历史是否定假设的。无论我们喜欢还是不喜欢,我们的这门课程,唯一能做的,便是如马克思所说:"真理是由争论确立的,历史的事实是由矛盾的陈述中清理出来的。"

我不能保证你们爱好这门课程,但我能保证我讲授的内容做到言必有据,其中没有趋时、媚俗等偏见。

本课程在期末举行考试,方式为口试兼笔试。

二

本课程讲授为一学期,每周三学时。

讲授对象的知识水准:一、已修毕中国通史;二、已通读《中国历史文选》(周予同主编,朱维铮修订,上下册);三、能阅读一般的文言史料;四、选修过史学概论或类似课程;五、略知国内外文化研究状况。

凡自觉未达到以上水准者,最好自动补课。否则听课如腾云驾雾,考试如呆鹅木鸡,都将颜面扫地。

三

本课程的讲授大纲如次:

---

① 本份教学大纲未署写作日期。文中已使用"中世纪"一词,并将"辜鸿铭"纳入讲授内容。1990 年初,朱先生编纂"中国近代学术名著丛书",请汪堂家博士翻译辜鸿铭著述,自己亦开始详研辜鸿铭,故编者推测此份教学大纲撰于 1990 年代初期。

导言　史，史学，史学史

第一章　人之初与史之初
　　有了人便有了历史
　　巫史分工
　　占卜中的历史
　　祭祖中的历史
　　时间的历史和空间的历史

第二章　编年史的出现
　　孔子与《春秋》
　　老庄的理想国
　　孟、荀的历史观
　　韩非的三世说
　　《春秋》三传

第三章　人是历史的中心
　　司马迁以前的历史
　　司马迁作《史记》
　　纪传体史

第四章　中世纪王朝史
　　续《史记》
　　刘歆和班固
　　东观与官方史学
　　纪传史的改编
　　文学和史学
　　注经与注史

第五章　在民族的同化中
　　民族大迁徙
　　从崔浩到魏收
　　"通史"名目的出现

史官与史馆

南国诸史

第六章　初唐八史

再统一的政治与文化

《五经正义》与五代史记

重修《晋书》的规范

史馆与众手修史

第七章　史可通吗？

反《五经正义》

刘知幾和他的《史通》

中世纪的转折点

动态研究与静态研究

《通典》和《会要》

第八章　诗歌中的历史

溯源：从《诗经》到《楚辞》

说流：从汉赋到"古诗"

述今：李杜与元白

探微：晚唐到五代

究来：宋词元曲及更后诗歌中的历史

第九章　编年史的复兴

没有断绝的编纂形式

司马光的文化保守主义

《资治通鉴》

南宋的续作

元代的注释

第十章　编纂形式的突破

照镜子难

钞书成家

假如没有皇帝提倡

纪事本末体的得与失

第十一章　记叙范围的扩充

会要与"实录"

《通志》二十略

《文献通考》

笔记

第十二章　中世纪王朝史（续）

两《唐书》和两《五代史》

匆促的和更匆促的《宋史》、《元史》

《明史》的三种稿本

第十三章　"实录"不实

韩愈的"顺宗实录"

吕祖谦的"东莱史记"

朱熹否定历史

朱元璋的"大诰"

由《明史》而来的文字狱

《清实录》

第十四章　小说中的历史

民间的传统

"演义"

侠客与流氓

旧梦与新说

第十五章　回顾中世纪

龚自珍

江藩和方东树

魏源和徐继畬

冯桂芬、王韬和马建忠

康有为与章炳麟
辜鸿铭和陈独秀

(6) 1992 年教学大纲

中国史学史课程讲授大纲(1992 年 2 月—1992 年 7 月)

导言
第一章　时间的历史和空间的历史
第二章　古典时代的历史观念
第三章　司马迁和他的《史记》
第四章　中世纪王朝史(上)
第五章　史馆和《史通》
第六章　"三通"
第七章　编年史的复兴
第八章　纪事本末体
第九章　中世纪王朝史(下)
第十章　实录和野史
第十一章　学说史
第十二章　史论和史评
第十三章　历史考证学
第十四章　"新史学"

(7) 1994 年教学大纲

中国史学史课程讲授大纲(1994 年 2 月—1994 年 7 月)

导言

史、史学、史学史
历史知识的积累
历史认识的变异
传统的史学史
方法与视角

第一章　从记神事到记人事
  1.1　石与火的回忆
  1.2　巫与史
  1.3　典册的出现
  1.4　光荣归于祖宗
  1.5　无官非史

第二章　时间的记录与空间的记录
  2.1　星占与编年
  2.2　百国春秋
  2.3　早期编年史
  2.4　早期区域史
  2.5　宗族史和人成为主体

第三章　历史有法则吗？
  3.1　百家争言创世纪
  3.2　从孔子到孟荀
  3.3　重言和寓言
  3.4　天鬼与尚同
  3.5　直线进化论

第四章　司马迁和《史记》
  4.1　一统与异意
  4.2　历史中有治安策？
  4.3　"究天人之际"
  4.4　"通古今之变"
  4.5　历史编纂形式的创造

4.6 《史记》的传播与续作

第五章　中世纪王朝史(上)

5.1 经学与史学

5.2 王朝更迭的历史解释

5.3 《汉书》与正统史学

5.4 注经与注史

5.5 美文的手段

5.6 从史官到史馆

5.7 修史与政争

5.8 专门史的出现

第六章　中世纪王朝史(中)

6.1 "以史为鉴"与辩护论

6.2 初唐八史

6.3 《史通》

6.4 "实录"作者的恐惧

6.5 两《唐书》和两《五代史》

第七章　社会结构史

7.1 制度的法典化

7.2 《通典》

7.3 档案与"会要"

7.4 凡"物"都应入"通史"

7.5 策论和《文献通考》

第八章　编年史的复兴

8.1 司马光与《资治通鉴》

8.2 旨在保存史料的"长编"

8.3 无心创出新史体

8.4 不实的"实录"

8.5 通鉴与纪事本末的续作

第九章　中世纪王朝史（下）
　　9.1　道统与正统
　　9.2　各为其主的"正史"
　　9.3　文字狱阴影下的明史编纂
　　9.4　梁启超、章炳麟的"中国通史"设计
　　9.5　《清史稿》

第十章　非官方史学诸形态
　　10.1　宗教论争史
　　10.2　域外亲历记
　　10.3　形形色色的笔记
　　10.4　野史不野
　　10.5　《日知录》和《明夷待访录》
　　10.6　《读通鉴论》

第十一章　清代的历史考证学
　　11.1　静悄悄的"革命"
　　11.2　跪着造反的南明史研究
　　11.3　专挑"正史"的毛病
　　11.4　"尊史"
　　11.5　所谓"经世文编"

第十二章　天朝不再是天下中心
　　12.1　白银从哪里来？
　　12.2　文化传统败给外来文明
　　12.3　从"抗议"到"危言"
　　12.4　"天演"呢，还是"人演"？
　　12.5　模拟路德的失败
　　12.6　"史界革命"

第十三章　"五四"前后
　　13.1　甲骨文的发现
　　13.2　王国维的方法论

13.3　史学中的文化保守主义
13.4　实用主义的史学范式
13.5　布尔什维主义的史学理论
13.6　西方诸教条的中国表现
13.7　《古史辨》

第十四章　在马克思主义的旗帜下
14.1　原唯物史观
14.2　"左翼社会科学"
14.3　"全盘苏化"的竞赛
14.4　新正统与新异端
14.5　没有结束的争论

(1994年2月22日拟定,为1994年3月—7月讲授用,凡20周,每周3学时。)

(8) 1995—1996年教学大纲

中国史学史课程讲授大纲(1995年9月—1996年1月)

导言
第一章　从记神事到记人事
第二章　时间的记录和空间的记录
第三章　百家争说创世纪
第四章　"《春秋》经世"
第五章　《史记》通变
第六章　 中世纪王朝史
第七章　辨夷夏与争正统
第八章　"史部"的分立
第九章　从史官到史馆
第十章　《史通》的疑惑

第十一章　三通
第十二章　编年史的复兴
第十三章　中世纪王朝史（续）
第十四章　旧史观与新史体
第十五章　道统论侵入史学
第十六章　史论与政论
第十七章　考经与考史
第十八章　中西古今问题
第十九章　"新史学"
第二十章　二十世纪

附录三　中国史学史课程期终考试试题

(1) 1980 年期终试题

1. 中国古代史诗的特色(以《诗经·鲁颂·閟宫》为例)
2. 神话中的上古史——《山海经》简介
3. 《尚书》的记录特点(举一、二篇加以分析)
4. 《春秋》内容提要
5. 评"《春秋》笔法"
6. 《左传》的战争活动记录(举一、二次战役记录进行分析)
7. 《左传》和《国语》的编写形式比较
8. 孔子的三代因革论剖析
9. 评孟轲的"五百年必有王者兴"
10. 荀况论自然和历史的关系
11. 司马迁和封建史学——读《史记·太史公自序》
12. 司马迁和汉武帝——读《史记·封禅书》
13. 编年体和纪传体——《左传》和《史记》的比较
14. 评班固论司马迁——读《汉书·司马迁传》
15. 通史和断代史——《史记》和《汉书》的比较

要求：任选一题，字数限 1 500 字；用材料说明观点；用稿纸誊写清楚。

1980.6.22

(2) 1983 年期终试题

根据《中国史学史教学大纲》，本课程实行开卷考试，主要检查选修者的理解程度、分析能力和文字表达水平；题目由教师拟出若干道供同学自选。

开卷考试的方式，为笔试与口试相结合。要求如下：

（1）每人从试题中任选一道，写成读书报告一篇。写作角度自定，但必须引用指定材料，必须是本人读书的心得。文字要简洁，逻辑要清楚。每篇报告不得超过二千字，用正楷誊录在稿纸上，写明年级、姓名、学号。

（2）口试在期末举行。每人按指定时间和顺序，先扼要介绍本人读书报告要点，发言限定在十分钟，再回答教师就报告内容的提问。口试时交出读书报告。

（3）教师评分主要根据：对材料原意的解释是否正确？对问题的理解是否恰当？提出问题、分析事实、引证材料和作出结论的思路是否清楚？文字表达能力是否达到三年级大学生的应有水平？鼓励敢于提出自己见解的同学。如发现报告有抄袭行为，则给予零分并当众批评。

供选择的试题如下：

1. 《山海经》所表现的原始巫术观念
2. 《周易·系辞》关于上古社会史的传说
3. 《春秋》为什么重视"日食"等自然现象记录
4. 《左传》在历史编纂学上的特色
5. 《左传》、《公羊传》的编写形式比较
6. 从《国语》的《周语》看古代的国别史记录特点
7. 《战国策·楚策》的记录形式剖析
8. 《世本》与纪传体
9. 读《史记·太史公自序》
10. 从《史记·天官书》看司马迁"究天人之际"的本意
11. 读《史记》诸表的序论
12. 读《汉书·叙传》
13. 评《汉书·司马迁传》

14. 荀悦《汉纪》的历史编纂学特点

15. 《三国志》与纪传体王朝史

16. 何晏《论语集解》与裴松之《三国志注》的编写形式比较

17. 范晔《后汉书》诸类传的编纂特色

18. 评《后汉书·皇后纪》

19. 读《宋书》的《五行志》、《符瑞志》

20. 读《魏书·序纪》

21. 评《晋书》的《宣帝纪》、《武帝纪》后论

22. 《史通》关于通史与断代史的批评概述

23. 评刘知幾对"众手修史"的批评

24. 《通典》的历史编纂学特色

25. 《资治通鉴》与编年体通史

26. 举例说明《资治通鉴》"臣光曰"所表现的历史观

27. 读《通志·总序》

28. 评朱熹《资治通鉴纲目》的三国史部分

29. 读《文献通考·兵考》

30. 评《宋史·道学传》

31. 举例说明纪事本末体的历史编纂学特色

32. 评黄宗羲《明夷待访录》

33. 评王夫之《宋论》

34. 《日知录》与考史学

35. 评《明史》关于东林党的记录

36. 评《四库全书总目》对历代"正史"的评论

37. 《廿二史考异》、《廿二史札记》的编纂异同

38. 《十七史商榷》、《廿二史考异》的编纂异同

39. 评梁启超的《中国历史研究法》

(3) 1984 年 1 月期终试题

【说明】以下诸题,供选择用：(1) 每人任选一题；(2) 每人先做出提

要式答卷,限一千五百字以内;誊写在稿纸上,字迹要端正清楚,正确使用新式标点符号,引用原著要注明出处;于口试时当场缴卷;(3)口试要求叙述答卷要点,限十分钟以内,并回答教师所询问题;(4)答卷应该是本人读书心得,不可抄袭现成论著或他人答卷;(5)答卷上勿忘写明年级、学号、姓名。

1. 从《尚书·酒诰》看上古的历史记录形式
2. 《诗经·商颂》的历史文献学价值
3. 《尚书》和《逸周书》的记录形式比较
4. 评《春秋》关于隐、桓二公更迭的记录
5. 《左传》和《公羊传》记录异同(选一年为例)
6. 评《左传》的"君子曰"(选三则为例)
7. 试析《左传》与《春秋》的相互关系(选一年为例)
8. 从《国语·周语》看古代国别史
9. 马王堆汉墓帛书和《战国策》所记苏秦事迹比较
10. 《世本》和《史记》(就历史编纂学角度讨论)
11. 贾谊的《过秦论》
12. 评晁错的"举贤良对策"(在《汉书》本传内)
13. 纪传体和编年体的编纂学比较(以《史记》、《左传》为例)
14. 从司马谈到司马迁(讨论历史认识的变化)
15. 《史记》纪表书传四体的相互关系
16. 占星术和古代史论(以《史记·天官书》为例)
17. 司马迁和董仲舒(读《史记·太史公自序》)
18. 评《史记》关于楚汉之际的记录
19. 《史记》续作考(至班彪《后传》为止)
20. 辨班彪班固记汉史事(讨论班固是否因袭班彪书)
21. 班固与"正统"史观(读《汉书·叙传》)
22. 纪传体的定型(讨论《汉书》的历史编纂学特色)
23. 荀悦与编年体王朝史(讨论《汉纪》的编纂特点)
24. 评袁宏的"名教"论(讨论《后汉纪》的史论)

25. 《三国志》和纪传体国别史
26. 论陈寿记诸葛亮事（参考《诸葛亮集》所收议论）
27. 注经与注史（裴松之《三国志注》的由来）
28. "《晋书》十八家"书名著者考（参考《隋书·经籍志》和清朝学者考证，在《二十五史补编》内）
29. 范晔《后汉书》的编纂学特点
30. 《后汉书·光武帝纪》研究
31. 范晔和沈约（讨论文人修史得失）
32. 《宋书》诸志的神学特色
33. 读《魏书·崔浩传》
34. 读《北史·魏收传》
35. "初唐八史"的编纂过程
36. 唐代初期的史馆建置（主要考证高祖、太宗二朝）
37. 评《史通》的《疑古》、《惑经》二篇
38. 刘知幾的"正史"观念（看《史通·古今正史》等篇）
39. 《通典》释名（参考两《唐书·杜佑传》）
40. 《通典》诸门的相互关系（讨论此书的编纂形式）
41. 《天对》答非所问（比较《天问》、《天对》关于夏史的答问，《天对》见《柳宗元集》）
42. "道统"和"正统"（评韩愈《原道》，在《韩昌黎集》内）
43. 评欧阳修《新五代史·唐六臣传》论赞
44. 《资治通鉴》和编年史改造（举唐武德九年纪为例）
45. 关于《资治通鉴》的名与实（举唐永贞元年纪为例）
46. 评《通志·总序》
47. 评《资治通鉴纲目》的"书法"（举三例为证）
48. 评《通鉴纪事本末》的历史见解
49. 马端临生平考（已有成果见《中国历史文选》下册81页、侯外庐《中国思想通史》四卷832页）
50. 读《金史·世纪》（编纂学和史料学的特色）
51. 《明太祖实录》的成书过程（参看《罪惟录》、《明史》等书《艺文志》

的有关部分)

52. 评《日知录》"苏松二府田赋之重"条
53. 从《明儒学案·东林学案总论》看学术史编纂
54. 王夫之史论举隅(限举《读通鉴论》中讨论民众造反后王朝政策之例)
55. 清代钱、王、赵三家考史之同异(于钱大昕《廿二史考异》、王鸣盛《十七史商榷》、赵翼《廿二史札记》三书内,选取考证同一事的例子进行比较)
56. 龚、魏论史的同异(于《龚自珍全集·乙丙之际著议》和《魏源集》史学序跋内各选一篇为例)
57. 读康有为《新学伪经考序》、《孔子改制考叙》
58. 评梁启超《清代学术概论》
59. 章炳麟《征信论》书后(文见《章太炎选集》)

(4) 1986 年 1 月期终试题

注意事项

1. 本课程实行开卷考试,口试与笔试相结合;
2. 请修读本课程的同学任择一题;
3. 笔试卷限一千五百字以内,需誊录在文稿纸上,字迹要端正,修辞和标点要准确,引文要注明出处,勿忘注明姓名学号;
4. 口试时需当场交出笔试卷,口试顺序按学号编组;
5. 请独立完成试卷,如发现抄袭行为,则作不及格处理,补考从严要求。

选择试题:

1. 论中国史学的开端
2. 论商代卜辞的史料价值
3. 《诗经·商颂》和宗教史料
4. 读《尚书·酒诰》

5. 从《山海经》看神话中的历史
6. 评《春秋》
7. 《左传》中的战争记录(以一次战役为例)
8. 析《周易·系辞上》的原始社会传说
9. 读《荀子·礼论》
10. 读《韩非子·显学》
11. 评屈原《天问》问夏史的思想特色
12. 论贾谊的《过秦论》
13. 司马迁与贾谊
14. 从《史记·天官书》看司马迁怎样"究天人之际"
15. 从《史记》十表"太史公曰"看司马迁怎样"通古今之变"
16. 褚少孙生平考
17. 《汉书》与王朝史
18. 《汉书·叙传》摘要
19. 荀悦《汉纪》怎样改造《汉书》(举一年记录为例)
20. 《三国志》与正统论
21. 《后汉书》"党锢"、"宦者"二列传的比较研究
22. 裴松之《三国志注》的史料价值(举一纪或传为例)
23. 读《北史·魏收传》
24. 《晋书》的编纂过程
25. 《隋书·经籍志》和四部分类法
26. 读《史通·古今正史》
27. 从《史通》"惑经"看刘知幾的历史观
28. 《通典》的历史记录特色
29. 论韩愈的《原道》(《昌黎集》卷十一)
30. 评柳宗元《与韩愈论史官》(《柳河东集》卷三一)
31. 王安石与司马光论"王霸"(《王文公文集》卷二八、《资治通鉴》汉宣帝纪"臣光曰")
32. 评苏轼的史论(以《留侯论》等为例,见《东坡集》)
33. 评朱熹的《资治通鉴纲目·凡例》

34. 读《宋史·道学传》
35. 《宋史纪事本末》的标题剖析
36. 《文献通考》分门考(与《通典》比较)
37. 《元史》为什么不可靠
38. 明代小说中的社会史料(举一名著为例)
39. 读《日知录·苏松二府田赋之重》
40. 《明儒学案·凡例》述评
41. 《读通鉴论》"贞观十年定府兵之制"则读后(卷二〇)
42. 评《四库全书总目》史部史评类提要
43. 龚自珍《乙丙之际著议》诸篇(《龚自珍全集》第一辑)合评
44. 评魏源《海国图志·叙》
45. 康有为《新学伪经考》释题
46. 夏曾佑《中国古代史》简介
47. 梁启超《新史学》内容提要(《饮冰室文集》第三册)
48. 章炳麟《中国通史略例》略评(《章太炎全集》第三卷《訄书》重订本内)
49. 陈独秀《东西民族根本思想之差异》书后(文见《中国现代思想史资料简编》第一卷)
50. 李大钊《物质变动与道德变动》摘要(文见49题引书)
51. 胡适《中国哲学史大纲》的体系特点
52. 鲁迅《汉文学史纲要》的创新精神

(5) 1988年1月期终试题

应试者请注意下列诸点：

一、本课程实行开卷考试，应试者可在以下诸题中任择一题；

二、本课程先笔试，后口试，评分依据两者结合；

三、本课程笔试卷，由应试者先行准备；每卷限定1500字以内，誊清在文稿纸上，首列所选题目，次列姓名、学号，再写正文；正文的字迹要端正，修辞和标点要正确，凡引文均需加引号，在卷末按注码顺

序注明出处;

四、本课程口试,按照班级、学号统一安排;应试者需准时到场,不得无故缺席或调换顺序;凡不经主考教师同意而缺席者,均作不及格论;

五、本课程笔试卷需独立完卷,如发现抄袭行为,即判不及格,补考将从严要求。

以下试题供选择,请看清题意,勿草率答卷。
1. 模糊的"过去"——原始墓葬和历史记忆的萌生
2. 飘忽的"明天"——商周卜辞作为史料的特色
3. 年时月日——析西周金文中的时间观念
4. 南西北东——述《山海经》中的方位观念
5. "上帝"的子孙——《诗·鲁颂·閟宫》歌唱族源
6. "天子"的受命——《逸周书·克殷解》描写周兴
7. 时间的联结——《春秋》和早期编年史
8. 空间的分野——《国语》和早期区域史
9. 在祭坛上献俘——《左传》作者笔下的大事
10. 用文字来"诛心"——《公羊传》作者眼中的孔子
11. 礼制的起源——《荀子·礼论》的历史观
12. 学派的由来——《庄子·天下》的初次总结
13. 帝王心态史——《韩非子·说难》的研究
14. 器物发明史——《世本·作篇》的传说
15. 疑神疑鬼——《楚辞·天问》体现的历史认识
16. 占星占命——《史记·天官书》探究的历史法则
17. 地下长城——从秦兵马俑发现看司马迁说秦始皇
18. 人间活力——《史记·货殖列传》的历史道德论
19. 连续与间断——《史记》、《汉书》的结构异彩
20. 一统与正统——《史记》、《汉书》的观念分歧
21. 分与合——《三国志》篇目表现的困惑
22. 文与史——《后汉书》论赞显示的抱负
23. 简和繁——由《汉纪》、《汉书》看编年、纪传二体

24. 一和多——由《三国志》裴松之注看记录的矛盾
25. 分裂的歪理——《宋书》、《魏书》如何攻讦对方
26. 权力的迷途——《魏书》作者怎样威胁政敌
27. 哀"清谈"——《世说新语》的史料价值
28. 悲"佛法"——《洛阳伽蓝记》的写作意向
29. 官史——"初唐八史"的编撰过程
30. 史馆——刘知幾的亲身经历
31. 从丙部到乙部——读《隋书·经籍志》史部目录
32. 从动态到静态——读《通典·自序》
33. 道和史——评韩愈的《原道》
34. 史和志——评柳宗元的《与韩愈论史官》
35. 纪传史的歧路——《新五代史》以论代史
36. 编年史的复兴——《资治通鉴》以古说今
37. 借古非今——评《资治通鉴》的"臣光曰"
38. 以今律古——评苏轼《东坡集》内的史论
39. 有意扩充旧思路——李焘的《续资治通鉴长编》
40. 无心创出新形式——袁枢的《通鉴纪事本末》
41. 言过其实——析《通志·总序》
42. 质胜于文——析《文献通考》体制
43. "诛心"论复活——评朱熹《资治通鉴纲目·凡例》
44. "直笔"说沉沦——评《宋史·道学传》
45. 言语道断——明修《元史》关于蒙古史料的错误
46. 心态隔膜——清修《明史》何以一改再改
47. 初见中华——利玛窦《中国札记》简介
48. 沉思国史——王夫之《读通鉴论》举例
49. 小说中的众生相——《金瓶梅史话》读后
50. 笔记里的时代感——《日知录》当代记载读后
51. 学术界的争论——《明儒学案·凡例》述评
52. 统治者的独断——《清代文字狱档》书后
53. 实录不实——以《清实录》顺治朝为例

54. 野史不野——以全祖望《鲒埼亭集》述南明史为例
55. "护惜古人"?——钱大昕《廿二史考异》的矛盾
56. 探索"变局"——赵翼《廿二史札记》的幽识
57. 说糟粕即精华——评《四库全书总目》史部总论
58. 化腐朽为神奇——评《文史通义·书教》
59. 考而后信——读崔述《洙泗考信录》
60. 变才能通——读龚自珍《乙丙之际著议》
61. 由危机感所驱使——十九世纪初期的边疆史地研究
62. 被入侵者所逼迫——十九世纪中叶的欧洲历史研究
63. "以夷制夷"新招——《海国图志·筹海篇》述评
64. "用夷变夏"旧识——《中西纪事》跋尾
65. 中外交流简史——关于容闳《西学东渐记》
66. 古今翻案详论——关于康有为《孔子改制考》
67. 历史进化论——严复《天演论》简评
68. 历史相对论——谭嗣同《仁学》剖析
69. "史界革命"——梁启超"新史学"的主张
70. 宗教主导——夏曾佑《中国古代史》的论证
71. 新通史设想——章炳麟《中国通史略例》简介
72. 旧史观批判——刘师培《清儒得失论》略说
73. 否定传统——陈独秀《东西民族根本思想之差异》
74. 贬抑道德——李大钊《物质变动与道德变动》
75. 新形式——胡适《中国哲学史大纲》的体系
76. 新观念——鲁迅《汉文学史纲要》的见解
77. 旧话新说——王国维《殷周制度论》简评
78. 老调重弹——梁启超《清代学术概论》书后

【说明】以上诸题,有的属于文章篇名,可参阅下列各书(已见《中国历史文选》的不列):

30题参《旧唐书·刘知幾传》

33题参《昌黎集》卷十一

34题参《柳河东集》卷三一

60 题参《龚自珍全集》第一辑

61 题参张穆《蒙古游牧记》、何秋涛《朔方备乘》、龚自珍《西域置行省议》等

62 题参魏源《海国图志》辑时人言论

71 题参朱维铮编校《章太炎全集》第三卷

72 题参《民报》(署名韦裔)

73 题参朱维铮编《中国现代思想史资料简编》一卷

74 题同 73 引书

77 题参《观堂集林·史林》

78 题参朱维铮校注《梁启超论清学史两种》

(6) 1990 年 1 月期终试题

【说明】修读本课程者任选下列一题。答卷要求：(1) 认清题意，写成笔试卷；(2) 笔试卷限 1 500 字，缮写在文稿纸上，需字迹端正，题下注明姓名和学号；(3) 答卷请注意行文逻辑，注意修辞和标点，防止出现错别字；(4) 口试按学号编组，不得自行变更顺序，笔试卷必须在口试时同时呈缴；(5) 答卷必须独立完成，发现抄袭行为，即作废卷论处。

1. 论中国的传统史学
2. 论中国中世纪的正统史学
3. 从史料学看商代卜辞的价值
4. 作为社会史料的《诗经·七月》篇
5. 《尚书·酒诰》释义
6. 《逸周书·克殷解》体现的政治观念
7. 以《春秋》隐公元年为例析古典编年体特色
8. 《左传》、《公羊传》的陈述形式比较——以二书记载鲁哀公十四年"西狩获麟"为例
9. 《荀子·礼论》中的历史意识
10. 《韩非子·说难》中的帝王心态

11. 贾谊《过秦论》读后
12. 晁错《论贵粟疏》跋尾(疏见《汉书·食货志》)
13. 《史记》编纂形式面面观
14. 《史记》历史体系整合论
15. 司马迁的空间观——读《史记·西南夷列传》
16. 司马迁的英雄论——读《史记》的《项羽本纪》与《陈涉世家》
17. 《汉书》与王朝史
18. 《汉书》与《汉纪》——体制的比较
19. 《三国志》与正统论
20. 读《后汉书·刘盆子传》
21. 评《后汉书·党锢列传》
22. 三国时代的观念例证——曹操的《让县自明本志令》(文见《中国历史文选》上)
23. 汉晋之际的时政批评——刘毅的《论九品疏》(疏见《中国历史文选》上)
24. 中世纪史家的品格——读《北齐书·魏收传》
25. 中世纪史学的歧路——读《史通》的《自叙》、《忤时》诸篇
26. 从动态研究到静态研究——《通典》出现的史学史意义
27. 从"纪传"独步到"编年"复兴——《资治通鉴》对正统史学编纂形式的冲击
28. 旧课题的新争论——王安石与司马光论"王霸"(分见《王文公文集》卷二八、《资治通鉴》汉宣帝纪"臣光曰")
29. 老心态的再探究——苏轼的《留侯论》解析(文见《东坡集》、《古文观止》等)
30. 理学家眼中的史学功能——评朱熹《资治通鉴纲目·凡例》
31. 非史家手下的史著新体——析袁枢《通鉴纪事本末》的编纂学意义
32. 《文献通考》分门考——与《通典》相比较
33. 《宋史纪事本末》标题议——形式与内容问题
34. 实录不实——《明太祖实录》的修改过程

35. 小说非史——《三国演义》的虚构举例
36. 野史家的狂放——李贽《藏书》论秦始皇
37. 笔记家的审慎——顾炎武《日知录·苏松二府田赋之重》的数据剖析
38. 学术史作者的主观意向——《明儒学案·凡例》述评
39. 考史学作者的客观分析——《廿二史札记·明代宦官》剖析
40. 评论的评论——王夫之《读通鉴论》卷二十《贞观十年定府兵之制》则读后
41. 提要的提要——《四库全书总目》史部分类的再陈述
42. 纵向的历史反思——龚自珍《乙丙之际著议》诸篇合评（见《龚自珍全集》第一辑）
43. 横向的历史扫视——魏源《海国图志叙》陈述批评
44. 康有为《新学伪经考》解题
45. 夏曾佑《中国古代史》撮要
46. 简述梁启超《新史学》的历史批评（见梁氏《饮冰室文集》第三册）
47. 略评章炳麟《中国通史略例》的修史见解（文见《訄书》重订本，载《章太炎全集》第三卷）
48. 陈独秀《东西民族根本思想之差异》的历史影响（文见《中国现代思想史资料简编》第一卷）
49. 李大钊《物质变动与道德变动》的时代意义（文见《中国现代思想史资料简编》第一卷）
50. 鲁迅《汉文学史纲要》对中国史学史研究的思想关联

P.S 以上五十题，应试者任择其一，是简单的。我希望，诸位同学藉此机会读一点书。你们读过原文没有，由引文是否注明出处、对原文是否诠释得当，便可瞭然。对于诸君选择的课题，我不会节外生枝，但要求回答题中应有之义。另外，我希望这些课题，能够帮助诸君理解中国史学的发展历程。朱维铮谨识。一九八九年十二月三十一日

(7) 1994年6月期终试题

【说明】修读本课程者任择一题。答卷要求：(1) 笔试卷限1500字以内，誊清于文稿纸上，题下注明姓名、学号；(2) 答卷需独立完成，请勿抄袭。文字要讲究逻辑，注意修辞，引文要注明出处，并防止出现错别字；(3) 口试按学号编组，不得自行变更顺序；(4) 口试限时，请注意回答题中应有之义；(5) 成绩按笔试卷和口试情形综合评定。

1. 史、史学、史学史
2. 传统即历史，传统非历史
3. 历史编纂学与历史考证学
4. 诗歌中的社会史料（读《诗经·七月》）
5. 文献中的政治观念（读《逸周书·克殷解》）
6. 孔子自传质疑（评《论语·为政》"志于学"章）
7. 老子理想新解（释今本《老子》八十章）
8. 浪漫主义的古史评（《庄子·寓言》首章读后）
9. 形而上学的历史观（《韩非子·五蠹》首章读后）
10. 编年史走向成熟（说《左传》的编纂形式）
11. 纪传史始创体系（读《史记·太史公自序》）
12. 贾谊《过秦论》书后
13. 晁错《论贵粟疏》跋尾
14. 司马迁"究天人之际"（析《史记·天官书》）
15. 班固辨天统闰统（《汉书·王莽传》的作意）
16. 媚俗与写实（《三国志》的体例矛盾）
17. 文采和史笔（《后汉书》的取材长短）
18. 寻求安宁术（《史记》所载李斯诸策解）
19. 整合统一论（《汉书》所载董仲舒对策辨）
20. 并非赞颂女权（《后汉书》为皇后立纪）
21. 不是肯定僭主（《三国志注》引曹操诸令）
22. 辩护论与史官品格（读《北齐书·魏收传》）
23. 神秘论与修史取向（读《宋书·符瑞志》）

24. 唐太宗和《晋书》(评《晋书》御撰诸论)
25. 刘知幾和《史通》(解其中《自叙》、《忤时》诸篇)
26. 初唐八史编纂考略
27. 《隋书》各志性质简论
28. 宗教家看域外世界(《大唐西域记》的记录特色)
29. 政治家论历代制度(《通典》的编纂体系)
30. 道统史观的原形(韩愈的《原道》及其他)
31. 编年史体的复兴(《资治通鉴》的史学意义)
32. 有意保存旧史料(《续资治通鉴长编》的主观意向)
33. 无心创出新史体(《通鉴纪事本末》的客观效应)
34. 史学领域的拓展(《通志》二十略的贡献)
35. 史学功能的束缚(《资治通鉴纲目》凡例的批判)
36. 制度史的结构改造(《文献通考》的分门别类)
37. 事件史的形式定型(《宋史纪事本末》的标题设置)
38. 实录不实(《明太祖实录》的修改过程)
39. 小说非史(《三国演义》虚构历史举例)
40. 野史家的狂放(评《藏书》论秦始皇)
41. 史论家的愤懑(评《读通鉴论》论唐起兵用突厥)
42. 社会史研究的先河(《日知录》与晚明史)
43. 学说史概括的构想(《明儒学案》凡例的设计)
44. 考史与考古(钱大昕考证历史记载的方法)
45. 史才和史德(评《文史通义·史德》的见解)
46. 保守论的旧著提要(《四库全书总目》史部简介)
47. 改革论的历史反思(龚自珍《乙丙之际著议》合论)
48. 跋利玛窦《中国札记》
49. 评魏源《海国图志》
50. 中世纪史学的挽歌(梁启超在清末论"新史学")

附　参考书目

周予同主编,朱维铮修订:《中国历史文选》,上下册,上海古籍出版社。

周予同:《五十年来中国之新史学》,见朱维铮编《周予同经学史论著选集》,上海人民出版社1983年版。

朱维铮校注:《梁启超论清学史两种》,复旦大学出版社1985年版。

朱维铮编校:《章太炎全集》第三卷,内收《訄书》、《检论》的学术史部分,上海人民出版社1986年版。

朱维铮:《走出中世纪》,上海人民出版社1987年版。

金毓黻:《中国史学史》,中华书局1962年重版。

其他如刘节、朱杰勤、施丁、仓修良等的中国史学专著,北师大史学研究所编《史学史研究》和各种史学刊物发表的有关论文,均可参考。

(8) 1996年1月期终试题

说　明

任择一题,笔试和口试同。笔试卷限一千五百字以内,誊于文稿纸上,题下注明学号、姓名。

答卷需独立完成,不得抄袭。

答卷要看重史实,讲逻辑,注意修辞,引文注明出处,防止出现错别字。

口试限时,回答题中应有之义。

成绩按笔试卷和口试情形综合评定。

试　题

1. 史、史学、史学史
2. 传统即历史,传统非历史
3. 历史编纂和历史诠释
4. 诗与史:读《诗经·七月》
5. 文与献:读《逸周书·克殷解》
6. 孔子的自传:解《论语·为政》"志于学"一章
7. 老子的史观:释今本《老子》八十章

8. 由《左传》隐公元年看早期编年史特色
9. 由《公羊传》隐公元年看早期史论特色
10. 李斯论"安宁术"(见《史记·秦始皇本纪》)
11. 贾谊评秦之误(见贾谊《过秦论》)
12. 司马迁"究天人之际":读《史记·天官书》论"天运"节
13. 断代为史的意义:《汉书》编纂形式论
14. 《后汉书·党锢列传》读后
15. 《三国志·魏志·武帝纪》读后
16. 史官的品格:跋《北齐书·魏收传》
17. 君主的史识:跋《晋书·武帝纪》后论
18. 编年纪传优劣论:由《史通·二体》说起
19. 通史如何能通:从《通志·总序》置评
20. 《资治通鉴》命名析
21. 《资治通鉴纲目》体例析
22. 《通鉴纪事本末》的题目内涵
23. 《文献通考》的门类外延
24. 《日知录》命意一例
25. 《明儒学案》影响举证
26. 清代"乾嘉史学"的代表作(举四种)
27. 晚清异域记的早期著作(举三种)
28. 读章太炎《论诸子学》
29. 评《梁启超论清学史两种》

附录四　传统史学和史学传统(中国历史编纂学史导论)提纲[①]

小引　"中国史学的历史进程"缘起
　　复旦历史系的中外史学史课程
　　周予同师的"五十年来中国之新史学"
　　陈守实师的"明史稿考证"
　　从周予同师编著《中国历史文选》
　　从陈守实师讲授中国史学史
　　继陈守实师讲授中国史学史
　　做"牛"十年泛读廿四史和十三经
　　重登讲坛开设中国史学史
　　并非"食言而肥"
　　"云无心以吐呐"：主编本书的由来
　　绍述难，推陈出新更难
　　三询、三真和三文：历史主义、现实主义和后现代主义
　　历史真实、历史真理和历史真诚：传统文本、不同文明和未来文化
　　中国历史编纂学的史前史
一　历史与历史编纂
　　"历史"为人类过去一切活动的总和
　　客观的"历史"与主观的"历史"不可混淆

[①] 本文系朱维铮先生为复旦大学历史系集体项目"中国史学的历史进程"之"编撰学卷"所拟提纲。后因各种原因，项目未完成。

主观的"历史"包括史料（三重：文物、文献和域外记叙）、史著（众多的形式）和相应的研究

有系统的历史记录，统称历史编纂

历史编纂的四要素：时、地、人、事

二　历史编纂的发生学考察

"人之初"，不知有所谓历史

从自然人到社会人

"民以食为天"迫使人为吃、喝、住、穿而认知生存环境

创世神话映现的天人矛盾（《山海经》的故事等）

巫史分工和"绝地天通"

"史"的职能变异，因序神位而到主宰"历史"

甲骨卜辞留下"神"史

西周金文留下"人"即祖先史

时间的记录和空间的记录

三　编年史、国别史和宗族史

《春秋》：承袭卜辞始重时间历史的传统

《国语》：表明不同空间统治集团的地域意识

《世本》：或为先秦贵族血统系谱的综合

《左传》和《竹书纪年》：以时为经的综合记录

四　《史记》和历史编纂形式的成熟

从天人相分到天人合一

司马迁：从制定太初历到忍辱著史

《史记》特重近现代史

《史记》开创中世纪"正史"的编纂形式

由《史记》到《汉书》

五　中世纪前期的历史编纂学

《汉书》断汉写书的历史编纂学意义

《汉纪》通过编年史为正统论张目

《三国志》引发的正统辨

重自然还是重伦理？袁宏《后汉纪》到范晔《后汉书》，以及习凿齿

《汉晋春秋》及其他

魏收和沈约，对立的"书法"

唐太宗一统江湖，组织撰写初唐六史

《晋书》并十八家为一，欲达怎样的效应

王玄感批判《五经正义》和刘知几抨击"众手修史"，对《史通》的一个新解

由晚唐殷侑奏章可知，唐代"三史科"徒具虚名

六　经学更新和史学复古

重释韩愈《原道》的历史批判意义

从《通典》到《文献通考》，静态史的现实意义

王安石尊孟和《三经新义》的历史效应

二程在政治上拥戴司马光，在学术上实为王安石新学的遗嘱执行人，其故何在？

从程颐到朱熹，实现从经汉学到经宋学的理论转折，倘若就史论史或有别解

七　司马光和司马迁

司马光不佩服司马迁，由其认定荀悦《汉纪》为史著楷模可知

司马光在宋英宗时求撰《通志》，表明他当初无意通过论史以论政。岂知这部编年史，撰写达十九年。而这十九年间，通过君位三度更迭，年甫弱冠的宋神宗，竟一意孤行，支持王安石变法，作为帝国大臣，司马光被迫退居二线，任西京（洛阳，时宋都开封称东京）御史台留守，他一旦复出执政，彻底否定新法，其心态不难理解

附录五　中国史学的历史进程（观念史卷）分卷目[①]

导言
　　何谓"历史观念"：析既往的"史学思想"、"史学理论"的研究　传统文献中的史学　史论与政论　经义诠释与历史认知　从"述往思来"到"鉴古知今"　史学的意识形态化　还历史本来面目
一　历史意识的觉醒
　　卜辞以颠倒形式初现历史运动基本因素　金文祖先崇拜透露的"人"之自我认同　从《山海经》看初民的时空意识　《天问》难倒华夏上古的创世传说
二　古典史观中的"道"与"德"
　　《老子》论宇宙与人生　孔子由文献足征与否判定德行是否可信　墨子"法禹"而生技术救世史观　孟轲"祖述尧舜"
三　从历史观看诸子争鸣
四　消灭历史记忆的"安宁之术"
五　天、人与史
六　名教与自然
七　以今律古和疑古惑经
八　由"原道"到"尊孟"
　　永贞革新的夭折

[①] 朱维铮先生为复旦大学历史系集体项目"中国史学的历史进程"之"观念史卷"所拟目录，现存三份，两份仅有章节大目，一份有若干细目和解释，本文由三份手稿合并而成。

韩柳辩史官和《原道》
　　　"轲死"就使中国进入黑暗千年？
　　　从五代十国到宋臣辽金
　　　熙宁变法中的新经义和更道统
　　　程朱是王安石新学的遗嘱执行人
九　由《通典》到《通志》
　　　杜佑的经济史观
　　　范仲淹由家至国的改革思路
　　　王安石说《周礼》"理财居半"
　　　北宋末变法争论单重文化权力
　　　郑樵《通志》何以"二十略"尚有价值
　　　朱熹与陈亮
十　异教的启示
十一　十七世纪
十二　一统与统死
十三　"腐朽化作神奇"
十四　历史观念的近代转折
十五　唯物史观的假与真
十六　史学界也全盘西化
十七　从思想的解放到再解放
十八　五十年来的大陆史学

附录六　二十世纪的中国史学提纲

一　明清之际的史疑
二　十八世纪晚期的史考
三　乾嘉之际的四部史学名著
四　由史才三长到史德优先
五　经与史或理与法
六　《万国公报》与广学会译史
七　龚自珍与徐继畬、魏源
八　廖平与宋恕、夏曾佑
九　康有为与章炳麟
十　《新史学》
十一　《尊史》与清史
十二　由《孔子平议》到"打孔家店"
十三　五四后的多元史学
十四　《中国之命运》与《新民主主义论》
十五　由西化到苏化
十六　五朵金花
十七　二十五年来

中国史学导论讲义稿

中国史学史资料文编

引　言

一　关于这个课程

1. 课程的名称：史学，而非史学史或史学理论；导论，而非专论或泛论。
2. 讲授的内容：反思中国史学的历史进程，包括（1）传统的历史编纂学；（2）历史著作与历史观念；（3）史学与内外文化。
3. 讲授的重点：在"学"不在"史"，着重考察历史的记录（"文献及文物"）与历史的观察、思考及著作的互动关系。史学的生态和心态，史学的传统和畸变，史学的作者和群体，史学的意识形态化与内在矛盾等等。
4. 讲授的方法：逻辑与历史力求一致，实证与批判同样重视，恪守"论从史出"而反对"以论带史"，提出问题、整合探究和比较讨论三者结合，时空连续性及其透过人物、事件的体现，将跨文化研究引入史学反思的过程，总之要坚持从历史本身说明历史。
5. 指定读物：本人的已刊论著，随堂指定的文献。

二　正在变革的中国史学

1. 二十世纪前期的"新史学"
 (1) 晚清的"自改革"思潮在史学领域的回响；
 (2) 传统史学走出中世纪；
 (3) 社会达尔文主义成为"新史学"的导向；
 (4) 民初的政治风雨和意识型态冲突加剧；
 (5) "打孔家店"催醒史学反思；

（6）西化和苏化的"新史学"由结盟反传统而走向分立；

（7）三重证据法获得实证史学的支持，而迅即分化成疑古、释古、再复古等不同取向；

（8）日、苏争夺中国引发民族主义史学的合流；

（9）国共内战均利用史学，造成二元对立的史学泛政治化。

2. 二十世纪中叶的大陆史学

（1）解放的政治运动，把"新史学"和""封建史学"等视；

（2）史学界的改造、重组和反胡适运动；

（3）史学的"全盘苏化"，藉"反右"而实现舆论一律；

（4）在斯大林主义笼罩下展开"史学革命"；

（5）主流史学围绕"倒旗"发生"反修"、"反左"的内斗；

（6）"五朵金花"。

二〇〇四年九月十五夜，上月在德国杜塞尔多夫老城海涅故居小憩，记忆犹新。

一 中世纪历史编纂学(上)

中国的历史编纂学,倘从公元前五世纪算起,已有两千五百年的历史。

所谓春秋战国,无论古国新国,都重视保存自己的历史。藉家族史,追述本族的血统联系,作为权力合法性的证明;详载本族通过婚姻和权力继承的分化,作为分配土地财富和确定等级关系的依据,是通常的做法。于是这时期历史编纂的主要形式,是编年史。

编年史以时间作为主线。但邦国林立,各国都把自己的君主在位和更迭的时间,作为编年史的线索。国内大小贵族也这样做,所谓世谱家乘,便越来越多。缺乏一种共同时间标准,使超越国别或陈述相互关系的历史记载,显得混乱。假如孔子真的在晚年改编鲁史为《春秋》,那么他在把鲁国十二公当作时序主线的同时,特别强调十二公各自对应的周天子的时序,不论主观意向是否在于"尊王",他给当时强大的"十二诸侯"的编年史,找出判断历史进程的超国界尺度,却应予肯定。同时,孔子以鲁史为中心,陈述时相应指出鲁国的敌友各国的特定历史状况,也是一种创造。他的做法,给继起的编年史家开了先河。在他死后出现的《左传》,无论是否《春秋》的历史解释,却把编年史的著作形式推向完型。

列国林立时代,各国统治者都寻求攻守对策,又无不想从本国或他国祖辈哲人的嘉言懿行中汲取智慧。于是各国都出现语录,而每国语录都体现以我为主的特色。这特色往往被认为是超时代的经验集成,因而被认为是本土经验的结晶。因此当公元前四世纪初某些不知名的史家,或许是原晋国人,将它辑集成编,下限终于公元前四五三年韩赵魏三家灭智伯,内容却凸显此前中原和南国不同地域政治力量的消长变化,如我早就指出的,以"国"分类,以"语"为主,从而彰显了同时异地的空间历史差异。到西汉晚期刘向辑编《战国策》,那取向也承袭《国语》,缺陷是过度强调以"语"为主,将战国策士虚拟的政治对策,当作历史实事,例如苏秦故事,便显然受到司马迁失误的影响。这点为徐中舒揭露①,已得马王堆出土的"战国纵横家书"佐证。杨宽的"考证",不过重复顾颉刚辈的"疑古"思路而已。

古典时代的贵族,愈趋没落愈热衷于怀旧,指望通过保存或改编家族史,证明延续历史应享特权的合理性。那时已有保存官方历史档案的习惯。大约在秦汉之际,有人搜集这些档案,分门别类,编成《世本》,内容分七部分:"《帝系》、《世家》,记黄帝到东周列国王侯的世系;《谱》,记周王室和诸侯国执政的世卿大夫的年表;《传》,记春秋前的名人事迹;《氏姓篇》,是先秦大小贵族的起源和宗支分化状况的族谱;《居篇》,记三代王都和列国都邑的变迁;《作篇》,记上古的技术发明和礼乐初制。各篇文字都很简单,仅录事实而无评论。材料以春秋前最详,也有一点战国到西汉初的记录。"(拙修订《中国历史文选》上册,上海古籍出版社 2002 年新 1 版,页 62,《世本》解题。)

或谓《世本》已具纪传体的全部编纂范式,我看不见得。休说言者无心,闻者有意,某种历史材料的辑集,常给史学家启迪,从而导致历史编纂形式的重要革新。这在南宋袁枢,苦于《资治通鉴》浩繁难读,于是按自己关注的历史事件,分题摘抄,以致开创了"纪事本末"体,如顾炎武所谓"著书不如钞书"②,已得证明。况且司马迁或从《世本》编纂形式获得启迪,但他的《史记》,与今见《世本》的大致面目相较,那差距可谓不可以道里计。

谁都知道,秦始皇三十四年(前 213),听从丞相李斯的建议,下诏"焚书"。这对君相最讨厌的,是"诸侯史记",因此成为搜查焚毁的重点。但正如黑格尔《历史哲学》所讥,此举如古代世界一切同类行为的效应一样,"那些重要的典籍仍然被保全了。"③

但与古罗马帝国和奥斯曼帝国的焚书不同,秦始皇焚书,一则在他晚年,三年后他就死了,当时帝国区域广袤,信息传递很慢,人们尽有时间软顶;二则焚书令留有余地,即说"所不去者,医药、卜筮、种树之书",又说"若欲有学法令,以吏为师"④,那么凡"吏"认可的,与"法令"、"卜筮"相关诸书,

---

① 徐中舒:《论〈战国策〉的编写及有关苏秦诸问题》,《历史研究》1964 年第 1 期。
② 顾炎武:《钞书自序》,《亭林文集》卷二。
③ 黑格尔著、王造时译:《历史哲学》,三联书店 1956 年版,第 164 页。
④ 《史记·秦始皇本纪》。

包括已被李斯老师荀况引用过的孔门经书,被地方官吏感到难以判断性质而默许不烧的,更不知凡几。

因此,当公元前一○八年司马迁继亡父任太史令,作为皇室首席天文占星官,有机会饱览皇家"石室金匮之书",在完成主修《太初历》使命之后,便利用职务方便,私撰黄帝以来的通史,如后来扬雄所说,动因在于他"爱奇"①。

好奇是一切科学发明创造的驱动力,已由诺贝尔奖的历史提供证明。人文学科何尝不然,先秦诸子没有好奇心,便不可能出现"百家争鸣"。

司马迁说他私撰《史记》,"欲以究天人之际,通古今之变,成一家之言。"②末语涉及价值判断,姑且不说。但前二语,表明他企图通过研讨古今历史,探索自然与人的相关度,给贯穿古今的历史之"变"以一种合理的解释。就是说,在他看来,包括老孔墨韩在内的前贤,没有一种历史解释令他满意,要重新考察,岂非好奇?

于是,《史记》的编纂形式,便是司马迁"爱奇"的一种创造。

司马迁的时代,西汉帝国已趋稳态,但宫廷内斗不绝。帝国第四世君主汉武帝(第五任皇帝)即位,年幼,受祖母太皇太后窦氏监护,其母舅田蚡为首的新外戚集团,利用尊儒绌老的名义夺权,不想大败亏输(详可参看拙著《儒术独尊的转折过程》)。幸存的田蚡,憋了五年,等待窦氏去世,重掌政权。不想小皇帝已经长大,如果田蚡不死得快,必如汉武帝恨恨所言,"族矣"③。

汉武帝以"罢黜百家,独尊儒术",名重史册。但司马迁已批评他用公孙弘、董仲舒,无非"以经术缘饰吏治"④。我曾考辨自汉代起,"学"与"术"已分途,学贵探索,术重实用,而从汉武帝"独尊儒术"起,"学随术变"便可称中世纪统治学术史的特征。

司马迁论史,批判"以经术缘饰吏治",追求"究"、"通"历史本来面目。

---

① 扬雄《法言·君子篇》:"子长多爱,爱奇也。"
② 《汉书·司马迁传》。
③ 《史记·魏其武安侯列传》:"上自魏其时,不直武安,特为太后故耳。及闻淮南王金事,上曰:'使武安侯在者,族矣!'"
④ 参见司马迁论公孙弘语:"于是天子察其行敦厚,辩论有馀,习文法吏事,而又缘饰以儒术,上大说之。"见《史记·平津侯主父列传》。

他的从天人关系落到古今变异的史论，集中体现在《天官书》的一段概括，说是通观历史，五百年大变，百年中变，三十年小变。古近学者大都批评司马迁堕入神秘主义，说他没有跳出孟轲"五百年必有王者兴"的窠臼。直到上世纪中叶，英人李约瑟才还原中国古典的占星学，指出"五百年"的神秘周期，来自天文观测发现的"五星会合"的大周期。司马迁主持修订《太初历》，通过实测证明已知五大行星的运行，确以五百年相会于某一天区，因而当作历法测算的一种依据，岂是迷信？天文向来难测，直到明清，朝廷还不断严禁民间"私习天文"，唯恐民间以天象异变为由，蛊惑民众造反。远在公元前夜，汉武帝和他的大臣，得知司马迁著书，由天文进乎人文，怎不既怕且恨？笃信巫术的汉武帝，将司马迁对于其父子如实的编年纪录，当作某种自己不明的巫术隐喻，"大怒，削而投之"①，而后找借口对司马迁施以腐刑，再任他为"刑余之人"的大宦官，或为故意侮辱，但更可能是相信巫术，以为残害通天地人的智者身体，便可解除后者的魔力。

　　司马迁没有屈服，依然受好奇心驱使决意不顾身残，完成父亲的遗愿，写完已经规划的史著。但写完没有？因为他神秘的死，因为他身后续补其书的有十数人之多，除"褚先生曰"之外，无法判断《史记》原著和续补的区别。唯有一点可以断定，那就是《史记》五体，是司马迁的创新。

---

① 见《三国志·魏书·钟繇华歆王朗传》王朗传附子王肃传。

二　中世纪历史编纂学(下)

古典时代的历史编纂形式,经《春秋》——《左传》——《竹书纪年》,以及贵族宗谱、大夫家乘等,而趋成熟。

然而编年史的《春秋》,至公元前二世纪晚期,已晋身为"经",且是最重要的一种,具有法典意义。以致没有人敢于直接运用这种形式编纂历史。司马迁私著史记,以编年体写君主大事记,名之曰"本纪",当作贯串"古今之变"的根本纲领,尚且引起皇帝的猜疑,特派上大夫壶遂传旨审问:何以在盛世仿照孔子作《春秋》?是否包藏孔子以"素王"作《春秋》"当一王之法"的野心①(理论出自董仲舒和《公羊传》)?害得司马迁在自序中作长篇辩白,表明决无此意,仍不免招祸。

两汉之际,包括新朝,再无人作编年史。但续作汉史,均用续《史记》形式,并赋予《史记》以亚经典的意义,认为其中涵泳了当代政治的一切秘密。刘向、刘歆、扬雄等名家,都曾据此思路仿作现代史。至东汉初班彪集大成为"后传",其子班固接着私自修改,险遭不测。直至公元五十八年汉明帝审查二班初稿,对班固进行了长期考察,命他续改父作,才有《汉书》。

《汉书》沿袭司马迁的纪传史形式,略改名目而已,真正的创新,在于"断汉为书",特别强调刘秀上继刘邦,"刘汉"并没亡,新朝无非为扫清道路,"紫色哇声,余分闰位"②,从而藉"国史"确立东汉一脉相承的"汉绍尧运"③地位。

于是,纪传史便分成通史和断代二途。记载王朝更迭过程的断代史,渐

---

① 《史记·太史公自序》。
② 《汉书·王莽传下》。
③ 《汉书·叙传下》。

成"正史"的楷模。

随着两汉经学的裂变,今文——古文——通学,"学随术变",尤其东汉末大分裂,自黄巾提出有两个"天"在人间轮值,历经军阀混战,曹操"挟天子以令诸侯",将汉献帝置于除名号外不能自保的地位,与其师荀悦日读《汉书》,藉缅怀先祖光荣打发日子。荀悦为这个傀儡皇帝编写西汉史大纲,仍用时间为线索。既有《史》、《汉》作依托,不仅复活了编年体,骨干也以西汉十二世"天子"(除吕后,否定王莽,以平帝、孺子婴为二帝)相继在位时间为"经",于是编年史凸显断代、正统两大特色,与"正史"相应。

"司马迁改编年为纪传,荀悦又改纪传为编年。刘知幾深通史法,而《史通》分叙六家,统归二体,则编年、纪传均正史也。其不列为正史者,以班马旧裁,历朝继作,编年一体,则或有或无,不能使时代相续,故姑置焉,无他义也。"①

纪昀这话,无疑迎合乾隆帝旨意。乾隆初颁行《明史》,结束了长达九十余年的《明史》难产公案。乾隆帝随即对这书不满,非因其中掺杂了太多的历史偏见,而是因为王鸿绪篡改的这部书,违背了他本人的历史偏见,于是以补辑考证名义,下令设馆改修成编年体。因而纪昀才重提《史通》的话头,说二体均属"正史"。这过程容后再说。

其实到刘知幾说班固、荀悦以后,编年、纪传二体,"角力争先"②,固然着眼于"正统",可是也描述了三国两晋南北朝近四百年史学的一个基本事实,那就是编年、纪传二体的近现代史,都有继作,且名著辈出。

三国鼎立六十年(220—280),魏、蜀、吴均有人著"国史",或编年或纪传。晋武帝太康元年(280)灭吴,史官修前代史,便遇到如何诠释分立和一统的难题。史官选择编纂形式,或以司马氏祖孙三代四世(司马师司马昭兄弟均被追尊为帝)为继魏的"正统",却无可否认蜀、吴相继称帝的事实;或以魏、晋为正统著纪传体,同时承认蜀、吴均曾立国四十二年或五十八年。因而采编年为史,其实如《左传》写鲁史,编年成符号而已。陈寿取纪传体,描述三国鼎立过程,却不得不在名目上玩花招,对蜀、吴诸帝大事记,均贬纪为传。

---

① 《四库全书总目》卷四七史部三编年类叙。
② 刘知幾:《史通・二体》。

西晋传两世,至晋惠帝永康元年(300),便因宗室权力格斗,而陷于大分裂。分裂招致边疆诸族大举内迁,纷纷建立各自的王朝,所谓"五胡十六国",其实不止匈奴、鲜卑、羯、氐、羌"五胡",最先建国的是中原迁往西北的"流民"。也不止建立了"十六国",据梁时一个王子所著史书,名《三十国春秋》,可知从晋末到北魏,在中原和西部称帝的国度达三十个之多。

由匈奴族刘渊首称汉帝(史称前赵)肇始,早在东汉末移民长城以南和关陇地区的"胡人"政权,将中原晋人驱赶南迁。中原晋人大举南迁江淮,再南移至原属孙吴的江东,包括荆楚吴越地区,导致原住民分化,部分地方大族与侨居中原大族合流,形成东晋;另一部分被挤压往岭南,把原属百越的领土据为己有(内未同化的部分即为"客家",土客矛盾一直沿袭到清末,太平天国即为"客家"造反,如今台湾的客家尚为蓝绿二阵营争夺对象)。

这场民族大迁徙浪潮,历时一百七十多年,至拓跋魏迁都洛阳(孝文帝太和十七年,493),北方一统,始告一段落。当然并未休止。东晋南朝所谓权门与寒人之争,其实是北方移民和南方土著之争。四二〇年刘裕称宋帝,表明南国政权的和平过渡,握有军权的南国土著首领,博得北方流亡士族妥协,形成奇特格局,即最高军政权力由南方所谓寒素出身的实力派掌握,而流亡士族仍操控文化,特别是号称衣冠礼乐的文化定向。但这格局维持不久,经宋齐八十年,于五〇二年篡齐称梁帝的萧衍,便数典忘祖,脱离有君则有权的传统,既复古又趋时,表彰儒学,实则迷信佛教,三次舍身佛寺,致使举国迷恋外来佛教的"和平"教义。他忘记自己靠"枪杆子里出政权"起家,以为靠"先进于文明"可以征服北国,结果引狼入室,将北魏末以来叛变成性的鲜卑军阀侯景"招降"。结局是侯景再度纠合胡汉军人大举南侵,夺取梁朝政权,迫使梁武帝饿死台城,也摧毁了南朝的文化优势。从此北国一个更多保持鲜卑族以武立国传统的西魏北周政权,迅即崛起,仅用二十余年便灭北齐。只过四年,内部权力转移完成(581,隋代周),再用八年(开皇九年,589),便灭陈完成一统。

关于这近四百年的史学史,从编纂学角度研究,近人较有实践者,当数金毓黻、杨翼骧,而白寿彝的个案研究也可参考。而从学说史角度研究,最有新意者当数初唐八史,连同《晋书》的重修,使纪传体成为"正史"的主流("正史"之名,由南朝阮孝绪《七录》到《隋书·经籍志》定型)。武周末刘知幾著《古今正史》,肯定编年为"正史"二体之一,没有挽回"正史"不属于编年体的态势。

给编年体作为"正史"的声誉,重启者为司马光。这位在宋英宗治平元年(1064),开始编纂《通志》即熙宁元年(1068)由宋神宗赐名《资治通鉴》的大史学家,用了十九年,编成卷帙浩繁的中国通史,以其引据的浩博,考证的精详,叙事的简约,见解的清晰,文字的生动,使其书名垂千古,与司马迁并称"二司马",压倒了既往一切史著。

但《资治通鉴》在史学上的成功,没有给它赢来多少读者。《史记》"欲以究天人之际,通古今之变",但纪传体的复合体制,已使一般读者莫名其妙。《资治通鉴》模拟《汉纪》,用天子编年作为贯通战国至五代千五百年历史的主线,但编者尽管力求化繁为简,对每朝每代的历史,既突出重点又照顾全盘,然而面面俱到,从历史的长河来看,往往面面不到,并使一般读者阅后忘前,不知所云。

时至十二世纪晚期,《资治通鉴》的编年体通史,经李焘父子的《续资治通鉴长编》,但求史实详赡,使卷帙愈发庞而愈发难读,终于导致编纂形式的重大改革。

中外科学史都有创新因"懒"的说法。因为治学沿袭前人,使固旧学开新知的过程,愈来愈长,于是截断众流,化繁为简,以省精力,反而创新。史学也一样,著名的便是十二世纪中叶的袁枢。这位南宋学者,好读历史,却苦于《资治通鉴》卷帙浩繁。为清眉目,将他感兴趣的历史主题,分列出来,将《资治通鉴》相应记录分抄如次。积累起来,有二百余题。他就按主题依时序抄撮,不改原著一字,仅在每门前作一概括性的目录,不想大获成功。宋孝宗以为可充历史的镜子,下诏制版印出,送"江上诸帅"(防守抗金前线的长江诸镇将领)[①],作为历史读本。朱熹也欣然为之作跋,宣称该书从历史证明了他念念不忘付诸实用之"道"。这部《通鉴纪事本末》,至清初顾炎武,仍被誉作"钞书可以成家"的范例。至民初梁启超,还称它是无心创作,近乎清末从西方引进的史著。

由此可知,中国的历史编纂学,由公元前五世纪出现编年体,到公元前一世纪更化为纪传体,再到十二世纪出现纪事本末体,在编纂形式上大体具备。

---

① 《宋史》卷三百八十九袁枢本传。

可是历史编纂形式,很难都归诸前述三类。十八世纪晚期,清四库馆臣清理传世史著,已感到区分类型的困难。他们不得不再加细分:"今总括群书,分十五类:首曰正史,大纲也;次曰编年,曰别史,曰杂史,曰诏令奏议,曰传记,曰史钞,曰载记,皆参考纪传者也;曰时令,曰地理,曰职官,曰政书,曰目录,皆参考诸志者也;曰史评,参考论赞者也。旧有谱牒一门,然自唐以后,谱学殆绝。玉牒既不颁于外,家乘亦不上于官,徒存虚目,故从删焉。"①说是史部有十五类,但去掉谱牒,仅存十四类,而这十四类,没有"纪事本末",可知纪昀等不以为它独立成体,至多可称以编年为主的"别史"或"史钞"。这对梁启超以来的中国史学史论者,无疑是个讽刺。因为照梁启超所说,史学史的考察对像,当以编年、纪传、纪事本末三体生流转新为主,倘若纪事本末尚不可算作独立史体,那么中世纪史学史岂非缺了一足而不成为鼎吗?惜迄今史学史论著,对此点均无说明。

略考四库提要的前说,便可知馆臣的史部分类,除"大纲"外,所谓"参考纪传"的编年等七类,所谓"参考诸志"的五类,所谓"参考论赞"的一类,凡十三类,都没有超出《史》、《汉》的编纂形式范畴。司马迁著史,分本纪、世家、表、书、列传五种形式。《汉书》取消世家,无非以为西汉同姓诸侯王不足以比拟两周诸侯;改书为志,名异实同。下至一千七百年后的《四库全书总目》,馆臣唯恐拂逆专制君主的"圣意",连六百年来已由附庸蔚为大国的"纪事本末"体,都不敢列入总叙十五体之内,却在文内别列该体,非但紧接正史、编年二体之后,又于类叙说了这样一段话:"夫事例相循,其后谓之因,其初皆起于创。其初有所创,其后即不能不因。故未有是体以前,微独纪事本末创,即纪传亦创,编年亦创。既有是体以后,微独编年相因,纪传相因,即纪事本末亦相因。因者既众,遂于二体之外,别立一家。今亦以类区分,使自为门目。凡一书备诸事之本末,与一书具一事之本末者,总汇于此。其不标纪事本末之名,而实为纪事本末者,亦并著录。"②

初阅此叙,未免懵然,难道纪事本末体,不是继编年、纪传之后的中世纪第三种编纂形式吗?它由抄书而成,当然是"因";它开创以"事"命篇,当然是"创"。何以纪昀等要在"因""创"两概念间夹缠不休呢?及看此类提要诸

---

① 《四库全书总目·史部总叙》。
② 《四库全书总目》卷四九史部五纪事本末类叙。

书，方始恍然。原来此类收袁枢书之后，仅收宋章冲《春秋左氏传事类始末》、宋徐梦莘《三朝北盟会编》，至明陈邦瞻的宋元二史纪事本末等六种，然后就列康熙、乾隆所谓平定某某"方略"十种，其后才追列清初的几种"纪事本末"。由此可知，四库馆臣的纪事本末类叙，决非多余。他们从乾隆《钦定平定金川方略》等等，判断其例乃"因"非"创"，又要肯定其乃"创"非"因"，更感到归类困难，不得已置于另类，并对此类的"因"、"创"关系说了一通莫名其妙的话，似肯定又似否定。由此可知乾隆朝发展到极致的时代，他的文学侍从，以纪昀为代表，并非一味曲解历史以迎合上意，相反既想存史真相，又想博取皇帝宽恕，当然前提是认为乾隆智商很低，未必懂得字里行间的真意。由《四库全书总目》史部总叙不提纪事本末体，却将纪事本末体列为第三史体，并在分类叙中说了"因"、"创"相关度的含混判断，可知纪昀等愚君，也曾得逞。

其实中世纪历史编纂形式，除前述三体十五类外，不可忽视的还有民间的野史、家谱、碑传以及地方志等，另有非历史的诗歌、戏曲、小说等作品。他们映现的历史，真实性直观性可信性，大都胜于官方历史记载。

三　说一说修史体制

假定中国在公元前六世纪,已出现有意识编纂的历史著作,那么直到公元三世纪,著史一直非常困难。

困难首先在于读书至为不易:(1)识字难,以象形为基础的古文字,必须经长期训练,才能掌握,多半靠硬记,因而"小学"难以普及。(2)得书难,因为古代书写材料,从殷代起便由于巫术而走稀缺材料之路,龟甲、牛骨、铸器,非常人能拥有;简牍的发明和毛笔的应用,是书写材料上两大飞跃,促使书籍在战国时获得较大流通(尚未发现春秋简牍),然而流通途径是拜师和手抄,也只有很少人有此机遇。战国诸子必有大群弟子随从,使名师数量大增(春秋末仅有数家,战国末号称百家),映现书籍既较易得仍极难得的矛盾。(3)书籍的珍稀导致历来著作或材料,多半藏于宫廷或官府。所谓"学在官府",而使读书成为权力或权力学习的辅佐,只有很少人"以吏为师",并成吏后,向业余史家转化。我们至今说不清左丘明是"瞽史"(口传历史的王官),还是不知其人的集合名称?即一例。

秦朝"书同文",在部分意义上化解了识字难,但严禁民间藏书(焚书令、挟书律),更增加了得书难。因此曹参废除挟书,并在他任相的齐国开放书禁(汉初民间讲学多集中在齐鲁可证),是功及文化的。

汉文景时代开献书之径,如派晁错到山东搜集伏胜的藏书并录其口说;某些诸侯王,如河间王刘德也多方搜集佚书。景武之际,宫廷成为藏书最富之处,郡国"上计"制度化,也使宫廷成为历史档案保存处。倘说陆贾著《楚汉春秋》,多凭亲历和广搜故事,那么经七十年后,要想私人著史,必须具有可方便地阅读禁中图书档案的机遇,以及家族的学问传授、个人的志向和才能,尤其第一个条件最重要。这就是司马迁为完成著史志向,宁受宫刑,也要重返旧职的理由。

此后百年,续补迁史而有姓名可考的,有十多人。由他们的经历可知,无一例外都是(1)在宫廷任职,虽然多半官卑,如褚少孙、扬雄都位不过"郎",却有机会接触宫廷图书。(2)由成帝、哀帝指定整理宫廷藏书者,如刘向、刘歆等,通过搜集、清理、校订,并编纂分类目录,当然更能系统研究古今历史,如刘歆。(3)由成帝指定续写现代史者,如冯商等。因此,这时著史仍属私人行为,却必须依赖官方资源;作者必须担任官职,必须得到宫廷职位,也必须得到与图书档案有关的职守。否则,个人虽有志,虽有才,不可能染指国史。

于是,刘歆《七略》,将史著列于六艺略春秋类的附录,不仅由于汉代史著稀少,也并非如后人指责的出于经学家的偏见,正好相反,表明刘歆在替两部历史巨著即《左传》和《史记》争地位,因为那时代《春秋》已被汉廷宣布为孔门经书中最重要的一种,说是孔子曾称"吾志在《春秋》,行在《孝经》"①——"在心为志"②,体现孔子"为汉制法"的全部理念。可知,在主观上,刘歆把《史记》列为《春秋》的附庸,恰是抬高史学的地位。章太炎在清末"订孔",说是孔子唯有商定历史一点才可肯定,而汉人能与孔子并提的,只有刘歆,理由就在刘歆《七略》开了"六经皆史"先河。

然而著史的资源限制,虽由宫廷藏书的外传,略有松懈,但除《史记》已由杨恽宣布外,在汉、新之际拥有宫廷藏书复本的,唯有班婕妤的家族。至东汉初,因为君主打击民间私习谶纬,波及私人著史。《汉书》终于由私史变成官史的过程,可谓转折点。

官史流通,除受权力更严限制,例如东汉和帝兄弟策划宫廷政变,也在藩王府才得到所需《汉书》传记的抄本,而且也仍受书写材料的限制。和帝时宦官蔡伦改进了造纸术,使手工业的废料加工而成的纸张,代替通用的简牍(更勿论昂贵的绢帛),作为书写材料,成为可能。然而可能化作现实,至少历时百年。如今考古发现吴国孙权赤乌年间(238—250)地方官文书,数量巨大,仍书于竹简,可知这时在技术先进的江南,以纸载文,仍未普及。

不过汉晋间时局混乱,三国鼎立,私人解经著史,乃至竞相立言,显然促

---

① 《孝经纬·钩命诀》。
② 《诗大序》。

使更新的价廉物美的纸张加速作为一般书写工具的过程。东晋的传世书画均用纸,可知造纸术在四世纪已成书写工具的主要来源。所谓文房四宝,其实其他三宝都以纸张为基础。

不能忽视三国鼎立到南北对立,对于文化进程的反作用。正如战国史早已彰显的,列国林立并互相攻伐,既造成灾难,又加剧竞争。竞争的一个焦点,便是争夺有学识有才干的知识分子,曹操甚至宣布决不以道德考虑归附者。

人才竞争,带来的文化调整,便是传统文化的资源垄断,被迫放松或者变得不可能;意识形态的操控,更呈现短期性、可变性和相对性:为我则是,逆我则非,但于直接统治无害则可容忍(司马昭对阮籍居丧非礼的表面宽容即一例);清谈、玄言的盛行,表明非政治化的言论相对自由,对于经学即统治学说的亵渎已经成风。

这样的历史环境,既激发人们的历史关怀,也诱使人们竞相著史。近四个世纪里,出现的私修历史,数量之多,品种之杂,陈述之乱,议论之众,均可谓空前绝后。

然而,中世纪的修史体制,也在三国两晋南北朝时期,逐渐成型。

将私修前代史和本朝史,纳入宫廷监控的体制,始于东汉明帝命班固入东观修史(永平元年,58)。那以后东汉列帝或各太后,均循此例,相沿积累的成果,便是《汉书》和《东观汉记》。

"挟天子以令诸侯",是曹操对付中土群雄的伎俩。汉献帝因而囚居许昌达四分之一世纪(建安元年至廿四年,196—219,次年延康元年"禅让")。无聊读史,缅怀祖先的光荣,又嫌《汉书》繁重难读。其师荀悦,便以西汉十二帝(后二帝实为王莽专政)的大事记为纲,专究列帝政治得失,而仿《左传》编成《汉纪》。这是中世纪首出的断代编年史,不但被三国两晋南北朝的许多历史作者仿效,还被司马光当作编撰《资治通鉴》的楷模。

不过荀悦《汉纪》,尽管继作者很多,其中不乏名篇,如袁宏《后汉纪》、干宝《晋纪》、崔鸿《十六国春秋》、孙盛《晋阳秋》、习凿齿《汉晋春秋》等,却都未跻身列国官方史学主流。

原因在于传统的顽强。《东观汉记》作为东汉历朝命官续撰的纪传体现代史,到汉灵帝死(189),已延续了一百三十年。用美人计致董卓死命的东汉末代权相王允,"挟天子"仅短短年余,便力排众议杀掉蔡邕,理由是不能给人间留下再作"谤书"的第二个司马迁,可知当时司马迁开创的纪传体,已被统治者承认是"正史"的标准编纂形式。

以后曹操、刘备、孙权都打"正统"牌。他们或其子孙,既然都自称东汉帝国的合法继承者或拥戴者,在北国设置史官,著官史,在编纂形式上当然都自称追崇《东观汉记》的传统,以纪传体为"正"。

早在十六国,"五胡"君主,多半也命人修"国史"。囿于孔子以来的"夷夏之辨",人们每见"胡"字,都以为他们属于野蛮族群。历史表明不然,例如"五胡"在西晋末年首先称帝的"匈奴大单于"刘渊,其实早在洛阳便备受中原士大夫推许,以为他的儒学经典修养,超凡出众。曾经沦为晋人奴隶的羯人石勒,自己没有文化修养,但对民间文士张宾言听计从,终于开创后赵王朝,且如杨翼骧所考,可能是中世纪官方给史学设置主持官员的始作俑者。

然而清代钱大昕,虽首揭史部脱离经部又由丙级学科升作乙级学科,时在两晋①,但他对这时期的经学分裂轻描淡写,对王肃为司马氏家族篡权张目而不惜伪造"圣证"乃至经典的卑劣行为,置诸度外,无疑背离他力倡的"实事求是"原则。

"实事求是"四字并不新鲜,汉代学者已指出它是汉武帝之兄河间献王刘德的实践准则②。此后两千年,它从来是严谨的经史学家不言而喻的准则。清乾隆晚期,在清廷文化高压政策下被迫遁入汉学的语言历史考证学者,重举"实事求是,护惜古人"的旗帜③,非惟自保,且如梁启超所说,"以复古为解放"④。延安时代毛泽东提倡"实事求是",并在《改造我们的学习》等文中用新思想解释旧概念,或有旧瓶装新酒的意向吧?可惜"文革"后期他老人家亲自发动的"批儒评法"运动,令中国史家只能忆及公元前二二一年秦灭六国,李斯建议并获秦始皇肯定的一个千古通行的准则:"天下无异意,则安宁之术也。"⑤

问题在于,自秦至清,号称大一统时代,固然可说"天无二日",下界却

---

① 钱大昕:《经史子集之名何昉》,见周予同主编《中国历史文选》(下),上海古籍出版社1982年版,2002年新1版,第236页。
② 《汉书·景十三王传》:"河间献王德以孝景前二年立,修学好古,实事求是。"
③ 钱大昕:《廿二史考异·序》。
④ 梁启超:《清代学术概论》,朱维铮校注《梁启超论清学史两种》,复旦大学出版社1985年版,第6页。
⑤ 《史记·秦始皇本纪》。

"人分十等",甚至百行。可是这二千余年间,实现一统或挂名一统的时代,断续合计至多千余年。另外将近一半,迭加至少九百年,岂止边疆,就是"中国",非但没有一统,而且没有共识。

别的不说,单说两宋。建都开封的北宋王朝,向来被正统论者说成实现了中国一统。是这样吗?多年前我在谭其骧教授指导下,摘抄中古民族关系史料,便惊异地发现,明清帝都北京,在两宋却属化外。石敬瑭无耻地向契丹大君耶律德光称儿皇帝,割让燕云十六州,那时他料到辽金二朝都把今之北京当作侵夺中原的核心。然而今之北京,到底成了漠北游牧族或森林狩猎族与中原农耕诸族的冲突焦点。我曾指出,建都开封的北宋王朝,只有三种人到过今之北京,即俘虏、使节和商人。

北宋二世赵匡义,史称宋太宗,曾想收复被石敬瑭出卖给契丹的燕云十六州。哪知一战败北,他本人也险作契丹战俘,从此不敢说收复幽燕。他的继承人宋真宗,以为向辽朝每年献呈"岁币"即帛绢粮银尚可忍受,唯独向内部君位更迭频仍的辽朝君主,无论称父兄或称叔侄,都难获对方认同,于是听从主战派寇准等吁求,御驾亲征,哪知两军对阵,宋军大败。皇帝幸亏逃得快,免作战俘。双方达成"澶渊之盟"。此后北宋王朝,依赖年年向契丹、女真的辽金朝廷输送钱粮,维持休战状态几达百年。

休战意味着双方蓄积力量在下一轮决胜。有三类休战,或实力相近,或军心失控,或补给为难。

(下缺)

四　观念和史学

观念乃上世纪通行的外来术语，或译"理念"。

西哲歧义甚多。洛克谓观念等同于感觉、知觉，来自对外界事物或内心活动的观察。贝克莱谓外界事物乃理念或感觉的组合。彼等均汲于柏拉图，以为理念是独立的非物质的实体，而为现实世界之根源。康德称之为"纯粹理性的概念"，谓由知性而生之超验的概念。黑格尔称其为"自在自为的真理——概念和客观性的绝对统一"。

中国哲人缺乏相应提法，"思"指主观的思维活动，"识"指思维活动的结果，或称看法、见解、思想，而近人附会为"理念"。

这里单说"历史观念"。它不等于"历史哲学"，即黑格尔所谓历史的思想考察。它也不等于古云史观史论，因为中世纪史观史论，均受"经学"即统治学说支配，而统治学说又总是"学随术变"，从形态到内涵，均非历史真理。

本篇所谓观念，泛指中国传统的历史看法，但并非统一的看法，存在历时性与共时性的种种差异，也彰显为同时性的非常不同时的价值判断。寻求一以贯之的价值学说，是徒劳的。不同时代并存的复杂的历史观念，只能从不同时空的"现状"冲突中获得合乎历史实相的历史解释，即我所说"历史认知"。

详见《史学史三题》①。

历史认知的构成十分复杂。本篇仅讨论历代史学论著所体现的历史认知，或照习惯称之曰"史识"。

---

① 文载《复旦学报》2004年第3期。

何谓史识？很难界定。孟子云孔子作春秋，"其事则齐桓、晋文，其文则史。孔子曰：'其义则丘窃取之矣。'"①所谓义，宜也，应该如此。用"史"（巫史之史）的陈述形式，讲述桓、文等的故"事"，申述其中蕴含的应该如此的道理，即后人所谓"史识"。

当然有争论。刘知幾谓："史才须有三长。世无其人，故史才少也。三长：谓才也，学也，识也。夫有学而无才，亦犹有良田百顷，黄金满籯，而使愚者营生，终不能致于货殖者矣。如有才而无学，亦犹思兼匠石，巧若公输，而家无楩楠斧斤，终不果成其宫室者矣。犹须好是正直，善恶必书，使骄主贼臣，所以知惧。此则为虎傅翼，善无可加，所向无敌者矣。"（《旧唐书》本传。《新唐书》本传无"犹须好是正直。"）他说的是"史才"，以为同于善用资本发财的黠贾；而将治史者之"学"，比作工匠的资源（楩楠）和工具（斧斤）。所谓"识"，则一指品格（好是正直），二指行为（善恶必书），三指效应（使骄君贼臣知惧）。三者均非指理念，或说仅指具有是非善恶的价值判断。其实提出了史识问题，并未厘清史识是什么。

（下缺）

---

① 《孟子·离娄下》。

五　历史观念与中世纪史学

一、观念乃外来术语，与理念同。历史观念非历史哲学（黑格尔谓历史的思想的考察），亦非形态化的"史观"，后者乃今谓意识形态的主要成份（心、物、不可知论等）。

二、传统的历史观念，相当于古云《春秋》之"义"，史迁所谓"天人之际"、"古今之变"的认知，佛学传入后的史"识"，道学影响下的史"德"。近人梁启超称"史识"为观察力。刘咸炘《推十书》："识者，知政事风俗人才变迁升降之故，孟子所谓论其世者也。"柳诒徵《国史要义》则谓："识生于心，而史为之钥"，"由历史而求人群之原理"，"寻求统纪，得消息之原则"，"尤贵识微。"

三、窃谓史识难以界定，盖因中世纪史学受周予同师指出的"经学的羁绊"（今人纷言羁绊矣）。朱熹《资治通鉴纲目》尤欲为之。

四、经学成于西汉，"春秋董氏学"就致力于以天人感应释史。然穀梁学有疑义，强调信以传信，疑以传疑。史迁论"天运"，论小、中、大三变，表征人间历史变化，不同于董说。刘歆争立《左传》，客观意义在于摆脱公羊学观念的控制，然其术重于学，故传至贾马①，而郑王②流入官学一途。

五、东汉末至隋灭陈，凡四百年，内战不绝，华夷大乱。斯文沦丧，佛道纷争（陈寅恪论天师道甚有见）。列国林立，南北对峙。经学式微，玄言竞起，浸至玄儒文史，四学并立。释老二教，均争治统。史学因而活跃，编年纪传，"角力争先"③，汉晋新史，接踵而出。奇谈怪论，杂说纷陈。离经叛道，史统自许。政局迷离，反致思各出位。控驭失御，乃至史

---

① 指贾逵、马融。
② 指郑玄、王肃。
③ 刘知幾：《史通·二体》。

均脱缰。

六、隋唐一统，胡汉整合。北廷平南，南风侵北。政俗杂交，文史混血。经传正义，八史统编。周孔易位，夷夏改容。不惮非圣，何惧谤史。女主临朝，唐号更周。馆臣含毫，实录难成。玄感绳愆[1]，孔贾无颜。子玄屈蠖，马班有失。《史通》私撰，六典官修。渔阳鼙鼓，《春秋》见疑。《原道》彰孟，道统初立。《通典》理财，学人知本。五代十国，孰为文明？辽金西夏，岂表"中国"？唐书继作，岂明正统？五代二史，难分轩轾。所以者何？欧宋《唐书》，偏重华章；五代新记，唯表史识。如非《通鉴》，沉潜廿载，度越千纪，大事乃明。中古丕变，援何为据？机仲《本末》，偶创新体。或称真鉴，究非制作。野史无文，反可一观。北国春秋，因得仿佛。

---

[1] 玄感应指王玄感，曾在武则天长安年间献上三书《尚书纠谬》、《春秋振滞》和《礼记绳愆》，批评《五经正义》。

六　历史观念史：民族、宗教和王权——从汉魏到周隋

二世纪初，东汉安帝以后，太学废弛，"博士倚席不讲"①，传统的官方经今文学，已丧失意识形态权威。

填补空白的，是此前章帝时已获半官学地位的贾、马经古文学。贾逵用纬谶诠释《左传》，马融用纬谶诠释汉史，其学为服虔、郑玄继承。东汉公羊学大师何休，与郑玄同遭党锢，表明经今文学也降格为非官学。而何休旨在恢复今学原教旨的《公羊墨守》、《穀梁废疾》、《左氏膏肓》，被郑玄以其道还治其学，《箴膏肓》、《起废疾》、《发墨守》，致令何休感叹其入室操戈②，正说明以混合今古而发展古学的"通学"传统，已形成系统。

郑玄虽受汉末各路军阀礼敬，被曹操延为上宾，被刘备尊为本师，但传授仍在民间。使"通学"成为官方意识形态理论准则的，是同尊贾、马而力反郑玄的王肃。

王肃伪造《圣证论》，甚或是伪古文《尚书》的作俑者，但在两晋南朝均行其说，原因不在学而在政，即凭借姻戚司马氏家族之力，使其学晋身庙堂。

然两晋末八王之乱，导致五胡十六国以至南北对峙。从帝王术的变异来看，在意识形态领域起主导作用的隐性力量，并非"儒学"，而是早在滨海地域世族和民间广泛流传的"天师道"。此点早由陈寅恪发其覆③。

陈寅恪论六朝天师道，着眼于它与汉魏传统的关系，也曾解释佛学入华由方术变为"正学"，是僧侣"用夏变夷"的因果关连。其实问题没有那么简

---

① 《后汉书·儒林列传》、《后汉书·樊宏阴识列传》。
② 《后汉书·张曹郑列传》："休见而叹曰：'康成入吾室，操吾矛以伐我乎？'"
③ 陈寅恪：《天师道与滨海地域之关系》。

单。从学随术变的角度来看,其中因果联系,有两大因素更值得讨论,就是民族迁徙和宗教消长。

俗谓五胡乱华,直接效应就是生产生活方式都与汉晋华人大异的边疆诸族,乘晋室内乱,将中州华人赶往南蛮世居的江淮流域,因占领黄淮流域,而自居为"中华"。

由民族迁徙尘埃落定,造成的一个奇特现象,就是"中华"或"中夏",由空间界定变为文化界定。

汉晋间世居黄河中下游的"华夏"居民,特别是王谢桓庾诸大家族,被迫南迁,与江左朱张顾陆诸大家族结合,支持晋宗室一支建立东晋。他们自称表征周秦传统,实则已成流亡政权,丧失了传统生存空间,唯靠所谓衣冠礼乐,自居"中国"文化正统。

本来,西周征服殷朝,用的策略就是自居华夏文化正统。观《诗》、《书》的周颂周诰可知。秦灭六国,原为用夷变夏,但西汉分明是楚人统治,因叔孙通制礼,却使汉朝君臣可自称继承中夏传统。打"文化牌"的结果,历时两汉四个世纪,已令舆论将空间和历史混淆,以为凡建都长安、洛阳者,就表征中夏。

岂知五胡十六国,大半都拥有中夏故地,其君主也大半为胡人,分明用夷变夏,其国即表征华夏。

东晋南朝,其君主或流或土,然而无不自称华夏正统。空间既已丧失,可以为己张目的,除了打文化牌,还有别的传统资源么?

当然北国的胡人权贵,无不强调华夏正统的空间界定,可谓顺理成章。尤其世居北国而未随晋室南逃的崔卢李郑诸大家族,非常乐意强调传统的空间性,用"地著"当作文化传承的判断尺度,同样可以理解。后者的一大法门,就是自称世代经学,或郑玄通学。

关于这四百年南北统治学说的经典是非,不妨交给经学史去讨论。这里只消指出从民族大迁徙造成的史学流变角度,讨论这四百年的史学史,迄今未见专论。

同样未见专论的,还有这四百年宗教消长对于史学的影响。

所谓儒术独尊,与宗教信仰无关,拙论已证[①]。由司马迁著《封禅书》,

[①] 参见朱维铮《经学史:儒术独尊的转折过程》,原载《上海图书馆建馆三十周年纪念论文集》,上海图书馆刊行,1982年。又载《中国经学史十讲》,复旦大学出版社2002年版。

人们早知汉武帝岂止不信经学，而且蔑视儒术。他的丞相公孙弘，成功的诀窍是"以经术缘饰吏治"。他对"经学"缺乏兴趣，由他在位五十多年，仅有一次召见法吏兒宽，命其讲"经学"一篇可证①。他任命《穀梁春秋》学者江公为储君之师，但他却分辨不出《春秋》的公穀二家诠释的异同。

（下缺）

---

① 《汉书·公孙弘卜式兒宽传》："见上，语经学。上说之，从问《尚书》一篇。"

七　历史观念史：道统、正统和史统——从中唐到前清

一、"正史"怎样界定

萧梁阮孝绪的《正史削繁》虽佚，然"正史"名目已传。论者谓其义或指《七录》列于"记传录"第一的"国史"。

《隋书·经籍志》称世有著述，皆拟班马，"以为正史"。

《唐六典》卷十秘书省谓乙部为史，其类十三，"一曰正史，以纪纪传表志。"

然《史通·古今正史》将继《尚书》、《春秋》二体的纪传、编年诸史，统列为"正史"。

宋人著史，如欧、宋的《唐书》乃纪传表志俱全，司马光《资治通鉴》纯属编年史，均得官方承认。后者影响更大，南宋继作有李焘《续资治通鉴长编》，改作有袁枢《通鉴纪事本末》，更"正"有朱熹的《资治通鉴纲目》。而纪传史反无一种。可知在两宋之际，编年史的《资治通鉴》，被看作标准的"正史"。

直到元末，官修辽金元三史，明初成《元史》，清前期又编《明史》，至乾隆始专列纪传体廿二史为"正史"，后又补列《旧唐书》、《旧五代史》为廿四种"正史"。但廿四史内，三国、北齐、北周、梁、陈、南史、北史，均无表志，亦属"正史"。

因知中世纪晚期元明清三朝所列"正史"，体裁并非主要尺度。那尺度在于它是否王朝史。《史记》乃"断汉为书"的前史，《北史》、《南史》二史实即北、南对立的王朝史，所谓断代通史。《资治通鉴》及其继作、改作等，均属不

依王朝断限的编年史,直到明薛应旂编《宋元通鉴》,清毕沅编《续资治通鉴》仍如此。所以刘知幾将前后《汉纪》、《汉晋春秋》、《晋阳秋》、《十六国春秋》等同列为"正史",其实是承认同时并存的列朝都可称"正",也即承认"正"的相对性。

将偏安的、乃至"异族"的(五代非十国)国史称作"正史",关键在于朱熹的《资治通鉴纲目》将"正"绝对化,明知其中观念有矛盾,也因政治辩护的需要,顾不得了。

二、正统和道统

司马迁说"汉得天统"是针对公羊学所谓"《春秋》大一统"的说法,涵义是"承弊易变,使民不倦"①,将这八字说成是上天重统即如缫丝总绪的界定,没有秦楚汉孰正与不正的判断。

至班彪著《王命论》,始提出"统"有正不正的问题。因而班固《汉书》否定新朝,说是"紫色哇声,余分闰位"②,将新朝形容非正色正声,好比积正岁的零之时置闰月,是正统说的开端。

自三国分裂,继魏而立的晋朝,自居为"正统",于是帝魏帝蜀之辩起。陈寿在西晋著《三国志》,主帝魏,而蜀、吴两书不列帝纪,可以理解。同样,十六国均称帝王,而南边的东晋与西晋相形,非止偏安,还失去了汉魏晋的地望,怎样解释这样非一统又非中原之"统"的历史合法性?只有自比蜀汉,以宗室所在为"正统",就是说随继体之君在哪里,那里就是"正统"——强调帝统的时间连续性,而不计空间是否断裂。于是东晋习凿齿著《汉晋春秋》,将魏排除在"正统"之外,而以晋上接汉统,并将晋取代魏之前,司马昭已灭蜀汉,说成晋承汉统的起点。这一来,岂止东晋,继起的宋、齐、梁、陈,当然都是"正统"。

隋唐直祧北魏北周,怎会认同东晋南朝表征正统?不过唐初君臣心胸到底闳放,他们修"五代史"(北齐、北周和梁、陈,以及隋书),便承认事实,不论分立还是统一,各自独立成书,而重修《晋书》,将两晋合为一史。以后,李

---

① 《史记·平准书》,亦见《史记·高祖本纪》。
② 《汉书·王莽传下》。

延寿改修南北二史,只强调南北诸王朝的空间继承性,不分谁的统正不正。《史通》的"正史"观念,便由此而来。

可是安史之乱,导致中唐开始藩镇割据,胡汉军阀拥兵自立,虽多半承认李唐共主,却如同战国诸侯,对"天子"叛服无常。"天子"能行使君主权威吗?不能,中晚唐皇帝大半是宦官集团的傀儡。正因如此,重树君主权威,便不在其得位正不正,而在其能否表征传统的天意规定的理想秩序,所谓"道"。于是韩愈著《原道》,说是自尧舜以来,君权天授,便体现于人之"道"。这个君、臣、民三者严分等级和各自权力义务之"道",由尧舜禹汤文武传之周公,周公传之孔孟,"轲之死,不得其传焉"。因为孟轲以后"天下"总是动荡不安,意味着中国列国列朝都"失道",一片黑暗。只有道明才政明,而度越千载能明道的只有他韩愈,因此他自居王者师,由《师说》可证。

从此明正统便与明道统互为表里。然而韩愈却不敢以史明道。他在唐宪宗朝被执政任命为史官,却恐慌失措,《答刘秀才论史书》便说:"夫为史者,不有人祸,则有天刑。"曾受柳宗元批判。由今存韩愈所修《顺宗实录》来看,在位仅一年(805)的唐顺宗"永贞革新"几乎不见踪影。所谓因改革而遭杀身流放之祸的"二王八司马",被暗示活该受难。可见"道统"的首倡者,说到现代史就露出屄态。

倒是韩愈死后,他的道统说身价日增。唐末皮日休便认为韩愈堪称圣之时者。北宋自"三先生"(胡瑗、孙复、石介)力倡"道统",从范仲淹、欧阳修到司马光,乃至王安石,无不以为韩愈说出了真理。

司马光钦仰四个古人,即董仲舒、扬雄、王通、韩愈。他特别赞赏扬、韩,曾花大力气注释扬雄《太玄》,又力赞韩愈《原道》。他撰《资治通鉴》,将荀悦《汉纪》视作楷模,无非因为荀悦倡导"仍旧贯"。

王安石变法,注重理财,特别称道《周礼》,说它"理财居其半"①。然而在文化上,他佩服韩愈。他改革官方教育体制,在太学三舍生中倡导"尊孟",首先将《孟子》列为孔门经典,列入科举考试的必读书。从此,"孔颜之术"(唐太宗晋孔子为先圣,晋颜回为先师)被"孔孟之道"取代。

唐宋间古文运动,倡导者号称八大家,以韩愈居首,绝非偶然。

王安石变法,在直接意义上是失败的。可是在两宋之际,所谓新旧党

---

① 《答曾公立书》,《临川先生文集》,中华书局1959年版,第773页。

争，焦点在于要不要废除荆公新学，又表明它的效应是悠远的。即便朱熹，也不得不说荆公新学不可全盘否定。我曾说程颐、朱熹一系道学家，其实可称王安石新学的遗嘱执行人，至今我仍坚持此说。

三、所谓史统

史统说的完整论述，见于柳诒徵在一九四八年初版的《国史要义》。这部书，其实是一部中国史学史的理论性著作。或许名实不符吧，至今我只见吕思勉的《吕著史学与史籍》引用过其论，蔡尚思晚年说孔学即礼学也似从其说，其他则鲜见引述。

《国史要义》是柳诒徵在抗战期间的大后方的授课讲义。柳诒徵在道统、正统、治统之外，别拈出史统，当属新说。所谓道统、正统、治统，共同特色就是都自称于史有征。然而历史属于过去，消逝了的过去，于史谁也不能改变，可改变的仅是历史的诠解，所谓见仁见智。可是诠解究非历史，柳诒徵的史论，与金毓黻到白寿彝的史学史，跨度已愈八十年，可是研究有长进吗？似又不然。官方清末民初史的论述，留下的陈述混乱，或许只能"斩监候"，留待时日也。但愿你们的课堂记录，不会将我推向死地。

八　历史观念史：社会结构与历史认知

重视社会结构的历史研究，在上个世纪五六十年代，曾经是史学界"五朵金花"的共同主题。

共同主题均自称源于马克思主义的唯物史观。恩格斯在一八八三年所著《共产党宣言》德文版序言中说：

> 每一历史时代的经济生产以及必然由此产生的社会结构，是该时代政治的和精神的历史的基础；因此（从原始土地公有制解体以来）全部历史都是阶级斗争的历史，即社会发展各个阶段上被剥削阶级和剥削阶级之间、被统治阶级和统治阶级之间斗争的历史；而这种斗争现在已经达到这样一个阶段，即被剥削被压迫的阶级（无产阶级），如果不同时使整个社会永远摆脱剥削、压迫和阶级斗争，就不再能使自己从剥削它压迫它的那个阶级（资产阶级）下解放出来。

这个三段论，被学界公认是马克思唯物史观的原初形态的准确陈述。但逻辑是一回事，应用或理解又是一回事。例如大前提，常被简化为模糊的"经济基础决定上层建筑"或者更笼统的"存在决定意识"，从而抽掉了命题的出发点是强调"每一时代"的经济生产，也忽视了它所强调的"基础"并非只是"经济生产"，而是"必然由此产生的社会结构"，并且强调它作为基础的时代性即历史性。

同样，小前提"全部历史都是阶级斗争的历史"，是马克思研究摩尔根《古代社会》以前所作的全称判断，而恩格斯根据马克思笔记对它加以限制，将解体前的"原始土地公有制"排除在外。哪知斯大林仍予以简化，认定社会主义阶段的阶级斗争越发激烈，而毛泽东在肯定斯大林说的同时，又从反面滋生一个幻想,即强行改变社会结构,以在中世纪的经济生产占主导地位的中国,通过阶级斗争走向"土地公有制",或称"生产资料公有制"。

至于结论,恩格斯没有强调"无产阶级专政",而是强调被剥削被压迫阶级的解放,必须"同时使整个社会永远摆脱剥削、压迫和阶级斗争"。而毛泽东只强调"摆脱"剥削压迫,却不提需要"摆脱"的还有阶级斗争。这就使毛所界定的"历史唯物主义",全部内容就是"阶级斗争",并且抽象成直到共产主义也永远摆脱不了的"斗争哲学"。

"五朵金花"从历史观来看,其实是"五四"后中国社会性质等争论的延续。

这类论战,主要集中于怎样判断历史中国的社会结构。

四派:陈独秀、彭述之、李季、郑学稼等,认为中国社会处于前资本主义的东亚"文化圈",被称作"托派"。陶孟和、陈翰笙等主持的北平社会调查所,办有《中国社会经济史集刊》(原名《中国近代经济史研究集刊》),通过社会调查特别是农村调查,从经济生产史角度研究中国经济基础。陶希圣主办的《食货》发表众多译著,讨论中国社会结构,将中国社会分成"古代社会"即秦汉前为奴隶制,"中代社会"即唐末以前为封建社会,"近代社会"即鸦片战争前为"商业资本主义"社会。郭沫若、吕振羽等自称唯物史观(史的一元论),讲中国也历五种社会形态,并持战国封建论。

然而学术争论化作政治批判。陈独秀派的见解,迄今无客观研究。陶孟和等被划作中研院傅斯年提倡的"史料即史学"一派,迭遭否定。陶希圣及其弟子因曾追随汪精卫,被批作汉奸,近年方有人胆怯地称其为唯物史观。唯郭沫若因政治原因走红,在"文革"后也成争议题目。

近年史学界崛起"经济——社会史",以天津师范大学历史文化学院为核心,已刊论著似在沿用英国的经济史学派、法国年鉴学派的见解,其理论与陶孟和、陶希圣等五十年前的走向相似。

比较地说,侯外庐从社会史角度研究思想史,固然印有苏式马列史学的痕迹,却重视从材料出发,可资参照。

中国史学早有重视经济生产和科学技术的历史效应的传统。然而注目于国家政权如何对待社会经济,有两种古典传统:《管子》的轻重论,主张权力掌控经济;《史记》的善因论,主张权力干预经济越少越好。

两种传统在历史上都有市场:大乱之后,主张与民休息增多,用占田、均田等诏令,限制贵族军阀无限制地掠夺土地和劳动力,这可谓放任主义。相反,社会趋向稳定,统治者便强调稳定压倒一切,将任何的政治改革吁求,都视作冲击传统的"安宁之术",即使"天下无异意"(详见《史记·秦始皇本纪》李斯曰)。因而从董仲舒"限民名田"①,到朱熹的"经界"大法②,看来倡导平等,替穷民说话,其实都在维护土地私有制,不过要求土地兼并有规矩而已。"经界"即重新丈量农田以确定私有土地的上限,当然得利者是地主。无地缺地的直接生产者,岂可得益?

由于传统史著,向来缺乏静态研究,因而九世纪杜佑的《通典》便成为静态社会史研究的滥觞。

滥觞流为江河,只可表明涓涓细流也可汇集滚滚洪流。由《资治通鉴》而《文献通考》,乃至清末号称"十通"的三种体裁,因静态研究而更生胜义。

所谓"圣意",便是某时代特定的经书屏障。"曾经圣人手,议论安敢到?"③但明清二朝,从朱元璋、朱棣父子到玄烨、胤禛、弘历祖孙,皇帝无不自居生知,况且有"天子"身份掩护。

静态研究正为满足君主对于体制史的需求。杜佑曾被唐顺宗那场短命的改革运动推为领袖。他虽未受"二王八司马"事件的株连,也有志难伸,于是退而著《通典》。

《通典》的特色,一是讲体制史,二是重视经济史。从来没有史家述史自"食"、"货"开始,杜佑做了,当然他的宗旨在于向时君提供"理道要诀"。

不想杜佑开创了一种新史体,内容专述体制,特色专为求通。静态的表述,由王朝时序贯串,便成了政治体制的沿革史。那以后,经郑樵局部更新,到马端临全部继承,至清末累积为"十通"。

三《通典》、三《通志》、四《通考》④,叠床架屋,令人生厌。尤无谓的是《通志》,其价值本在"二十略",即二十略也不过三分之一属于创造。不过从静态研究角度来看,"十通"仍有体制史价值,尤见于四《通考》。

---

① 《汉书·食货志》。
② 朱熹:《条奏经界状》,《朱子大全集》卷十九。
③ 韩愈:《荐士》。
④ 指杜佑《通典》、郑樵《通志》、马端临《文献通考》,清朝官修《续通典》、《续通志》、《续文献通考》、《清通典》、《清通志》和《清文献通考》,近人刘锦藻《清朝续文献通考》。

九　历史观念史：社会心态和意识形态

心态史如今已成为史学的组成部分,但在中国史学中间,仍然停滞于意识形态的层面。

所谓心态,不同的个体很不相同,但没有任何个人能够脱离群体而生存。因而心态史要研究的,主要是历时性与共时性相交织的大小不等的社会心态。

血亲关系是人类组成群体的原始纽带。对于这个纽带的初始信仰,便是祖先崇拜。《左传》称"神不歆非类,民不祀非族"①,那时代的家族、宗族,即由血统结合的近亲团体,在内部互认为同类,在外部即为非类。

不同族类争夺生存空间,大多通过战争。武装冲突造成通常后果,是不同族类的征服与被征服。由征服者族类占有领土的扩大,形成血亲认同主要在于征服者诸群体中间,由若干宗族结合成"国"。相传夏有"万国",到殷代只余三千,而周初只剩八百诸侯。这时的"国家",是基于血亲联系而形成的地域联系的历史共识,属于改变了的社会心态。

早在商周更替时期出现的"夷夏之辨",其实基于区别文明与野蛮的心态。生活在西部的周族,尽管生产方式和经济水准不及东方的殷族,但对殷朝的征服,使它以为本族表征文明,而将被征服诸族都称作野蛮,而自称"华夏"。今之《尚书》,有若干篇据说出于周公时代,其实就是周族征服"东夷"之后颠倒文明史的作品,映现征服者的心态。

所谓历史是征服者写的,并非斯大林的发明,却可照出所谓苏制马列的心态史观。

---

① 《左传》僖公十年。

将征服者的心态化作某种系统的教义,便是意识形态。教义也有粗略到精致的过程。从古代到中世纪,任何意识形态,有个共同点,就是现存秩序神圣不可侵犯。秦灭六国当年(前221),李斯向秦始皇献策,说是"天下无异意,则安宁之术也",便说出了并预示了中世纪君主的共同心态:我就是"天子",唯我才能表征"天"之神圣,谁对我的统治有"异意",谁就是反天道,悖德逆伦。倘说自古中国便有一以贯之的传统,那由历史所昭示,除这项"安宁之术"外,没有别的解释。

不过社会总在改变。"君子之泽,五世而斩"[①],反之"小人之泽"呢?难道会超过百五十年不变吗?从秦亡汉兴到明亡清兴,历史总在提供否定的答案。明清总算长了,都超过两个半世纪。但明中叶后,白莲教造反不断。清中叶后,从白莲教到太平天国,同样造反不断,那不都表明社会心态不以现状为神圣吗?

白莲的名目源于东晋佛僧慧远在庐山所结白莲社,宣扬念佛便可往生西方净土。南宋茅子元创白莲宗,至元代混合中亚传来的明教弥勒教,而成白莲教。在元明清三代,屡禁不止,成为民间造反经久不衰的集众纽带。它崇拜胡神,向往源于古波斯的光明必定战胜黑暗的境界,与意识形态化的传统儒学诸说较劲,似乎不惧外来"精神侵略"。这居然在中世纪晚期近七百年成为民间心态的主要映照,怎么解释?

显然,自十一、二世纪起,中国人(包括边疆诸族)的心态就出现持久分裂。君民乃至君臣,对于善恶是非、光明和黑暗,有非常不同的判断尺度。民间并不在乎意识形态的教义是否合乎传统的孔孟之道,却相信能促使现状改变而有利于自己的宗教主张,无论是外来的还是祖传的,都是真理。这大悖于统治意识形态的爱国主义式民族主义。然而哪朝统治者提倡爱国不是要民众爱现政权,又有哪朝提倡的民族主义不是以统治民族为核心?满清就是明证。

所以,心态史研究,不能混同于如今的哲学史或思想史,起码应分统治心态史和民间心态史,后者尤其缺乏研究。

心态史的内涵,有经济因素的,即人们对于食住衣行的追求及程度的历史;有非经济的,包括较低程度的财富、名誉、权力和征服的吁求,也包括抽象意义的民族主义、爱国主义、民主主义、自由主义乃至宗教信仰等。从史学史来看,其中大半仍属研究空白。

---

① 《孟子·离娄下》。

十　中外史学的比较问题

一、普世性的跨文化比较史学

由商品、物种、语言、礼仪、习惯、衣食、宗教等交流,不断引发下意识的文化比较。

比较由共时性即体现于空间差异(区域、人种、民族等)的同时性的相对性,作为出发点和基础。所谓史学的社会史提出的问题。

意识到同时性的相对性,必定引发历时性的跨文化比较,也即从不同历史资源中,探究过去和现在的文化之异与同。

注意时空连续性的历史变化,即比较史学的中心。

二、中世纪的比较史学(上)

夷夏东西说(傅斯年),揭露周初即有不同区域的文化比较。相传周公通殷人的诰命,即强调西夷和东夷(周族和殷族)之史的差异。

孔子说三代之礼,强调"吾从周"①,表明以"儒"为代表的殷遗民(胡适《说儒》),认同征服者的周文化。

孟、荀。二者都建构非历史的历史学说。非历史即认为人事和天道分属两种历史范畴。二者区别在于孟谓天道支配人事,荀谓人定胜天,都悖离历史(参史华慈说)。

我国诸子争鸣,实为诸侯争雄的回应。所谓七雄,包括(1)华夏族内部

---

① 《论语·八佾》。

已裂变的后裔(三晋);(2)殷族及海滨夷人混同的齐国;(3)南蛮"先进于文明"的楚吴(吴越);(4)本为西戎而自强的秦国。荀谓秦"无儒"①。屈原《楚辞》表明南国自有巫史不分的文化。"三晋"多法家,亦为儒在中原未得势的明征。而齐立稷下学宫,汲取东方诸子学的精英人物,而孔、孟、荀均游齐,预示"大一统",政宗秦,教宗齐。而秦用法术,汉初用黄老术,汉武后用儒术,如从学随术变的角度,可知由诸子争鸣到儒道互补或阳儒阴法的统治学说史。

三、中世纪的比较史学(中)

秦灭六国,李斯反对分封宗子,"天下无异意,则安宁之术也",开创了中世纪统治术的不二法则。

然自秦楚之际,平民造反终由刘邦得胜。此后八百年的历史态势:

(1)王朝的兴灭,必以平民造反为先导。

(2)王朝的稳定与内乱,必与如何处理平民能否活下去的切身问题(土地、赋役、基层组织、官民关系、民间信仰等)有关。

(3)统治群体的内部冲突,君位和储位,新贵和世家,执政和实权,京都和藩国,朝士和乡绅,文官和武将,守常和从权,安内和攘外,集中和分权等等,由于君臣、官民、内外、朝野或民族矛盾,从趋缓到激化,周期似乎越来越短,如新朝一世而亡,东汉相对稳定不过百年,便由党锢而黄巾造反,经三国鼎立(实起于建安元年,196)到西晋灭吴(280),此后一统不过二十年,便由宗室内战而导致"五胡十六国"的大乱。比较地说,史称孙吴东晋和南朝四国为六朝,与包括曹魏、西晋、十六国和北方三国(魏齐周)的北朝相对,较诸目前中国通史的通行说法,稍为接近历史实相。

由东汉名存实亡,到周、隋并南于北,凡四百年,中外关系的一件大事,便是佛教由西域而东传。

自从汉武帝时期"独尊儒术",自秦始皇加强的政教合一体制,便成传统。学虽有变,术却一贯,表征就是君主必尊教主。这个传统,从佛教东传(起点在汉明帝时期,还是更早?有争论,且不说),并在南北朝对立双方都

---

① 《荀子·强国》。

获得士大夫乃至君主尊信,经历了前所未有的挑战。

且不说神灭神不灭的意识形态争论,单说东晋南朝关于沙门是否应敬王者的长期辩论,就可见那时代域外宗教对中土政俗的冲击。

自从孔子提倡君臣父子关系不可逆转的意见以后,儒家诸派均奉为圭臬。其实战国时代的道、墨、名、法诸家,对于维护社会等级秩序的见解,并无根本差异,如墨家"尚同",甚至比孔子及其门徒提倡纲常的言论,还要接近君主专制的要求。被秦始皇父子君臣当作经典引用的韩非语录,同样认同君权神授,不过认同的出发点,在于荀况的所谓人定胜天。中国人的生存环境,愈来愈恶劣。以至于黄河断流,汾、渭干涸,秦晋故土,因水土资源日劣,人类几近难以生存。倘问历史,怎么回事?也许只可说天知道。

四、中世纪的比较史学(下)

佛学渗入玄学。

佛教征服朝野。

禅学南北二宗和理学朱陆二派。

北宋的江西史学和经学,欧阳修和王安石。

从司马光的《资治通鉴》到朱熹的《资治通鉴纲目》。

(下缺)

图书在版编目(CIP)数据

中国史学史讲义稿/朱维铮著.—上海:复旦大学出版社,2015.7
ISBN 978-7-309-11550-5

Ⅰ.中… Ⅱ.朱… Ⅲ.史学史-研究-中国 Ⅳ.K092

中国版本图书馆 CIP 数据核字(2015)第 130220 号

中国史学史讲义稿
朱维铮 著 廖 梅 姜 鹏 整理
责任编辑/陈麦青
复旦大学出版社有限公司出版发行
上海市国权路 579 号 邮编:200433
网址:fupnet@fudanpress.com http://www.fudanpress.com
门市零售:86-21-65642857 团体订购:86-21-65118853
外埠邮购:86-21-65109143
上海春秋印刷厂

开本 787×960 1/16 印张 24.75 字数 373 千
2015 年 7 月第 1 版第 1 次印刷
印数 1—10 100

ISBN 978-7-309-11550-5/K·538
定价:58.00 元

如有印装质量问题,请向复旦大学出版社有限公司发行部调换。
版权所有 侵权必究